중국 정치집단과 한국독립운동의 관계

석원화(石源華) 저

조참훈(趙參勳)·종결(鐘潔) 역

이 역서는 2022년도 대한민국 교육부와 한국학중앙연구원
(한국학진흥사업단)의 해외한국학 씨앗형 사업의 지원을 받아 수행된 연구임
(AKS-2022- INC-2230008).

중국 정치집단과 한국독립운동의 관계

석원화石源華 저
조참훈趙參勳 · 종결鐘潔 역

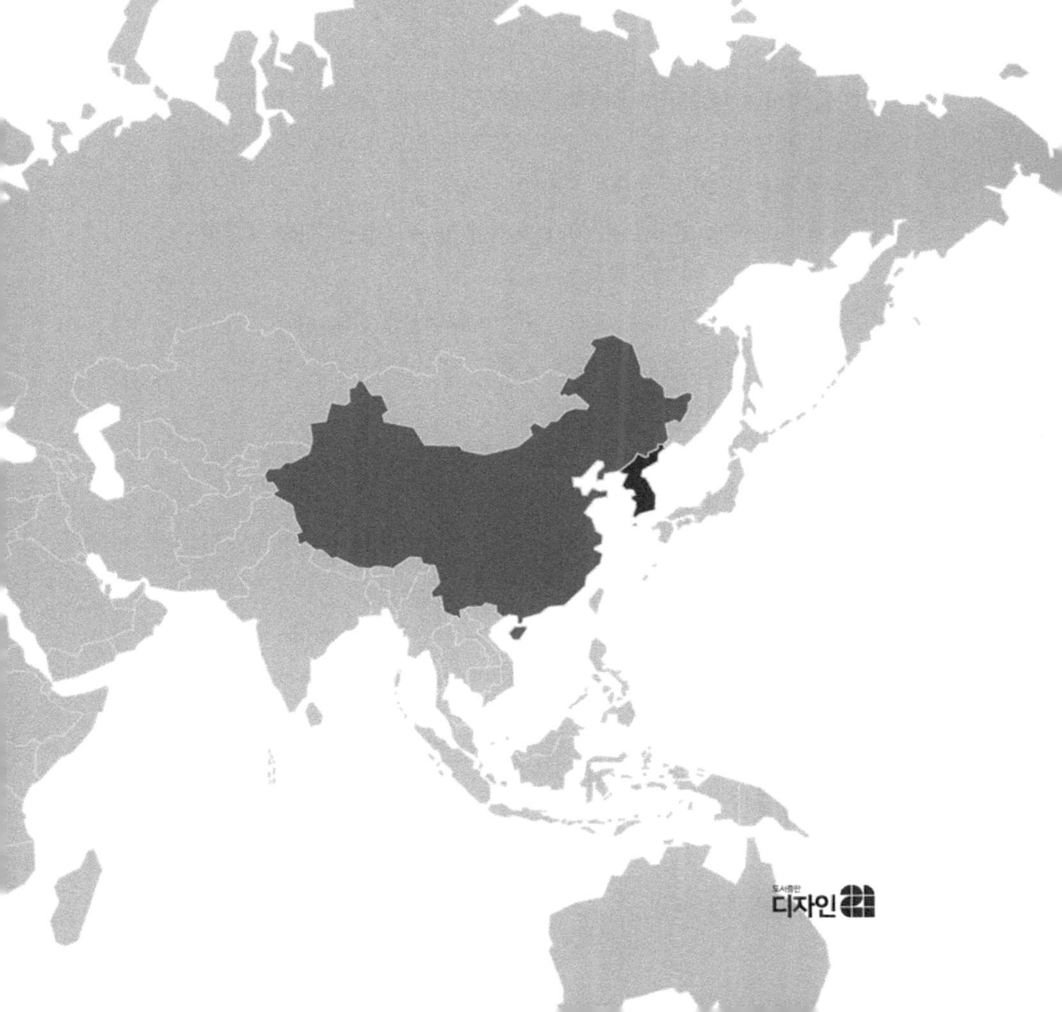

도서출판 디자인21

일러두기

1. 본 역서는 『韓國獨立運動與中國關係』 [석원화(石源華), 民族出版社, 2009]의 제1편과 제6편을 저자와의 협의 하에 새롭게 편집 보충하여 한국어로 번역한 것이다.
2. 번역은 직역을 원칙으로 하되 정확한 내용 전달을 위해 필요에 따라 일부는 의역을 했다.
3. 필요에 따라'역자 주'를 통해 원문 및 용어설명 등을 밝혔다.
4. 본문에서 참고문헌 및 원문은 각주의 형식으로 대조, 참고할 수 있도록 배열했다.
5. 독자의 이해를 위해 일부 용어나 인명은 한글과 함께 괄호 안에 한자로 표기해 의미를 분명히 밝혔다.
6. 중국 인명, 지명 등 고유명사는 번역 편의상 한국 한자어 발음으로 번역함을 원칙으로 하였다.
7. 중국어 원서는 간체자로 출간되었으나, 본 번역서에서는 한국어 상황에 맞게 한자 병기 시에 모두 번체자로 전환하여 기록하였다.

서문

한국 독립운동, 러시아 혁명, 중국 혁명은 20세기 극동의 3대 혁명운동으로 불린다. 1910년 일본이 한국을 병탄한 후, 수십만 한국의 열사들이 중국으로 망명했고, 그들은 중국 관내와 동북 지역에서 활발하게 독립운동을 일으켰다. 중국 여야는 한국인들의 항일 투쟁에 다양한 방식으로 지원을 하고 그 지원에는 정신적인 것과 물질적인 것, 정부와 민간에서 지원하는 것, 여당과 야당이 지원하는 것, 공개적인 것과 비공개적인 것 등이 포함되어 있다. 한·중 양국의 국민들이 친밀하게 협력하고 같이 맞서 싸우며, 일본 제국주의의 동아시아 침략을 반대하는 역사의 한 페이지를 함께 써 내려갔다. 이것은 근대 중국사와 한국사, 그리고 한·중 관계사에 중요한 일부분이 되었으며, 이로써 중국도 한국 독립운동의 중심과 주요 활동 기지가 되었다.

역사적인 원인으로, 이 분야에 대한 중국 사학계의 연구가 이제 막 첫발을 내딛었다. 이 연구는 근대 한·중 관계사와 한·중 양국의 항일 투쟁사에 대한 연구를 추진시킬 뿐만 아니라, 한·중 관계를 한 단계 더 발전시키는 데에 중요한 현실적 의의가 있다. 특히 현재 한국과 중국의 교류가 깊어진 만큼, 한국의 항일운동에 대한 연구를 더 깊게 발전시키는 것이야말로 각별한 의미가 있다. 수천 년 동안 교류해 온 유교 전통 문화처럼, 일본 제국주의의 침략에 맞서 싸운 공통된 경험과 피와 생명으로 응결된 투쟁 정신이 한·중 양국의 우호적인 관계를 다지고 발전시키는 데 중요한 정치적 자원과 역사적 배경의 원동력이 되었다.

나는 한국 독립운동에 대한 연구를 1988년에 시작하였고, 이 연구 과제와 관련이 있는 첫 번째 학술 논문인 『한국독립운동과 중국 남북정부』를 집필하였다. 이 논문은 한국 학술계에 상당한 영향을 끼쳤으며, 서울의 각종 대형 언론사들이 보도하였다. 당시 한국 국사편찬위원회에서 보내준 신문 스크랩을 나는 아직도 보관하고 있다. 내가 논문에서 언급한 중국, 미국, 소련이 각각 다른 한국 독립운동파벌을 지원하였으며, 그 특수한 국가적 배경 아래 각 운동파들이 맞닥뜨린 다른 결말에 대한 나의 논점이 한국 학자들의 주목과 관심을 받았다.

그 후, 나는 이 연구에 대한 흥미가 나날이 커졌으며, 이 연구는 중국 근·현대 대외관계사와 중일전쟁사 연구에 필요할 뿐 아니라, 현재의 한·중 관계발전에 끼치는 영향을 과소평가할 수 없다고 절실히 느꼈다. 1993년 5월, 나는 복단대학교 한국 연구센터에서 부회장을 겸임하였고, 2000년부터는 핵심 업무를 주관하였다. 한국의 독립운동은 줄곧 중점적인 연구 과제이었다. 이 연구는 한국국제교류재단, 한국학술진흥재단, 한국학중앙연구원, 한국국가보훈처, 한민족운동사연구회, 한국독립운동기념관, 한국국회도서관 등의 지원과 도움을 받았다. 동시에 나는 중국 조선사 연구회 부회장, 중국 사회과학원 조선반도 연구센터의 겸임 연구원, 『당대한국』의 편집 위원, 『동아시아학술』의 학술위원, 북평대학 한반도 연구센터의 겸임 연구원, 교육부 사회과학 기지인 연변대학 한국 연구센터 학술위원, 칭다오대학 한국연구센터 겸임 연구원 및 한국국회도서관 특별 자문위원, 한국사 편찬위원회 중국지역 역사자료위원, 한국국가보훈처 특별 독립운동 연구위원 등을 겸임했고, 한국 독립운동 역사 연구에 대한 국내외 학술 교류 활동에 참여하고 추진해 왔다.

1995년부터 나는 복단대학 한국 연구센터에서 주최하는 한국 독립운동 연구와 관련된 국제 학술회의를 총 6회 주관하고 참여했으며, 1995년에는 상해인민출판사에서 내가 편저한 『한국 독립운동과 중국』이라는 책을 출판했다. 중국과 한국임시정부의 관계가 주요 내용이며, 그와 상관된 내용을 함께 다루었는데, 이는 상당한 호평을 얻었다. 20년간, 개인의 연구 흥미 또는 기타 원인과 수요들로, 한국 독립운동에 대한 연구 논문 몇 편을 작성했다. 이 책은 바로 그 논문들의 정수를 모아놓은 결과물이다. 상하권을 통해 필자가 20년간 연구해 온 주요 관점과 방향이 약간 다르고 필자가 상하권의 두 단계를 거치며 학술적 관점이 높아지고 발전해 온 것을 알 수 있다.

제1편은 '중국 근현대 각 정당 및 정치집단과 한국독립운동'이다. 본 편에서는 현대 한중관계 발전의 역사적 요인을 서술하는 것을 바탕으로 북양(北洋)집단, 남방 호법군정부, 중국국민당, 중국공산당과 그들의 대한관계에 대해 각각 분석하여 비교 연구를 진행했다. 아울러 다음 내용을 집중적으로 밝혔다. 현대 중국 역사 발전의 각기 다른 역사적 단계에, 혹은 각기 다른 지역에서 집권한 중국의 정당, 정치 집단은 각기 다른 계급 이익을 대표하고, 서로

다른 정치 신앙을 가지고 있으며, 또한 서로 다른 국제 환경과 외교적 난제를 직면하였으니 그들의 대한정책은 각각 매우 달랐다. 설령 하나의 정당 또는 같은 정치 집단이라 하더라도 다른 시기에 각각 다른 정책을 시행했다. 이러한 요인들 때문에 한중관계가 다른 시기와 지역에서 각기 다른 특성을 가지게 하였다.

제2편은 '한국독립운동특집 - 한국주화대표단 연구'이다. 한국독립운동과 대한민국 임시정부에 대한 연구는 적지 않은 성과를 거뒀지만, 주화대표단의 중국 내 활동에 대한 연구는 거의 없었다. 본편에서는 풍분한 자료를 활용하여 연구기인, 역사배경, 설립 및 기구, 정치외교활동, 중국정부와의 관계, 관내 한교민문제 교섭, 동북지역 한교민문제 교섭, 대표단 해체 등 8장으로 나누어 주화대표단의 발생, 발전과 중국에서의 활동 전반 과정을 논술하고 있고 중점적으로 한국독립운동의 반 '신탁통치'투쟁, 한교민문제 교섭 및 이 대표단이 중국 정부와의 특수관계를 논의하였다. 한국독립운동과 한국임시정부 역사 연구에 중요한 학문적 빈 공간을 채우고 연구영역을 넓히는 역할을 하기도 했다.

덧붙여 말하자면, 이 책에서 말하는 '한국(한국 독립운동 역사 등)'은 한일병합 당시의 한반도 전체를 가리키는 것이고, 당대의 '대한민국'의 국가 개념이 아니다. 책에서 언급하는 한국인, 조선인 역시 현재의 한국 국적, 북한 국적의 개념이 아니라 한반도 국민의 다른 호칭일 뿐이다.

이 책에 수록된 논문과 전기는 서로 다른 시간, 다른 청탁에 의해 쓰여진 것이어서, 내용상 중복되는 부분이 있을 것이다. 이 책을 편집할 때 나는 이미 이 논문들에 대해 재편집, 수정, 재작성 등 기술상 처리를 진행하였으며, 책 전체가 완전한 체계를 이루도록 힘썼다. 하지만 여전히 어떤 중복의 흔적이 남아 있을 수 있음을 독자들의 양해를 구해본다.

집필 과정 중, 한국과 중국에서 이미 출판한 저서들과 관련 문집에 발표된 많은 자료와 번역문을 참고하였으며, 한국 사회과학원 이사장 김준엽 교수, 홍콩 주해서원 아시아 연구센터 주임 후춘휘 교수, 길림성 사회과학원 한국 독립운동 연구센터 양조전 교수, 한국 고구려 출판사 이보온 사장 등이 나에게 자료를 보내주었으며, 많은 친구들과 동지들도 내가 조직하고 기획한 학술 활동과 논집 편찬 작업에 열성적으로 참여해주며 많은 도움을 주었다. 이에 깊은 감사를 표한다.

시간은 쏜살같이 흘러, 내가 첫 번째 관련 논문을 쓸 때에는 나는 막 '불혹'에 들어섰고, 지금은 이미 '환갑'의 나이가 되었다. 이 책은 필자가 20년간 한국 독립운동 역사를 공부하고 연구한 학술 총결산이다. 나는 이 책의 출판이 근대 한·중 관계사와 한국 독립운동 연구의 한 단계 발전에 도움이 되기를 기대하며, 이 책이 보여주는 역사적 진실과 두 민족 간의 진정한 우정이 한중 양국의 젊은이들에게 교육과 선도적 역할을 함으로써 한·중 민간 관계의 개선과 친밀함을 도모하고, 또한 학자들이 이 책의 결함에 대해 조언을 아끼지 않기를 바란다.

석원화

목차

제2편 한국독립운동특집 - 한국주화대표단 연구 / 158

제1편

중국 근현대
각 정당 및 정치집단과
한국독립운동

제1장 현대 중한관계 발전의 역사적 요소

3·1 반일봉기를 기점으로 한 한국의 독립운동은 5·4 애국운동을 서막으로 한 중국의 신민주주의 혁명과 함께 진행되었다. 러시아혁명, 중국혁명, 한국혁명은 20세기 극동의 3대 혁명운동으로 불린다. 중국 내 백여만의 한국인이 벌인 반일 독립투쟁은 한국 독립운동의 중요한 요소이다. 중국의 현대 각 정당 및 정치 집단과 한국 반일 독립운동은 밀접한 관계를 맺으면서 근대 한·중 관계사의 중요한 장을 이루고 있다.

20세기 전반 중국의 여러 정당 및 정치집단과 한국 독립운동의 관계에 영향을 미친 요인은 여러 가지이다. 일반적으로 말하는 지리 국방상의 밀접함, 역사적 유구함, 문화 사상에서의 동근동원(同根同源), 그리고 근대에 일본의 침략이라는 역사적 운명을 함께 했다는 점 외에도 다음 세 가지가 특히 주목할 만하다.

첫째, 국제 정세의 중대한 변화다. 이 시기에 세계사적인 의미를 지닌 역사적 변화가 네 가지 일어났다. 제1차 세계대전이 발발하면서 극동에 대한 제국주의의 세력이 재편되었고 10월 혁명에 승리함으로써 세계사의 신기원을 열었으며 제2차 세계대전의 발발로 세계 반파시즘 전선이 형성되었다. 그리고 점차 미·소 냉전이 형성되면서 국제관계의 새로운 패러다임이 나타났다. 이러한 중대한 역사적 사건은 중국의 신민주주의 혁명의 역사적 진행뿐 아니라 현대 중국의 모든 정당 및 정치집단의 대한(對韓)정책과 중한관계에도 큰 영향을 미쳤다.

둘째, 중일 관계의 심한 기복이다. 제1차 세계대전 기간과 그 이후, 일본이 중국 침략에 박차를 가하면서 중일 간 마찰이 끊이지 않고 빈번하게 충돌했다. 양국은 관계 조정을 위해 수많은 절충 협상을 벌였지만 결국 전면전으로 치닫고 말았다. 중국 내 한교민들의 반일 독립운동은 항상 중일 간 충돌과 교섭의 쟁점이 되었다. 중국의 각 정당 및 정치집단의 대한정책도 중일 관계의 제약과 영향을 받지 않을 수 없었다.

셋째, 중국 정세의 격변이다. 중국 사회는 북양(北洋) 군벌 통치와 국민당 통치라는 두 시기를 거쳤는데, 그간 동안 북양 시기에는 남북 정권이 대치하였고, 국민당 통치 시기에는 국공 양당이 대치하였으며, 항일시기에는 국공합작 및 국공 공동항일 등 여러 정당 및 정치 집단이 번갈아 가며 통치하는 복잡한 양상을 보였다. 역사적 단계가 다르거나 혹은 지역에 따라 집권하는 중국의 정당 및 정치집단이 서로 다른 계급의 이익을 대변하였고, 서로 다른 정치적 신념을 가지고 있었으며, 또한 서로 다른 국제환경과 외교적 난제에 직면하고 있었다. 이 때문에 그들의 한국 반일 독립운동에 대한 태도는 큰 차이가 있었고, 설령 같은 정당이나 정치집단일지라도 역사적 시기가 완전히 동일한 것은 아니었으므로 시기나 지역에 따라 중한 관계는 서로 다른 특징을 띄게 되었다.

본 편은 북양 집단, 손문(孫文)으로 대표되는 호법군정부, 중국공산당, 중국국민당 등 4개의 정당 및 정치집단을 대상으로 대한정책의 연혁과 실시를 고찰하고, 이것과 한국 독립운동과의 관계를 탐구하고자 한다. 본 편이 한국 독립운동사와 한·중관계사 연구에 도움이 되길 바란다.

제2장 북양 집단과 한국 독립운동

제1절 북평(北平) 중앙정부의 대한관계

1919년 '3·1혁명' 후 폭풍이 한반도를 휩쓸었을 때 북평 북양 집단이 중앙정부를 장악했다. 원세개(袁世凱) 죽 후, 이 집단은 이미 완(皖)·직(直)·봉(奉)의 3대 파벌로 분열되어 중앙 정부를 나누거나 혹은 연합하여 장악하고 있었다. 3대 파는 모두 대내적으로는 '무력통일' 정책에 열중하며 민족의 이익을 팔아서라도 일본이나 기타 열강의 지지를 얻어내어 자신들의 통치를 안정시키고자 했다.

그들은 외교 방침에서 일본이 제1차 대전의 기회를 틈타 산동(山東)의 권익을 강점하고 중국에게 '21조'의 수용을 강요하며 동북은 물론 전국 각지에서 침략 세력을 확장하려는 데 불만을 표시하였다. 또한 전후 유리한 국제 여건과 중국 민중의 강한 반일감정을 이용하여 파리강화회의와 워싱턴회의 등을 통해 권리를 되찾고자 했지만 구체적인 주장에는 차이가 있었다. 그러나 대일 강경책의 실행은 엄두도 내지 못한 채 구미 열강과의 연계를 통해 일본 침략 세력을 몰아내려고 했을 뿐이었다. 외교 전략에서도 그들은 '21조' 폐지와 산동성 권익 환수 등을 대일 외교의 주요 목표로 내세웠지만, 한국의 독립을 지지하여 일본을 자극함으로써 자신들의 외교에 불리한 영향을 받고 싶어하지는 않았다.

그밖에 자신들의 통치 질서의 안정과 중한 접경지역의 안전이라는 측면에서 북양 집단, 특히 일본의 군사적 압박을 직접적으로 받는 동북 지방의 군정 당국도 한국 독립당원들의 관내 자유로운 활동을 허용하지 않았다. 한국 독립당원들의 반일투쟁으로 인해 중일 교섭이 심각해지자 심지어 일본군과 연합하여 중국 내 한국인의 반일투쟁을 진압하기도 했다.

'3·1 혁명'이 발발한 후, 한국 민중은 즉각 중국에 지원을 요청했다. 주 서울 중국 총영사관은 한국인이 보낸 '조선국 인민회보'를 즉각 받아들이고, 중국은 한국인들이 '잃어버린 국권'을 되찾고, '망한 민족'을 구하는 것을 지원해 달라고 밝혔다.[1] 3월 4일, 저명한 안중근(安重根) 의사의 동생 안우근(安又根)은 중국 신문에서 "멀리서 호소하고 적을 물리치며 우리를 뒷받침해 달라(遥呼远击, 作我后盾)"라고 기고했다.[2] 중국의 신문들은 '3·1운동' 소식을 대량으로 전하며, "조선의 독립에 지극히 동정해야 한다."라고 밝히고 "전술로 사기를 북돋거나, 혹은 각처로 다니며 지원을 요청하거나, 혹은 국제연맹회의에 청원하거나, 혹은 주중공사들을 설득하여 조선의 독립을 공인하고 이를 실행토록 하여 극동의 동란의 뿌리를 제거함으로써 세계평화의 기반을 세우고 인류 평등의 실현을 촉구한다."라고 국민에게 호소하였다. 중국의 뜻있는 사람들은 한국의 독립 지원은 중국

---

1) 『外交部收驻朝鲜总领事馆函』〈1919年3月24日〉, 台北中国近代史研究所藏 "中韩关系档".

2) 『上海时报』, 1923年7月30日.

의 당연한 책임이라며 북평 정부가 한국의 독립을 인정하고 지지해 줄 것을 계속해서 요구하였다. 그러나 북평 정부는 아무런 반응을 보이지 않았다. 파리강화회의에 참가한 중국 대표단도 한국의 독립 쟁취 활동에 필요한 어떠한 지지도 보내지 않았다.

이에 대해 5월 말 한국임시정부가 파리에 파견한 김규식(金奎植) 대표는 기자들에게 담화를 발표하고 다음과 같은 평론을 냈다. "중국 대표가 마음으로는 공감하리라는 것은 말할 필요도 없다. 그러나 그 자신들도 여전히 어려움에 처해 있을 뿐 아니라 평화회담에서도 힘이 부족하며, 또 언제 일본이 무슨 짓을 할지 두려워 자신에게 해가 된다고 생각하니 우리를 도와줄 수가 없다."[3] 1919년 4월에 상해 프랑스 조계에 수립된 한국임시정부에 대해서 지금까지 북평 정부와 관련된 어떤 사료도 발견되지 않았다. 유일하게 볼 수 있는 것은 1923년 7월 한국임시정부 외무총장 조소앙(趙素昂)이 북평정부 외교 총장 고유균(顾维钧)에게 보낸 공개서한이다.

여기서 고유균이 언론 담화 중에 "고려는 국가 자격이 없다."라고 한 말에 대해 조소앙은 "나라든 아니든 나에게 달려있고, 인정을 하든 안 하든 타인에게 달려있다." "강권 시대에 국제법이 인정하면 없어질 수 있고 실제를 인정하면 엄연히 존재한 것이다."라고 비판과 항의를 하면서, "겉모양에 치중하지 말고 실제에 힘쓰며, 강함을 억누르고 의로움을 도와 달라"고 고유균에게 요구하였다.[4] 엄정한 태도와 온화한 어조는 양국관계의 한 측면을 반영한 것이다.

3) 『民国日报』, 1919年8月14日.
4) 『上海时报』, 1923年7月30日.

제2절 길림(吉林) 지방 당국의 '엄격함과 관대함'

한국의 반일 독립운동에 대해 정치·외교적으로 침묵을 취하는 북양 집단의 태도가 한국 지사(志士)들에게는 양해될 수 있었다면, 중한 접경지역의 한교민의 반일투쟁에 대한 그들의 태도는 한국 지사들의 불만과 반발을 살 수밖에 없었다. 물론 한국의 독립운동을 대하는 동북 지방당국의 태도에도 변화의 과정이 있기도 했다.

3·1혁명 이후 중국, 한국, 러시아 국경에서 오랫동안 활동하던 한국의 독립당원들이 즉각 활기를 띠기 시작하였다. 중국 국경지대에서 일본 영사관과 각종 기관을 습격하여 동북 지방의 일본군에 큰 타격을 주었을 뿐 아니라 수차례 한국 국경 안까지 공격하여 일본의 조선 식민통치에 거세게 반항하였다. 이런 투쟁은 1920년 혼춘(琿春)사태 발생 전 절정에 달했다. 1919년 8월, 홍범도가 이끈 대한독립군은 수차례 귀국 전투를 벌여 한동안 혜산(惠山)과 강계(江界)를 점령하였고 자성(慈城)에서 일본군을 대파했다. 1920년 6월과 10월, 한국 독립군은 또 중국 동북 지역의 봉오동(枫梧洞)전투와 청산리(青山里)전투에서 큰 승리를 얻었다. 부득이 일본군은 많은 군대를 동원하여 국경을 넘어와 독립군과 교전하였지만 참담히 패하였고, 청산리 전투에서만 200여 명의 사상자를 냈다. 이에 일본 정부는 크게 노하여 중국정부 측에 정치·군사적 압박을 계속했고, 우쓰노미야(宇都宮) 일본 조선군 사령관은 "이런 일이 또 벌어지면 군대의 자위 수단을 쓰겠다."라고 위협했다.[5)]

---

5) 延吉道尹公署档案 7-4-695. 藏延边档案局.

일본 당국의 거듭된 협박에 길림 독군 포귀경(鮑貴卿)은 연차 북평정부에 대처방법을 요청하는 전보를 보냈다. 그는 전보문에서 "삼한의 망족은 대세를 형성하여 분분히 의거를 하여 칼을 들고 험한 길을 분주하며 기세가 등등하다. 이것은 중일의 국교에는 방해가 되지만 그 뜻만은 빼앗을 수 없다." 그러나 "우리 중국 영토에서 한국의 독립을 부르짖고 무장을 한 채 자유롭게 돌아다니는 것은 법이 불허하는 것이며 특히 국제적으로도 수용하기 어렵다."라며, 한국의 반일 독립운동에 대하여 다음과 같이 말했다. "형식적으로는 엄격주의를 취해 일본인들은 중국을 괴롭히는 기회를 피해야 한다." "실제적으로는 엄격함과 관대함을 같이 써야한다(嚴寬並濟).", "만일 무장한 많은 한국당원을 만나면 공법 주권의 이해(利害)라는 말로 경고하면서도 그 당이 기꺼이 굴복하여 무기를 버리고 해산하게 한다." "끝까지 불복하거나 공공연히 반항한다."면 "즉각 무력으로 해결하자."6)

이는 길림 지방당국이 한국 독립운동에 대하여 많은 공감을 하면서도 단속하지 않을 수 없었던 복잡한 태도를 반영한 것이다. "양(阳)으로는 간섭하지만 음(阴)으로는 상관하지 않는다."라는 태도로 일본군의 위협을 적당히 얼버무려버리고자 한 것이다.

이 같이 '엄격함과 관대함'을 동시에 사용했던 길림 지방 당국의 방침은 실행에서 주로 다음과 같이 나타났다.

첫째, '일본인은 우리가 한국인을 방임한다는 의심을 받지 않기

---

6) 『鲍贵卿致北京政府电』(1920年3月3日) [日]金正明, 『韩国独立运动』(一), 36쪽, 日本东京原书房, 1969.

위하여’ 국경 내에서 활동하는 한국 독립군에 대한 ‘무장해제 및 추방’ 정책을 폈으나 독립군과의 싸움은 최대한 피하려 했다.

둘째, 체포된 독립군을 정치범으로 간주해 우대정책을 쓰고 비밀리에 출국을 명하거나 혹은 잠시 체포되다가 국면이 안정되길 기다렸고 석방하는 등 일본 측에 인도하기를 거부하였다.

셋째, 토벌하기 전에 한국 독립군에게 깊은 산속의 안전지대로 근거지를 이전하도록 통지함으로써 독립군과의 교전을 피하고 일본 측이 간섭할 빌미를 없애도록 했다.

넷째, 중·일 공동수색대 편성을 거부하고 중국 단독으로 ‘단속’하겠다는 입장을 고수했다.7)

연길(延吉) 지역의 중하위 군경은 한국 반일 독립운동에 대해 대체로 공감하고 지지했다. 1920년 8~9월 동안 길림과 연길 지역의 군정당국은 길림독군의 일본 고문 사이토(斋藤)의 감독 아래 연길 지역의 한국 독립군을 한 달간 ‘토벌’하지 않을 수 없었다. 사전에 연길 도윤(道尹)8) 도빈(陶彬), 현지 주둔단장 맹부덕(孟富德), 대한국민회의 회장 구춘선(具春先)이 비밀리에 합의했다.

(1) 중국군은 일본군의 연길 침입을 막기 위해 어쩔 수 없이 한국 독립군에 대한 ‘수색’을 실시해야 하므로 독립군은 중국 측의 입장을 고려해 서로 타협한다.

(2) 독립군은 시가지나 평원지대에서 군복을 입거나 무기를 휴대

7) 参见李花子, 『奉系军阀统治时期吉林, 奉天两省对于朝鲜民族反日武装斗争的政策(1919—1928)』, 연변대학 석사학위논문.

8) 道尹는 민국 초년(初年) 성(省)내 각 도(道)의 장관이다(역자 주).

하고 대오를 이르는 행동을 금지함으로써 중국군을 난처하게 하지 않는다.

(3) 독립군의 현 근거지는 이미 일본군에게 알려져 중일 간 분쟁의 쟁점이 되고 있으므로 독립군은 일본 측의 이목을 피해 삼림지대로 근거지를 옮긴다.

(4) 중국군이 출동하기 전, 사전에 독립군에 통노해야 하고 독립군이 이동할 수 있는 충분한 시간을 준다.

(5) 중국군은 독립군을 공격하지 않고 독립군의 이동 행군과 삼림지대에의 새로운 근거지 건설을 방해하지 않으며, 쌍방이 전쟁을 피할 것을 약정한다.9)

중한 간 비밀 합의는 일본 고문들의 감시 아래 이루어진 중국군에 대한 '토벌'은 허탕쳤고, 중국군대 이용해 한국 독립군을 탄압하려던 일본의 음모는 실패로 돌아갔다. 사이토 고문은 일본 군부에 "중국군은 전투를 회피했다.", "중국군은 처음부터 토벌 의사 없이 독립군 근거지 해산을 명령하는 데 만족했다"라고 보고했다. 또한 중국군의 토벌은 쥐 한 마리도 잡지 못했다고 비난하며 연대장 맹부덕에 대해 "계속해서 이곳에 두면 일본에게 큰 해가 될 것이다."라고 말했다. "진정한 토벌을 하려면 일븐군이 중심으로 중국군은 방관자가 되어야 한다."고 강조했다. 이 토벌에 대한 일본 조선군 총사령부의 결론은 다음과 같다.

중국 관헌(官宪)은 조선 반역자들의 존재가 중국국권에 대한 침입

9) 慎镛夏, 『韩国民族独立运动史研究』, 403~409쪽 乙酉文化出版社, 1986.

이지만 그 배후에는 일본이 깊이 관련되어 있으니 어쩔 수 없이 해산을 명하였지만 조선 반역자들과 교섭하여 근거지를 옮기라고 지시하였다. 그들은 토벌한다는 명분으로 남아있는 병영만을 상징적으로 파괴했을 뿐 국제적인 신의가 조금도 없다. 중국의 단속 결과는 조선인들에게 반일사상을 심어줄 뿐이다. 동시에 조선인들 단속을 완전히 중국에 맡긴다면 결국 실패할 수밖에 없다는 점도 명확하다.

길림 지방 당국의 태도는 일본 침략자들의 강력 반발에 부닥쳤고, 중일 간 동북 지방의 한국 반일 독립운동을 둘러싼 치열한 교섭이 벌어지면서 긴장이 고조되었다. 훈춘사건을 고비로, 일본 정부의 군사적 정치적 이중 압박 아래 동북 지방 당국의 한국 독립운동에 대해 태도에 큰 변화가 나타났다.

제3절 훈춘(琿春) 사건과 한국 독립운동에 대한 중일 연합 단속

1920년 10월 2일, 한국 독립당원들은 러시아 국경 내의 우수리스크(雙城子)에서 훈춘으로 침투하여 일본영사관과 시내를 불태우고 일본경찰 등 10여 명을 사살하였다. 일본군은 이를 빌미로 6일부터 1만 명의 병력을 동원해 훈춘과 화룡(和龙), 연길(延吉), 왕청(汪清), 동녕(东宁), 녕안(宁安) 등 다섯 개 현을 점거하고 한교민 1,000여 가구를 불태워 교민 2,100명, 중국인 200명을 참혹하게 학살하였으며 가는 곳마다 일본 경찰서를 제멋대로 설치했다.[10] 북평 정부는 외교적으로 일본의 철군을 촉구하고자 하여 동북 당

10) 刘彦,『帝国主义压迫中国史』(下) 235~240쪽, 上海太平洋书庙1931.

국은 연길 각지에 중병을 출동시켜 한국인을 진압·추방하면서 중국 병력만으로 질서유지와 일본 교민을 보호하는 데 충분하다는 이유로 일본군의 철군과 철병을 요구하였다.

북평 정부와 동북 지방당국은 다음과 같이 거듭 명령했다. "관내에 들어오는 한국인들이 비밀집회나 폭동을 기도하는지 수시로 점검하고, 만일 행적이 의심스럽거나 수상한 사람이라면 즉시 해산명령을 내리고 추방한다. 저항하는 사람이 있으면 평화적인 방법으로 충분히 중재하여 관내에서 폭동이 발생하지도 않는다." 훈춘 사건이 발생하자 북평 정부는 신속하게 『대통령령』을 반포하고, "이 성의 군정 장관이 책임지고 즉각 지방 군경들에게 확실한 토벌에 나서도록 지시해라."라고 밝혔다. 곧이어 진행된 중일협상에서 북평 정부는 많은 병력을 동원해 한국 독립당원을 진압하고 추방하는 대가로 일본을 연길 지역에서 철수시켰다.

일본의 거대한 압력 속에서 중국정부와 일본 군경이 연합하여 한국 독립운동을 탄압하는 서글픈 상황이 벌어진 것이다. 1920년 11월 8일, 천진의 『대공보(大公报)』는 길림독군 포귀경(鮑貴卿)과 일본인 마치노(町野-장작림(張作霖)의 고문)가 『중일 토벌협정』 8조를 체결하고 연(延)·혼(珲)·화(和)·왕(汪)·동(东) 다섯 개 현을 토벌을 위한 군사지역으로 정했다고 보도했다. 북평 정부는 이 협정을 완강히 부인했지만 한국 반일독립운동에 대한 길림 지방 당국의 탄압은 더욱 거세지고 있었다.

장작림이 직접 통제한 봉천(奉天) 당국은 일본의 압력 때문에 길림 지방 당국과 달리 한국의 반일 독립운동에 대한 탄압을 계속해 왔다.

일본 군경과 중일 수색대를 구성해서 한국 독립군 토벌은 물론 현지 조선족에 대한 통제도 강화했다. 1920년 10월, 봉천 東邊 도윤은 소속된 각 현은 7일 이내에 한국 독립당원들의 활동을 탄압할 강력한 조치를 취하도록 명령을 내렸다. 그 주요 조치 다음과 같다.

(1) 조선족의 호구를 낱낱이 검사하고 일정한 직업 및 무기 소지 여부를 조사하여 일정한 직업이 없는 경우 추방하고 무기를 발견하면 몰수한다. 저항하는 자는 무조건 죽인다. 아울러 각 지역의 경찰은 조선인들의 가구 수, 직업, 총기 등의 상황을 매월 한 차례 보고한다.

(2) 조선족들은 10가구마다 연좌를 편성하여 '반역 행동'이 없는지 서로 감독한다.

(3) 집주인은 보증서를 제출하게 하고 조선족 농민을 감독하도록 하여 '반역 행동'이 발견되면 즉시 경찰에 신고하게 한다. 만약 알고도 신고하지 않거나 모르고 있다면 그 집주인에게 책임을 묻는다.

(4) 외지에서 온 조선족은 체류할 수 없게 추방한다. 친족일 경우 수시로 보고하되 머무를 경우 3일을 초과해서는 안 된다.

1921년 초, 북평 정부의 거듭된 교섭 속에 일본은 철병을 약속했으나 불법으로 설치된 일본 경찰서를 철수하지 않고 버티면서 혼춘, 육도구(六道沟), 두도구(头道沟) 등에 군사 연락원을 파견하여 이 지역을 일본 경찰의 감시와 관할을 받았다. 이에 따라 북평 정부는 수시로 일본 군사 개입의 위험에 직면하게 되었다. 이런 상황에서 독립군 각 부는 지주의 피해를 덜어주기 위해 깊은 산골로 군대를 옮기기로 했다. 1921년 2월, 극동공화국의 허락을 받아 시베리아 남부로 들어가 쉬면서 군대의 각 파를 고려혁명군으로 통합·편성하고 중국, 한국, 러시아 국경지역에서 반일투쟁을 계속 하였으나 공격의 기세는 이미 기울고 있었다.

일본 제국주의는 여기에 만족하지 않고 중국 동북을 집어삼키려는 전략적 목적의 이른바 '만주·몽고 정책'을 내놓았고, 동북 지방 당국에 한교민의 반일투쟁을 단속하도록 지속적으로 압박했다. 1925년 6월 11일 봉천에서, 일본 조선총독부 경무국장 미쓰야 미야마쓰(三矢官松)은 봉천 경무장 우천진(于天珍)에게 '삼시협약(三矢协定)'이라고도 불리는 '한국인 단속법 대강'에 서명하도록 강요하였다. 대강은 모두 8개 항목으로 주요 내용은 다음과 같다.

(1) 중국에 거주하는 한국인은 중국 관청의 청향규정에 따라 엄격히 호구를 조사하고, 조를 짜서 서로 보증하며 연좌를 실시한다.

(2) 중국 관청은 각 현의 거류 한국인들이 무기를 휴대하고 조선에 침입하는 것을 엄금하도록 명하고 이를 범하는 자는 즉시 체포하여 조선 관헌이 처리하게 보낸다.

(3) 중국 관청은 즉시 한당을 해산시키고 무장해제 시키며, 모든 총기를 회수하여 관청에 수납하도록 명한다.

(4) 한국인이 소지한 총기와 화약(단 농민들이 새를 막기 위한 총은 제외)은 중국 관청이 수시로 수색하여 압수한다.

(5) 중국관청은 조선 관헌(官憲)이 지명한 한당 수령을 체포하고

즉시 인도해야 한다.

(6) 중일 양국의 관청은 반드시 서로 상대방에게 단속 실태를 통지해야 한다.

(7) 중일 양국의 경찰은 국경을 무단으로 넘어서는 안 되고 필요하면 서로 통지한다.

(8) 이전 현안에 대해서는 양측이 성의껏 기한 내 해결한다.[11]

이 협정을 통하여 일본 제국주의와 봉계군벌은 한국 반일독립운동을 공동으로 단속하는 데 합의했다. 7월 8일, 봉천 경무장 우천진은 일본 조선총독부 경무과장 구니토모 쇼켄(國友尙謙)과 한국 독립운동 탄압을 위한 구체적인 조치들을 상세히 규정한 『중일 한인단속 시행세칙』에 서명했다. 10월, 봉계 군벌정부는 『한교민 관리규정』과 『한교민 경작고용규정』 등의 법규를 반포했고』 이와 동시에 길림 지방정부도 『조선교민 단속법』과 『조선교민 입국자 단속법』등의 법령을 반포했다. 이에 따라 동북 지방당국은 일본 군경과의 협력을 강화하여 일본 측이 작성한 명단과 제보한 정보에 따라 한국 독립당원을 색출하여 일본 측에 인도하였다. 중·일은 한국 독립당원들의 체포와 사살 상황을 상호 통보하였고 심지어 진압 유공자에게 훈장까지 수여하는 등 동북 내 한국의 반일 독립운동에 심각한 타격을 주었다.

1927년 9월 19일, 주 봉천 일본 총영사 요시다시게루(吉田茂)와 봉천 성장 막덕혜(莫德惠)는 『동삼성 한국인 단속협약』에 정식으로

11) 奉天交涉员公署档案, 转引自上揭李花子论文.

서명하였다. 이 협정의 내용은 중국 내 한국인들이 중국 관청의 청향 규정에 따라 조를 짜서 상호 보증하고, 연좌를 실시하며, 한국인이 무기를 소지하고 조선에 침입하는 것을 엄금하며, 어긴 자는 체포하여 조선관청에 넘기며, 한당(韓黨)은 해산하고, 한국인의 총기는 몰수하며, 조선관청이 지명한 한국당의 수령은 체포하여 인도하며, 양국 경찰은 국경 등을 무단 월경해서는 안 된다 등이다.[12] 북양 집단이 시행했던 대한정책은 객관적인 역사적 이유가 있었으나 그 결과 한국 독립운동은 크게 손상되었고 아울러 일본 침략자들이 중한 관계를 도발할 수 있는 편리한 문을 열어 주게 되었다.

제3장 남방호법군정부와 한국독립운동

제1절 손문의 한국 지원 사상

중국 자본가 혁명의 선구자인 손문은 한국의 독립운동에 대해 북양 집단과는 전혀 다른 태도를 취했는데 그 이유는 여러 가지이다.

우선 손문은 중국의 민족민주혁명을 지도하면서 중국 주변의 압박을 당하고 착취당한 민족의 해방운동에 많이 주목했고, 한편으로는 "멸망한 나라를 일으켜주고, 끊어진 세대를 이어준다."는 억강부약(抑强扶弱)의 중국 전통사상을 계승하여 한국독립의 지원을 당연한 책임으로 여겼다. 또 한편으로는 삼민주의를 주장하고 민족주의를 고취하며 한국을 포함한 극동 약소민족의 해방을 목표의 하

12) 外交学会, 『外交大辞典』, 99쪽, 中华书局, 1940.

나로 삼았다. 손문은 "한·중 양국은 같은 문자를 쓰는 같은 동족이자 형제 나라로서 오래부터 유구한 역사적 관계를 가진 이해관계가 밀접한 나라요, 이와 입술의 관계이니 잠시라도 떨어질 수 없는 관계이며 서양의 영국과 미국 간의 관계와 같다. 중국은 한국의 독립을 당연히 도와줄 의무가 있다."[13]고 말했다. 20세기 초부터 손문이 이끄는 중국 동맹회 기관지인 『민보(民报)』는 독립을 수호하는 한국인민의 정의로운 투쟁을 지속적으로 보도했다.

『민보』 제3호는 『한일 보호조약 체결의 전말』이라는 글을 실어 일본이 한국에 통감부를 설치하고 조선에게 보호를 받으라고 강요한 진실을 폭로하였는데 이는 한반도 문제에 대한 중국 자본가 혁명당원들의 높은 관심을 보여주는 것이다. 『민보』제21호와 제26호는 한국의 유명한 의병 지도자 이림영(李麟荣)의 반일투쟁 격문과 안중근 의사가 일본의 한국 침략의 원흉 이토히로부미(伊藤博文)를 사살한 현장 사진을 잇달아 보도하며 한국의 반일 독립운동에 대한 중국 자본가 혁명당원들의 지지와 경탄을 보여 주었다.

둘째, 손문은 한국의 독립과 중국의 안위 및 극동 평화의 관계에 대해 명확하게 인식했다. 손문은 "21조 및 동북3성 문제, 산동문제는 그 중요성에서 『시모노세키조약』에 미치지 못하고, 일본이 약소국가를 침략하고 동아시아의 평화를 파괴한 것은 『시모노세키조약』에서부터 시작되었다."라고 지적했다. 그는 한국을 '동양의 발칸'에 비유하며 "한국 문제가 빨리 해결되지 않으면 아시아 정세가 균형을 잃게 되고 아시아 평화도 유지될 수 없다."라고 생각했다.

---

13) [韩]闵石麟, 『中韩外交史话』, 26~27쪽, 重庆, 重庆东方出版社, 1942.

손문이 한국 독립을 지지한 것은 한국 독립을 극동의 평화와 안녕을 위한 관건으로 파악했기 때문임이 분명하다.

셋째, 손문은 평생 동아시아 여러 민족이 단결하여 공동번영을 이룩하는 '대아시아주의'의 이상을 가지고 있었다. 이를 위해 그는 임종 전 마지막으로 일본에 갔을 때도 '21조'를 폐지하여 중·일이 진정한 형제나라가 되자는 담화를 발표했다. 또한 그는 공개담화를 통하여 일본이 한국의 독립을 인정할 것을 권고했다. 그는 "일본은 한국인의 요구를 받아들여 독립을 인정하는 것이 마땅하다. 한일합병으로 한국인들의 원한을 사는 것은 차치하더라도 일본인에 중국인과 다른 나라 사람들의 의혹이 매우 깊다. 이는 일본이 현재의 곤경에 빠지게 된데 막대한 영양을 미쳤다."라고 말했다. 드한 만일 일본이 한국의 독립을 인정한다면 한국인들은 스스로 "가슴 가득한 고마움을 영원히 잊지 않을 것"이며, 일본에 대한 "모든 의혹과 불안을 일소하고", "과거의 우정이 되살아나 동양의 평화가 확립될 것이다."[14]라고 말했다. 그는 일본이 중국, 한국 등에 대한 침략을 포기하고 동아시아의 평화와 안정을 이루기를 바라는 한편, 한국의 독립에 대한 공감과 지지를 밝힌 것이다.

넷째, 손문이 이끄는 남방 호법군정부는 열강으로부터 외교적 승인을 받지 못하였고, 지역적으로 중일관계가 민감한 지역과 멀리 떨어져 있어 북양 집단처럼 일본에 대한 정치적·군사적 압력에 직면하지 않았으므로 외교 문제 처리가 비교적 자유로웠다. 이런 상황은 손문이 중화민국 비상대총통에 취임한 후에도 일본의 위협과 간섭을

14) [韩]『新韩青年』 创刊号, 1920年 3月 1日.

고려할 필요 없이 한국을 지원하는 정책을 펼 수 있게 했다.

다섯째, 중국에 체류하며 한국의 반일 독립운동을 이끌었던 신규식(申圭植), 박순(朴純)은 일찍이 중국의 신해혁명에 참여하여 손문, 진기미(陈其美), 황흥(黃兴), 송교인(宋教仁), 호한민(胡汉民) 등과 친한 관계를 맺으며, 자신들의 전부 재산을 털어 중국혁명을 지원하였다. 이렇게 역사적으로 형성된 전투우정은 손문 등이 한국의 반일 독립운동을 지원하는 또 하나의 중요한 요인이 되었다.

이러한 손문의 한국지원사상의 지도와 영향 아래 1919년 4월 5일, 광동국민의회 강기호(康基浩) 등 331명은 북평 정부에 연명으로 전보를 쳐서 세계 조약, 조약의 의무, 인류의 생존, 중한관계의 네 가지 측면에서 중국이 한국의 독립을 인정해야 한다고 자세히 논증하였다.

(1) 한국문제는 세계의 항구적 평화와 관계가 있다. 벨기에처럼 잔혹한 대우를 받고 세계전쟁을 초래할 것이다. 한국에 대한 폭압이 계속된다면 이로 인해 동양에서 세계 전쟁이 발발할지 누가 알겠는가?

(2) 오늘날 한국의 처우는 불충분한 조약으로 이루어진 것이다. 파리회의가 한국의 현 상황을 계속 허락한다면 앞으로의 조약은 어떠한 것이든 결코 가치가 없다.

(3) 한국의 문제는 인류의 문제이다. 한국의 수천만 인민들이 지금처럼 모욕적인 처우를 계속 받는다면 세계의 정신은 어디에서 안녕을 얻을 것인가?

(4) 한국 문제는 중국과 절대적으로 깊은 관계가 있다. 중국은

수천 년 동안 한국과 밀접한 관계를 맺어왔는데, 오늘날 한국의 이천 만 인민의 권리가 일본에게 영원히 무시되고, 이것이 만주, 몽고, 산동으로 연장되면서 중국의 사만 인민은 공동위기에 처했다.

전보문에서 "만일 한국문제가 파리회의에서 거론된다면 중국은 희망이 있고 그렇지 않다면 중국의 위험도 멀지 않고 동양의 미래는 더욱 암담하다."라고 강조하며 파리강화회의에 참석하는 중국대표단에게 한국의 독립을 지지해줄 것을 강력히 촉구했다.[15] 남방호법군정부 통치 지역의 강렬한 여론은 이 정부가 한국의 반일독립운동을 지원하는 데 중요한 첫 걸음이 되었다.

제2절 호법군정부의 한국 지원 행동

한국 독립운동에 대한 중국 자본가 혁명당원들의 태도는 상해에서 고군분투하는 한국임시정부 지도자들을 고무시켰다. 그들이 손문과 그가 이끄는 호법군정부에 지원을 요청하면서 근대 한·중 관계에서 일련의 빛나는 기록을 남겼다.

1920년 6월, 한국임시정부가 미국 국회의원단의 극동 시찰 정보를 입수하자, 그들은 이 의원단 활동을 적극적으로 준비하는 것 이외에, 법무장관 신규식을 통해 손문에게 서한을 보내 의원단에게 한국의 실상을 대변해줄 것을 부탁했다.

편지에는 선생이 그들을 맞을 적에 "중국 및 한국의 여러 문제

---

15) [韩]朴殷植, 『韩国独立运动之血史』 하편, 102~103쪽, 上海, 上海维新社, 1920.

에 대해 반드시 상세하고 정확하게 말하여, 이 의원단이 미국에 돌아가서 미국국민에게 잘 전달해준다면 한국은 실제 지원을 받을 수 있습니다."이를 위해 손문에게 "강연이나 담화에서 한 말씀 해 줄 것을 요청 드리는데, 선생의 정의로운 인도를 생각해보면 저의 요청이 없더라도 반드시 언급할 것이라 믿습니다."[16]라고 쓰여 있다. 행간에는 친근하면서도 신뢰의 감정이 넘쳐흐르고 있다. 1921년 워싱턴 회의가 준비되는 동안에도 대한민국 임시정부는 연달아 남쪽으로 대표를 파견하며 지지를 구했다. 4월 20일, 한국정부는 손문에게 보내는 이승만 대통령의 밀서를 가진 여운홍(吕运弘)을 광주로 보내 남방정부가 실력으로 한국의 반일 독립운동을 지원해 달라고 요청했다.[17] 5월,『한국통사』,『한국독립운동의 혈사』등 사학의 명저를 쓴 정치가이자 사학자 박은식(朴恩植)이 진형명(陳炯明)의 초청으로 광동으로 건너가 한국임시정부에 대한 지지와 원조를 모색했다.[18] 이 원조요청 활동은 10월 11일 임시정부 대리 총리 겸 외교·법무장관인 신규식의 광동 방문에서 절정을 이루었다.

출발에 앞서 신규식은『중화민국 각계의 제군에게 보내는 경고』를 통하여 인도주의, 세계평화, 국제적 신의, 중한관계 등의 모든 측면에서 중국이 한국의 독립을 지원하는 것은 '전가할 수 없는 자신의 책임'이라는 점을 발표하고, 한국 지원의 가장 중요한 시기는

16) 范廷杰,『韩国临时政府初期的政治与外交』,『传记文学』, 제27권, 제4기.

17) [韩]国史编纂委员会,『日帝侵略韩国祁年史』(6), 韩国探微堂, 1970, 148쪽.

18) [日]金正明,『韩国独立运动』(1), 东京原书局, 1967, 36쪽.

워싱턴 회의에 참석한 중국 대표가 한반도의 독립 방안을 회의에 제출하여 세계의 공정한 평가를 구하는 것이라고 밝혔다.[19]

손문을 비롯한 남방 호법군정부는 동양의 억압받는 민족의 해방을 이상으로 삼고 '호법(護法)'의 기치를 높이 들고 북벌로 중국을 통일을 준비할 때에도 한국의 독립을 지지함으로써 북양 군벌 통치에 반대하는 진영과 세력을 강화시키고자 했다. 또한, 호법군정의 한국임시정부 응대와 승인은 외교상 고립상태를 벗어나고 대표단을 워싱턴 회의에 파견하며 참석할 수 있다는 의미도 포함하고 있었다. 한편, 한국임시정부 특사 신규식은 중국 인민의 오래된 친구로서 호법군정부에 많은 유력인사들과 교분이 두터웠으며, 한국임시정부 내에서는 중국혁명당과의 동맹을 적극 주장하는 '친중파'였다. 이는 역시 양측이 만나 만족할 만한 결과를 도출할 수 있는 토대가 되었다.

11월 3일 손문은 광주 비상대총통부에서 신규식을 만났다. 신규식은 한국임시정부가 작성한 『한중호혜조항』 5가지를 제시했다. (1) 한국임시정부는 호법군정부를 대중화민국의 정통 정부로 인정하고 그 원수 및 국권을 존중한다. (2) 대중화민국정부는 한국임시정부를 승인한다. (3) 한국 학생을 중국 군사학교에 수용한다. (4) 500만 원을 차입한다. (5) 활동할 땅을 임차하여 한국독립군을 양성한다.[20]

손문은 회견에서 "한국 문제가 해결되지 않으면 아시아 정세가 균형을 잃고 아시아 평화도 유지할 수 없다."고 명확하게 밝혔다. 한국임시정부 요구에 대해서는 "당연히 깊이 공감하며 승인한다."

---

19) [韩]秋宪树, 『韩国独立运动』(1), 延世大学出版社, 1971, 590쪽.
20) [韩]闵石麟, 『中韩外交史话』, 重庆, 重庆东方出版社, 1942, 26~27쪽.

라고 약속했고, 호법군정부 소속의 각 군사학교가 최선을 다해 한국의 제자들을 받아 군사교육을 시켜서 군사인재 양성을 돕도록 명령하겠다고 했다. 동시에 "아직 북벌을 이루고 못했고, 국가도 아직 통일을 이루지 못한 까닭에 광동성의 힘만으로는" 한국의 요구를 전부 충족시키기 어렵다고 설명하면서, 차관은 북벌이 무창(武昌)을 점령한 후에, 땅을 빌려 군대를 훈련시키는 것은 정식 정부 수립한 후에 기다려야 한다고 말했다. "북벌 계획이 완성된 후 그때는 한국 독립운동을 전폭적으로 지원할 것이다."라고 약속했다. 11월 18일 호법군정부가 광주 동 연병장에서 개최한 북벌 결의대회에서 한국임시정부 특별 사절식이 정식으로 거행되었다. 손문은 중화민국 비상대통령의 자격으로 신규식을 맞아 국서를 봉행하고 축사를 주고받음으로써 서로를 정식으로 승인하고 외교관계를 맺었다. 이어서 한국임시정부는 외무부 외무국장 박찬익을 광주에 파견하여 상주하도록 했다.

신규식은 홍콩을 경유하며 중국 운남의 실력파 지도자 당계요(唐继尧)를 만났다. 신규식은 신해혁명 때부터 사귀었던 옛 친구 당경요에게 대한민국임시정부 수립 경과와 투쟁 상황을 설명했다. 당씨는 "운남으로 돌아가면 반드시 한국 장교 인재를 최소한 2개 사단을 양성하겠고 한국의 혁명에 협력할 것이다."라며 가능한 한 10만 위안의 경제적 지원을 하겠다고 약속했다. 양측은 중국 군사관학교의 한국 학생을 모집을 위해 박순을 운남에 파견하여 주재시키기로 합의했다.21)

21) [韩]闵石麟, 『中韩外交史话』, 26~27쪽, 重庆, 重庆东方出版社, 1942.

한국 독립운동은 이 기쁜 소식에 고무되어 한동안 크게 위세를 떨쳤다.

그러나 손문과 신규식 회견 이후 얼마 되지 않아 중국 정세는 한·중 양쪽이 전혀 예상치 못한 곤경에 빠지게 되었다. 우선 미국이 주도하는 워싱턴 회의가 한국의 독립 요구는 물론 광동 호법군 정부 대표도 거절함으로써 양측의 의도는 모두 물거품이 되어버렸다. 더 심한 것은 이듬해 6월, 영국 제국주의의 주도 아래 광동에서 진형명이 총통부를 공격하는 사건이 벌어지는데, 손문이 실패하고 상해로 후퇴하였으며 다른 길을 모색하느라 한국임시정부를 돌볼 형편이 못 되었다는 점이다. 이 사건은 한국에 더욱 큰 타격을 주었다. 한국임시정부 내부의 대중국 정책이 심각한 이견을 빚으면서 신규식은 안팎으로 궁지에 몰렸고 절망과 비관에 빠져 단식했다. 9월 25일, 43세의 한국 반일 독립운동의 선구자 신규식은 '정부', '정부'하고 가냘프게 외치며 세상을 떠났다. 평생 한국독립 사업과 자신이 사랑한 한국임시정부를 위해 투쟁했던 그는 너무나 일찍 생명을 마감한 것이다. 이러한 결말은 장차 중국에서 한국 반일 독립운동이 고난을 겪을 것이고, 중·한의 우정도 시련을 겪게 될 것임을 암시한다.

제3절 손-신의 '상호승인'에 관한 역사적 평가

비록 손문과 신규식의 만남과 남방 호법군정부가 한국임시정부의 승인은 여러 가지 안팎의 요인 때문에 당시에는 실질적인 정치·외교적 효과가 나오지 않았다. 그러나 이는 한·중 관계 발전사에서 여전히 중요한 역사적 의미를 지닌다. 손문이 부각시킨 한국의 독립을 돕는 숭고한 정신은 이후 중한 교류에서 계속 확대 발전되었고, 손문이 당시에 약속했던 것들도 그의 후계자들에 의해 계속 다양한 방식으로 실현되었다.

그러나 이후 한·중 관계 발전사에서 손문의 이런 행보에 대한 평가는 여러 차례 엇갈렸다. 한국의 임시정부 승인을 둘러싸고 당시 한국의 반일 독립운동가들과 훗날 연구자들은 손문이 한국임시정부를 승인한 것을 예로 들고 훗날의 국민당 정부를 종종 비판하고 질책하였다. 예를 들어 1942년 7월, 당시 신규식의 광동 방문을 수행한 한국임시정부 요원 민석린(閔石麟)은 중경 동방출판공사에서 『중한 외교사화』(중문판)를 출간하였는데, 그 안에 『중국 호법정부의 한국임시정부 승인 전말』 등을 포함하여 손문과 신규식이 만났던 역사를 회고하고 있다.

민석린은 서문에 다음과 같이 썼다. "중산 선생은 정말 위대하다! 당시 국민당호법정부는 광동의 구석진 곳에서 밖으로는 열강의 압박을 받고, 안으로는 군벌의 배척을 받아 비바람에 흔들리며 누란의 위험이 있었으나 마침내 모든 난관을 극복하고 높고 먼 안목으로 한국임시정부를 승인하고 한국혁명을 전폭적으로 지지하였다. 얼마나 기백이 있으며 얼마나 식견이 있는가!" 국민당 당국에 대하여는 "오늘의 국제원조 환경은 20년 전에 비해 천 배나 유리하지만 한국혁명은 아직까지도 막혀있고, 임시정부 승인은 아직까지도 너무 어렵다."라며 비판했다. 또한 "지금 한국혁명은 생사의 최후 갈림길에 서 있다", "진심으로 한국 독립을 지원하는 자가 한국의 진정한 벗이자 좋은 친구이다. 그렇지 않은 자는 한국의 철천지원수로 삼천만의 적대와 저주를 영원히 받을 것이다."라고 강조했다.[22]

민석린의 저술 의도는 매우 분명하고, 한국 지사(志士)가 국민당 당국에 지원 강화를 요청한 심정도 이해되지만, 그 근거로 든 이유는 충분한 설득력이 없고, 문제를 보는 방식도 지나치게 직관적이며 간단하다. 주목할 만한 것은 50여 년 뒤에도 일부 한국 학자들은 국민당 정부가 중일전쟁 기간 동안 한국임시정부를 승인하지 못한 것은 미국정부의 대한(對韓) 정책을 중국이 추종한 결과라고 단순하게 귀결 짓는 등 여전히 비슷한 주장을 하고 있다는 점이다. 이러한 관점 역시 단편적이다.

필자는 손문이 이끄는 광동 호법군정의 한국임시정부 승인은 손문의 한국 독립운동 지원의 도의적 관점에서 그 의미를 이해해야 한다고 본다. 광동 호법군정 자체도 국제사회로부터 인정을 받지 못했기 때문에 그들의 한국임시정부 승인은 국제법적으로 효력이 없었고, 사실 한국의 독립적 지위를 확실히 할 수도 없었다. 당시 광동 호법군정이 한국임시정부를 승인할 수 있었던 것은 그 자신의 의도 외에 중요한 원인이 있었다. 이 정부가 중일 관계의 민감한 지역에서 멀리 떨어져 있어 일본의 정치적·군사적 압력을 직접적으로 받지 않아 외교 문제를 비교적 자유롭게 처리할 수 있었기 때문이었다. 반대로 만일 손문이 베이징 정부의 지위에 있었다면 북양 군벌과는 다른 대한정책을 집행하여 여러 방식으로 한국의 독립투쟁을 지지했을 것으로 추정할 수 있지만 절대로 한국임시정

22) [韩]闵石麟, 『中韩外交史话』 序, 1~2, 重庆东方出版社, 1942.

부를 즉각 승인하지는 않았을 것이다. 한국은 사실상 이미 일본에 합병되었기 때문에 한국의 독립을 승인한다는 것은 곧 중일관계의 결렬을 의미하는데, 당시 대내외 환경이 중국에 그렇게 불리하게 결정되었다면 한국에도 도움이 되지 않았을 것이다. 따라서 필자는 손문의 한국임시정부 승인에 대하여 객관적이고 적절하게 평가해야 하며 이를 예로 들어 국제·국내적 여건을 불문하고 손문의 후계자에게 손문처럼 하라고 요구할 수는 없다고 주장한다.

제4장 중국 국민당과 한국 독립운동

제1절 중일전쟁 전 중국 국민당의 대한관계

1927년 4월 남경(南京) 국민정부가 수립된 후 오랫동안 중앙정권을 장악했던 중국 국민당의 대한정책은 그 자체 특징이 있었다.

첫째, 중국 국민당이 직면한 대일 외교 정세는 북양 집단과 유사하거나 심지어 더 험악했다. 일본 당국은 각종 외교적 협박과 군사적 위협을 가하며 국민당에게 중국 내 한국 반일 독립운동을 단속하도록 강요하였으나, 중국 국민당은 북양 집단의 전철을 따르지 않고 내외정세의 변화에 따라 유연한 방침을 취하며 한국 반일 독립운동을 음으로 양으로 계속 지지하였다.

둘째, 중국 국민당은 삼민주의를 당의 최고 강령으로, 민족주의를 기치로 내걸면서 자연스럽게 손문의 약소민족 지원 정책을 법적으로 계승하였고, 당 내 한국의 반일 독립운동을 정성스레 지지하는 인사들도 적지 않았다. 그러나 이 당은 형식상 중국을 '통일'한 후 장개석(蔣介石)를 비롯한 일부가 동양의 억압받는 민족 지도자가 되려는 걸 염두에 두고 있어, 대한업무에 일종의'자대주의(自大主義)'정서가 섞여있었으므로 중·한 관계 발전에 미묘한 영향을 미쳤다.

셋째, 중국 국민당의 대한정책은 중국 공산당과도 달랐다. 기본적으로 한국의 반일 독립운동의 상층부 인물들을 연계, 회유, 지지의 방법으로 각종 제한적인 조치를 취하여 이 운동을 자신들의 지배 질서 안에 포함시키되 한 발짝도 나아가지 못하게 하였다. 이들은 공산당처럼 하층 민중에서부터 한교민을 광범위하게 동원하여 반일투쟁에 참가시키는 정책을 취하지 않았고 그렇게 되면 이 운동이 통제되지 않아 그들의 통치 질서에 영향을 미칠까 염려되었기 때문이다.

남경국민정부 수립 후, '제남참사'에서부터 '만주사변', '1.28사변', '하북사변', '7.7사변'에 이르기까지 일본의 침략 마수가 동북에서 화북으로 뻗어나가며 전 중국으로 확대되었고 대일 정세는 날로 험악해졌다. 한국 반일 독립운동이 중국 국민당의 대외전략에서 차지하는 위상이 점점 높아지면서 중국 국민당의 대한정책은 끊임없이 변화하였는데 그 단계에 따라 특징을 나타냈다.

남경 국민정부가 수립된 후부터 '7.7'사변 발생까지가 첫 단계이다. 이 단계는 '9·18 사변'을 경계로 다시 두 단계로 나눌 수도 있다. '제남참사' 이후 중일 관계가 경색되고, 남경 당국이 국민 신군벌 내전에서 승리를 거둠에 따라 한국 반일 독립운동 단체들의 남경 국민정부에 대한 기대가 커지고 있었다. 1929년 3월, 한국 독립당은 중국 국민당 '3대'에 전화를 걸어 "여러 해 동안 투쟁하여 중국 통일을 이루어냈으니 민중의 행복을 도모하고 인류 진화를 보장했다."라고 칭송하며 인류사에 '위대한 공헌'을 세웠으니 국민당이 한국혁명에 대해 '특별한 성원'을 해 줄 것을 호소하였다.[23)]

그러나 남경국민당은 내전에 급급한 나머지 일본과 타협 방침을 세웠고, 한국 반일독립운동 단체들과 정식으로 연계를 맺지 못한 채 비공식적인 방식으로 한국의 독립운동에 대한 도의적인 공감과 지지만을 표명했을 뿐이다. 1929년 말과 1930년대 초, 한국에서 발생한 광주학생운동으로 한국 반일 독립운동이 다시 고조되자 중국 국민당 중앙은 공식 입장을 밝히지 않았지만 이 당의 강소성 당부(2월 12일), 산서성 당부(2월 16일), 남경시 당부(2월 24일), 한구시 당무정리위원회(2월), 청도시 지도위원회(2월), 중앙정치학교 지구당부(3월 14일) 등 지방 당부들은 잇달아 공문서와 통신문을 발표하며 일본 제국주의의 반인륜적 잔혹행위를 맹렬하게 비판하고, 한국 광주참사와 중국 한구수행림(汉口水杏林) 참사, 제남참사를 비교하며 중·한이 모두 피압박자이자 일본 제국주의는 우리의 공동의 적이라고 지적하였다. 그들은 국민에게 "의분을 토하고 공감을 발하며 호응하여 일어나 자주독립의 대업을 조기에 완성하자."라며 적절한 자구노력을 호소하였다.[24)]

동북 지방 당국의 투항 후, 일본의 압력 때문에 북양 시기의 대한정책이 계속 유지되었다. 일본 침략자들은 한국인 교포를 중국

23) 南京『新闻报』, 1929年 3月 17日.

24) 石源华, 『韩国独立运动与中国』, 上海, 上海人民出版社, 1995, 164~168쪽.

동북으로 대량 이주시키며 중·한 관계를 의도적으로 이간질 했지만 국민당 동북 지방 당국은 적절한 대한정책을 마련하지 못한 채 일본 침략자들에게 이용만 당하였다. 만보산(万宝山)사건 및 이어진 조선의 화교배척 사건은 모두 한교민 문제로 인하여 발생한 것이다. 1931년 7월, 한국독립당 총재 김구 등은 국민당 당국이 동북성의 한교민에 대해 일곱 가지 상반된 관념과 감정을 가지고 있다고 지적하였다. 즉, 국민당 원칙에 따르면 국내 소수민족은 똑같이 평등하지만 한교민에 대해서는 차별한다. 한국 독립운동에 대해 원칙적으로는 공감과 협조를 표했으나 실제로는 엄격하게 막아주었다. 이론적으로 일본인을 국가의 원수로, 한국인을 혁명의 벗으로 인식하나 동북에서는 오히려 전도되었다.

수치적으로 동북성 일본인이 한국인보다 무기게 훨씬 더 많은 돈을 투자하지만 실제로는 돈도 무기도 없는 한국인을 먼저 축출했다. 도의적으로는 의지할 곳 없이 떠돌아다니는 이웃 민족을 동정하며 그들에게 집과 일을 주어야 한다고 하지만 감정적으로는 도리어 왜놈의 앞잡이라며 욕한다. 수량적으로 한교민 중에 나쁜 놈의 앞잡이가 적고, 나라에 충성하는 사람이 많지만, 정책적으로는 그들을 연좌하여 책임을 묻는다. 역사적으로 한교민들은 동북에서 와신상담하며 생업을 할 장소로 여기는데, 외교적으로는 도리어 발본색원한다. 등등 국민당 동북 지방당국의 대한정책의 모순과 혼란을 비판하였다.25)

그러자 조소앙은 동북 정무위원회에 서한을 보내 동북의 각지에

25)『近代中韩关系史资料汇编』第11册, 台北"国史馆", 406~410쪽.

"한국 농민을 철저히 보호하라"고 간청하고, '동성 한교민 수습책'을 제시하며, 정치·경제·교육의 3대 부문으로 나눠 "각 회가 심사하고, 명령을 내려 순서대로 시행하길 바란다."라며 중·한 관계의 전면 재조정을 요구했다.[26)]

1931년 일본이 중국 동북을 침략하며 '만주사변'을 일으키자 중국 국민당과 한국 반일 독립운동의 관계에 큰 변화가 발생하였다. 일본이 동북 3성을 침탈하면서 중국의 항일구국이 고조되었고 중국 내 한국 반일독립운동이 재기할 수 있는 조건이 마련되었다. 동북에서 오랫동안 반일투쟁을 계속해 온 한국 여러 계파의 항일 무장들이 군위를 회복하며 중국 항일의용군과 어깨를 나란히 하고 전투를 했고, 상해에서는 한국인 교민단체들이 잇달아 전보문 발표, 전단 살포와 집회 거행, 위문대 결성 등을 통해 중국의 항전을 지지했다.

1932년 1월, 중국에 체류하는 한국인 459,281명은 『중국인민에게 고지서』이라는 글을 발표하며, 격앙된 목소리로 다음과 같이 자신들의 바람을 표현했다. "귀국의 실력을 배경으로 한국의 죽음을 각오한 전사들이 선도하겠다. 우리는 관외를 공격하니 귀군은 관내를 지켜라. 우리나라가 무장봉기하여 일어나니 기개가 원수를 삼킬 만하고 산하를 피로 물들이며 내외 협공을 오래 지속한 방법을 삼는다. 2천만 명의 반이 죽어도 나라가 될 수 있고, 4만만의 삼분의 일이 줄어도 대국이 될 수 있다."[27)]

이로 인해 한국 반일 독립운동이 중국 국민당의 대일 전략에서

---

26) 『东省韩侨善后策』, 辽宁档案馆藏.

27) 南京『中央日报』, 1932年 1月 12日.

차지하는 위상은 급부상했다. 특히 1932년 4월 29일 상해 홍구 공원에서 윤봉길 의사가 폭탄을 투하한 이후 중국 국민당 최고 당국은 한국의 반일 독립운동에 직접적인 관심을 갖기 시작했고, 공개적이거나 비밀스러운 방법으로 중국 내 한국인 교민들의 반일독립 투쟁을 지지했다.

1933년 초, 국민당 총수 장개석은 남경에서 한국 독립당 총수 김구를 비밀리에 만나 협력문제를 협상했다. 국민당의 조직은 두 계열로 나뉘어 있었다. 진과부(陈果夫), 진립부(陈立夫), 주가화(朱家骅), 소쟁(肖铮) 등이 장악한 국민당 중앙조직부와 등원중(邓元仲), 하충한(贺衷寒), 간국훈(干国勋), 등걸(滕杰), 대립(戴笠) 등이 장악한 삼민주의 역행사(力行社) 및 그들이 제어하는 군통국, 이들 각각은 한국 독립운동 단체와 연락을 유지하며 필요한 각종 편의과 지원을 아끼지 않았다.

상해 홍구사건 이후, 한국임시정부가 상해의 프랑스 조계에 있을 수 없게 되고 주동자인 김구의 안전이 심각하게 위협받게 되자 국민당 중앙조직 부장인 진과부는 각 지역 군경을 동원해 은밀히 보호하고, 가흥(嘉興)·해염(海鹽)·항주(杭州)·남경(南京)·진강(鎭江) 등으로 이주할 수 있도록 도와줌으로써 일본군의 보복을 피할 수 있게 해주었다. 이후 중국 국민당 관계 당국은 비밀방법을 통해 일본의 수색을 탐지하면 한국인들에게 긴급 대피하라고 밀고해 주었다. 국민당 중앙부는 장개석의 비준을 받아 월 5,000위안을 김구 등의 일상 경비로 지출하였고, 기타 사업비는 김구가 제출한 계획에 따라 비준 후 별도로 심사하여 발급하였다.[28][29]

한편 삼민주의 역행사는 조선의열단 수장인 진국빈(陈国斌, 즉 김약산)과도 연계를 맺었다. 진국빈은 장개석에게 『중한합작 반일 반만 비밀 건의서』를 제출하고 중국 측의 직접적인 지원을 받아냈다. 30)한때 한국 독립운동에서 성행했던 일본군 요인 암살 투쟁 방식에 대해 국민당은 동의하지 않았다. 장개석이 김구를 만났을 때 "특무로 천황을 죽이면 천황이 또 나오고, 대장을 죽이면 대장이 또 나옵니다."라고 말하며 김구 등에게 장래 독립전쟁을 고려하여 우선 무관을 훈련하라고 권하자 한국은 이 건의를 받아들였다.

30년대 전기와 중기, 국민당 군부는 남경, 낙양, 강서, 호북이 등지에 조선혁명 간부학교 등 한국의 지사(志士) 양성을 대상으로 한 사관학교와 훈련대를 설치하거나, 중국 군관학교(항공학교 포함)에서 한국 학생들을 받아들였다. 중일전쟁 직전까지 모두 415명의 한국 학생들을 키우는 등 한국의 독립을 위하여 많은 군사 인력을 양성하였다.31)

'만주사변'에서 '7.7사변'에 이르기까지 중일관계는 천신만고의 위험을 겪으면서 국민당 당국이 한국의 반일 독립운동을 지지하였는데, 특히 중국군이 한국 학생을 받아들이는 것에 대하여 일본의 증오 때문에 매우 불편하였다. 일본은 거듭 항의하며 군사적 위협

28) 参见[韩]国史编纂委员会, 『韩国独立运动史』(4), 70쪽; 金九, 『白凡逸志』, 民主与建设出版社' 1994, 232~233쪽.
29) [韩]国史编纂委员会, 『韩国独立运动史』(4), 70쪽; 金九, 『白凡逸志』, 民主与建设出版社, 1994, 232~233쪽.
30) 石源华, 『韩国独立运动与中国』, 上海, 上海人民出版社, 1995, 201쪽.
31) 范廷杰, 『蒋委员长培育韩国革命干部』, 『传记文学』, 第30卷, 第6期.

도 불사했다. 이 때문에 반일 독립운동에 대한 국민당의 지지는 일반적으로 비밀에 부쳐졌다. 일본인들의 간섭할 구실을 피하기 위해 종종 명칭을 변경하고 주둔지를 이동했으며 심지어 한국 학생들을 사관학교에서 명의상 퇴출하는 방법을 써서 외교적 주도권을 쟁취했다. 일본 측의 무리한 성화는 상대하지 않았다. 1936년 8월 성도(成都)사건 직후 가와유키(川樾茂曾) 주중 일본대사는 '사관학교에서의 한국 학생 제적'을 대 중국 교섭의 중요한 6개의 조건 중 하나로 내세웠지만 중국정부는 이 사건과 무관하다는 이유로 일축했다.[32] 중국 국민당의 한국지원 정책은 한국 독립운동의 역량을 보호하고 대일 투쟁을 전개하는 데 중요한 역할을 했다.

제2절 중일전쟁 이전 중국 국민당의 대한정책

1937년 7월 7일, 중국 노구교(盧溝橋) 강가에서 전쟁의 불길이 일었다. 이 불길은 중국과 일본의 파란만장 했던 역사적 관계를 단절하고, 8년에 걸친 중일전쟁의 화마에 휩싸이게 만들었다. 당시 일본은 한반도를 병탄한 후, 한·중관계도 이에 따라 새 국면에 직면하게 되었다. '77사변'전에 중일관계가 중국 국민당과 한국 독립운동에 지대한 영향을 미쳐 한국 독립운동에 대한 지원은 특수한 형식을 취하게 했다면, 중일전쟁이 전면적으로 발발하면서 한·중 양국은 한마음으로 협력하여 반일투쟁에 응전하기 시작했다.

한국의 독립운동에 대한 중국 국민당의 지지와 지원은 중국 전

32) 范廷杰, 『蒋委员长培育韩国革命干部』, 『传记文学』, 第30卷, 第6期.

민족을 실현하기 위해 공개적으로 정부차원에서 많이 이루어졌지만 형식은 여전히 '77사변'의 이전 전통 방식에서 크게 벗어나지 못했다. 즉 당시 한국의 독립운동 단체는 여러 개가 난립해 있었는데, 이들 단체 모두를 동시에 지지하는 형식이었다. 이것은 바로 한국의 임시정부를 공식적으로 지지하면서 동시에 유일한 지원 대상으로 보지 않았다는 것을 의미한다. 일부 한국 독립운동가가 한국의 빠른 광복은 중일전쟁의 전면적으로 발발에 달려있다고 판단했다. 따라서 이들은 중국과 일본 간에 외교적 마찰이 생길 때마다 적극적으로 항일 활동을 하면서 전쟁에 참전했다. '77사변'을 기점으로 중화민족은 용감하고 비장한 중일전쟁에 들어가고 이는 지리멸렬하고 곤경에 빠진 한국 독립운동가들에게 반전의 기회를 만들어줬다. 수십 년 동안 고군분투하였던 한국의 반일독립운동 단체들은 이때부터 중국의 중일전쟁에 합류해서 중요한 일원이 되었다. "중국을 구하는 것은 마치 한국을 구하는 것이다"라는 말이 당시 한국의 독립운동 단체들의 기치가 되었다.33) 그 당시에, 중국 동북지역에서 항일 유격전을 진행한 김일성 등의 중국 항일연합군의 주축이 된 조선 무장단체 외에도 중국 경내 중일전쟁에 참가한 한국 독립운동 단체는 크게 두 집단으로 나눌 수 있다.

하나는 김구를 비롯한 한국 국민당과 한국 임시정부였다. 1937년 7월, 임시정부는 국무회의를 열어 군사위원회 설립을 통과시켜 한을 풀고 광복을 실현하기 위해 독립전쟁을 추진하였다. 같은 해 8월, 남경(南京)에서 "한국광복운동 단체연합회"를 조직해 독립전쟁

33) 金若山, 『一切反日力量团结起来』, 『朝鲜义勇队两周年纪念特刊』, 1940.

의 기반을 확대했다. 1940년 9월, 한국광복군을 설립했는데 이청천(李青天)이 총사령관을 맡았고, 광복군의 총부를 시안에 두었고 산서(山西), 수원(绥远), 산동 등에 각 지대를 하나씩 설치했다. "우방인 중국과 함께 적을 물리쳐 일본군을 대항하자"고 선언하면서 "중국 동북 지역에서 광복을 위해 오랫동안 분주하면서 노력해온 삼한의 투사들과 화베이 지역의 동포를 총동원할 뿐만 아니라 국내 3천만 명의 혁명 투사를 바로 모아서 왜란의 침략을 막고 천직을 수행할 것이다."라고 선포했다.[34]

또 다른 집단은 김약산이 주도한 조선민족혁명당 등의 무장단체들이다. 1937년 12월, 그들은 한구(汉口)에서 "조선민족전선연맹"을 조직해서 "조선청년 전위동맹"의 이름으로 무한(武汉) 지역에 있는 군사관청과 협력해 항일작전을 투신해 나갔다. 1938년 10월, 조선의용대를 설립해 "식민지의 노예가 되고 싶지 않은 천백만 명의 동포를 깨우고, 조선의용대에 집결하여 파시즘 군벌에 억압받던 모든 지역의 민중들을 연합해서 우리의 진정한 적인 일본군을 물리치자. 이것으로 동서양의 영원한 평화를 되찾자"라고 주창했다. 『朝鲜义勇队成立宣言』, 1938년 10월 10일 발표

군대의 총사령부는 최초에 계림(桂林)에서 설립되었고 후에 중경으로 이전했다. 총사령부는 두 개의 조직으로 구성되었고, 1940년에 다시 세 개의 조직으로 확대하여 중일전쟁의 전선에서 중국군과 함께 싸웠다.

중국 국민당은 한국의 독립운동에 대한 협조는 원칙상 중앙 당

---

34) 范廷杰, 『韩国革命在中国』, 『传记文学』, 제27~29권.

부(党部)가 김구 등이 주도한 임시정부와 주로 소통·연락하고, 군사위원회가 김약산을 비롯한 조선민족혁명당 및 그가 지도한 조선의용대와 연락을 취했다. 주 조치는 다음과 같다.

정치상, 한국의 반일독립운동을 적극적으로 지원했고, 중국 국민당은 중국에 있는 한국의 온갖 당파 단체들이 중국항전의 참여를 열정적으로 받아들였다. 1937년 '8.13사변'이후, 김구가 지도한 총사령부는 진과부(陈果夫)의 지지와 도움을 받아 남경 인근 지역으로 이전했고, 다시 남경중앙정치학교 지정대학의 숙소로 이전했다. 소쟁(萧铮)은 통신원 업무를 맡았고, 군사위원회 제6부 부장 진립부(陈立夫)가 전용 통신기를 설치해둠으로써, 일본 정보의 수집업무를 전담했다. 1938년 11월 말부터 1939년 초까지 국민당 총재인 장개석은 김구와 김약산을 따로 접견하여 한국 반일독립운동을 지원하겠다는 의사를 전했다. 두 단체가 파벌분쟁을 버리고 대동단결을 도모해서 일본을 물리쳐야 한다고 권고했다. 이를 통해 한국의 독립투사들은 많은 격려를 받았다. 이어서 김구와 김약산이 1939년 5월에『동지·동포와 민중에게 준 고지서(告同志同胞诸君公开信)』을 연명으로 발표했으며, 한때 "전국연합진선협회"까지 조직했다.[35]

중국 민중들도 정부가 한국 독립운동을 지지해야 한다고 호소했다. 1941년 11월 17일, 일부 국민 참정원이 제2차 2번 국민 참정회의에서 한국의 광복 운동을 도와주고 적당한 시기에 한국임시정부를 인정하고 제3차 3번 회의에서 어떤 국민 참정원은 곧바로 한국임시정부를 인정하고 한국을 영원한 중립국으로 승인하자고 제기했다.[36]

---

35) 范廷杰,『韩国革命在中国』,『传记文学』, 제27~29권.

하지만, 그러나 당시의 국제정세와 한국 독립운동 단체 간의 문제로 실현하지 못했다. 하지만 중일전쟁 시기 중국 최고 여론기구에서 몇 차례 제기되었다는 것만으로도 한국 독립운동에는 지대한 힘이 되어주었다.

국민당은 경제적으로도 한국임시정부와 독립운동 단체를 지지했다. 중일전쟁 시기에 한국임시정부와 수많은 한교민이 중국 국민정부를 따라 중경으로 이전한 후부터 미국에 있는 한교민 간의 소통은 점차 줄어들어 한동안 연락이 중단되기도 했다. 이러한 단절로 인해 한국 독립운동 단체는 경제적으로 궁핍했고, 중국 국민당의 경제적 지지 외에는 다른 경제 수익이 없었다. 중국의 경제 지원은 군비 외에 주로 세 가지 쓰임으로 나눌 수 있다.

첫 번째는 임시정부와 의정원의 일상 업무 지출이다. 최초에 국민당 중앙조직부장의 특별 지출 비용 중에서 매달 6만 위안범화[37]부터 시작해 물가의 상승과 사업의 확대에 따라 최대 지원금은 300만 위안범화에 달한 적도 있었다.[38]

이외에도 김구에게 비밀 활동비용을 따로 지원하였고 형편이 어려운 혁명가들의 생활비를 적지에 침투한 전사들의 작전비용으로 활용하기도 했다.[39] 또한, 한국임시정부가 특수한 상황을 직면한 경우

36) 石源华, 『论抗日战争期间国民政府的援韩政策』, 『抗日战争研究』, 1994(2).

37) 범화: 1953년 이후 국민당 정부가 발행한 지폐(역자 주)

38) 호춘혜(胡春惠)가 쓴 『韩国独立运动在中国』 책의 통계를 따르면, 이 업무의 비용은 1943년 5월에 약 16만 위안이었고, 1944년에 1월 50만 위안이었으며, 9월에는 100만 위안을 달했다. 그리고 1945년 3월 이후는 300만 위안으로 올렸다. 타이베이, 1976.

당시의 중국정부로부터 공식적으로 보조금을 받을 수도 있었다. 예를 들어, 관공서가 망가지거나 한국 난민들이 총칭에 도착한 일들이 이에 해당한다.[40] 두 번째는 한국독립당, 조선민족혁명당 및 기타 한국의 독립운동 단체를 보조한 국민당 중앙부서 지원금이 있는데, '당부지원금'으로 불린다. 당부지원금은 처음에 각 단체가 국민당 중앙 조직에서 매달 직접 받는 방식을 취했다. 1944년 초, 중국이 한국임시정부를 유일한 지원 대상으로 정하면서 각 단체가 다른 명목으로 한국임시정부에 간접적으로 제공하는 방식으로 변했다.

세 번째는 교민들의 생활비이다. 한국임시정부를 따라 약 300명의 한교민이 중경으로 함께 이전했고 그 후 600명으로 늘어났다. 이들은 기본적으로 독립운동을 목표로 둔 교민이기 때문에 최소한의 생활비는 중국 측이 지원했다. 재학 중인 청년의 교육비와 생활 형편이 어려운 사람은 보조금을 따로 신청할 수 있었다. 전쟁 시기에 중국정부도 자체의 재원과 물자가 많이 부족했지만 중경에 있는 한교민들은 중국정부의 지원을 받은 덕에 일반적으로 중반 정도의 삶의 질을 유지할 수 있었다.[41]

군사적으로, 한국의 무장부대를 중국 군대체계에 편입시켰다. 조선의용대가 설립된 날부터 중국 군사위원회 정치부 제1청의 지휘

---

39) 『中央组织部李永新处长致张寿贤函』, 1945년 8월 10일, 대만당사위원회 수장. 본 장에서 중국 국민당당사 위원회 수장으로 각주 한 내용은 모두 호춘혜(胡春惠)가 쓴 『韩国独立运动在中国』의 내용을 참고함.

40) 『行政院祕书处致中央委员会祕书处平玫字第 6299号函』, 1945년 4월 4일, 추헌수, 『한국 독립운동(1)』, p.383, 연세대학교출판사, 1971.

41) 김구, 『백범일지』, p.274, 민주와건설출판사, 1992.

를 받아 중국 군대가 일본에 대한 전지공세의 특수한 정치 공작대 임무를 수행했다. 중국 전쟁터의 수요를 따라 그들은 남북 6개 작전 구역, 총 13개 성에 투입되었다. 주로 일본군의 정보 수집과 정보 번역 및 분석, 일본군 포로의 관리 및 훈련, 일본군에 있는 한국인들을 대상으로 모반을 획책하고, 일본군에 대한 심리전, 그리고 중국 군대의 유격전에 협조하고, 한국의 망국을 타산지석으로 중국 민중들의 항일 의욕을 고취하는 작업을 수행했다.

이러한 모든 작업은 큰 성과를 거두었다. 한국광복군은 비록 한국임시정부에 의해 설립되었고, 임시정부와 명분상의 예속 관계지만 실제로는 중국 군대의 지휘를 직접 받았다. 임시정부의 허락을 받아 중국 군사위원회는 『한국광복군 행동준칙(韩国光复军行动准绳)』을 발표했다. 준칙에서는 "한국광복군은 중국 대일작전 기간에 본 위원회의 직속 부대이며, 참모총장이 직접 장악하고 지도한다." "중국 최고 사령관의 군령만을 받는다." 등의 내용을 적시했다.

중국 군대는 중국 육군 중장 윤정보(尹呈辅)를 총사령부의 참모총장으로 임명하여 중국 군대와 한국광복군의 소통을 강화했다.[42] 한국의용대와 한국광복군의 무기와 군량, 이불과 의복 등의 보급은 모두 중국 군대가 제공했으며, 중국 군대와 같은 대우를 받았다. 두 부대는 모두 '대원제(队员制)'를 활용했기 때문에 모든 구성원은 최소 중국 군대 소위급 이상의 장교 봉급을 받았다.[43] 중국

---

42) 중국 군사위원회, 『한국광복군행동준칙』, 『국민정부와 한국 독립운동사료』, pp.337~338, 대만 "중앙연구원" 대사연구소, 1988.

43) 『代参谋总长程潜致中央吴铁城秘书长函所附上委员长呈』, 1945년 8월

에 있는 한국의 두 무장 항일군대는 항전 초에 중일전쟁에 참여한 국제 지원군으로 볼 수 있다.

중국 국민당의 막대한 지원은 당시 어려운 상태에 빠진 한국 독립운동의 새로운 활력을 넣어주고 독립운동의 전환점이 되었다. 한국 독립을 위한 여론의 힘을 강화하고, 많은 간부를 양성하면서 내실을 키워나갔다. 아울러, 한국의 반일투쟁은 일본 침략군에게 심한 타격을 입혔다. 특히 조선의용대와 한국광복군이 중국 항일 전쟁에 참여해서 적극적인 활동은 당시 중국 국민의 항일사기를 극대화를 시켜 중국 반일의 국제적인 기세를 확대했다.

제3절 태평양전쟁 발발한 후 중국 국민당의 대한정책

1941년 12월 8일, 태평양 전쟁의 발발은 세계정세를 완전히 뒤바꿔놓았다. 일본은 중국, 미국, 영국 그리고 네덜란드와 동시에 전쟁을 일으켰고, 패전은 자명한 일이었다. 역으로 한국의 독립은 멀지 않았음을 의미했다. 12월 10일, 한국임시정부가 중국 대일선전을 한 다음 날 곧바로 대일 선전서를 발포했다. 이것은 반침략 전선에 참여해 끝까지 싸우겠다는 투지의 표현이다. 그리고 당시 한국임시정부 김구 주석은 중국 국민정부 림삼(林森) 주석에게, 한국임시정부 조소앙 외무총장은 중국 외교부장 곽태기(郭泰祺)에게 각각 연락하여 "한국의 독립, 그리고 전 세계 약소국의 해방은 모두 중국이 대일선전의 발포 및 최종적으로 얻은 승리의 결과를 통

10일, 중국 국민당당사위원회 수장.

해 실현되었다."라고 표명했다.[44)]

1924년 1월 1일, 중국, 미국, 영국을 비롯한 26개 국가가 워싱턴에서 『연합국가 공동선언』을 조인했다. 중경에 있는 한교민은 3월 1일 한국 독립운동 23주년을 기념하기 위해 큰 집회를 거행하고 회의명의로 중국, 미국, 영국과 소련의 원수에게 전보를 보냈는데, 전보에서 한국임시정부에 대한 승인과 한국은 제27번째 참전국 자격으로 대일본 작전의 동맹국 신분의 승인을 요청했다.[45)]

이와 동시에 미국에 있는 한국 독립운동 단체드 워싱턴에서 한국 자유회의를 열고 중경의 한국임시정부를 지지하는 결의를 통과시켰으며 26국 공동선언을 준수하겠다는 의사표시를 하면서 루스벨트 대통령과 미국 국회에 한국임시정부에 대한 승인 의사를 밝혔다.[46)] 전 중국에서 "한국 독립을 지지하자." "한국임시정부를 승인하자."의 여론이 높아지는 가운데 중국 국민당은 한국 지원정책을 크게 조정했다.

1941년 10월부터 장개석은 중국군사위원회에 중국 내의 한국 독립광복 운동에 대한 지원 방안을 신속히 계획하라는 명령을 내렸다.[47)] 1942년 7월 20일, 중국 국민당 중앙상무위원회가 개최한

---

44) 张群, 黄少谷, 『장개석 대통령은 자유 정의와 평화를 위한 투쟁에 관한 술략(蔣总统为自由正义与和平而奋斗述略)』, pp.281~283, 대만, 1958.

45) 重庆 『중앙일보』, 1942년 3월 2일.

46) 重庆 『중앙일보』, 1942년 3월 2일.

47) 『军事委员会委员长陷川侍六代电』, 1941년 10월, 중국 국민당당사위원회 수장.

제206차 회의에서 한국을 지원하자는 제안을 검토했다. 결의에 의하면, 국민당의 원로인 고시원 원장 대부현(戴传贤), 군사위원회 참모총장 하응흠(何应钦), 국방 최고 위원회 비서장 왕총혜(王宠惠), 국민당 중앙조직부장 주가화(朱家骅), 국민당 중앙 당부 비서장 오철성(吴铁城), 국민참정회 비서장 왕세걸(王世杰), 그리고 장개석 시종실 책임자인 한국 독립운동과 밀접한 관계를 유지해온 진과부(陈果夫)등 7명으로 전담팀을 구성하도록 했다. 오철성과 왕충휘는 전담팀의 모집자 역할을 맡아 한국을 원조하는 정책의 조정 및 강화 업무의 전반적 연구책임자 직을 수행했다. 전담팀은 당시의 국민당, 행정 기구 그리고 부대의 요원들을 모두 모았고, 국민당 중앙 정책에 매우 강한 영향력과 권위성을 가졌다. 8월 1일, 전담팀은 중경 상청(上清)가든 국민당 중앙 당부 회의실에서 제1회 회의를 열었다. 그 전에 군사위원회는 이미 지시에 따라 『중국이 한국 혁명단체에 부조운영 지도초안(对韩国在华革命力量扶助运用指导草案)』을 제정했고 이번 회의에는 초안의 내용을 바탕으로 토론했다. [48]

17일에 전담팀은 중경 국민정부 회의실에서 제2차 회의를 열었는데, 팀 구성원 외에 당시 행정원 부원장 겸 재정부 부장 공상희(孔祥熙), 한·중 문화협회이사장 겸 입법원 원장 손과(孙科), 그리고 장개석의 중요한 참모인 진포뢰(陈布雷)가 회의에 참가했다. 한국을 지지하는 제의에 대한 검토는 재정적으로 더욱 구체적이며 전략에 더욱 실천할 가능성이 높게 하였다.[49]

---

48) 爱国同志援护会, 『한국독립운동사』, pp.370~380, 1989년 2월 5일.
49) 『中央商讨朝鲜问题第二次会议记录』, 1942년 8월 17일, 중국 국민

23일에 오철성은 두 차례의 검토를 통해 형성된 한국을 지원한 결과 및 군사위원회에서 제정한 초안을 장개석에게 제출했다.50) 10월 9일, 장개석은 오철성에게 전보를 보내 한국 지원에 대한 지시를 내렸다. 이것으로 오철성은 다이추안시안, 왕충휘, 하응흠, 주가화 등과 협상을 통해 "조선광복 운동을 지원하는 지도방안"을 다시 제정했다. 12월 27일, 장개석은 중국 국민당 총재로서 방안의 실시를 허락했다.51)

이후 중국 국민당이 한국을 지지하는 정책은 문서로 그 증거를 남겼다. 지원의 핵심은 한국의 혁명단체가 중국 항전에 참여하는 데에 보조하는 것으로부터 한국 광복단체를 돕는 내용으로 전환했다. 전후 한국의 독립을 실현하고, 한국임시정부가 한국광복 후의 정식 정부가 될 수 있도록 도와주기로 했다. 이 문서는 전쟁 시기 한국 반일독립운동 및 한·중 관계의 발전에 큰 영향을 미쳤으며, 그 내용은 아래와 같다.

갑. 총칙

삼민주의(三民主义)의 총칙을 준수하고 약소국 민족을 도우면서 평화로운 동아시아를 구축하기 위해 노력한다. 다라서 중국에 있는 각 조선 혁명단체에 적극적으로 지원하여 광복 역량을 양성하게

당 당사위원회 수장.

50) 『中央党部吴铁城祕书长上蒋总裁特6358号快邮代电』, 1942년 10월 9일, 중국 국민당 당사위원회 수장.

51) 『军事委员会第6948号快邮代电』, 1942년 12월 27일, 중국 국민당 당사위원회 수장.

하고 하나의 독립 국가를 재건할 수 있도록 도와준다.

을. 요지

㈎ 국민당의 동지는 친밀하고 열정적이며 온화한 태도로 중국에 있는 한국의 혁명단체를 대해야 한다.

㈏ 항전 동안에 한국의 각 혁명단체는 중국 측의 군대 요청에 따라 중일전쟁에 직접 참여하며 일본 군국주의의 패배를 위해 노력한다.

㈐ 중국에 있는 한국의 각 혁명단체의 소통이나 지도는 총재가 지정한 세 사람이 각각 역할을 맡는다. 필요한 비용은 국민당에서 일괄 지출한다.

병. 방법

㈎ 적합한 시기에 다른 나라보다 일찍 한국임시정부의 정통성을 인증한다. 구체적 실시 및 시기의 선정은 주요 책임 지도자가 총재의 지시를 따라 외교부에서 진행한다.

㈏ 중국에 있는 한국광복군은 군사위원회에 직속되고 참모총장이 직접 운용한다. 한국광복군의 요청에 따라 참모와 정훈인원을 파견하고 한국광복군의 작전 계획, 군사훈련 및 문화선전 등 업무에 협조한다.

㈐ 한국임시정부 및 각 독립단체는 동맹국의 작전 및 중국군대의 배치에 협조하며 아래의 업무를 수행해야 한다.

- 적군에 잠입해서 한국인 병사를 선동한다.

- 한국의 사령부와 해외에 있는 한교민과 연락한다.
- 유망한 한국 청년을 모집해 훈련을 시킨다.
- 한국 사령부와 적군에게 광복 운동과 관련된 공문을 끊임없이 선전한다.
- 중국 부대의 작전 참고용으로 다양한 정보를 수집한다.

(라) 책임 지도자는 작전 현황과 각 한국 독립단체의 작업 진행현황을 정기적으로 확인·검토한 후에 관련 기구들과 협상한 후 후속 계획을 세워서 지도한다.

(마) 비용 보급의 진행은 아래와 같다. 무기 및 군사비용은 군사위원회가 편성한 규정 절차에 따라 지출한다. 당부와 정치업무에 관련 비용은 책임 지도자가 협상한 후에 중앙집행위원회 비서처에 보고하여 승인된 비용 범위 내에서 지출한다.

(바) 한교민을 보호하고 간첩의 잠입을 방지하기 위해 한국임시정부 및 각 혁명단체는 중국에 있는 한교민의 인원수, 직업과 주소 등을 조사하여 중국 측에 통지해야 한다.

(사) 중국에 있는 한국 독립인사는 중국 전·후방에서 작업을 수행할 경우 중국의 법률을 준수해야 한다.

(아) 본 방안은 총재의 승인을 받은 후 실행한다. 각 관련 기구는 본 방안에 의해 구체적인 실시 계획을 세운다. 실시 계획은 협상을 통해 최종 결정된다.

위의 기본적인 방안을 근거해 중국 국민당은 일련의 조치를 취하여 한국을 지원하는 작업을 지속한다.

우선, 조직구성부터 한국을 지원하는 관련 기구를 단일화 시켰다. 중국 관공서 또는 관련 기구 중 초기에 한국을 지원하는 업무와 관련된 기구를 보면 군사위원회 관공서와 정치부, 국민당 중앙 비서실과 조직부, 국민정부 외교부 및 군통국(军统局)과 중통국(中统局) 등이 있었다. 한국지원 업무를 통일화하기 위해 1942년 12월 27일에 장개석의 허락 하에 군사위원회 참모총장 하응함, 국민당 중앙조직부장 주가화, 중앙 당부 비서장 오철성 세 사람을 한국 지원을 위한 정책 실행 지도자로 선정했다. 한국 지원업무와 관련 문제는 정치, 군사와 경제 등 영역의 구분이 없이 모두 이들 세 사람의 협의를 통해 처리하기로 규정지었다.[52]

국제정세의 변화에 따라 중국 국민당은 전후 한국의 독립, 국제사회의 승인 등을 한국 지원업무에 최우선 목표로 정했다. 당시 중국 국민당의 입장은 전후 한국독립의 쟁취는 한중간의 유구한 역사적 관계는 물론, 전쟁이 끝난 후에도 극동의 평화를 유지하기 위한 중요한 조치이며, 중국은 아시아 대국으로서 할 중국의 책무라 생각했다. 따라서 정부의 공식발표, 외교적 소통, 혹은 민간과 여론 등의 방법을 동원하여 공식적으로 국제사회에 전후 한국의 독립을 인정해야 한다고 줄곧 제의했다.

1942년 8월, 중국 행정원 정무처(政务处) 처장 장정불(蔣廷黻)가 기자회견을 열었고, 또 11월, 당시 신임 외교부 부장 송자문(宋子文)이 기자회견도 개최했다. 기자회견에서 모두 한국이 전쟁 후

52) 『中央党部吴铁城秘书长上蒋总裁特5259号报告』, 1942년 12월 15일, 중국 국민당 당사위원회 수장.

에 독립국가로 건국할 것에 중국은 공개적으로 지지하겠다는 태도를 밝혔다. 또한, 한국 독립을 지지하는 것은 중국의 권리가 아니고 의무라고 강조했다.[53] 1943년 1월 3일, 중국 국민정부 외교부 정보사(情报司) 사장 소육린(邵毓麟)은 『대공보(大公报)』에서 전쟁이 끝나자 한국은 바로 독립해야 한다는 주장을 발표했다. 글에서 "조선은 일본이 대륙을 침략하는 발판으로 독립 한국에 대한 침략은 청일전쟁(갑오전쟁)의 기점이자 러일전쟁의 단초가 되었다. 그리고 이번 태평양전쟁이 일어난 배경이기도 하다. 따라서 한국의 독립은 중일전쟁 종결자이자 귀착점이다. 또한 이는 동맹국 협력 작전의 공동 목표로 되었다."[54]

이 글은 국제 여론의 주목을 받았다. 당시 미국 중주 대사 가오스는 이 글을 미국 국무원에 전보로 보내 중국정부의 견해라고 설명했다. 7월 26일, 장개석은 한국임시정부의 요청을 받아 중경에서 김구 등 지도자들을 접견했다. 회담에서 "한국은 전후 독립해야 하며, 이는 중국정부의 결정이다."라고 솔직하게 밝혔다. [55] 곧이어 중국 외교부장 송자문은 8월 4일에 런던과 8월 중순 워싱턴에서도 "일본 패배 후 중국 동북지역과 대만을 중국에 돌려주고, 조선을 독립국가로 인정하는 것을 바란다."는 유사한 담론을 공식 발표했다.[56]

53) 重庆『中央日報』, 1942년 11월 4일과 1945년 8월 25일.

54) 邵毓麟, 『如何解决日本事件』, 중경 『대공보』, 1943년 1월 3일.

55) 『韩国临时政府宣传部长金奎植对旅美韩侨广播演讲词』, 1943년 8월 5일, 중국 국민당 당사위원회 수장.

56) 장사 『대공보』, 1943년 9월 19일.

중국정부가 입장을 공식 발표하면서 한국독립을 홍보하는 중국 언론도 한민족의 해방을 호소했다. 중국민중들은 민족주의 의식이 점차 고취되면서 중국의 안전과 아시아 미래의 평화를 위해 한국 독립 문제를 고려했다. 1943년 10월 12일, 중경 『대공보』에서 『조선 독립에 관하여』라는 사설을 기재했다. 사설에서 "이번 중국의 중일전쟁은 역사상 유례없는 대전이다. 중국은 큰 대가를 치르고 국가와 민족의 운명을 걸고 있다."고 강조하면서 "포부와 목표"는 바로 "끝까지 대항하자." 여기의 "끝"은 바로 "완전한 중국"의 광복과 "조선을 독립"을 실현하자는 것이다.

사설에서 또한 "지도를 보면 조선반도는 황해와 일본해로 갈라지고, 미시마와 바라보며 중국의 동삼성과 소련의 해변 도시와 연결되는 것은 바다든 육지든, 중국, 일본, 소련은 모두 조선과 국경을 맞대고 있기 때문이다. 일본이 조선을 통해 중국을 침략했고, 역시 조선을 통해 소련을 침략한 것이었다." "현재 조선의 독립문제가…극동의 평화를 위한 백년대계이다."

중국 여야 의 공동 노력을 통하여 전쟁 후 한국독립을 위한 여론을 환기시켰다. 1943년 11월 23일~26일 사이, 중·미·영국 삼국이 이집트 카이로에서 정상회담을 열고 장개석은 루스벨트와 첫 회담에서 태평양전후 한국의 독립문제를 제기하면서 미·영 양국이 중국의 입장을 지지해 줄 것을 요청했다. 영국은 중국입장에 반대했지만, 처칠은 마지막에 "in due Course"란 수정안을 제시한 후 최종적으로 "우리 삼대 동맹국은 조선 인민이 받은 노예 같은 대우를 청산하고 적당한 시기에 조선은 자유와 독립의 국가가 될 수 있도록 결정했다."는 문구를 『카이로선언』에 덧붙였다. 그리하여 법적으로 전쟁 후 한국독립을 위한 국제적 지위를 다졌다.

이와 동시에 한국임시정부의 승인 문제도 중국 국민당의 업무 일정에 올렸다. 한국임시정부는 1919년 설립부터 20여 년간 중국 정부와 민간으로부터 지지를 받았다. 비록 그때의 중일관계, 국제 환경과 임시정부의 불안정성, 그리고 한국 각 독립운동 단체의 공동 지지를 얻지 못하는 등 여러 가지 불완전한 요소들로 인해 중국의 정식적 승인은 받지 못했다. 하지만 임시정부가 수십 년 동안 한국 독립운동의 상징이라는 점은 부인할 수 없다. 만약 국제사회의 승인을 받을 수 있다면 전쟁 때 임시정부가 기타 한국 독립운동 단체들을 포용해서 한국의 광복을 위해 더욱 노력할 수 있었을 것이다. 한국은 독립 이후 임시정부를 기반으로 중국과 좋은 관계를 유지할 수 있는 정통 정부를 세울 수 있었다. 그래서 태평양 전쟁 발발 이후에 중국정부는 한국임시정부를 승인하는 일에 줄곧 적극적으로 대응해왔다.

1942년 3월 22일, 중국 입법원 원장 손과는 동방문화협회가 개최한 행사에 참여해 발표한 연설에는 한국임시정부를 높이 평가하면서 처음으로 "현재 가장 중요한 것은 한국임시정부를 승인하는 것이다."라고 공개적으로 발표했다. 손과는 연설에서 이렇게 말했다.

한국임시정부는 유럽의 망명정부와 달리 23년의 독립운동의 역사를 갖고 있다. 그의 설립은 한민족을 대표하고 오늘까지도 한민족을 대표하고 있다. 한국 국내는 서로 다른 단체들이 있긴 하나 다른 임시정부는 더 이상 없다. 미국에 있는 수만 명의 한교민도 최근에 회의를 통해 중경의 한국임시정부를 지지했다. 소련에 있는 수십만 명의 한국인과 중국 동북 3성에 있는 수만 명 한국인도 마찬가지로 임시정부를 지지하고 있다. 이는 한국 수천만 한국 국민의 의지를 증명할 수 있다.

그들도 임시정부를 승인했고 우리는 더욱 공식적으로 인정해야 할 것이다. 우리가 승인을 한다면 영·미도 반드시 이어서 승인할 거다. 앞으로 소련도 승인할 거다. 그래야 임시정부의 힘이 더 강해지면서 한국국민을 더 잘 지도할 수 있다. 중경부터 출발해서 점차 한국 광복의 대업을 완성할 수 있다. 그래야 한·중 양국 국민의 우정을 양국 수천 년의 우호적 관계로 되돌릴 수 있을 뿐만 아니라 더 밀접해지고 세세 대대 모두 잊을 수가 없을 것이다.

손과는 "한국임시정부가 소련이나 미국이 아닌 중경에서 설립한 사실은 한국과 중국의 우호적 관계가 다른 나라보다 더욱 밀접하다는 것을 증명한다. 한국의 독립문제는 현재 한국만의 문제가 아니고 중국의 중일전쟁과 동아시아, 그리고 전 세계의 정세와 밀접한 관계를 맺는 문제이다. 따라서 중국은 이 점을 철저히 이해하고 한국독립에 최선의 지원을 해야 한다."[57]고 강조했다. 8월, 중국정부의 고위인사는 한국을 지지하는 문제를 토론하기 위해 회의를 두 번 개최하였다. 한국임시정부를 승인하는 제의에 관해서 여러 차례 검토했는데 최종 "일찍 승인하면 영국은 답답하고, 미국도 영향을 받는다. 늦게 승인을 하면 소련의 음모를 고려해야 한다."는 여러 원인 때문에 "적당한 시기에 다른 나라보다 우선 승인하

57) 『韩国独立问题』, 『孙科文集』, 제3책, p.848.

자”[58]는 원칙을 세웠다.

중국 국민당은 이에 대해 미국, 영국과 소련의 의견까지 구했다. 1942년 5월 1일, 미국 주중 대사 고스는 국민정부 외교부에 보낸 회신에서 미국은 한국단체를 바로 승인할 생각은 없다는 의사를 표했고 이유는 중국에 있는 한국 단체들은 서로 합작할 수도 없고, 한국 국민의 지지를 받지 못하기 때문이라는 것이다. 또한 미국에 있는 한교민의 입장과 시베리아 일대 소련이 지지하는 한국 단체의 입장을 고려해야 하는 여러 이유를 제시했다. 1943년 5월, 미국 국무원 고위층이 다시 주미 중국대사 위도명(魏道明)에게 한국 임시정부에 대해서 현재 토론하지 않는 게 좋겠다고 전했다. 소련 정부는 중국의 제의에 아랑곳하지 않고 시베리아에 있는 한교민을 적극적으로 조직하여 전쟁 끝난 후 한국에서 새 정권을 세우는 데 노력했다.[59]

미국과 소련 등의 국가들은 당시 중국국민당이 한국임시정부를 승인해서 전후 중국과 한국 정권 간 좋은 외교 관계를 맺으려는 의도를 받아들이지 않는 것은 뻔했다.

한국임시정부가 국제사회에서 빨리 승인을 받을 수 있도록 국민당은 다양한 방법을 통해 임시정부를 강화시켰다. 한국 내부당파는 사방팔방으로 갈라져 한국 독립운동의 치명적인 약점이 되었다. 한국임시정부가 설립된 후 한국 독립운동 내부에서도 반대의 목소리

58) 『商讨朝鲜问题会议记录 — 戴传贤发言』, 1942년 8월 1일, 중국 국민당 당사위원회 수장.

59) 邵毓麟, 『한국 방문 회상록』, 『전기문학』, 제30~35권 연재.

가 계속 나왔고 때로는 임시정부는 "한두 명이 간신히 버틴" 어려운 시점도 있었다. 설령 중일전쟁 기간이라도 한국임시정부의 기반은 김구의 한국 국민당 등 세 당파에만 한했다. 김약산이 지도한 조선민족혁명당과 조신민족전선동맹은 장개석의 설득으로 한동안 김구와 '전국연합전선협회'를 설립했지만, 한국임시정부에 대해서는 항상 무관심으로 대응했다. 또 다른 조선 독립운동단체는 임시정부가 "조선광복 혁명에 유해하다", "국민의 지지가 없다", "통치력이 부족하다"라고 공개적으로 지적했다.60)

이러한 상황은 중국 국민당이 한국을 지원하는 데 매우 불리했다. 1942년 새해쯤 국민정부 외교부 부장 곽태기(郭泰祺)는 김구와 김약산을 회견했다. 두 사람에게 국민정부가 한국임시정부를 승인할 의향이 있다고 전했고 또한 한국 여러 단체의 단결과 합작은 국제외교에서 한국독립을 승인하는 것과 밀접한 관계가 있다는 점을 솔직히 지적해 주었고 두 사람에게 압력을 가해주었다.61)

중국 국민당은 한국을 지원하는 구체적인 방안을 수정하고 예전에 여러 한국 독립운동 단체를 동시에 지원하는 정책으로부터 김구가 이끄는 한국임시정부를 중심으로 돕는 방침으로 수정했다.

국민당은 조선민족혁명당이 창건한 조선의용대를 한국임시정부가 만든 한국광복군에 편입시켰고 두 단체의 군사 통일을 통해 당무(党务)와 정부(政务)의 합작을 유도했다. 1942년 5월 15일, 중국

---

60) 如松, 『朝鲜义勇队在革命运动中的地位,纠正两种错误的认识』, 『朝鲜义勇队通讯』, 제37기.

61) 邵毓麟, 『한국 방문 회상록』, 『전기문학』, 제30~35권 연재.

군사위원회는 지시를 내렸고 한국광복군 총사령부에 부사령관 직을 증설해서 김약산을 부사령관으로 임명하고 조선의용대는 광복군 제1지대로 개명하고 김약산이 지대 대장을 맡도록 했다. 옛 광복군의 제1지대와 제5지대를 제2지대로 합병하고 이범석은 제2지대의 새 대장으로 임명했다. 옛 제3지대는 그대로이고 김학규는 계속 대장 직을 맡았다.[62]

한국 독립운동 단체에 지원한 비용도 기존의 여러 단체를 동시에 지원하는 정책에서 한국임시정부가 유일한 지원 대상으로 재설정하고 다른 한국독립운동 단체에 따로 경비지원을 해주지 않았다.[63] 이러한 조치를 통해 김약산이 지도한 한국민족혁명당 등 한국임시정부에 가입할 수 있게 추진했다. 이외에 중국정부는 한국독립단체에 개방된 정부를 만들도록 권고했고 이 목표를 달성하기 위해 압력을 가하는 온갖 방법을 써서 한국 독립단체가 대출 약속을 지키는 조건으로 김구 등 임시정부를 포함시켜 국무회의를 확대 조직하고 조선민족혁명당 김규식, 김약산 등이 임시정부에 참여할 수 있도록 격려했다. 이것으로 한국임시정부가 중국에 있는 한국독립운동 단체들을 통합할 수 있는 대표기구가 되었고, 모든 한교민의 독립과 광복의 의지를 대표하는 합법적인 정부로 발전하기를 바랐다.

중국정부는 누차 영향을 가하는 가운데 1941년 5월, 조선민족혁명당은 제5회 7중 전원회의를 열어 한국임시정부에 참여하기로

62) 范廷杰, 『韩国革命在中国』, 『传记文学』, 제27~29권.

63) 군사위원회, 『对韩国在华革命力量扶助运用指导大案草案』, 1942년 7월.

결의하고, 조선의용대가 한국광복군에 편입하는 제안에 동의했다. 1942년 10월, 한국 임시의정원은 중경에서 제34회 회의를 열어 의원 23명을 보궐 선출하여 조선민족혁명당 등 좌파집단의 구성원을 포용했다.[64]또한, 한국임시정부는 내각 조직을 확대하는 방식을 통해 조선민족혁명당의 김규식과 장건상을 각각 선전부 부장과 학무부 부장으로 임명해 정부의 근간을 확장했다.[65]

이 시기에 중국 국민당이 실시한 한국지원 정책의 최대 결실은 바로 전후에 한국의 독립적 국제지위를 공식으로 승인하였다는 내용을 '카이로선언'에 적시한 것이다. 하지만 이 목표를 실현하는 과정은 우여곡절이 많았다. 승전하기 직전에 국제사회에서 전후 한국의 독립에 반대하는 언론이 감지되었다. 한국 민족혁명당은 한국임시정부에 가입한 후에도 한국 반일독립운동 단체 간의 단결은 실현되지 못하고 갈등과 충돌은 임시정부의 내부에서 폭발했다. 이 일들은 모두 한국 독립운동의 앞길에 먹구름으로 드리워졌다. 중국 국민당의 한국지원정책도 새로운 도전과 시련을 직면할 수밖에 없었다.

제4절 2차 세계대전 이후 중국 국민당의 대한정책

1943년 말, 전 세계 반파시즘 전쟁에 근본적 변화가 일어났고 유럽에서나 태평양에서나 독일과 일본 파시즘의 패세가 뚜렷하게 일어나면서 미·영·소 등 주요 국가의 지도자들은 이미 전후의 정치적 대응과 세력범위 분배에 전략의 초점을 두었다. 따라서 카이

64) 중경 『시사신보』, 1942년 10월 26일.
65) 중경 『대공보』, 1942년 10월 26일과 1945년 5월 22일.

로회담에 이어 미·영·소의 테헤란회담, 미·영의 몰타회담, 미·영·소의 얄타회담, 포츠담회담 등 국제회담이 연이어 열렸다. 카이로회담에서 각국은 원칙적으로 전후 한국의 독립 지위를 동의했다. 하지만 영국이 추가한 "in due Course"란 제한 때문에 한국의 독립문제가 대국들이 자신의 사욕을 취하기 위한 정치음모의 쟁탈점이 되어버렸다.

영국 정부의 전후 극동 전략은 전쟁 이전의 식민통치 질서로 되찾는 것을 최고 원칙으로 삼았다. 영국은 인도, 미얀마와 말레이시아 등에서 종주국의지위를 확보하기 위해 한국을 포함한 동방민족주의 운동의 확대를 반대했고 중국이 아시아민족을 해방해주는 리더역할을 하는 것에 더욱 반대했다. 그러므로 영국은 근본적으로 한국독립을 극히 반대하는 입장을 취했다. 카이르회의에서 당시의 영국 수상 처질은 중국과 미국이 한국독립을 지지하는 주장을 반대하지 못하는 입장을 알게 된 후에 "in due Course"란 제한을 두어 한국의 독립시간을 지연시켰다. 그 후 미국과 박자를 맞춰 국제사회에서 한국의 주요 국제신탁국가가 되었다.

미국은 카이로회담에서 한국의 전후 독립을 지지했지만 독립의 시점에 대한 태도는 명확히 표하지 않았다. 미국정부는 초기에 한국임시정부를 승인하지 않은 이유에 대해서 영국과 양해각서를 체결한 후에 인도의 독립문제와 같이 해결하겠다고 설명했다. 이러한 주장은 영국의 식민주의 정책을 방임하는 것이겄다. 그러나 카이로회담 후에 다시 소련의 대일본 작전 문제가 드러났다. 미국은 한국임시정부를 승인하자마자 한국에서 이익을 얻그려 하는 소련의 입장과 대치될 것을 우려해 소련이 정확한 의견을 발표하기 전에 먼저 한국 독립문제에 관한 결정을 할 수가 없었다. 그래서 미국은 한국인이 "아직 훈련이 더 필요하고", "국가관리 경험의 부족" 이유로 전후의 한국은 먼저 국제 신탁통치 방안을 주장했고 미국은 카이로선언 중 한국 독립의 내용에 대한 해석은 신탁과정을 포함시켰다. 그래서 카이로선언을 발표한 42일 후의 태평양작전회담에서 루스벨트 대통령은 전후에 한국은 40년간의 신탁통치를 받아야 하는 주장을 제시했다.[66] 이것으로 소련과 마지막에 남북한을 군사분할 협의를 달성했다.

소련은 '10월 혁명' 이후부터 소련에 있는 한교민 사이에서 공산당 조직의 선전과 확대 활동을 적극적으로 전개했다. 중일전쟁 발발 후, 소련은 조선공산당이 지도한 무장부대가 중국 동북 지역과 시베리아에서 진행한 반일투쟁을 적극적으로 지원했고 점차 세력을 키워 전후에 한국에서 공산주의의 정권을 세우기 위해 준비했다.[67]

그래서 소련은 테헤란회담에서 의논한 전후 한국의 독립원칙을 찬성하면서도 한국이 신탁통치 대상국으로 논의된 제의를 반대하지 않았다. 소련이 주목한 것은 전후에 한국 국토의 군사적 점령에 있었고 얄타회담 기간에 스탈린은 루스벨트에 한국을 군사적 점령의 가능성을 모색한 적이 있었다. 그리고 포츠담회담 때 소련은 다시

66) Department of State, Foreign Relations of U.S. Diplomatic Papers, The Conferences at Cairo and Tahran(1943), Government Printing office, Washington, D.C. 1955, p.869.

67) 『1943년 중미 외교 관계 문서』, 대만연합신문사 중국어 번역본, p.150.

미국에 한국으로 주둔군을 보낼 방안을 알아보았고 소련 정부는 한국을 군사적으로 점령하는 것이 자국의 이익에 더 유리하다고 판단했기 때문이다.

음모론이 가득한 대국 정치 환경과 복잡한 국제사회를 직면한 중국 국민당은 전후에 곧바로 독립해야 하며 한국임시정부를 승인해야 한다는 입장을 단호히 밝혔고 이 문제로 미·영 등 국가들과 여러 차례의 교섭을 시도했다. 1944년 9월, 미·영 정부는 연이어 중국 국민정부에 같은 내용을 담은 『한국문제 연구초안』을 보냈고 '초안'에서 한국본토를 군사로 점령한 후에 임시 국제 감독기구를 설립하자는 제의를 했다. 9월 말에 미국 국무원은 소련과 영국의 동의하에 중국 국민정부에 전후 한국에서 미·영·소·중 4대 강국이 함께 국제신탁 통치조직을 설립하자는 주장을 제시했다.[68]

이 주장은 중국 국민당의 대한정책의 의도와 상반된다. 10월 27일, 장개석은 미·영에서 활동 중인 국민정부 외교부 부장 송자문에게 전보를 보냈고 전보에서 미·영과 의견교환을 할 수는 있어도 중국이 한국을 협조하여 일찍 독립하는 일관된 정책은 절대로 변할 수가 없으며 전후 국제기구가 한국을 공동 관리하는 의견에 더욱 동의할 수 없다는 뜻을 전했다.[69] 국민정부 외교부는 중경에 있는 미·영양국의 주중 대사관 인원들과 협상하기 위해 전담자를 파견했고, 또한, 아동사(亚东司) 사장 양운죽(杨云竹)를 보내 미국 정부 측과의 직접 대화를 통해 한국독립 문제를 해결할 방법을 모

68) 邵毓麟, 『한국 방문 회상록』, 『전기문학』, 제30~35권 연재.
69) 邵毓麟, 『한국 방문 회상록』, 『전기문학』, 제30~35권 연재.

색했지만 좋은 결과를 얻지 못했다.70)

1945년 1월, 중국대표팀은 미국에서 개최한 태평양학회 제9회 연도 포럼의 기회를 이용해 중국의 주장을 발표하고 미·영 양국의 대표들과 한국 신탁통치문제에 관해 논쟁했다. 미·영 대표는 한국은 이미 멸망했고 현재 국가를 관리할 수 있는 행정 고위층이 많이 부족하며, 짧은 시간에 정부를 수립할 수가 없다고 판단했다. 또한, 한국인이 잘 단결하지 못 하는 점과 단시간에 독립 국가를 설립하기가 어렵다는 점을 감안하여 동맹국들은 5년간 신탁통치를 하자고 주장했다. 중국 대표는 한국을 신탁통치하는 것은 한국을 일본 식민국에서 여러 강국의 식민국을 바꾸어 만들 뿐이고 동맹국 공동작전의 목표와 카이로선언에서 전후 한국독립의 정신에 어긋났다고 반박했다. 또한, 한국인이 단결하지 못 하는 것은 제국주의 통치자들의 이간 때문이고, 한국은 행정관리의 고위층이 없는 것은 한국인을 모욕하는 주장이라고 강조했다. 중국은 전후에 신탁통치의 단계가 필요 없이 바로 독립할 수 있다는 중국정부의 공식적인 입장을 엄중히 밝혔다.71)

같은 해 초 중·미·영·소 4국은 미국 샌프란시스코에서 유엔 창립회의를 개최하기로 했다. 국민당은 여러 조치를 취해 한국 대표가 이번 회의에 참여할 수 있도록 지원했다. 4월 3일, 장개석은 외교부에 관련 내용을 미국에 공식으로 제기하라고 지시했고 재정

70) 张群, 黄少谷, 『蒋总统为自由正义与和平而奋斗述略』, pp.281~283, 대만, 1958.

71) 邵毓麟, 『한국 방문 회상록』, 『전기문학』, 제30~35권 연재.

부에 중국 외교관과 같은 대우로 한국임시정부 대표단들에 15,345 달러를 지급하여 미국 회의에 참여할 여비와 복장 등 비용으로 활용할 수 있게 명령을 내렸다.[72] 하지만 미국정부는 한국임시정부에게 옵서버의 자격도 주지 않았고. 미국 주중 대사관은 명령에 따라 한국 대표원들의 비자 심사시간을 일부로 연장하여 회의가 끝나기 직전에 입국 허가를 내보냈다.[73] 하지만 선프란시스코회의 비서장인 미국 대표 히스는 미국에 있는 이승만 등 한국 대표에게 어떠한 방식이든 한국 대표는 회의참석이 불가능하다는 공문을 보냈다.[74]

1944년 6월, 한국임시정부는 국세 사회의 승인을 받지 못한 상황 속에 중국 국민정부에 단독 승인을 요청하고 이 행동은 중국 여야(朝野)의 동정을 받았다. 7월 10일, 장개석은 오철성에게 외교부 부장 쑹자원과 함께 "한국임시정부에 대한 우선 승인"의 가능성을 검토하라는 지시했다.[75] 그러나 외교부가 신중하게 검토한 후에 이렇게 보고를 올렸다. "카이로회담 이후에 중국은 한국임시정부를 승인하는 일에 미·영과 일치된 행동을 취해야 한다. 현재까지 이 문제는 여전히 두 가지 현안으로 남아있다. 첫째는 한국임시정

72) 『国民党中央祕书长吴铁城致金九函』, 1945년 5월 16일, 중국 국민당 당사위원회 수장.

73) 『军事委员会办公厅致中央吴祕书长之人抄6月8日韩国情近报』, 1945년 6월 20일, 중국 국민당 당사위원회 수장.

74) 중경 『대공보』, 1942년 10월 26일과 1945년 5월 22일.

75) 『中央祕书处特6711号上总裁签呈』, 1944년 8월 19일, 추현수, 『한국독립운동(1)』, p.380.

부가 과연 조선에 있는 전 국민의 뜻을 대표할 수 있는지였다. 영·미도 이 점에 대해서 아직 의심이 많고 카이로공보에 의하면 'in due Course'란 문구는 조선의 독립을 미래에 승인하겠다는 의미지만, 현재 중경에 있는 한국임시정부를 승인하는 문제와 다르게 볼 필요가 있다. 영·미는 아직 시기상조라 판단해서 지금까지 결정을 내리지 않았다. 또 다른 점은 소련의 태도이다. 소련은 카이로회담에 참석하지 않았고 한국독립문제에 대해서 아무런 표시가 없었다. 소련이 참여하기 전에 중·미·영은 먼저 한국임시정부를 승인하면 소련이 오해할 수도 있었고 이 점은 바로 미·영 양국의 우려이기도 했다. 따라서 우리와 소련의 관계를 고려해서라도 다시 의논할 필요가 있다." 즉 미·영·소 세 나라의 압력 때문에 중국도 공식적으로 한국임시정부를 승인하는 일을 연기하고 적당한 시기를 기다려야 했다.76)

사실상, 1944년 중국 국민당 부대가 일본군과의 대륙교통선 전쟁에서 크게 패배하면서 국민당은 통치구역에서 심각한 정치와 경제적인 위기에 직면했다. 이는 중국의 국제적 지위에도 크게 영향을 미쳤다. 이와 동시, 미군은 태평양 전쟁에서 아일랜드 호핑(island-hopping) 작전 방식을 실시하여 바다에서 직접 일본 본토에 공격했고, 중국대륙의 전략적 중요성이 대폭 하락했다. 또한 그 때 미국은 중국보다 소련의 참전에 대한 요구가 더욱 절박했고 중국은 국제문제의 발언권도 많이 떨어졌다. 중국은 비록 4대 강국에 들어있

76) 『外交部关于韩国临时政府请示承认事上主席签呈』, 1944년 7월, 중국 국민당 당사위원회 수장.

지만 중대한 국제 문제가 발생했을 때 미·영·소가 먼저 결정한 후에 중국에 통보하는 경우가 많았다. 1945년 2월, 얄타회담에 미국, 소련 그리고 영국은 중국이 비밀리에 계약을 맺었는데, 중국 이익을 팔아먹는 대가로 소련이 대일본 참전의 약속을 받았다.

그 이후로 세 나라의 한반도 문제의 해결방안에 대한 검토도 비밀이 되었다. 비록 국민당은 한국 독립문제에 대해 계속 주목을 하고 있었지만, 미국정부는 줄곧 "아직 구체적인 결론을 내기가 힘들고, 미래의 실제 상황을 보고 적당한 결정을 하겠다."라고 했다. 중국정부도 오리무중에 빠져있어 한국문제를 결정할 수 있는 구성원에서 제외되었다.[77]

중일전쟁 후기 국민당은 한국임시정부가 조선 국내에서 반일 지하군을 조직하는 데에 적극적으로 도와줬다. 카이로회담 때부터 장개석은 한국 독립운동을 강화하기 위해 한국임시정부가 자신의 반일작업은 조선내부까지 추진해야 한다고 지적했다.[78] 1945년 3월, 중국은 일본이 본토를 포기해서 조선에서 중국 동북지역에서 결전을 벌이겠다는 정보를 받은 후 지하군을 편성하고 조선인민의 고조된 항일정신을 부추겨 반일폭동을 일으켜 동맹군의 상륙작전에 큰 도움이 되었다고 판단했다.[79] 그 이후에 중·미 양국의 공군은

77) 『中国驻美大使魏道明致吴铁城秘书长函』, 1945년 3월 19일, 중국 국민당 당사위원회 수장.

78) 『蒋主席致吴铁城秘书长(三二)字晋侍秦电』, 1944년 1월 21일, 중국 국민당 당사위원회 수장.

79) 『太平洋战争与朝鲜现况情报』, 1945년 3월 7일, 중국 국민당 당사위원회 수장.

조선까지 전쟁할 수 있는 능력을 갖추었고, 중국은 조선 내부에서도 동맹국의 조난 인원을 구하기 위해 지하군 조직을 구성할 수 있기를 바랐다.80)

국민당 정부의 적극적인 지원과 격려 아래, 한국임시정부가 '군사계획서'를 작성하여 몇 명의 광복군 간부를 조선 내부에 파견할 계획을 세웠고 옛 애국 조직들을 다시 모아 지하군을 편성하여 동맹군의 상륙에 협조하기로 했다. 하지만 중한 양국이 적극적으로 준비하는 중에 전쟁이 끝나버려 계획은 중단되었다.

1945년 8월 15일, 일본은 무조건 항복했다. 그 전에 미·소 양국은 이미 38선을 경계선으로 설정하여 양국 부대가 조선반도를 군사적으로 점령하는 비밀 협약을 맺었다. 8월 8일, 소련이 일본에 선전포고를 했다. 소련홍군과 조선 공산당이 지도한 반일무장부대가 한반도 북쪽으로 진입했고, 미군도 한반도의 남쪽에 상륙 준비를 했다. 미국 원정군 맥아더 장군은 일본 총사령부에 38선을 경계선으로 소련과 미국에 투항하라는 명령을 공식적으로 전했다. 이 명령은 주중 미군 총사령관, 중국전쟁터 참모장 위덕매(Wedemeyer)가 비망록 형식을 통해 중국 작전구역 총사령관 장개석에게 전했다.81)

이 일로 한국 반일 독립운동을 오랫동안 지지해온 중국 국민정부는 이때부터 한국독립문제의 참여자가 아닌 결정 후의 방청객이 된 것은 분명했다. 중국의 주장도 더 미국의 결정에 영향을 미칠

80) 『蒋主席致吴铁城秘书长(34)卯尤(1)侍秦电』, 1945년 4월 12일. [전재], 추현수, 『한국 독립운동(3)』, p.385.

81) 石源华, 『韩国独立运动与中国』, p.559, 상해인민출판사, 1995.

수가 없었다. 이러한 험악한 국제환경에도 불구하고 중국 국민당은 한국을 지원하는 전략을 철저히 실행하려고 많은 노력을 했다. 8월 24일, 국민정부 주석 장개석은 "민족주의를 완성하고 국제평화를 유지하자"라는 연설을 했다.

연설에서 엄정하게 중국의 항일 원인에 대해서 "중국의 자유와 평등만을 위해 투쟁하는 것이 아니고 고려의 해방과 독립을 위한 투쟁이기도 하다. 오늘부터 우리는 같은 취지를 준수하여 모두 동맹국과 같이 민족의 독립과 평등을 존중하고, 그들이 받아야 할 위상을 보장해야 한다."고 말했다.[82)]

이 연설은 중국이 한국독립을 적극 지지한다는 점을 잘 증명했다. 같은 날에 중국은 한국임시정부가 동맹국들이 체결한 각서의 내용을 인정하라 요청했다. 어려움을 알면서도 외교부를 통해 주중 미국 대사관과 공식적으로 협상을 요청했고, 중국은 이 시기가 바로 동맹국이 한국임시정부를 승인하는 "in due Course"인 것을 표명했다. 이 의견은 미국의 거절을 당했고, 주중 미국 대사관은 이렇게 답변했다. "미국정부는 한국지역 외의 어느 정치단체라도 협조를 하지 않을 것이다.

한국의 현황을 유지하고 국가의 수립에 도움이 되는 사람 중 부대와 정부 범위에서 일하고 싶은 사람만이 한국으로 환국할 수 있고 만약 비행기에 빈 좌석이 있다면 미국의 비행기가 운송해줄 수 있다." 미국정부는 또한 주미 중국 대사 위도명(魏道明)에게 미국은 영국과 소련은 이미 협의를 맺는 것을 공식 통보했다. 통보에는 원

82) 중경 『중앙일보』, 1942년 11월 4일과 8월 25일.

칙상으로 한국은 4대국의 신탁통치를 먼저 받은 후 자세한 방안을 모색하겠다는 내용을 담았다. 한국의 임시정부를 설립하는 것은 국제 신탁통치조직이 형성된 후에 다시 협상하겠다고 했다.83)

이로부터 한국임시정부가 국제사회로부터 승인받는 가능성은 없어졌다. 이차 선택으로 중국 국민당은 미국정책의 범위 내에서 중국에 있는 한국임시정부 요원들을 최대한 빨리 한국 국내로 귀국시키려고 노력했다. 이들이 갖는 한국 국내의 호소력을 통해 전후 한국 독립의 지위를 확보하기 위해 노력했다. 같은 해 9월, 중국 외교부는 주중 미국 대사 헐리(Hurley)가 업무상황을 보고하러 귀국할 때 미국정부에 세 가지 요구를 제출하라고 부탁했다.

(1) 미국은 조선 건국에 대한 태도를 명확히 하기를 바란다.
(2) 미군이 속히 비행기를 보내 중국에 있는 한국 독립운동 요원들이 환국하기를 바란다.
(3) 한반도 남부지역의 미국 군정부는 최대한 한국임시정부 요원들에게 행정직을 맡기를 바란다.84)

10월 28일, 중국 외교부 부장 왕세걸(王世杰)는 다시 요구사항을 주중 미국 대사관을 통해 맥아더에게 한국임시정부의 귀국 요청은 신속히 처리하기를 전달해주면서85) 미국 정부에도 귀국한 한국 임

---

83) 张群, 黄少谷, 『蒋总统为自由正义与和平而奋斗述略』, p.209, 대만, 1958.
84) 『中国国民党中央执行委员会所召集之韩国, 越南, 泰国问题座谈记录』, 1945년 9월 25일, 중국 국민당 당사위원회 수장.
85) 『外交部长王世杰为签报美国驻华大使馆11月8日第三十三号照会上蒋主席呈』, 1945년 11월 20일, 중국 국민당 당사위원회 수장.

시정부 요원을 조선남부지역 미국정부에서 행정업무를 맡기를 요구했다.86)

이와 동시 중국은 소육린(邵毓麟) 중장을 중국군사위원회 대표로 한국으로 파견하였다. 이는 중국의 교민문제를 해결하는 것과 동시에 미국 군사 점령구역 관리기구와 한국임시정부 요원과의 관계를 조화하려는 것이었다. 하지만 중국정부의 노력은 모두 실패로 돌아가고 말았다. 미국정부는 반드시 임시정부를 해산한 후에 개인 신분으로 귀국해야 한다는 주장을 강조하는 동시에 중국정부가 조선반도에 군사대표단을 파견하는 요청도 단호하게 거절했다.

전쟁이 끝난 후에도 중국 국민정부는 한국임시정부의 요청을 받아들여 중국에 있는 일본포로의 한국적 군사들에 특별대우를 해줬다. 그들은 한국광복군에 보내 훈련을 받은 후 한국임시정부가 귀국의 부대로 활용하려고 했다.87) 한국임시정부는 일부의 간부들을 보내서 약 5만 명의 한국적 병사를 재편성했고 그들은 북평(北平), 남경(南京), 상해(上海), 항주(杭州), 소주(苏州)와 광주(广州) 등 지역에서 훈련을 받았다. 이 부대들도 여전히 미국정부한테 승인을 못 받고 이 부대 구성원을 반드시 해산한 후에야 입국 허가를 받을 수 있다고 강요했다. 애국동지원호회,88) 결국, 구성원들은 한국적을 가진 일본군 포로 신분으로 배를 타고 귀국했다.

86) 『外交部致中国国民党中央秘书长东(三十四)第一一四九三号快邮代电』 1945년 11월 27일, 중국 국민당 당사위원회 수장.

87) 『金九致蒋介石备忘录』, 1945년 8월 24일, 추현수, 『한국 독립운동(1)』, p.461 참조.

88) 『韩国独立运动史』, pp.370~380, 1989년 2월 5일.

어쩔 수 없이, 국민당은 경제적으로 한국 반일독립운동 지도자들에게 도움을 줄 수밖에 없고 경제적 지원을 통해 그들은 귀국 후 정치 자금을 활용할 수 있도록 했다. 9월, 장개석은 한국임시정부 김구 등 지도자들에게 총 1억 위안 법화와 20만 달러를 빌려주기를 했고[89] 중국이 나서서 미군의 비행기를 빌려서 그들의 환국에 도왔다.

11월 12일, 13일에 김구는 한국임시정부의 해산을 동의한 후 미군은 비행기 두 대를 보내 김구 일행을 귀국시켰고 이로부터 한국임시정부가 중국에서 보냈던 26년 동안 망명의 역사를 끝냈다. 중국 국민정부가 한국임시정부를 지지하여 전후 한국 정통정부로 발전시키려는 정책도 실패하였다. 오랫동안 고난과 고통을 겪은 조선은 다시 대국 정치의 희생양이 되고 말았다.

제5장 중국 공산당과 한국독립운동

제1절 중국 공산당 관내지역에서의 대한관계

중국 공산당의 한국독립운동에 대한 태도는 중국 공산당의 강령에 의해 결정된 것이고 레닌의 민족과 식민지에 관한 학설은 중국 공산당이 지도하는 중국 신민주주의혁명의 이론적 토대가 되었다. 중국 공산당은 중국 민족민주혁명의 지도 이론으로 삼을 뿐만 아니라 한국독립운동을 대하는 잣대이기도 하다. 중국 공산당은 일반

89) 실제 빌려 간 돈은 법화 500만 위안이었다.

적 차원에서 한국의 독립을 지원하는 것에 멈추지 않고 봉건제도의 이(李)씨 왕조가 부활하는 것도 전혀 바라지 않으며 한국국민들이 철저한 민주혁명을 실현하기를 지지하였다.

그들로 하여금 민족독립을 실현할 수 있는 한편, 자본계급 민주혁명을 실현하게 하고 더 나아가 사회주의혁명까지 이룩하기 위해 많은 준비를 하고 있다. 중국 공산당은 자체도 성장하고 강해지는 과정이 있고 그의 정치적 신앙, 조직적 노선 및 지하활동에서의 지위 등으로 인해 한국독립운동에 대하여 연락대상, 지원방식 등 면에서 직권자인 중국 다른 정당과 정치집단과는 사뭇 다르다.

지난 반세기 동안, 중국 공산당과 한국독립운동 간의 관계에 대한 연구가 많이 부족하고 기본적 자료도 발굴·정리되지 않았을 뿐만 아니라 많은 분야는 아직 황무지였으며 또한 냉전시대의 낙인까지 찍혀있으니 과학성이 많이 떨어졌다. 냉전시대의 종말에 따라, 중국은 조선과 한국 간의 관계가 균형적으로 발전해 나가는 가운데 남북관계는 많이 환해지면서 각종 자료는 계속 드러내면서 이 과제의 중요한 부분에 대한 자료정리와 초보적 연구가 가능해졌다. 본 연구는 근대 중한과 중조관계의 연구와 발전을 추진할 뿐만 아니라 역사적, 이론적 의미를 가지는 한편, 정치적, 현실적 의미도 갖는다.

러시아 10월 혁명으로 인해 중국은 마르크스 레닌주의를 받아들였고 '5·4운동'은 중국 신민주주의 혁명의 서막을 열어주었으며 한국국민들의 반일독립 투쟁에 활력을 불어넣었다. '3·1혁명' 대부터 한국 반일독립운동의 신시대에 들어갔다. 중국 공산당과 중국 관내

지역에서의 한국 반일독립운동 간의 관계에 대하여 러시아 10월 혁명은 중한양국에 미친 영향부터 논의해야 한다. 한국 '3·1혁명'이 한반도에 널리 퍼질 적에 바로 중국 '5·4운동'이 일어나기 직전이었다.

중국 공산당은 아직 탄생하지 못했지만 중국 공산주의운동 초기의 활동가들이 가득한 열정과 예리한 통찰력으로 조선민족혁명의 발기를 주목하고 있었다. 중국에서 사회주의학설을 전파하는 주요 간행물『매주평론』에서 '민족자성의 흐름은 극동까지', '생기와 사기의 충돌, 공리와 강권의 고전은 과연 누가 끝까지 이길까?' 등 제목으로 한국의 '3·1운동'을 자세하게 보도했다.

그 후 중국 공산당 초임 총서기 진독수(陳獨秀)가 '지안(只眼)'의 필명으로 『매주평론』에서 '조선독립운동의 감상', '중국의 이완용, 송병준이 있을까?'의 서설과 논평을 발표했고 '조선의 이번 독립운동은 위대하고 진지하며 비장하고 바른 관념도 있으므로 무력이 아닌 민심으로 역사의 새 지평을 열어주었다.'고 높이 칭송하였다. 또한 '중국은 조선의 상황에 가까운데 이원용, 송병준이 누군지 아시나?'라는 글귀로 중국인들을 깨우쳤다. 중국혁명의 위대한 지도자 모택동(毛泽东)이 북평대학 도서관에서 근무하는 동안 한국 혁명가들을 만난 적이 있었다. 중국 공산당 창당 직전, 모택동과 저명한 혁명가 하숙형(何叔衡)은 후난 장사(长沙)에서 한국 혁명가들과 함께 '중한호조사'를 설립하였고 각각 통신부 주임과 선전부 주임 직을 맡았다.[90]

그 후 저명한 중국노동자운동 지도자 시양(施洋)도 한국혁명가들과 함께 한구(汉口)에서 '중한국민 호조사'를 창립하였다.91) 창당 준비 중인 중국 공산당과 상해에서 활동하는 한국 공산당들 간에도 어떤 접촉이 있었다.

1921년 7월, 중국 공산당은 상해에서 창당되었고 1937년 7월에 중일전쟁이 발발할 때까지 중국 공산당과 한국 혁명가들은 중국 관내지역에서 반일독립운동을 진행하면서 밀접한 관계를 유지해 왔고 이런 관계는 다음 몇 가지의 특징이 드러났다.

우선, 레닌의 민족과 식민지에 관한 학설, 공산국제의 압박당한 민족 해방운동에 관한 중요이론과 국제 전략은 중국 공산당과 한국공산주의자들이 자국 혁명을 진행하는 공동의 이론적 토대이자 양국 간의 협력과 공통투쟁의 전제조건이기도 하다. 1922년 1월, 중국대표 39명 (그중 중국공산주의자 대표 14명), 한국대표 52명 (그중 한국공산주의자 42명), 일본대표 73명, 몽골대표 14명 등은 모스크바 크레믈린(kremlin) 궁전에서 공산국제가 개최한 극동 각국 공산당과 민족혁명단체들의 첫째 회의에 참석했다.

회의에서 통과된 선언을 통해 제국주의들은 중국과 한국을 침략하는 잔혹함과 염치없음을 호되게 질책했고 중국, 한국과 극동의 각 압박당한 민족의 현재 혁명의 주요 임무는 제국주의와 봉건주의를 반대하는 것이었다. 또한 전 세계에서 압박당한 민족과 각국 무산계급들이 단결하여 세계 제국주의와 전투하는 중책을 과감히 맡자고 호소하였다.92) 회의 동안 중한 양국의 혁명가들은 폭넓은 교류를

90) [日]金正明, 『朝鲜独立运动』(二), 289쪽, 东京原书房, 1957.
91) 『施洋先生纪念录一为纪念施洋殉难一周年』, 1924年刊印.

갖고 서로 이해를 증진하며 함께 투쟁하는 기반을 굳건히 닦았다.

중국혁명과 한국반일 독립운동의 관계에 대해 중국 공산당과 한국 공산주의자들은 레닌주의의 원칙에 따라 혁명의 실천에서 재해석·발전시켜 나갔다. 1922년 7월, 중국 공산당은 제2차 대표대회를 개최하여 레닌 민족 식민지 학설에 근거하여 중국민주혁명의 강령을 작성하였고 더 나아가 중국 공산당이동양 약소민족 혁명가들 간의 관계를 처리하는 원칙과 입장을 천명했다. 이번 회의의 선언에서는 명확한 언어로 다음과 같은 내용을 밝혔다.

전 세계 무산계급과 압박당한 민족들은 단합하여야 전 세계를 해방하자는 목적을 달성할 수 있다. 또한 날로 고조되고 있는 반일 독립운동을 높이 평가해주었다. "고려 등 압박당한 민족은 1차 세계대전과 러시아혁명의 영향 아래, 독립운동은 더욱 조직적으로 움직여 제국주의자들을 불안하게 만들었다."고 지적하였다. 중국의 반제국주의 운동은 반드시 한국 및 전 세계 압박당한 민족혁명의 흐름에 합류시켜야 하고 세계무산계급혁명운동과 연합하여 국제 자본제국주의를 속히 타도할 수 있다.93)

1926년 11월 30일, 조선 공산당대표 태홍(太洪)은 공산국제 집행위원회 제7차 확대회의에서 중국혁명을 논의할 때 중한 양국의 혁명에 대해 명확하게 분석했다. "조선 혁명운동은 중국 혁명운동으로부터 가장 폭넓고 적극적인 지지를 얻었다." "중국인민들은 제

92) 『中共党史参考资料』 (2), 中国人民解放军政治学院党史教研室1979年刊印, 464~467쪽.

93) 『中共党史参考资料』 (二), 中国人民解放军政治学院党史教研室1979年刊 印, 489쪽.

국주의, 특히 일본 제국주의를 반항하는 투쟁은 조선인민들로부터 많은 지지를 얻었을 뿐만 아니라 조선인민들은 이를 통해 많은 격려를 받았다." 아울러, 일본제국주의를 반항하는 투쟁을 통해 중국 혁명도 "조선민중, 특히 조선공산당과 청년단의 적극적 지원을 기대할 수 있다. 중국 혁명가들은 조선민족혁명을 지도하여 후방에서 일본제국주의를 공격하면 중국혁명은 더욱 쉽게 승리를 얻을 수 있게 한다."94)

중국 공산당은 한국 국내에서 발생한 중요 혁명운동에 적시의 반응을 보였다. 1926년, 한국에서 '6·1'혁명운동이 발생하자 중국 공산당 중앙간행물 『가이드』 제160기에서 '조선의 데모운동'이라는 제목으로 조선공산당이 주도하는 이 혁명운동을 상세하게 보도하여 높이 평가해주었다. "이번 데모운동은 '3·1운동'보다 훨씬 더 진보적이다. 왜냐하면 '3·1운동'은 매우 원시적이고 자본주의국가로부터 도움받기를 기대하고 한국의 낙후된 자본계급사상이 드러나며 이는 구걸운동으로 간주할 수 있기 때문이다. '6·1'데모운동은 규모면에서 '3·1운동'보다 못하지만 더욱 조직적이고 조선공산당의 지도를 받으면서 민족혁명단체를 단합하여 함께 투쟁하였다. 또한 이전의 환상을 버리고, 확정된 정치 강령과 민중들에 적합한 정치 슬로건까지 내걸었다." 이 모든 것은 "조선민중들은 '3, 4년에 걸쳐 노동자와 농민 비정치적 경제투쟁과 민족혁명단체들이 완전히 가라앉은 후, 현재는 정치투쟁의 신시대에 접어들었다."고 지적했다.

94) 『共产国际有关中国革命的文献资料』(1919—1928) 245~247쪽, 中国社 会科学出版社, 1981.

이어서 "조선민족 해방운동은 일본혁명 무산계급운동과 중국 및 모든 식민지 민족해방운동과 밀접한 관계가 있고 모두 일본제국주의의 압박을 당하고 있으므로 중국의 혁명가와 조선의 혁명가는 천성적으로 가까워지기 쉽고 두 나라의 혁명운동은 관계가 깊어질수록 공동된 적을 반항하는 투쟁은 더욱 효과적이다."고 강조했다. 6월 20일, 중국 공산당 상해지역위원회는 공고 추자(樞字) 62호를 발표했고, "이번 서울의 소란은 실은 중요한 혁명적 의미를 갖고 있고," "노예처럼 부려지던 한국민중들은 맹렬한 민족해방운동을 시작하였고 중국은 한국 민중의 이런 용맹스러운 투쟁에 정신적 성원을 보내주어야 한다."고 논의했다. 각 지부 담당자는 "온갖 사단의 이름으로 서울에 전화를 보내 응원을 보내야 한다." "전보를 보내지 못하더라도 속보로 대신할 수도 있다." "특히 중·한 민중은 손을 잡고 일본제국주의를 공격하여 세계민족혁명의 성공을 도모하자는 의미를 강조했다."[95]

7월 12일, 중국 공산당은 『제5차 정세에 대한 주장』에서 한국 '6·1운동'이 중국혁명에 전해준 지원에 대해 높이 평가하였다. 그리고 최근 발생한 리부와 시리아 반프랑스전쟁, 이집트의 반영국운동, 아라비아의 정치파업, 터키와 소련이 연합하여 영국이 마르크스 침입에 대한 반항 등과 유사해 "이런 운동들은 제국주의국가들이 당황하게 하고 중국을 공격하는 데 지장을 만들었다."[96] 이런 글과 성명을 통해 중국민중들에게 한국혁명운동을 정확히 홍보하고

---

95) 『中共上海区委枢字第62号通告』, 1926年6月20日, 藏上海档案馆.
96) 『向导』, 第163期, 1926年7月14日.

소개하였으며 중한 양국 민중들의 혁명투쟁을 북돋우는 이중적 기능을 발휘하였다.

1929년 말에, 한국은 '광주사건'을 시발점으로 반일투쟁폭풍을 일으켰고 한국혁명운동 역사상 또 하나의 고조가 만들어졌다. 12월 25일, 중국 공산당 중앙기관신문『홍기』의 64기에서 '조선투쟁소식'이란 제목으로 이 사건을 상세히 보도했으며 논평『조선의 '오삽운동'을 환영하자』를 발표하여 뜨거운 열정으로 이 운동은 '모든 조선인민들의 민족해방운동이고 천팔백만 조선인들은 본국의 '오삽(五卅)'으로 진행하고 있다.'고 찬양했다. 특별히 주목할 만한 것은 중국 공산당인들은 중국 "오삽운동"의 경험으로 조선 이번 운동의 추세와 경향을 과학적으로 예측하였다. 요점은 다음과 같다.

(1) 이 위대한 사건은 조선민족 해방운동이 본격적으로 폭발한 것이고 이 사건은 승리든 실패든 간에 운동의 확대와 발전은 의심할 바 없다.

(2) 공산당이 노동자계급을 지도하고 정치파업을 운동의 선봉을 삼으면 조선의 실업자(현지 자산계급)와 "유명한 인사"들은 불가피하게 일본제국주의와 본국 귀들과 연합하는 길에 나갈 수밖에 없다.

(3) 미성숙한 조선공산당은 이번 사건을 통해 민중들의 정당으로 부상할 수 있고 그의 정치위신과 리더십은 사건의 확대·심화에 따라 강해질 수 있다.

(4) 민족혁명의 고조에 수반된 것은 반드시 본국 계급투쟁이 심각해지는 것이고 노동자계급의 영향에 따라 많은 농민들의

반지주계급 토지혁명이 일어나기 마련이다.

(5) 이번 사건으로 동북3성 및 대만민중들의 반일운동을 흔들어 주고 중·일·한 삼국의 가냘픈 민중들의 혁명투쟁은 하나로 뭉쳐 근본적으로 일본제국주의를 매장시킬 수 있다.

중국 공산당인들의 피와 목숨으로 얻은 '금언'들은 조선 혁명가들에게 중요한 방향적 역할을 발휘한 것이다. 이듬해 2월 1일, 중국공산주의 청년단중앙은『조선혁명 응원선언』을 발표하여 '광주사건'은 한국혁명의 흐름일 뿐만 아니라 전 세계에서 혁명고조 중의 하나라고 칭송했다. 중국 청년들이 '파업, 휴학, 폐업동맹, 데모'를 통해 '중국의 반제국운동을 지극히 발전시키자.' '조선의 형제들에게 최선을 다한 지원을 해주자.'고 호소하였다.

중국 공산당과 한국 반일독립운동 간의 관계는 중국에서 거주하는 많은 한국 혁명가들이 헌신적 정신으로 중국혁명에 투신하여 중국 혁명가들과 함께 전투하는 것으로 드러났다. 조직체계를 따져보면 중국 공산당과 한국독립운동 중 공산주의를 신봉하는 일파는 모두 공산국제의 지도를 받고 밀접한 관계를 유지했다. 하지만, 중국 공산당 자체도 강해지고 공개적이거나 비밀적인 우여곡절의 과정이 있으니 공산국제는 중국 공산당과 조선공산당을 대하는 전략에 모종의 변화가 발생하였다.

이 때문에 중국 공산당은 한국독립운동에 대한 정책과 한국 혁명가들이 중국혁명에 참가하는 방식도 점차 변화가 생겼다. 국공합작 시기에 많은 한국 혁명가들이 중국국민혁명에 가입하였다. 그들은 장렬한 "오삽운동"을 적극적으로 참가하고 상해, 베이징, 광주 등 지역에서 몽골, 인도 등 압박당한 민족 민중대표들과 함께 집회를 거행하여 성명을 발표함으로써 중국인민들의 반제국주의 투쟁을 응원하였다. 또한, 그들은 많은 우수한 청년을 '동양 각 약소민족들이 혁명계획과 전술을 공부하는 총기관'이라고 불린 황푸군교에 보내와 공부하게 하고 34명의 한국 국적의 젊은이가 이 학교의 학생이 되었다.97) 그 후 그들은 광동근거지를 공고히 하는 전쟁과 북벌 전쟁에 참가하여 그들의 선혈은 중국 대지에 뿌려졌다.

국공결렬 후, 공산중의를 신봉하는 한국 혁명가들은 중국 공산당인들과 여전히 생사고락을 함께하고 국민당 백색테러 속에 투쟁을 계속하였다. 1927년 12월 11일, 중국 공산당은 광주봉기를 일으켜 '광주공사'를 창립하고 중국 역사상 최초로 노동자계급이 집권함으로써 소비에트정부를 수립하였다. 한국혁명가 150여명은 중국혁명가들과 함께 깃발을 들고 참전하였고 사하(沙河)전역에서 끝까지 버텼지만 대부분 장렬하게 전사하였다. 그 후, 광주민중들은 이를 위해 "중조인민혈우정(中朝人民血谊亭)"을 지어주었고 광주봉기의 발기자 엽검영(叶剑英)은 비문을 지었고 그들은 '위대한 무산계급 국제주의 정신과 용감무쌍한 영웅적 기세를 드러냈다.'고 칭송하였다. 봉기실패 후, 김산 등 15명 한국의 혁명가들이 봉기군대와 같이 해륙풍(海陆丰)지역으로 철퇴하여 팽배(彭拜)가 이끈 농민혁명무장군대와 합류하여 소비에트 혁명운동을 계속 진행했다. 김산은

97) 『黄埔军校一至五期毕业学生统计表』, 『黄埔军校史料』, 93, 历史博物馆, 1982.

해육봉 혁명법정의 7명 구성원 중 한명이었다.98)

1926년 4월, 한국 혁명가들은 상해에서 조선공산당 상해 지부를 설립하였고 공산국제 극동국의 지도를 직접 받았다. 이듬해 9월, 공산국제 '일국일당(一国一党)'의 지시에 따라, 활동을 정지하고 단체로 중국 공산당에 가입하여 중국 공산당 강소성 위원회 법남구 한국지부로 편성했다. 이후로 조직적으로 중국 공산당의 전투 반열에 들어갔다. 1928년 7월『중공 강성 위원회 법남구지부 상황 통계표』의 기록에 따르면 '코드가 포석(蒲石)인 한국 지부는 24명 당원이 있고 '책임감도 강하고 능력도 뛰어나다.' '한교민속에 들어갈 수 있다.'는 평가를 받았다. 1932년 4월, 중국 공산당 법남구 위원회는 당대표 대회를 열고 석상에서 한국 지부는 보고를 발표하여 이 지부의 특수성을 강조하며 "한민족의 독립과 해방, 반제국주의 전쟁의 임무를 완수하도록 도와주어야 한다."고 지적했다.

20년대 말 30년대 초, 중공중앙의 직접적 지도하에 이 지부는 연이어 중국공산주의 상해 한국인지부, 중국혁명 국제협회 상해한국인지회, 상해 한국인 반제국주의동맹, 상해 한국인 소비에트연맹, 상해 한국혁명 여자협회, 상해 한교민 혁명청년회, 중한 반일대동맹 등 혁명단체를 설립했고 또한 혁명의 수요에 따라 많은 임시적 기구를 설립하기도 했다. 예를 들어, 상해 한교민 민단세 거부위원회(上海韩侨民拒缴民团税委员会), 상해 한인 오삽 기념 준비위원회, 한인 홍군 옹호모금위원회, 상해한국인 '8.1'준비위원회, 상해

98) 尼姆.韦尼斯、金山, 『在中国革命的队伍里』, 107~108쪽, 香港南粤出版社, 1977

한국인 우란(牛兰)씨무기징역 반대위원회 등이 있다. 선후로 『3·1 전선』, 『반제전선』, 『호제운동』, 『무궁화』등 혁명적 간행물을 창간했다.

한국 혁명가들이 반포한 문서는 다음과 같다. 『조선3·1운동의 기념선언』, 『파리 코뮌 탄생 51주년 선언』, 『5·1국제노동절 기념선언』, 『일본 제국주의 한인망명자 체포를 항의하는 告상해조선거주민통지서』 등이 있다. 중국 농민노동자 홍군에게 비행기 한대를 증여하여 '상해노동자호'로 명명하였다.99)

국민당의 백색 테러속에, 한국 혁명가들은 목숨을 걸고 용맹하게 투쟁하고 중국혁명에 소중한 공헌을 해주었다. 물론, 중국 공산당인처럼, 이 시기의 한국 혁명가들도 중국 공산당 내부 왕명(王明)처럼 좌경주의의 지도를 받는 탓으로 어떤 실수를 범했기 때문에 한국혁명에 막대한 손실이 가져오게 하였다.

중국 공산당은 적색혁명근거지를 창건하는 투쟁 속에서 외국교민과 압박당한 소수민족정책의 수립은 중국 공산당과 한국 혁명가들의 관계를 단면적으로도 드러냈다. 1934년 1월, 중화 소비에트 공화국 제2차 소비에트대표대회에서 『중화소비에트 헌법대강』을 통과시켜 중국 공산당원은 민족문제에 있어 마르크스 레닌주의 이론을 중국혁명의 실천에 옮겨서 이룩한 성과를 중점적으로 반영하였다. 제15조에서 규정했듯이, "중화소비에트 정권은 혁명운동으로

99) 『中共法南区支部状况统计表』, 1928年7月27日 『中共法楠区委代表大会记录』, 1932年 4月 24日,上海档案馆 소장; 石源华, 『韩国独立运动与中国』, 87~210쪽, 上海, 上海人民出版社, 1995.

인해 압박당한 중화민족 및 세계의 혁명인사들에게 소비에트 지역의 권력을 주고 혁명승리를 얻을 수 있도록 그들이 다시 투쟁할 수 있게 한다."

제17조에서 "중화 소비에트 정권아래, 소비에트지역에서 노동을 종사하는 외국인들에게 모든 정치적 권리를 향유할 수 있도록 소비에트 법률로 규정되었다."[100]는 말이 있다. 이에 따 중국 공산당인들은 한국 혁명가들을 포함한 각국 교민과 혁명가들 간의 관계를 타당하게 처리하였고 이후 수립된 신민주주의정권 중에 비슷한 문제를 직면할 때 풍부한 경험으로 처리할 수도 있었다. 중국 각 적색 혁명근거지에서나 중국 노동자농민 홍군 2만 5천 리 장정에서나 방방곡곡에 용맹스럽게 전투하는 한국 혁명가들의 발자취가 남아있다.

제2절 중국 공산당의 동북 지역에서의 대한 관계

중국 동북지방에서 한국 독립운동과 중국 공산당의 관계는 관내 지역에 비해 특수성이 있다. 이 특수성은 다음 몇 가지 측면에서 나타낸다.

(1) 중국 동북지역에 거주하는 한교민은 2,00만 명(300만이상이란 말도 있다) 이상일 뿐 아니라 상대적으로 집중 거주되며 고정된 거주지를 형성하였는데, 관내 지역 한교민들은 중국인들 속에서 흩어져 살고 있다.

---

100) 『中共党史参考资料』, 中国人民解放军政治学院党史教研室 1979年刊印, 543~544쪽.

(2) 일본이 한국을 병합한 후, 중국에 이주한 각계각층의 한국인들이 동북지역에서 단독적으로 반일광복투쟁을 전개하고 있는 반면, 관내 지역 한교민들의 반일독립운동은 중국혁명운동과 긴밀히 결합되어 중국인들의 혁명투쟁에 참여하거나 동조하는 경향이 강했다.

(3) 동북에서 활동하는 한적 공산주의자들은 상당 기간 본부를 국내에 둔 조선공산당 중앙의 지도를 받았으며, 관내지역에서의 한국 공산당원들은 조선공산당 국내 본부와 밀접한 관련이 없었다. 따라서 중국 공산당과 동북지방 혁명가의 상호관계에 특이한 점이 있으므로, 따로 검토할 필요가 있다.

1919년 3·1운동부터 1929년 9월까지 조선공산당 만주총국이 만주에 있는 조선공산당 조직을 해체시키고 조선공산당원이 개인 신분으로 중국 공산당에 가입하기 전까지의 기간은 조선공산당은 동북에서 단독으로 반일광복운동을 진행한 시기였다. 1925년 4월, 조선공산당과 고려공산청년회는 서울에서 설립되어 각각 공산국제와 국제공산청년동맹의 지부(支部)가 정착되었다. 1926년 5월 조선공산당은 동북 영안(寧安)현 영고탑(寧古塔)에 만주총국을 세우고 중국 동북부를 동만(東滿), 남만(南滿), 북만(北滿)의 3개 구역으로 나누어 지역국을 설치하였다. 또한, 고려공산청년회도 중국 동북에 만주총국을 설립함으로써 수년간 흩어진 한국의 혁명역량을 결집시켜 공산주의 사상과 공산국제지도하에 반일광복운동을 전개하는 혁명대오가 성장되었다.

1927년 10월 중국 공산당 중앙위원회는 동북에 만주성위원회를 설치하기로 고 초창기에 있는 만주성위원회는 조직규모, 기본대열, 민중기반 면에서 조선공산당 만주총국 지도하의 남한 혁명역량에 비해 많이 취약했다. 만주성은 위원들을 한교민 혁명세력이 비교적 강한 동만지역으로 파견해나가 그 지역에서 중·한 민중들 속에서 당원을 발전시키고 지부를 설립하여 혁명운동을 전개하였다. 중국 공산당 당중앙은 동북부의 한교혁명 운동에 대한 막대한 관심을 가졌다.

1928년 6월 11일, 중국 공산당 중앙위원회는 만주성위원회에 서한을 보내 중국 동북부는 소수민족이 섞여 사는 지역이라며 조선족이 300만 명 이상이 만주에서 농업에 종사하고 내·외몽골과 가까운 곳은 몽고족의 범위라고 지적했다. 몽골과 조선족 등 소수민족을 처리하는 세 가지 방법을 제시했다.

첫째, '민족자결' '민족평등' 원칙에 따라 소수민족의 해방투쟁을 도왔다. 둘째 소수민족운동의 지도권은 반드시 민중들이 장악해야 하며 그 상위계급의 타협을 폭로하였다. 셋째 일반 운동에서 하나의 구호로 조선족·몽골족 민중을 연합하여 자본가 지주를 반대하고 그 조직(노동조합·농회) 등을 통합하여 성위원회에 소수민족의 상황을 조사해달라고 중앙에 보고할 것을 요구한다.

7월 모스크바에서 열린 중국 공산당 '6대'에서 채택된『민족문제 결의안』에서 "중국 내 소수민족의 문제(북부의 몽골족, 회족), 만주의 한민족, 복건(福建)의 대만인, 남묘려 등 원시민족, 신장과 티베트는 혁명에 중요한 의의가 있다."고 주장했다. 이어 "중앙위원회에 의뢰해 7차 총회에 앞서 소수민족 문제에 관한 자료를 준비해 놓고 7차 총회 때 당 강령에 들어갈 수 있도록 한다."고 덧붙였다.

이렇게 함으로써 중국 공산당 중앙위원회는 동북 한교민, 교민혁명운동, 조선 공산당의 실태에 대한 조사를 강화했다. 1929년 7월 20일 중국 공산당 강소성위원회 법남구 한국지부 서기인 옥진(玉眞)은 중국 공산당중앙에『동북3성 교포상황보고서』를 제출하였고 보고서에서 교민의 호적, 이주원인, 이주농민의 고통, 민족주의 혁명단체의 상황, 청년운동의 발기, 조선공산당과 공산청년회의 만주총국 5개 부분을 열거하였다. 특히 중국 동북지역의 한교민 반일독립운동 각 파벌의 상황을 분석했다.

보고서에서는 중국 동북에 있는 한적 민족주의 혁명단체들은 '군사인재들의 양성에 목표를 두고', '수시로 본국으로 건너가 일본군을 공격하고자한다.' '지금까지 역사가 가장 오래되고 세력이 강한 것은 정의부, 참의부, 신민부였다.'며 '이들의 모든 경비는 농민한테 징수 받아야하기 때문에 가난한 농민들은 중국 지주관료들의 학대를 받는 것 외에, 혁명당인들의 폭압적인 세금을 받았다고 지적한다. 이어서 '시대의 추진력', '한인청년들의 각성'때문에 사회주의를 추구하는 청년운동이 일어났고 현재 남북 만주의 청년단체는 약 30여개인데 통일된 동맹을 형성하고자하여 멀지 않은 미래에 실현할 수 있다고 믿는다. 마지막으로 조선공산당과 공산청년회 만주총국에 대해서 "농민대중을 조직하고 청년운동을 지도하며 각 민족혁명단체를 격려하여 반일제국주의 협동전선을 향해 노력하는 것"을 주요 임무로 삼았다고 지적했다.

하지만 “1927년 10월 동만지역국 대표대회가 연길에서 개최되었지만 일본군의 수사로 인해 백여 동지가 체포되었다.” “반동분자들이 당내에 ML당을 따로 조직하여 당본을 파괴하고자 한다.” 등으로 인해 만주총국은 조직화되지 못하고 소속이 없는 기관인 상황에서도 당원이 계속 활동하면서 당원 수가 늘어났다고 지적하였다. 따라서 보고서는 일국일당의 원칙에 따라 조선공산당 만주총국은 중국당의 조직에 편입되는 것은 당연하겠지만 민족을 배려하는 차원에서 중국당 소속이지만 특별조직을 취해야 한다고 조언했다.101)

7월 25일, 중국 공산당 조선공작위원회 위원인 강우(江宇)는 중국공산당 중앙위원회에 『주만교포 정세보고서』를 보내 교포의 이주연혁 개략, 만주교포의 혁명정세, 결론 모두 세 부분이 포함되었다. 보고서는 중국동북 한교민의 기본 상황을 구체적으로 분석하였다.

(1) 200만 한교민 중 85% 이상이 소작농이고 경제생활은 봉건관계를 유지한 상태에 있었다.
(2) 일본 제국주의의 간접적이거나 직접적인 압박이 있다.
(3) 중국 군벌은 정치적이나 경제적으로 처참한 억압, 착취 경우가 있다.
(4) 지주의 억압과 착취 행위가 여전히 존재하고 있다.
(5) 물가가 매우 높다(예를 들어 소금 등).
(6) 경제의 유통이 어렵다.
(7) 같은 계급의 중국 농민들의 모욕과 이해부족.
(8) 반일의식이 날로 강해진다.

101) 『만주성위원회 문서』 제12권, 제1호.

(9) 조국을 광복하려는 의욕이 강하다.

(10) 발전기금이 착취당한다.

(11) 한도가 없고 잡다한 세금 등 이에 따라 한국혁명단체의 지침과 농민문제, 훈련문제 등에 대한 전략을 제시했다. 이런 중요한 조사연구 보고서는 중국 공산당이 동북지역의 한교민 및 독립운동 상황에 대한 인식수준을 반영하였고 향후 양국 관계의 큰 조정을 위해 필요한 사상적·조직적 준비를 하고 있다.

중·한 공산주의자들은 공산국제의 결정에 따라 중국 동북관계를 조절하였다. 중국 만주성 위원회가 수립된 후에 중국 동북지역의 공산주의 운동이 2가지 지휘센터를 나타내며 이는 공산국제가 제기한 '일국일당'의 원칙에 어긋난다. 또한, 조선공산당 내부에서 심각한 파벌싸움은 공산국제한테 불만이 많이 샀고 게다가 일본 군경이 동북조선공산당 당원을 대상으로 실시된 2차 대수사로 인해 조선 공산당조직이 큰 파괴를 당하여 공산국제는 1928년 12월에 중국 동북의 조선공산당을 해산시키기로 결정했고 조공당원들은 중국 공산당 만주조직에 가입하도록 하였다. 이 결정에 대하여 역사적으로 옳고 그른 것은 잠시 놓고 그 당시 한국과 중국 공산당은 이 결정에 적응하고 조정하는 과정이 필요하다고 보았다.

조선공산당 당원은 사상이나 조직 면에서도 큰 전환에 직면하고 있다. 즉 "과거 조선혁명을 목표로 삼았고 현재 중국혁명을 목표로, 과거의 종족대립을 계급대립으로, 과거의 무원칙한 파벌 투쟁

을 원칙 있는 계급투쟁으로, 과거의 평화운동을 투쟁운동으로 전환"인 것이다.102)

조선공산당 인사들은 이 전환을 실현하는 것은 쉬운 일이 아니고 그들 사이에는 두 가지 관점이 비교적 보편적이다. 하나는 '시기상조론'이고 '조선공산국제지부가 재구성되기 전에는 중국 공산당에 가입할 수 없다'거나 '만주에 있는 중국 공산당은 세력이 미약하니 지금 가입하는 것이 불리하다.'는 주장이고, 다른 하나는 '중국 공산당의 정책만 수용하고(조선 공산당 총국) 계속 유지해 나가야 한다.'는 주장이 서로 엇갈렸다. 북한 공산당 내에서는 공동적인 이념을 달성하기 위해 '이론적인 정치 투쟁'이 무자비하게 전개되었다.

1929년 9월 20일에 이르러야, 조선공산당 만주총국은 제10회 확대회의에서 공산국제결정을 집행하는 결의를 합의했다. 1930년 3월 20일, 조선공산당 만주총국은 공식적으로 『해산선언』을 발표하고 당내의 430명 당원을 대표하여 여태까지 유일한 조직이었던 조선공산당 만주총국을 해산시키고자 선포하였다. 또한, 중국 동북의 조선민중들은 자본가들의 봉건적 압박과 착취에서 벗어나고 해방을 실현하자면 '조선만의 독립'을 추구하는 것이 절대 안 되고 중국 토지혁명의 승리를 통해야만 그들의 해방을 얻을 수도 있었다. 이는 조선의 노동자, 농민들의 유일한 투쟁방식이고 해방의 경로라고 지적했다.

이러한 경제적·정치적 토대 위에서 일국일당(一國一黨)의 원칙에

102) 『南滿特委報告』, 1931年3月17日, 『滿洲省委檔』, 第25卷, 第4號.

따라 중국 동북의 조선공산주의자들은 중국 공산당의 지도를 받고 조직되어야 하며, 조선에서 발전된 각 파벌은 철저히 해체되어야 한다. 조선 각 파벌의 공산주의자들에게 "조선운동에서 철수하라", "조선의 연장된 조직을 버려라!" "각 파벌 해체하라" "개인 신분으로 중국 공산당에 가입하라!" "투쟁으로 조선혁명을 지원하라!" 등등 라고 호소했다. 이때부터 조선공산당 당원들은 중국 공산당의 전투대열에 정식으로 들어감으로써 중국 동북 무산계급 혁명역량의 중요한 일부가 되었다.

중국 공산당 당원에게는 이렇게 많은 조선 공산당인이 당조직에 가입하는 것은 완전히 새로운 과제이다. 조직면어서 중국 공산당 만주성위원회와 각 특별위원회는 옛 조선 공산당원에 대한 지도를 강화하였다. 성 위원회는 1930년 4월 성위원회가 중국 공산당 중앙에 주는 보고에서 중국 동북 한교민 중요성을 강조하였다. "한교민 혁명운동은 매우 중요한 작업이며, 농촌(예로 동만, 남만, 북만)에서 우리의 작업중심은 전적으로 그쪽에 치우쳐 있다. 중국 농민들의 사업은 이제 막 시작했는데 90% 이상 한 교민이었다.

이런 상황에서 성 위원회는 한국 민중의 상황을 파악하고 그들의 운동을 올바르게 지도하기 위해 전문적으로 한교민 업무문제를 토론하기 위해 위원회 산하에 소수민족부를 설립하였다." 또한, 보고에서 업무 중 가장 큰 문제는 번역 문제라고 언급했다.

하나는 성위원회 서류는 중국어로 작성되어 있고 각급 전달되어야 하니 번역 때문에 문건의 의미가 잘못 전달되어 정책, 전략에 있어 문제가 발생했다.

둘째는 성위원회의 서류는 한달 후에야 지부에 도착할 수 있고 효력이 상실되어 성위원회의 당보(黨報) 민중들에게 제대로 전달해 주지 못했다.

그리하여 성위원회 번역과의 설립을 승인하고, 직원과 경비 문제를 해결해달라고 요구한다. 그해 10월 중국 공산당중앙은 『만주작업대강』을 작성해 만주성 위원회의 처리방식을 적극적으로 평가해 주었고 "공산당 위원회 아래 소수민족위원회를 설치해두거나, 잠시 한국인만 있으면 한국위원회라고 해도 되고, 한국인 간부를 선발해 한문 간행물과 홍보물을 출판할 계획"이라며 만주성위원회에 "한국 공산당에 관한 모든 자료를 수집해 신속하게 중앙을 보내고 공산국제가 전달·해결하도록 하고, 정당한 조직노선을 거쳐 한국혁명운동의 발전을 확실하게 도와 달라"고 요구했다.

한국 공산당 당원이 개인으로 중국 공산당에 가입으로 인해 생긴 파벌분쟁문제에 대해 중국 공산당은 "한국 동지는 역사적으로 파벌투쟁은 매우 복잡한데 소위 '일, 이, 삼'파벌은 옳고 그른 것은 명확하지 않으니 그들의 문제를 해결할 때 심중을 가해야 하고 그들의 말을 잘 들어야 할뿐만 아니라 그들의 행동과 투쟁중의 표현을 보아야 하며 한쪽의 말만 듣고 근거를 삼으면 절대 안 된다.'고 생각했다.

중화소비에트 공화국 제2차 전국대표대회에 참석한 조선 공산당 대표 이청(李青)은 중국 공산당중앙에 "만주의 한교민 조직문제에 대해 언어, 관습, 풍속 관계로 특별한 기관을 설치하고 성위원회에 직속시키거나 한인총국 또는 인민위원회를 부르며 만주 한교민의 혁명사업을 지도할 수 있다."고 요청했는데 중국 공산당중앙은 이 요청을 거절했고 "사실상 중국 내 한국 동지들의 독립성고 특수성을 유지하려는 것으로, 이는 한국 동지들이 공산당 가입하는 원칙에는 맞지 않는다."고 덧붙였다.

중국 공산당이 확정된 처리 원칙은 다음과 같다. 한국당의 과거 모든 파벌이나 작은 단체는 인정하지 않고 단체 가입이 아닌 개인이 가입해야 하고, 중국당의 규약을 승인하고 중국당의 지도에 복종하며 실제 투쟁에서 실적이 있는 사람만이 가입할 수 있다.

중국 공산당에 가입한 한국 동지는 중국 당원이 되고 조직에 따라 각 지역의 지부에 편입시켜 중국 동지가 없는 곳에서 한국 동지의 지부는 각급 당지부의 지휘를 받아야 하고 중국 당내에 한국 동지의 독립적이고 특별한 조직은 존재하지 않는다. 한국 동지 중 파벌 간 투쟁, 특히 싸움 등을 없애고 그들이 중국 공산당에 가입 후에도 파벌활동을 지속하는 것을 막아야 한다.

과거 속했던 파벌은 무엇이든 간에, 말단 당원은 중국당의 정책에 찬성하고 집행하면 가입할 수 있고 고위층 당원은 후보기가 있다. 적극 노력하지 않고 파벌 편견을 버리지 않는 한 절대 공산당에 가입하지 못하게 하고 이미 가입했더라도 반드시 제적해야 한다. 이렇게 함으로써 중국 공산당은 조선공산당 내부 있었던 파벌 분쟁을 성공적으로 해결하고 중국 공산당에 가입한 조선공산당원들이 통일적 지도를 받고 동북지역의 혁명투쟁에 참여할 수 있도록 했다.

두 정당 관계의 큰 조정은 긍정적인 결과를 가져왔다. 조선공산당원이 대거 중국 공산당에 입당함으로써 중한 혁명가들 더욱 한 마음으로 뭉쳐 용감하게 싸우고, 일본 제국주의가 중한인민관계에 대한 이간질을 분쇄하며 동북지역의 혁명역량을 크게 강화시켰다. 원래 한국 혁명가들이 산발적인 반일투쟁과 중·한 통치자들에 대한 반항투쟁을 보다 큰 차원으로 중한혁명가 공동전투의 형태로 승화시켰다. 일본 제국주의는 만보산사변, 한국내 중국화교의 학살사변, 만주사변 등을 이용하여 한·중 민중의 전면적 충돌을 일으키고자 하는 음모에 대해 공산당은 적시에 입장을 밝혔다.

중국 공산당 만주성 위원회와 공산당 청년단 만주성 위원회는 연명으로『일본 제국주의 무력으로 만주점령에 반대하기 위해 만주에 조선의 노동자, 농민, 학생 및 민중의 고지서』를 발표하였다. 일본 제국주의 억압, 착취와 학살로 만주로 쫓겨 나왔지만, 만주의 일본제국주의분자는 조선인민회, 사랑회, 구제회, 금융부 등의 앞잡이 기관으로 여러분을 착취하고 기만하며, 또한 여러 분들을 제국주의 침략의 도구로 마구 악용했다. 사랑하는 조선동포들이 일제의 '조선인민 보호'에 속이지 말고 그들이 만주의 점령이 당신들에게 삶의 안정을 가져다 줄 수 있다고 믿지 말고, 제국주의에 대한 환상을 갖지 말아야 한다.

그들은 중국 공산당의 지도하에 많은 중국의 노농 민중들과 손을 잡고 위대한 중국 혁명에 직접 참여하여 제국주의 국민당을 소멸시키고 자신의 해방을 쟁취할 것 등을 호소했다. 일본 침략자들의 이간질로 인해 한중 민중 사이에 드리워진 상호 불신의 그림자가 점차 걷히게 되면서, 한중 혁명가들은 피와 목숨으로 생사를 함께 하는 전투적 우의를 맺었으며, 이는 훗날 중국 동북의 혁명운동, 특히 동북항일연합군이 지극히 힘들고 어려운 항일 투쟁에 헤아릴 수 없을 정도로 중요한 역할을 하였다.

중국 공산당중앙 총체적인 정치노선과 전략방침에 따라, 중국 만주성 위원회는 "한국혁명에 지원해주는 것은 중국 공산당, 특히 만주 공산당이 가장 중심적이고 실질적인 과제 중 하나"라고 생각하며 "한국 동지를 귀국시키는 것은 공산당의 중요한 임무"라고 주장했다. 또한, "동부 만주는 이 작업을 했었고 계속 진행해야 하며 남만주는 즉시 이 작업을 착수할 준비해야 한다."고 "한국에 파견해 업무를 진행한 동지는 중앙초안대로 수행하라"고했다.

그러나 그 업무의 중심은 중국 동북농촌에서 한·중 민중을 이끌고, 지방 폭동을 일으키며 철저한 토지혁명을 실시하여 소비에트 정권을 수립하고 농민 무장을 확대하며 노농 홍군을 창설하는 데에 이전하면서 적극적 대외발전하고 중심도시의 동맹 파업, 총동맹 파업, 무장 폭동과 결합하여, 전국 혁명정세와 전 중국 무장폭동의 승리를 맞이해야 한다. 중국 공산당 만주성위원회의 지도 아래, 30년대 초 중국 동북지역의 무산계급혁명은 절정에 이르렀다.

이 같은 성적은 중국 공산당이 투쟁과정에서 한적 혁명동지가 대거 참여하는 것과 밀접한 관계가 있다. 중국 공산당 동북 당조직 지도자인 주보충은 "1930년 당시에 현 서기는 대부분은 조선 동지였고, 구위원회 서기도 마찬가지였다. 당시 녕안현 두 서기는 모두 조선 동지였고(1929~1931, 1931~1932), 연변 4개 현과 보리(勃利), 탕원(汤原), 요하(饶河), 보청(宝清), 호림(虎林), 의란(依兰) 등지의 현 위원회서기 모두 조선 동지였으며 현위 위원은 대부분 조선 동지였다."고 회상했다. 중국 공산당이 흡수된 조선 공당원은 모두 2000명 정도였고 "동북 있던 중국 당원보다 몇 배 더 많다." "조선 당원들은 중국 공산당 만주 지도부의 투쟁에 큰 역할을 했다"고 말했다.

지적해야 하는 점은 1929~1930사이에는 이립삼(李立三)의 극진주의 노선이 중국 공산당 내부에 흥행했던 시기이고 조선과 중국 공산당원 관계조정에 영향을 미치지 않을 수 없었다. 우선, 조선공산당이 막 해산되는 마당에 조선 공당원들은 중국 공산당의 가입을 적극 신청하고 있고, 또한 중국 공산당이 개인 흡수하는 방법을 채택하고 있는데다가 철저히 투쟁하는 사람만이 공산당에 흡수될 수 있기 때문에 조선공당원들은 극진주의 노선을 집행하는 데 매우 적극적이다. 그들은 그 당시의 객관적인 요건을 고려하지 않고 많은 극진주의 슬로건을 내걸었다. "한·중 혁명의 민중들이 연합하여 오삽 운동을 일으키자!" "제국주의와 국민당의 시설을 모두 불태워라." "한민족연합회, 정의부, 신간회, 근우지회를 타도하라!" "무장으로 CCCP(소련)을 옹호하자!" 와 "지주, 자본가, 앞잡이를 모두 죽여라!" 등등.

용정촌, 두도고, 이도구, 삼도구, 국자가, 호천가, 남양평, 사도구, 걸만 등지에서 전혀 성공가능성이 없는 폭동을 잇따라 일으켰다.[103] 이런 폭동들은 상당한 정치적 영향이 있었지만 동북지역의

103) 『滿洲延邊(特支)報告--目前延邊的情況及"五卅"暴動原定計劃』, 1930年 6月1日, 『蒲洲省委檔』, 第22卷, 第10號.

한·중 혁명역량은 이로 인해 커다란 손실을 입었다. 둘째, 한국 독립운동 각 당파에서 '모든 것을 타도하자.'는 잘못된 행동을 유행했다.

그들은 '국민부' '정의부' '신민부' 등 조선독립운동 중 주요 민족주의 파벌을" 일본 제국주의와 중국 지배계급과 결탁하여 혁명을 파괴하는 짓만 일삼는다."는 만주 한교민의 통치자로, 중한 노농민중들의 적으로 간주했다. 그들은 소위 "제3세력"에 속하는 "포라동맹(普罗同盟)" "타제동맹(打帝同盟)" 등을 명목상 "사회주의"로 불리고, 실제로 완전히 반혁명적인 단체이며, 지배계급의 앞잡이로 간주하여 모두 타도하고자하였다.104)

이렇게 함으로써, 공격대상이 확대되고, 단결하거나 이용할 수 있는 많은 역량을 적에게 떠넘기면서 스스로를 고립시켰다. 셋째, 민생단(民生團)을 반대하는 투쟁에서 극대화의 경향이 나타났다. 소위 '민생단'이란, 1932년 2월, 일본 제국주의정부가 한교민 불량분자를 조종하여 결성된 시기 민족혁명전쟁에 공공연히 맞싸우는 반혁명단체였다.

그들은 '한인자치'를 극히 고취하고 한중민중 공동항일을 분열시키려고 했는데 7월 해산되고 말았다. 중국 공산당 동만 특별위원회는 좌경 극진주의의 영향 때문에 '유격구 내부 60~70%는 민생단인 것"으로 가상하면서, 초기 혁명에 참가한 갛은 지도자들이 이유 없이 체포되고 고문당하거나 심지어 처형당했다. 그리하여 동만

104) 『滿洲省委關於滿洲韓國民族問題決議案』, 1931年5月26日, 『滿洲省委檔』 第30卷, 第18號

지역의 당조직이 심각한 파괴를 당하고 한때 마비상태에 빠졌다.105)

이는 중국 공산당과 동북지역의 북한 공산주의자 관계의 또 다른 단면을 엿볼 수 있고, 역사현상의 얽히고 설킨 정치투쟁의 여러 측면을 보여주었으며 후세 연구자들이 이점에 주의를 가하고 연구해야 한다.

'만주사변'이후, 중국 공산당은 동북에서 전개된 항일 유격전쟁은 14년 동안 진행해 왔다. 조선공산당 해산 후 한국적 공산주의자들이 대거 중국 공산당에 합류하면서 중국 공산당원들과 통일된 투쟁단체가 결성된 물론, 중국 공산당 동북당조직과 동북항일연합군에서 중요한 비중을 차지하고 있다. 이런 의미에서 동북항일 유격전쟁은 한·중 공산주의자들이 함께 하는 사업이라고 할 수 있다.

만주사변 발발 4일째 되던 날, 중국 공산당 중앙위원회는 신속하게 『일본 제국주의의 만주강점에 관한 결의』를 하달해 주었다. "만주에서는 민중들이 반제운동에 더욱 박차를 가하고 민중투쟁을 일으켜 일본제국주의 침략에 반항하자. 북만군대 작업을 가속화하여 군사변화와 유격전을 전개함으로써 직접 일본제국주의에 심중한 타격을 주자."고 호소했다.106)

또한, 10월 12일, 중국 공산당 중앙위원회는 만주성위원회에 다음의 지시를 하달해주었다. 중한 민중들 속에 들어가서 직접 유격

105) 『東北抗日聯軍鬥爭史』, 人民出版社, 1991, 182~185쪽.

106) 『中共黨史參考資料』(六), 中國人民解放軍政治學院黨史教研室1979年刊印, 318쪽.

대를 결성하고 만주성위원회가 시찰원을 파견해 지격당지부에 "민중들 속으로 깊이 들어가 그들의 식량을 나누어 먹고 관부를 포위하는 사업을 발전시키고 극빈층 민중자위대 조직을 편성하여 지주를 파괴하고 유격대를 창설하는 데에 지원해야 한다."고 명령했다.107) 1931년 말, 중국 공산당 만주성위원회는 개편으로 중국 공산당 중앙주만주 대표인 라등현(罗登賢)이 성서기를, 조선혁명가 양림(杨林)이 군사위원회서기를 맡았는데, 주된 업무는 민중을 이끌고 민족자위전쟁의 방식으로 일본 제국주의의 침탁에 대항한 것이었다.

이듬해 3월 중국 공산당 만주성위원회는 업무회의를 열어 『항일구국을 위한 대중을 무장하여 유격전을 전개하는 결의안』을 채택했다. 4월 중국 공산당 중앙위원회에 보고한 『만주 현재 정치경제 상황 및 민중투쟁과 민중 속 공산당의 업무』에서 "유격전을 일으키고 반일 민족전쟁을 지도하여 만주의 새로운 유격 구역과 소비에트 구역을 개척하는 것이 만주당의 현재 가장 중심적, 실질적인 전투과제"라고 밝혔다."108)

성위원회의 지도자인 양림, 양정우, 주보충, 이연록, 조상지, 동장영 등은 각각 동북 각지로 들어가서 조선혁명가인 김일성, 최석천(최영건), 리홍광, 김책 등과 함께 공동으로 노력하여 남만, 동만, 북만, 길동 등지에서 공산당 지도하의 항일유격대를 창설하였

107) 『中共中共關於滿洲士兵工作的指示信』, 1931年10月22日, 轉引自上揭『東北抗日聯軍鬥爭史) 79쪽.

108) 『東北抗日聯軍鬥爭史』 人民出版社1991, 80쪽

는데, 그중에 유명한 것은 반석반일유격대, 해룡반일유격대, 연길반일유격대, 화룡반일유격대, 혼춘반일유격대, 왕청반일유격대, 안도반일유격대, 밀산반일유격대, 수녕반일유격대, 녕안반일유격대, 로하반일유격대, 주하반일 유격대, 바언반일유격대, 해륜반일유격대, 탕원반일유격대 등 있다.[109]

동북 대지에서 혁명의 씨앗을 뿌리었다. 이들 반일유격대 중 한적 혁명가들이 상당한 비중을 차지했고, 특히 동만의 일부 반일유격대는 한적혁명가 위주로 편성되기도 했다.

하지만, 전반적으로 볼 때, 왕명(王明)의 좌경기회주의 노선이 중국 공산당 중앙에서 주도권을 차지하기 때문에, 중국 공산당은 민족모순이 주된 모순으로 전환했다는 역사사실을 제대로 인식하지 못하고 정치군사노선의 전략적 전환을 적시에 실현하지도 못했으니 항일민족통일전선을 형성하지 못하였다. 그들은 일본이 만주사변을 일으킨 주 원인은 "제국주의의 소련 침"으로 판단했고, "무력으로 소련을 보호하라"는 중국의 실정과 동떨어지고 중국의 항일요구에서 벗어난 정치적 구호를 외쳤다. 그들은 국민당에 대한 반항과 일본제국주의 반항은 동일시하고 심지어 국민당 반대는 더욱 중요하다고 생각했다.

"중국 정세의 주 내용은 반혁명과 혁명 간의 필사적 투쟁"이고 "국민당 정부를 무너뜨리는 것은 민족혁명전쟁을 순조롭게 진행하는 선결조건이다."고 제시했다. 그들은 민족자본계급들이 정치입장

109) 『東北抗日聯軍組織序列表』, 轉上揭『東北抗日聯軍鬥爭史』 부록.

의 변화가 인식되지 못하고, 중간층과 제3파의 존재를 부인하며, 심지어 중간파를 "가장 위험한 적"으로 판정했기에 "주 역량으로 적을 공격해야 한다."고 주장하며, 국민당 통치위기를 과장하고 혁명역량의 확대를 과대평가하여 국민당 통치가 이미 "무너진"상태에 빠져들었다고 잘못 판단하였다.

"소비에트 구역 확대, 산발적인 소비에트 구역은 전체로 확대되고, 좋은 정치·군사적 여건을 활용해 한두 개의 중심도시를 차지해 한 성(省)에서 여러 성으로 승리를 거두자"고 제기하였다. 또한, "하층 통일전선"과 "인민정권"의 구호를 내세우며 실제로 소비에트 정권을 '민중정권의 유일한 형식'으로 간주했다.110) 이런 폐쇄주의와 일체를 타도하는 정책이 동북의 항일유격전에 영향을 미치지 않을 수 없다.

중국 공산당 만주성위원회는 발포한 많은 문서에서 "일본제국주의, 국민당, 만주국, 한국민족주의자, 전대인(二房东), 조선민회 등"을 모두 "중·한 가난민중을 압박·착취·학살하는 공동의 범인"으로 간주하고 공격반열에 올려놓고 "무력으로 소련을 보호하고 제국주의가 소련의 침략을 반대하자'를 정치슬로건으로 내걸었다. '중·한 노농 가난민중들이 단결하여 만주의 소비에트 정권을 수립하자는 것'을 정치행동강령으로 삼았다. 그들은 "공장, 군대, 학교, 광산, 농촌을 막론하고 각계각층의 민중들이 각자 투억칼, 망치, 손망치,

110) 博古, 『論民眾革命與民眾政權的口號』, 『紅旗週報』第29期, 1932年1月25日; 中共中央, 『關於爭取革命在一省與數省首先勝利的決議』, 1932年1月9日, 見上揭『中共黨史參考資料』(6), 446~451쪽.

각목, 돌을 모두 들고 유격전쟁터로 뛰어들어 적을 향해 공격해라."고 하며 "홍기가 휘날리는 소비에트 정권을 사수하라."고 호소했다.111)

1932년 6월 24일, 중국 공산당 임시중앙위원회는 상해에서 북방각성 합동회의(북측회의도 불린다)를 열어 이른바 "특별한 만주론", "낙후한 만주론"을 비판했고 동북지역의 정세에 대한 더욱 잘못된 분석을 하였다. 주요 내용은 다음과 같다.

국민당의 각 파벌은 제국주의의 앞잡이이고 非반항주의의 지도자이며 모두 매국노라고 간주했다. 심지어 '대도회', '홍창회'는 종교색채를 띤 농민 무장세력을 항일을 막는 것이라고 하고 유독 "소비에트와 홍군만이 반제국주의의 유일한 역량이라고 강조했다. 이 회의정신의 전달과 관철은 한·중 민중 속에서 동북당 조직의 영향과 항일 무장역량 확장을 크게 약화시켰다. 뻔한 것은 당시 중국 공산당이 지도한 동북항일 유격전은 아직 고군분투 상태였으니 세력이 취약하고 자아폐쇄일 뿐 아니라 그 투쟁의 초점은 여전히 동북의 소비에트 정권을 수립하는 데에 맞춰져 있었다.

나가이기요시(永井淸) 간도 총영사가 일본 정부에 보고한 바에 따르면 당시 혁명기반이 비교적 좋은 동만주 지역에서 소비에트 정권을 수립했는데, 구급(區級) 소비에트 정권 5개, 지방 소비에트

---

111) 中共滿洲省委, 『為年關與冬荒鬥爭告中韓勞苦群眾書』, 1932年1月3日; 中共滿洲省委, 『為八二九韓國亡國紀念告中韓勞苦群眾書』, 1932年8月29日; 中共軍春縣委,『為五一紀念告中韓勞苦群眾書』, 1933年5月1日, 見上揭『東北地區朝鮮人革命鬥爭資料彙編』, 781~788쪽.

정권 7개, 촌 소비에트 정권 14개 있었으나[112] 규모가 비교적 작고 존립상태가 확정되지 못하여 좌경기회주의자들이 기대했던 요원의 불길을 이루지 못했다. 그 뿐만 아니라 중국 공산당 만주성 위원회는 이미 설립된 반일유격대를 더욱 정통적인 군대를 지칭하여 예를 들어, 반석 반일유격대는 "중국 노농홍군 제32군 남만유격대"로 개편하여 바언(巴彦)반일유격대는 "중국 노농홍군 제36군 강북독립사단"으로 개편되어, 해룡노농유격대는 "중국 노농홍군 제37군 해룡유격대"로 개편하였다. 이런 개편은 공산당 지도하에 동북항일유격대의 확대·발전에 불리한 것이 분명하다.

1933년 1월, 일본군은 산해관에 침입해 화북으로 대거 공격했다. 중화소비에트 임시중앙정부와 노농홍군 혁명위원회는 선언문을 발표하고, 중국 노농홍군은 일본이 화북 침입을 대항하기 위하여 소비에트 구역의 공격을 중지하고, 민중의 민주적 권리를 보장해주며, 민중을 무력으로 무장하여 의용군을 창설하고 중국을 수호함으로써 중국의 독립과 영토의 완전을 보장해주는 3가지 조건을 바탕으로 기타 무장부대와 정전협정을 체결할 수 있는 것을 밝혔다. 그러나 중국 공산당 중앙의 내부 문서에서는 여전히 국민당의 남경정부를 제국주의의 청소부로 삼아 '국민당을 공격해야 하고 모든 반혁명적이고 쉽게 타협하는 당파를 고립시킬 것'을 요구한다.[113]

---

112) 『間島地區蘇維埃系統表』, [日]『現代史資料』, 第30卷 朝鮮6, 184쪽.

113) 『中共黨史參考資料』(6), 中國人民解放軍政治學院黨史教研室 1979年刊印, 631~632쪽.
中共中央, 『致各級黨部及全體同志的信-論反帝運動中的統一戰線』, 見上揭『中共黨史參考資料』(6), 633~638쪽.

국민당 정부를 제외한 반일 통일전선을 결성하겠다는 것은 극히 날카로운 중일모순과 대립을 해결할 수 없지만 예전보다 훨씬 진보해지고 발전된 것이다. 1월 26일, 중국 공산당 중앙위원회는 만주 각급 당지부와 당원 전체들에게 서한을 보내, 동북에서 "온 민족 반일 통일전선의 총 전략방침"을 실시하라고 요구하였다. "모든 가능한, 완전 믿을 수 없고 흔들리는 단체라도 단결·통합시켜, 그들과 함께 일본제국주의와 그 앞잡이에 맞서 투쟁할 것".

또한 서한에서 일본제국주의들이 고의로 민족정소를 이용해 민족충돌을 일으키자는 음모를 폭로해야 하고 한국인과 몽골인을 단결하여 중국인들과 함께 일제를 반항하는 점을 강조했다. 조선 농민들을 동원한 특수적 구호를 제기하고 일본제국주의를 타격하고 토지를 본인한테 반환하기 위한 노력해야 한다. 중한 지주들의 임대료 지급해주지 말라고 했다.114) 동북에 거주하는 한교민을 반일 투쟁에 참여할 수 있도록 결집·동원하는 것은 중국 공산당 동북당지부의 중요하고 기본적인 임무 중 하나였다.

같은 해 6월, 중국 공산당 만주성 위원회는 중국 공산당 중앙위원회의 지시에 따라 동만 특별위원회를 위해 네 가지 업무 강령을 내었다. 첫째, 옛날에 공산국제노선에 따라 편성된 붉은 유격대는 중한인민반일 민중단체로 개편해준 것이다. 둘째, 이 단체들에 대해 반일이라는 명목을 붙여주고 당과 단 지휘 밑에 들어가게 했다. 셋째, 일부 중국인과 한국인들이 일본에게 동화되지 않도록 힘껏

114) 『中共黨史參考資料』 (7), 中國人民解放軍政治學院黨史教研室1979年刊印, 32~41쪽.

막아주고 전반적 반일민족통일전선에 단결시켜야한다. 넷째, 일본 제국주의 세력을 만주에서 쫓겨나기에 주력함으로써 중한민중들의 반일 민족정서 등을 분발시켜야 한다.115)

이 네 가지 강령은 중국 공산당 만주성 위원회의 정치 노선이 항일민족통일전선으로의 전환을 보여주었다. 중국 공산당 만주성 위원회의 지도아래 온갖 항일무장 연합체가 쏟아져 나왔다. 예를 들자면 중국 공산당 만주성위원회 대표인 양정우(杨靖宇)는 남만지구와 반석 북부의 각 항일의용군과 산림군수령과 합의하여 공동항일의 '연합참모처'를 설립하고, 모작빈(毛作彬)을 총지휘로, 양정우를 정위로 추대되었으며 참가하는 총인원수는 3000여 명 이르렀다. 이렇게 함으로써 중국 공산당이 통치하는 남만에서 더 많은 항일무장역량이 유격대에 들어가게 되었다.

이듬해 2월, 중국 공산당이 지도하는 중공 동북인민혁명군 제1군 독립사단을 주축으로 17개 항일지대와 결합하여 몽강현(蒙江縣) 성벽에서 대회를 열었다. 회의에서 동북항일연합군 총지휘부를 창설하고자하고, 양정우를 총지휘자로, 한국적 혁명가 이홍광(李紅光)을 참모장으로, 송철암(宋鐵岩)을 정치부 주임으로 하여 옛 독립사단의 정원은 그대로 유지하였고, 기타 각부의 의용군은 8개 지대로 편성되어 총 병력은 1,000여 명에 달했다.

4월에는 양정우는 본인의 친필 서한을 가진 사람을 보내 신빈(新宾)현 사도구(四道口)에 조선혁명군 지도자인 양봉세(梁凤世)을

115) [日]嘉村龍太郎,『間島抗日軍與共產黨勢力的展望』, 見上揭『東北地區朝鮮人革命鬥爭資料彙編』, 879쪽.

만나서 중국 공산당이 민족과 신앙을 가리지 않고 단결하여 공동으로 반일하는 민족통일전선정책을 실행하는 것을 설명해주었다. 이어서 양 장군은 사람을 보내 양쪽은 연합항일의 협정을 정식으로 체결했다. 6월 중국 공산당 주하현(珠河县) 위원회와 주하 유격대는 각 항일유격대와 통합하여 동북 합동(哈東)반일유격대를창설하고 조상지(赵尚志)를 사령관으로, 장수천(이조린李兆麟)을 대리정위로 맡으며 3개 총대를 거느리고 병력 450여 명에 달했다.[116)]

중국 공산당의 지도를 받는 각 항일군대를 통합하기 위하여, 중국 공산당 만주성위원회는 점차 각 군대를 동북인민혁명군으로 통합·편성하고, 동북인민혁명군을 동북민중 항일·반만(反滿) 무장역량으로 명명하여, 동북 각 민족이 공동으로 항일반만의 형식이자 노농협력의 한 형태이었다. 인민혁명군대에서 각 민족단결과 노농협력을 공고히 하고 무산계급 지도권을 수립·강화시켜야 한다.[117)]

1934년 11월 제1군이 창설되어 양정우는 군장과 정위를 겸임하고 정치부 주임은 주티어얀이고 2개 사단을 관할하였고, 1935년 5월 제2군이 창설되어 군장은 왕덕태(王德泰), 정위는 위증민(魏拯民), 정치부 주임은 이학충(李學忠)은 맡게 되고 4개 연대를 관할하였으며, 1935년 1월 제3군이 창설되어 군장은 조상지, 정치부 주임 풍중운(馮仲雲)은 맡고 6개 연대를 관할하였다. 1936년 1월 제6군이 창설되어 군장은 하운걸(夏雲杰)고 정치부 주임 장수전이며

116) 『東北抗日聯軍鬥爭史』, 132~245쪽, 人民出版社, 1991.

117) 中共滿洲省委, 『東北人民革命軍及赤色遊擊隊政治工作條例(草案)』 1934年6月16日, 轉引自上揭『東北抗日聯軍鬥爭史』, 170~171쪽.

4개 연대를 관할하였고, 그 해 초에 제8군이 창설되어 군장 왕아신(汪雅臣)신이고 정치부 주임은 후계강(侯启刚)이며 5개 연대를 관할하였다.

또 1934년 가을에는 동북항일동맹 제4군을 설립하고, 군장은 이연이고 정치부주는 하충이며 3개 연대와 1개 독립영을 관할하였고, 1935년 2월에는 동북반일연합군 제5군을 설립하고 군장은 주보중이고, 부군장은 시세영이며 정치부 주임은 호인(胡仁)이 맡고 있고 2개 사단, 3개 독립영 등을 관할했다. 명칭은 인민혁명군과 다르지만 같은 계열이라고 할 수 다.118)

인민혁명군의 전투군대에서 한교민은 중요한 일부이다. 제2군은 유격대 대원을 모집하기 위해 발표된 『중·고 민중들에게의 고지서』에서 지적했듯이, 우리는 모두 중·고 민족의 유족이고 일본제국주의 철제에 짓밟힘을 당하고 영원한 노예로 하겠는가? 열혈 청년인 여러분이 만약에 굴복하지 않으려면, 즉시 단결하여 우리 공동의 살길을 찾고 총을 들어 원수인 일본 제국주의를 타도하자. 나이는 18~45세까지 술과 아편을 입에 대지 않고 진심으로 반일하며 망국노를 하고 싶지 않는 사람이면 두 사람의 추천을 받으면 바로 입대할 수 있다.119) 그만큼 동북인민혁명군의 조직원 기반이 적색 유격대시기에 비해 크게 확충됐다.

1935년 8월 1일, 중국 공산당 주 국제공산대표단은 중국 공산

---

118) 『東北抗日聯軍組織序列表』, 『東北抗日聯軍鬥爭史』 부록

119) 『東北人民革命軍第二軍為募集遊擊隊員告中、高民眾書』, 1935年7月, 轉引自上揭『東北地區朝鮮人革命鬥爭資料彙編』, 843~845쪽.

당중앙과 중화소비에트 중앙정부 명의로 『8·1선언』(항일구국을 위한 전체동포고서라고도 한다.)을 발표하여 전국 각 당파, 각계 동포, 각 군대에 “내전을 중진하고 모든 국력(인력, 물력, 재력, 무력 등)을 동원하여 항일구국의 위대한 사업을 위해 투쟁할 것”, “전 중국 통일된 국방정부”와 “전 중국 통일된 항일연합군의 편성”을 호소하였다.[120)]

중국 공산당 중앙위원회는 25일 산서(山西)성 북부 와요보(瓦窯堡)에서 중앙정치국 확대회의를 열고 항일민족통일전선의 노선과 전략을 공식으로 결정했다. 이 회의에서 채택된 항일구국 10대 강령은 ‘조선, 일본 국내 노농 등 모든 반일세력과 연합하여 굳은 동맹을 결성하자’는 내용을 국방정부와 항일연합군을 설립하기 위한 행동강령의 하나로 삼았다. 이 새로운 노선의 지침 아래, 동북항일유격전쟁은 활발하게 발전하는 새로운 국면이 형성되었다.

동북인민혁명군의 명칭은 새 정세에 더 이상 부합하지 못했다. 1936년 2월 10일 공산당 주 국제공산대표단은 『8·1선언』에 의거한 『全동북 항일연군총사령부의 설립 결의안 초안』을 작성하고 중국 공산당 지도하는 동북항일군대를 통합하고 동북인민혁명군을 ‘동북항일연합군’으로 개편하기로 결정하였고 이 조치는 정치적·군사적 면에서 의미가 매우 크다.

2월 20일 공산당 주 국제대표단의 지시에 따라 동북인민혁명군 지도자인 양정우, 왕덕태, 조상지, 이연록, 주보충, 사운과 탕원,

---

120) 『中共黨史參考資料』(七), 中國人民解放軍政治學院黨史教研室1979年刊印, 349~358쪽.

해륜 유격대의 명의로『동북항일연군 통합선언』을 발표하고 기존의 각 항일군의 각 명칭을 폐지하고 동북항일연군 X군 및 동북항일연합군 유격대로 편성하여 전국 통일항일연합군에 참가할 준비를 수시로 하고 또한 동북 각 항일 무장군대들이 동북항일연합군에 참가하기를 환영하였다.[121)]

이어 중국 공산당이 지도하는 각 항일군대는 전반적으로 개편하였는데 남만(南滿)의 인민혁명군 제1군에서 항일연군 제1군으로 확대·편성되었고, 군단장 겸 정위는 양정우, 정치부 주임은 송텐안이 맡고 있으며 3개 사단 1개 교도연대를 관할하였다. 동만의 인민혁명군 제2군은 항일연군 제2군으로 확대·편성되었고 군단장은 왕덕태, 정위는 위증민이 맡고 있으며 3개 사단, 1개 교도연대를 관할하였다. 하얼빈 동부의 인민혁명군 제3군을 항일연군 제3군으로 확충되어 조상지는 군단장, 펑중윈은 정치부 주임을 맡고 있고 10개 사단을 관할하고, 동북항일동맹 제4군을 항일연군 제4군으로 확충되어 이연록은 군단장, 황위칭은 정치부 주임을 맡고 4개 사단, 3개 유격연대를 관할했다.

동북반일연합군 제5군을 항일연합군 제5군으로 확충되었고, 군단장은 주보충, 정치부 주임은 후인이 맡고 3개 사단을 관할하였다. 탕원의 인민혁명군 제6군을 항일연합군 제6군으로 확충되었으며, 군단장은 하운걸, 정치부 주임은 장수천이 맡고 4개 사단을 관할하였다. 요하의 인민혁명군 제7군을 항일연합군 제7군으로 확충

121)『中共黨史參考資料』(七), 中國人民解放軍政治學院黨史教研室1979年刊印, 42쪽.

되었으며, 군단장 진영구, 참모장 최석천이 맡고 3개 사단을 관할하였다. 동북민중 구국군(救国军)을 항일연군 제8군으로 개편하고 군장 사운동, 정치부 주임 류서화가 맡고 6개 사단을 관할하고, 자위군 길림혼합여단 제2지대를 항일연군 제9군으로 편성하고 군장 이화당이 맡고 3개 사단으로 관할하였다. 인민혁명군 제8군을 항일연군 제10군으로 확충되어 군장 왕야신, 정치부 주임 왕유우가 맡고 10개 연대 관할하고 명산 동북산림의용군 항일연군 제11군으로 개편하고 군장은 치지중, 정치부 주임 김정국이 맡고 1개 사단을 관할했다.

1936년에는 제1, 제2군이 제1로 군대로 합편되어 양정우는 총지휘자를 맡고 장도로(長圖路) 남쪽, 남만로 동쪽을 유격대 지역으로 삼았다. 1937년 10월에는 제4, 5, 7, 8, 10군을 제2로 군대로 합편하고, 주보충은 총지휘자로 하며 장투로 북쪽, 송화강 좌측, 우수리강 우측을 유격군 지역으로 하고, 같은 해 제3, 6, 9, 11군을 북만 항일연합 총사령부로 편성하였고 1939년 3월 제3로 군대로 개편되며 장수천은 총지휘를 맡고 송화강 우측과 동서 흥안령, 흑눈(黑嫩) 평야를 유격대 군사 구역으로 삼았다. 그들은 일본군의 거점을 습격해 비행장과 창고를 불태우고 교통을 파괴하여 조선까지 쳐들어와 적에게 큰 타격을 입혔다.

항일연군의 대열에서 한적 혁명가들도 마찬가지로 중요한 역할을 하였고 항일연합군 지도자 주보충은 다음과 같이 회상했다. 항일연합군 제2군단은 90%는 조선의 공산당원, 단원, 노농으로 편성되었고 이 군대는 조직성이 강하고 작전능력이 뛰어나며 규칙을 잘 준수했다. 제7군도 대부분 조선인이고 최석천, 박원빈, 이학복, 서봉산 등이 중요한 지도자였다. 제3군대 창설도 조선인이 많은 공헌을 했는데, 군대창설 초기는 7명뿐이었고, 주요 책임자는 이계동(조선)이었고, 물론 조상지 동지도 있었다. 제1군은 반석, 해룡 유격대가 통합·개편되면서 확대·발전된 것이고 그중에도 조선인들이 큰 비중을 차지하고 리홍광과 같은 중요한 지도자가 있었다."고 말했다.

그 당시에, 중국 공산당은 조선혁명가들이 동북항일 유격 전쟁에 기여한 공헌을 높이 평가했다. 연안 중국 공산당 기관지 『해방(解放)』이라는 주간지와 중경에 있는 중국 공산당 사무소 기관지 『군중(群衆)』은 선후로 '연합군대에 있는 조선 지대'를 소개했는데 "조선 지대의 병사들은 나라를 잃어버린 아픔을 겪었기 때문에 항일의 모든 전쟁에 용감하게 참가했다."고 칭송했다. "일본 강도들을 이겨내고 여러 차례 한반도에 쳐들어와 한국민중 수천만을 유격대로 받아들였다." "그들은 적이 관내로 들어갈 수 없도록 적의 많은 병력을 견제하는 동시에 장차 중국은 전략적 반공을 하고 동북부를 수복하며 일본을 압록강 변으로 추방하는 중요한 기간이기도 하다.122)

1940년부터 동북항일 유격전쟁은 소위 '야영(野營)'의 시기로 접어들었다. 동북 항일연합부대는 새로운 장소와 조건에서 전에 달리 새로운 투쟁을 전개하였다. 1월 24일 중국 공산당 길동북만(吉東北

122) 『戰鬥中的東北抗日聯軍』, 『解放』, 第1卷, 第13期, 1937年8月9日; 『東北抗日聯軍活躍』, 『群衆』, 第3卷, 第1期, 1939年5月21日.

滿) 당대표 회의를 소련 하바롭스크에서 열었고 지도자 주중, 조상지, 풍중운이 이 회의에 참석했다. 회의에서 채택된 『동북항일구국운동에 관한 새로운 강령초안』은 항일투쟁을 위한 강령적 문서로 정착되었다. 회의 참석자들은 동북항일 연합부대는 중공중앙과 연락이 끊어진 상태에서 공산국제의 허가를 받고 소련 극동홍군으로부터 지도를 받아야하며, 자주 연락하면서 한도 있는 물질적 지원을 받을 수 있다.

또한, 중국 공산당의 정치적 위신과 조직관계에 나쁜 영향을 미치지 않은 전제하에 소련 극동홍군 지도자들이 일본군 만주에서의 정보를 얻기 위해 직접 도움을 주어야한다고 주장했다. 19일에, 중국 측 대표는 소련 공산당 극동변강위원회 서기인 이바노프, 극동군 대리 사령관인 나이마시, 극동군 내무부장인 왕신림(중국 가명) 그리고 하바롭스크와 우수리스크 소련군 책임자들과 협상을 통해 소련 측이 중국당의 내부업무를 간섭하지 않는다는 원칙 아래, 소련변경 공산당조직을 설립하고 극동군과 중국 동북항일 연합부대에 대한 임시적인 업무지도와 지원 관계를 맺었다.

소련 측은 왕신림을 대표로 임명하고 중국 동북 공산당조직과 항일연합군대간 직접 연결시켜주었다. 양측은 또 동북항일연합군 각부가 전투에 실패하거나 다른 이유로 소련으로 임시이동이 필요한 경우 소련 측이 편의를 제공하기로 구두로 협의했다. 이는 항일연합군대는 중·소 국경의 출입을 합법적으로 인정했다. 이에 대해 항일연합 지도자 주보충은 "동북에 현존 2천여 명 유격대원은 극동 홍군 지도자의 지원을 받는다면 동북 유격운동의 운명은 매우 밝을 것"이고, "소련 공산당은 형제 같은 손길을 내밀어 우리를 스스로 도와주는 것은 동북 민중들에게 참으로 다행스러운 일"이라고 높이 평가했다.

1940년 말까지 중국·소련의 하바롭스크 회의합의에 따라 항일연합군 각 부대는 선후로 소련경내로 옮겨져 훈련을 받았고 입국자는 다음 두 가지 상황이 있다. 하나는 소련의 통지에 따라 소련 가서 동북당과 유격대 간부회의에 참석한 것이다. 통계에 따르면 제2로군의 총지휘인 주보충과 참모장 최석은 26명을 인솔하고 11월 1일에 호림(虎林) 외나무다리 부근의 오소리강(烏蘇里江)에서 소련에 들어갔다. 제5군 정위를 맡는 계청은 일부를 인솔하여 12월 훈춘에서 소련에 갔으며 3로군 총지휘자인 장수천은 총지휘부 20여 명을 인솔하여 11월 초 애훈에서 흑룡강을 건너 소련에 들어갔다.

또한, 3로군 정위 풍중운과 북만 성위성기 김책은 20여 명을 데리고 12월 초 손극(遜克)에서 흑룡강을 건너 소련에 들어갔다. 둘째는 전투패배로 소련에서 정비를 한 군대는 다음과 같다. 김일성은 제1로군 경비여단과 제2, 3 방면군 각 1편당 약 200여명을 이끌고 11월, 12월내 훈춘, 왕청 일대에서 소련에 들어갔고, 제2로군 제5군단장 시세영과 제1로군 안길부대는 11월말 대한총강(大寒葱河) 상류에서 소련에 들어갔으며 제2지대 지대장은 100여명을 이끌고 12월 요하(饒河)를 넘어 우수리강을 건너 소련에 입국했다.[123]

항일연합군은 소련내에 두 개 주재소를 설치했는데, 하나는 하바롭스크 북동쪽 75km 떨어진 흑룡강의 비아사극(費雅斯克)마을이고

123) 劉文新、李毓卿, 『周保中傳』黑龍江人民出版社, 1987, 258~260쪽.

북야영장 또는 A야영장이라도 불린다. 다른 하나는 블라디보스토크(Vladivostok)와 우수리스크 사이의 작은 기차역 근처에 설치되었고, 현지인들은 '조개메못'으로 불렀고 즉 남야영장, 또는 B야영장이라고 불렀다. 야영기간에도 한국 혁명가가 전체 구성원 중에 차지하는 비중은 컸다. 예를 들자면, 1942년 2월 1군 1, 2, 5, 7군 경비여단 본적지 기록이 있는 103명 중 한국인은 56명이고 54%를 차지하였고 다른 예는 1942년 4월, 1지대 B야영장중 한국 국적은 54명이고 66%를 차지하여 과반수였다.

1941년 4월 13일, 소련 정부는 일본 정부와『중립계약』을 체결했다. 소련은 소일관계를 생각하는 차원에서, 소련에 항일 연합부대는 군인들은 귀국시켜 대규모 반일 유격전쟁을 진행하는 것을 중지하고자 요구했다. 항일연합군 지도자들은 원칙을 지키는 동시에, 소련의 평화외교 정책을 지지하고 그들의 의견을 존중하며, 당분간 군사주력을 동북으로 돌려보내지 않겠으나 군대 파견은 완전히 중지하지 않겠다고 밝혔다. 또한, 동북 유격전쟁은 중국 혁명의 일부이고, 일본군대를 동북에서 쫓아내는 것은 항일 연합군의 역사적 사명이기 때문에 소련 극동군은 항일연합군 업무에 대한 지도는 중국 공산당 현 단계의 정치노선에 맞춰야 하고 중국 공산당에 의거해 동북 유격전쟁 실제요구에 부합해야 한다고 주장했고 소련은 이에 동의했다.[124]

1942년 1월, 중국 공산당 항일연합 지도자는 중한 항일연합군

124)『東北抗日聯軍鬥爭史』, 人民出版社, 1991, 446~447쪽.

대는 동북으로 돌아가 유격전쟁을 할 수 있도록 자세한 파견계획을 세웠고 남·북쪽과 동북의 두 부분으로 나누었다. 남측 파견계획은 다섯 개 지대를 파견하고 총 50명이었으며 김일성 등 12명이 돈화와 연길에 가고 안길 등 12명을 훈춘 서북, 왕청, 연길 북쪽에 파견해, 곽지산(郭池山) 등 6명은 화뎬, 안투에 파견해, 시세영(柴世榮)등 10명 녕안 동남, 수분, 대전자 서북 지역 파견해, 계청(季青) 등 10명은 닝안 서북, 오상, 액무 지역에 파견해 나갔다. 북측과 동북측은 6개 지대 총 39명을 파견할 계획이었다.

김광협 등 7명 임구 서북, 볼리 서남지역에 파견해, 이경음(李景蔭)등 6명 목릉 하성자 지역에 파견해, 고만우(高萬友) 등 6명 밀산 북쪽, 보청남쪽지역에 파견해, 왕문발(王文發) 등 6명을 부금동남쪽, 동강 남쪽에 파견해, 학영귀(郝永貴) 등 6명 북리 철도선 동쪽지역에 파견하여 하진화(夏振華) 등 8명 덕안, 루안, 극산 지역에 파견할 예정이다. 각 지대가 각자의 특수임무와 통신연락방법을 정하였고 이는 동북 항일연합의 한·중 혁명가들이 용맹스럽게 반일 유격전을 중단하지 않았음을 보여준다.

야영기간 내내 항일연합부대의 한중 지도자들은 줄곧 중국 공산당의 지도를 받았다. 1940년 초 하바롭스크 회의 때 항일연합은 중국 공산당 중앙위원회와의 무선통신이 이루어지자 소련에 협조를 요청했으나 전쟁이 끝날 때까지도 약속을 지키지 않았다. 1941년 초, 많은 항일연합군은 소련에 들어간 후, 소련 극동군 대표 왕신림은 국제주의와 반파시스 간 공통성을 근거로 항일연합군과 그의 조직관계를 소련 극동군과 그 지도부에 편입시켜 본인이 항일연합군 총사령관을 맡으라고 주장했는데 중국 측은 이를 거부하였다. 양쪽은 한 달 동안 논쟁하였는데 합의를 이루지 못하였다.

이에 항일연합부대 지도자들은 스탈린과 공산국회 의장 티미트로프에게 서한을 보내 논리로 따져서 쟁취했다. 동북의 항일유격전쟁은 중국 공산당 전부 혁명투쟁 불가분의 일부이고 중국 공산당이 지도하는 유격운동이니 모든 문제는 반드시 중국 공산당이 해결해야 한다. 하바롭스크 회의 때 중소 양측은 달성한 소련 극동군이 동북항일연합에 대한 임시지도와 물질적 지원은 중국 공산당이 항일연합군을 지도해야 하는 것과 서로 모순되지 않고 이는 임시적 특수상태이다. 동북은 중국 영토의 일부이고 항일연합군은 중국 공산당이 지도하는 군대인 만큼 중국 공산당의 항일정책을 집행했다.

소련은 국제주의 입장에서 각국 인민혁명을 지원하는 동시에, 각국 공산당의 독립성을 존중해야 하여 항일연합군의 총사령은 왕신림이 담당할 수 없다. 항일연합군 지도자들의 입장이 스탈린과 티미트로프한테 지지를 받아 왕신림은 비판을 받고 다른 사람으로 교체되었다. 이후 소련 측 연락자의 가명은 여전히 왕신신이지만 사람이 이미 바뀌었다.125)

1942년 4월 20일, 항일연합군의 지도자 주보충, 장수천 등은 남북야영 당위원회와 길동, 북만 성위원회가 병존하니 공산당이 항일연합을 지도하는 데에 불리하다고 하여 『당조직의 완전개편과 집중지도 제안』을 기초하여 길동과 북만 성위원회 및 남만당을 바탕으로 동북지역에서 통일적이고 집중된 동북 당조직 임시위원회를

125) 周保中, 『東北抗日遊擊日記』, 人民出版社, 1991, 572頁.

설립하고 기존의 길동, 북만 성위원회를 폐지하고자 주장하였고 이에 대해 소련 측 대표와 긴 시간에 협상하였다. 5월에는 항일연합군 지도자가 소련 측에 제안했다. 두 야영지의 항일연합군 사병을 모아 통일관리하고, 중국 공산당 지도자와 소련 극동군의 도움아래, 그들은 더 훌륭한 지휘자가 되기 위해 군사능력을 향상시켜 향후 전쟁에서 더 큰 역할을 할 수 있도록 노력해야 한다.

지도자들의 많은 노력 끝에 항일연합군은 드디어 새로운 발전기회를 얻었다. 그해 7월 소련 측 왕신 대표는 항일연합군 지도자들에게 동북항일연합군 남북야영 및 동북에서 활동하는 항일연합군 인원들을 하나의 여단으로 편성한 것을 동의한다고 전했다. 소련 극동군 사령관 아바나셴코 대장은 22일 하바롭스크에서 항일연합군의 지도자인 주보중, 장수천, 김일성을 접견하고 주보충을 중국 중국특별여단 소령여단장으로, 장수천을 정치위원으로(이후 정치부여단장으로 변경) 임명하고, 김일성 왕효명, 허형식, 시세영은 교도영 대위 대대장으로, 안길, 김책, 청, 강신태를 정치위원(정치 부대대장으로 개칭)으로 임명했다.

또한 다음과 같은 지시를 내렸다. 첫째, 중국여단의 설립목적은 중국동북 각 성의 민족혁명전쟁의 군사간부를 양성하기 위함이고, "일단 만주가 큰 변동이 있고 새로운 환경에 있으면 중국여단은 큰 몫을 맡아야 하고 극동 홍군과 중국군대의 연결이 되어야 하"며, 동북 인민을 일본의 압박으로부터 해방시켜야 한다. 둘째, 중국 여단이 양성한 군사 지휘관과 정치인원들은 "전략, 전술과 유격운동의 원칙, 원리와 경험을 터득해야 할 뿐만 아니라 현대 각종 병기기술에 능통해야 한다."고 요구하였다. 셋째, 전투 신경시스템을 구성하는 통신연락에 각별한 주의를 가하고, "많은 무선통신기술 간부를 양성해야 한다." 넷째, 중국 여단의 구성원은 장차 동북에서 6개 군을 창설하는 근간이 되어야 한다고 강조하면서 중국 여단은 이 역사적 과제를 완수하라고 요구했다.

8월 1일, 소련 국적을 갖는 장병 300여 명 포함하고 모두 1000여 명의 중국 교도여단의 편성은 완성되었고 공식 번호는 소련 극동홍군 88여단(대외 번호는 8461보병특별여단)으로 중·한·소 3국 인원으로 구성되었으니 일명 '국제여단'으로 불리기도 한다. 명목상 교도여단은 소련 극동홍군이 관리를 받았지만 내부적으로는 항일연합군의 독립성과 독보적인 조직체계를 유지하면서 항일연합군은 나름대로의 전투임무를 수행하고 소부대를 동북으로 파견해 유격전쟁을 진행할 수 있다.126)

9월 항일연합군 교도여단은 전체 공산당원대회를 열고 독립보병여단 중국 공산당 동북당조직 특별지부국(支部局)을 설립하여 '동북당위원회'라고도 했다. 지부국은 중국 공산당의 정치노선을 따르고 기존의 동북 당조직 관계를 변경하지 않았다. 여단장, 정치부 여단장과 지부국 서기가 지부국의 일상 업무를 맡고, 교도여단 내부의 소련 공산당조직과 형제 같은 관계를 유지하며 업무상의 긴밀한 연락과 협력을 유지하는 동시에 각자의 독립성도 보유해야 한다. 회의에서 중·한 혁명가들 중 주보충, 장수천, 최석천, 김일성, 김경석, 김책, 풍시노, 왕명귀, 왕효명, 안길, 계청을 집행위원으로, 최

126) 『東北抗日聯軍鬥爭史』, 人民出版社, 1991, 449쪽.

석천을 서기로, 김일성과 김경석을 부서기로 선출했다.

이 조직은 동북 공산당 조직이 중국 공산당중앙과 연락이 끊겼을 때 임시적 최고기관이 되었다. 이로부터 항일연합군부대는 소련군대제도에 편입되어 제대로 군사와 정치훈련을 받으면서 공산당원과 유격대원을 계속 파견하여 동북지역의 지하당 조직, 민중들과 연락을 유지하고 민중을 인솔하여 반일유격전을 전개하였다. 항일연합군 교도여단이나 동북 공산당위원회의 지도자들에서는 한국적 혁명가들이 중요한 위치를 차지하고 있다.

1945년 5월, 독일 파시즘의 패전으로 세계 반다시즘 전쟁은 최후의 결전 단계에 접어들었다. 6월 중국 공산당 동북 당위원회가 새로운 정세와 항일연합군의 실황을 따라 행동 강령을 5가지 작성했는데 그 요점은 다음과 같다. 첫째, 동북은 중국 영토의 일부이고, 동북 공산당과 항일연합군은 반드시 중국 공산당 정치노선에 따라 동북의 반공 작전에 참가할 수 있다. 둘째, 항일연합군을 확대하고 항전무장 작전을 전개한다. 셋째, 민족 전체의 항일 통일전선을 형성하고 동북 항일구국총회를 복원시켜야 한다. 넷째, 동북 공산당 조직을 복원시켜야하고 각 지역의 운동과 단체를 지도해야 한다. 다섯째, 중국 공산당중앙과 연락을 취해야 한다.127)

소련군의 도움으로 항일연합군 교도여단의 군사정치훈련도 변화가 생겼다. 우선, 모든 훈련과 연습은 소련군의 통일적 배치에 따라 진행되고 항일연합부대와 소련 극동홍군이 동북 반격작전에서 서로 협력하는 것과 참전한 각 군 병과가 전투에서의 협조에 중점

127) 周保中, 『東北抗日遊擊日記』, 476쪽, 人民出版社, 1991.

을 두었다. 둘째, 훈련과 연습의 중심은 유격전의 전략과 전수에서 대규모적 현대화 공격전을 지휘할 수 있는 능력의 양성으로 이전되었다. 셋째, 소련 지도 장교들도 소련 내전 당시 옛 유격전병사부터 소련독일 전쟁터에서 나온 반파시즘 작전 경험이 풍부한 지휘관으로 바뀌었다. 항일연합군 교도여단은 소련 홍군의 반격작전에 대한 새로운 경험을 학습하기 시작하였고 소련군대의 전반적인 대일 작전계획에 따라 각종 준비작업을 했다.128)

7월, 중국 공산당 동북당위원회는 전체회의를 열어 새 정세와 항일연합군의 반격작전계획에 따라 공산당 지도부를 개편하고자 하고 현 구성원을 둘로 나누었는데 중국적 당원으로 새 동북 공산당위원회를 편성되고 료길흑 임시 당위원회를 불리기도 했다. 주보충은 서기를 맡고 장춘에 본부를 두고 있으며 밑에 12개 지역위원회가 설치되어 소련군을 따라 동북에 들어가서 작전을 했다.

또는 한국적 당원은 조선당 위원회로 편성되고 소련군을 따라 조선에 들어가 반격작전을 전개하여 조선공산당을 재건하고 조선독립을 위해 노력했다. 동북 당위원회 서기는 최석천은 동북 공산당위원회서기는 중국 공산당 중앙위원회에 업무보고를 해야 하고 동북 공산당의 조직관계 옮겨야하므로 한반도를 반격하는 군대와 함께 작전한 것을 잠시 보류했다.

8월 8일, 소련은 대일작전을 선포하고 소련군대는 네 갈래로 나뉘어 중국 동북부와 한반도를 공격했다. 중순쯤 항일연합군 교도여

128) 劉文新、李毓卿, 『周保中傳』, 黑龍江人民出版社, 1987, 274쪽.

단은 출정식을 거행하고 항일연합군 지도자 주보중은 『소련군의 작전에 협조하고 일본 관동군을 섬멸하여 항일전쟁의 최후 승리를 거두자』라는 제목으로 보고했다. 보고를 통해 그는 소련 인민과 홍군이 항일연합군의 훈련과 정비에 지원해 준 덕분에 모든 병사들은 대규모적 현대화 전쟁에 참가하는 군사 기술과 기능을 습득하게 해 준 것에 감사하며, 소련 정부의 대일선전을 감사와 환영의 뜻을 표하며, 항일연합군의 모든 장병은 수시로 출발할 준비가 되어 있다.

그들은 소련 홍군과 함께 싸워 동북을 해방하여 고향을 광복하며, 중일전쟁의 역사적 사명을 완수하고자 결심했다. 그는 중국 공산당 당중앙의 관계를 신속하게 회복하고 팔로군, 신사군과 동북에서 부대를 합류해야 한다고 강조했다. 항일연합군 장병들이 공산당 중앙의 지도에 복종하고 중앙의 간부를 존중하며 팔로군, 신사군 지도자들의 지휘를 따를 것을 요구했다. 특히 형제 같은 조선동지들은 다년간 지원과 협력에 감사하면서 조선 민중들도 조국광복의 대업에서 성공하기도 기원했다. 또한, 회의에서 중국 동지는 소련군을 따라 동북으로 들어가고 조선 동지는 조국에 돌아와 독립광복의 목표를 달성해야 한다고 정식으로 결정했다.129)

1929년 이후 오랫동안 함께 싸워온 한·중 병사들이 우정으로 맺어진 눈물을 닦으면서 각자의 길을 떠났다.

9월 초부터 소련군을 따라 동북으로 돌아온 항일연합군은 모두

129) 劉文新、李毓卿, 『周保中傳』, 黑龍江人民出版社, 1987, 275~276쪽.

330명 정도이고 각각 60~70개 지역으로 들어가서 전략적 요충지를 점령했다. 그들은 이중 신분을 갖고 있는데 하나는 소련군이 임명한 각 도시에 주둔한 위수부사령관으로서 홍군과 함께 점령지역 사회질서를 유지하고 적과 그 괴뢰 잔재와 반혁명분자를 숙청하는 데에 협조하는 것이고, 다른 하나는 항일연합군의 성원으로서 합법적인 신분을 이용하여 공산당의 조직관계를 회복하고, 민중운동을 전개하며, 소련군 점령지 외에 인민무장역량과 근거지를 세우는 것이었다.

일본이 이미 항복한 것을 감안해 항일연합군은 동북인민 자치대에 편입돼 10월 하순까지 4만 명 이상에 이르렀다. 조선의 혁명동지들은 국내로 돌아와 소련군의 도움 아래 각 혁명단체와 연합하여 조선민족 집행위원회를 창립하고 일본군의 잔재를 청산하며 행정자치를 설립하여 독립건국의 첫발을 내디뎠다. 10월 20일, 중국 공산당 동북당위원회 및 항일연합군 지도자 주보충, 최석천은 심양에 가서 중국 공산당 중앙동북국에 업무보고를 하였고, 최석천이 동북당위원회 모든 관계와 당비, 문건서류 등을 새로 설립된 중국 공산당 중앙동북국에 넘겨주었다.

동북국 지도자들은 중국 공산당 동북당위원회가 이양한 조직관계를 받아들여 이 위원회가 역사적 사명을 이미 완수했다고 해체시켰다. 또한, 중국 공산당 중앙동북국은 각지에 당 조직을 통일적으로 지도한다고 선포하였다. 최석천은 이양임무를 마친 뒤 동북군이 사람을 보내 귀국하게 하여 새로운 전투에 참가하게 했다.[130]

14년 동안 유지해온 동북항일 유격전쟁은 이로써 승리로 끝났다.

제3절 중국 공산당의 적후 항일전장에서의 대한 관계

중국 공산당과 한국 반일독립운동은 밀접한 관계를 맺는 또 다른 지역은 바로 중일전쟁 시기의 중국 화북, 화중, 화남의 적후 항일 근거지였다. 중국 공산당은 조선 독립동맹과 조선의용군의 창설과 성장을 직접적으로 지지하고 도움을 주며 지도함으로써 적후 전장에서 일본의 침략을 공동 대항하여 용맹스러운 한국 독립광복의 역량을 양성시키었다.

중일전쟁 발발한 후, 중국 국민당과 공산당은 국난을 극복하고자 다시 힘을 합치게 되었다. 중국 공산당은 과거 했던 한국공산주의자 연락만 취하는 방식을 바꾸고 한국 독립운동 각 당파와 광범위한 관계를 맺었고 그들의 반일 광복투쟁을 적극적으로 지원을 해 주었다.

중국 공산당이 창간된 『신화일보』에서 사설과 평론을 많이 발표됨으로써 한국 독립운동을 성원하였다. 1938년 7월 4일, 중국 공산당지도자이고 국민정부 군사위원회 정치부 부주임을 맡고 있는 주은래의 지지아래, 한적 열혈청년 60여 명이 한구에서 "조선청년 전장봉무단"이 설립되었고 중국 공산당원인 김학무가 단장을 맡고 곽말약이 청장을 맡고 있는 정치부제3청한테 직접 관리를 받았다.

그의 취지는 중국에 흩어져있는 조선 혁명청년을 조직화하고 중국의 대일전쟁에 직접 참여하였다. 이처럼 중한민중이 단결하고 일본제국주의를 타격하는 구호를 실천에 옮기게 되었다. 이 봉사단은

130) 『東北抗日聯軍鬥爭史』, 人民出版社, 1991, 494쪽.

중국 공산당이 지도하는 중화민족 해방 선봉대와 함께, 우한을 지키기 위한 항일 선전 작업을 적극 전개하였다.[131]

언론 매들은 이들의 활동을 높이 평가해주었다."'조선청년전지봉사단'의 흰 바탕에 검은 글씨로 된 큰 현수막을 들고 집회 장소, 데모, 부두와 기차역, 거리와 골목의 이곳저곳, 우한 시민들이 가는 곳마다 조선인만의 열정으로 '항전필승, 건국필승'의 도리를 선전하고 있다." "최선을 다 해 공동의 적인 일본 제국주의를 타도하기 위해 분투할 것"이라고 말했다.[132]

10월 10일에, 주은래의 구체적인 지도와 제의로, 국민정부의 비준을 받아 조선민족혁명당, 조선청년전위동맹, 조선민족해방동맹, 조선혁명자연맹이 등 4당파가 공동으로 조선의용대를 창설하였는데 김약산을 대장으로 하고 산하에 3개 지대를 두었다. 그의 취지는 중국 조선혁명역량을 총동원하여 중일전쟁에 참가하고, 일본의 많은 민중 및 동양의 각 약소민족을 쟁취하여, 일본군벌을 함께 타도하고, 조선혁명운동을 추진하여 조선민족의 자유해방을 쟁취한다는 것이었다. 주은래 창립총회에서 '동양 압박을 당한 민족과 해방투쟁'이라는 제목의 연설을 발표했고, 곽말약 등은 조선의용대의 창설에 참여했다.

1938년 10월, 우한(武漢)이 함락되자 조선의용군은 중국군의 명

131) 文正一、池宽容「抗日战争中的朝鲜义勇军」『民族团结』에 등재했음, 1995(7)

132) 芳亭 「一群可愛的韓國志士-介紹朝鮮青年戰地服務團」, 重慶『新蜀報』, 1938.

령에 따라 각 전쟁 지역으로 나가 중일전쟁에 참전했지만 중국 공산당은 여전히 이 군대에 막대한 정치적 영향력을 발휘하고 있다. 11월 하순에 이 부대의 일부 대원은 주은래와 함께 계림에 와서 계림에 주둔하는 팔로군 사무소의 지도 하에 업무를 수행하기 시작했다. 조선의용대는 국제반침략운동대회 중국대회 계림지회 창설되었고 주은래가 계림에서 발기한 바자회 헌금운동에 적극 참여하였다.

더욱 주목받을 만한 중요한 역사적 사실은 1939년 조선의용대 제2지대가 공식적으로 중국 공산당 지부를 설립하였고 신4군 당위원회 지도를 직접 받았다는 점이다. 133)중국 공산당이 조선의용대 일부를 조직상 지도해 준 것은 중요한 역사적 의미를 가지고 있고 이는 대부분의 조선의용대 대부분이 화북 지역의 적후 항일거지로 전략적 대이동하는 데에 직접적인 영향을 미쳤다.

중일전쟁이 전략적으로 상호 대치 상태로 들어간 후 정면 전장과 적후 전장이 본격적으로 이루어졌고, 일본군의 전략적 초점이 이전함에 따라 적후 전장의 중요성이 더욱 돋보이게 되었다. 1939년 1월 국민당이 제5기 전회(五届全会)를 개최한 후 보수주의자들은 '공산당 제한'과 '공산당 방어' 정책을 실행하기 시작하였고, 국민당과 공산당간에 심각한 충돌이 발생하였고, 한국 반일 독립운동의 좌경 정당들도 각종 부당한 대우를 받기 때문에 국민당 통치구역에서 발을 붙이기조차 어려워졌다. 화북 지역의 적후에 한교민 20만 명이 산재해 있다. 일본군은 '이한제화(以韓制華)' 정책을 추

133) 文正一、池寬容, 『抗日戰爭中的朝鮮義勇軍』, 載『民族團結』, 1995(7).

진하고자 작정하고 있다.

그들은 한·중 관계를 이간질하고 전쟁 정책에 도움을 줄 수 있도록 한교민을 이용하려고 전력을 다 했다. 일본 침략자가 중한 두 민족 단결을 파괴하려 음모를 섬멸하고, 화북 지역의 한민교들이 중국 항전에 참가하도록 노력하는 것은 적후 항일근거지의 군대와 백성들의 또 다른 중요한 임무가 되었다. 중국 공산당은 정세에 따라 1939년 하반기부터 중국 공산당의 영향을 받고 있던 조선의용대 각 부대를 적후 항일 근거지로 계속 이동하기로 계획했다.134)

그 후로부터 조선의용대는 화북의 적후(敵後) 전장으로 진출과 전략적 대이동을 실현했다. 이에 대해 국민당의 정부 측의 문헌 중에도 명확한 기록이 있다. 1941년 10월 29일, 국민당 중통국(中统局)은 『조선 각 당파의 활동현황 보고』에서 "조선민족혁명당 내부는 복잡하였다고 알려져 있었는데, 제2차 유럽전쟁 이후 일본·소련 협정이 맺은 후 조선민족혁명당의 불안분자들은 중일전쟁 추세가 바뀔 것으로 판단하였고 섬서(陕西) 북부에서 잇달아 활동하여 팔로군내 포병단장이고 본적은 조선인 무정(武亭)은 중국 공산당에서 권위가 퍽 있으므로 이와 연락하여 연안의 호감을 사고자 한다. 조선의용대 지대장인 박효삼과 조선민족혁명당의 핵심인물인 석정(石正)이 모두 갔다."고 한다.135)

김구 임시정부 주석은 국민당 중앙에 주는 보고서에서 "조선 의

134) 文正一、池寛容, 『抗日戰爭中的朝鮮義勇軍』, 載『民族團結』, 1995(7).

135) 『國民政府與韓國獨立運動史料』 臺灣 "中央研究院" 近代史所 1988年刊印, 118~119쪽 "武挺"은 "武亭"이어야 한다.

남대는 1, 2, 3개 각 지대 대원들이 모두 강을 건너 북상한 후, 나머지 간부는 10여 명밖에 없다."라고 했다.136)

국민당 중앙조직부장은 김구의 보고를 장개석에게 올렸고 "의용대 인원들이 복잡하고 대부분의 대원들이 공산당 대열에 합류한 것도 사실이다."고 의견을 부연했다.137)

1940년, 팔로군 본부의 배정으로 조선의용대는 황하를 건너 북쪽으로 태행산 혁명 근거지로 들어가 박이파(薄一波)가 지도하는 산서 '결사대'한테 열렬한 환영을 받았고, 이어서 팔로군 385여단과의 승리 합류가 이루어졌다. 풍덕회, 유백승, 등소평, 라예경, 진석련 등 팔로군의 각 급 지도자들이 차례로 조선의용대원들을 만나 그들을 열렬히 환영하였다. 1941년 1월 10~12일, 태행산 항일 근거지에 들어온 조선 혁명가들이 팔로군 본부의 소재지 산서(山西) 동욕(桐峪)에서 화북 조선청년 연합회 창립대회를 개최하였다.

팔로군 부총사령관인 풍덕회가 직접 회의에 참석하고 축하하며 중요한 연설을 발표하였다. 그는 조선 혁명가들이 30여 년 동안 일본군의 억압통치에 반대하는 투쟁을 해왔을 뿐만 아니라 중국의 혁명전쟁에 과감하게 참전한 것을 칭송하였고, 중국 공산당과 팔로군이 비록 어려움이 더라도 반드시 조선 동지를 도와야 한다고 말했다.

회의에서는 무정을 회장으로 선출하고, 이유민, 장진광, 한덕지

---

136) 金九 『關於中國政府援助韓國獨立問題之種種』, 1942年2月9日, 위의 『國民政府與韓國獨立運動史料』, 378~380쪽 참고.

137) 『朱家驊呈蔣介石簽呈』, 1942年2月11日, 見上揭 『國民政府與韓國獨立運動史料』, 381쪽.

를 각각 조직, 선전, 경제의 부장으로 선출하여 연합회 강령을 통과시켰다.강령의 요지는 화북에 망명한 조선청년들을 모두 단결시켜 광복의 사업에 참가시키고, 조선 전민족의 반일통일전선을 옹호하여 전 조선민족의 해방전쟁을 발기하며, 화북 각지의 조선인들을 보호하고자 노력한다. 또한, 청년들에게 정치, 경제, 문화 등의 이익을 주어야 하고, 중국 함락지에서 고통스럽게 버티는 조선인민을 보호하며, 일제의 중국 침략에 반대하여 중국의 중일전쟁에 적극 참가하고, 일본 인민들의 전쟁 반대운동을 지원하여 한·일 인민간에 반일 연합전선을 결성시키자는 것이다.

회의에서는 특별히 "중국의 중일전쟁은 조선민족해방운동과 불가분의 공동성이 있다"고 강조하면서 조선혁명자들에게 "중국 중일전쟁에 적극 참가하고 일본을 대항하며 조선민족 해방사업을 추진하고자 한다. 조선의용대는 간부를 양성하기에 서둘러야하고 중국내의 조선혁명단체를 통일시켜 화북지역의 조선교민을 혁명전선에 합류하여야 한다."고 호소하였다.138)

또한, 조선의용대 화북지대도 결성되었고 화북 조선청년 연합회도 설립되었다. 이는 중국 공산당의 지도하에 적후 항일 근거지에서 조직적 한국의 반일독립광복운동이 일어났다고 할 수 있다.

적후 항일 근거지인 한국계 교민이 늘어나고 한국의 반일 독립운동이 전개되면서 대남 정책을 어떻게 수립할 것인가 하는 문제가 근거지인 당·정·군 지도부의 의제로 떠올랐다. 국민당 당국이 한국 반일독립운동의 각 당 상층부를 연계·회유·지지·활용한 것과

138) 『晉察冀日報』 1941年1月28日, 參見上揭 『韓國獨立運動與中國』, 310쪽.

달리 중국 공산당은 신민주주의 혁명 이론과 적후 항일 근거지의 실정에 따라 하층 한인 군중을 최대한 동원해 항일복국투쟁에 참여시킨다는 원칙에 입각해 한인 교민과 한국 반일득립운동을 다루는 정책을 짰다.

적후 항일근거지의 한적 교민이 많아지고 한국의 반일독립운동이 전개되면서 대한 정책을 어떻게 실행할 것인가 하는 문제가 근거지의 당·정·군 지도부 의제로 부각되었다. 국민당 당국이 한국 반일독립운동의 각 당파 상위층를 연락하고 회유하며 지지하여 이용하는 방식과 달리, 중국 공산당은 신민주주의 혁명 이론과 적후 항일 근거지의 실제 상황에 따라 하위층 한적 민중을 최대한 동원해 항일광복투쟁에 참여시킨다는 원칙에 입각해 한교민을 대하는 정책과 한국 반일독립운동의 정책을 제정했다. 현재까지 볼 수 있는 서류는 다음과 같다.

진·기·노·예 지역의 구청이 공포한 『조선인민우대규정』(1941년 11월 3일), 진·서북 행정공서가 공포한 『조선혁명활동 적극 돕는 지시』(1943년 3월), 진찰기(晋察冀) 지역 구청이 공포한 『조선인민 우대방법』(1943년 4월 15일), 산동 임시참정회가 공포한 『조선인민우대조례』(1943년 5월 10일) 등이다. 주요 내용은 다음과 같다.

(1) 조선민족 해방운동을 지원하고 일제를 신속히 타도한다.

(2) 적후 구청은 일본에 반항하고 전쟁을 피하러 적후에 온 조선인민을 보호한다.

(3) 조선 인민은 중국 인민과 동등한 권리를 향유하고 생명과 재산을 보장해주며 토지, 거주지 및 저리대출과 자금, 농기구,

씨앗, 농우를 해결해주고 그들의 삶을 유지하며, 생산하는 데 도움을 제공한다,

(4) 조선 민중의 자녀들은 무료입학을 할 수 있고, 학교설립과 간행물 발간도 할 수 있으며 귀향 여비 지원해주고, 사업 참가 알선 등 각종 우대를 제공해준다,

(5) 조선 민중들의 각종 항일활동 참가 지원 및 지지를 제공해주고, 한국광복을 목적으로 항일단체와 무장 등을 설립하는 데도 도움을 준다.[139]

이 규정들은 중국 공산당이 마르크스-레닌주의의 민족과 식민지 학설을 중국 혁명의 실제와 결합시킨 것이자 국제주의 정신과 한중 우정의 결정체이기도 하다. 중국 공산당의 지도와 관심, 팔로군·신사군의 구체적인 도움 덕분에, 적후 항일 근거지인 한국의 반일 독립운동이 활발하게 펼쳐진 것이다.

1941년 10월, 화북지역 조선청년연합회는 연안에서 동방민족 반파시즘 대표 대회를 적극 발기하고 참가하여 동방 각민족 반파시즘 동맹을 결성하여 한적 혁명자인 무정(武亭)은 대회 주석단 구성원과 동맹의 중앙집행위원으로 선출되었다.[140]

1942년 7월 11일부터 14일까지 화북 조선청년연합회는 진지노예(晉冀魯豫)지역 모처에서 대표대회를 개최하고 태평양전쟁 후 반파시즘 전쟁의 새로운 정세와 조선혁명역량이 크게 발전한 새로운

139) 『韓國獨立運動與中國』, 336~337, 421~423, 427~428쪽.

140) 『解放日報』, 1941年10月27日~11月1日.

상황에 따라 회의에서 화북 조선청년연합회를 조선독립동맹으로 확대하고, 조선의용대 화북지대를 조선의용군으로 확대·편성하며, 양자를 군정통일체로 정치공작과 군사공작을 병행하기로 결정하였다. 회의의 중요한 공헌은 중국의 신민주주의 혁명경험과 한국혁명의 실황을 참조하여 조선독립동맹의 한국민주혁명에 관한 강령과 민족반일독립운동 전개에 관한 강령을 제정하는 것이다.

조선민주혁명강령은 다음 10가지가 있다. 전국일반선거 민주정권 수립, 언론, 출판, 집회, 결사, 신앙, 사상, 파업 등의 자유 확보, 인권존중의 사회제도, 법률과 사회생활에서의 남녀평등 실현, 자주 원칙하에 세계 각국과 각 민족과의 우호관계 구축, 일본 제국주의 조선에 있는 모든 자산 및 토지 몰수, 일본 제국주의와 관계가 밀접한 대기업의 국유화, 토지 분배, 8시간 근로제도 및 사회보험 실시, 인민에 대한 조세 및 잡세 폐지, 단일 누진세 설립, 국민교육제도 실시, 자국 문화 연구, 국민 문화 보급 등이다.

민족반일독립운동을 전개하는 강령은 총 7가지가 있다. 대중생활 개선과 혁명역량 신장, 민중 일상투쟁 적극 지도·참가, 대중 혁명훈련 실시, 혁명조직 발전, 중국, 특히 화북 각지에 거주하는 조선동포의 정치·경제·문화적 이익을 위한 분투, 조선 민족통일전선의 확대 노력, 조선 민족의 반일투쟁 전개, 혁명무장군대 구축, 일본 파시즘의 중국침략 반대, 중국 중일전쟁 적극 참가, 동양 피압박민족운동 및 일본국민 전쟁반대 운동 지원, 반파시즘 정의투쟁 지지 등이다.

이 강령은 한국 혁명가들은 이론적과 정치적으로 날로 성숙함을 보여주었고 동시에 강력한 리더십 핵심을 형성하는 것을 뜻했다. 회의에서 김백연(김두봉), 무정, 최창익, 한빈, 박효삼, 김학무, 채야화, 왕지연, 김창만, 이계민, 진한중, 이춘암 등 15명을 중앙집행위원으로 선출되었고 한국반일 독립운동의 원로인 김백연은 위원장으로, 최창익, 한빈은 부위원장으로 맡았다. 본부는 조직, 선전, 경리 삼부서 및 비서처를 두고 있고 기계민, 김창만, 홍림, 문정일은 각각 부장 및 비서처장을 맡았다. 또한, 무정은 조선의용군 사령, 박효삼, 박일우는 부사령으로 임명되었다. 이 지도부는 한국반일독립운동의 발전에 중요한 조직적 보장을 제공해주었다.[141)]

12월 1일, 조선독립동맹은 산서태행산 항일근거지에서 조선청년혁명학교를 창립하였고 김백연은 교장, 박일우는 부교장, 장치민은 교무주임으로 맡았고 마르크스-레닌주 이론을 지도원칙으로 삼아 중국공산당 중앙당교나 항일 군사정치대학을 졸업한 한국적 간부를 교원으로 선출하고 마르크스-레닌주의 이론으로 무장한 투쟁 경험이 있는 한국 혁명 간부들을 많이 양성하는 것을 목표로 하고 있다.[142)]

이렇게 하여 점차 조선독립동맹, 조선의용군, 조선청년혁명학교와 각 근거지의 동맹지회, 지대, 분교를 갖춘 한국반일광복운동의 체계가 이루어졌다.

1945년 8월까지, 조선독립동맹은 선후로 산동군사구역, 신사구, 계노예군사구역, 태상 군사구역, 태악 군사구역, 진찰계 군사구역, 계동군사구역, 진서북군사구역, 연안, 태행조선청년 혁명학교, 화남

141) 『解放日报』, 1942年8月29日.

142) 『解放日报』, 1942年12月27日.

동강 종대는 11개 동맹분회를 설립하였고 태행의 동맹분회 2개가 직접 본부에서 직 관할을 받고 있지만 다른 분회는 팔로군 각 군대구역과 연락을 취하고 지도를 받으며 총회는 주로 팔로군 야전(野战) 정치부, 조직부와 관계를 유지하고 있다.

또한, 적군 점령지인 천진, 북, 하얼빈, 조선 한성에서 동맹 분회를 설립하였고 개봉, 서주, 제남, 민권, 승덕, 련분, 유차, 허현, 태원, 석가장, 순덕, 신향 및 조선인들이 화북 각 농장에서 거점을 두었으며 팔로군 야전정치부의 협조를 받아 동맹 본부가 직접 동맹 분회와 거점을 지도하였다. 그리고 각 주요 항길 근거지에는 조선의용군의 지대와 조선청년혁명학교의 분교가 세워졌다.143)

적후 근거지의 한적 항일 군인과 민중들은 중국 군민과 함께 적개심을 품고 함께 싸웠고, 중국 공산당이 지도하는 모든 항일 투쟁과 근거지 건설에 참여했다. 적군과의 투쟁에서 한적 혁명가들은 용감하게 싸우고 팔로군, 신사군에 협조하여 조진 깊숙이 들어가 정치적 공격을 했다. 비가 많이 내리는 어두운 밤이나 더운 낮이나 적군 점령지나 유격지나 심지어 적에게 미행당할 때에도 그들은 임무를 단호히 완수해 냈다. 그들은 백성들 주변에서 서투른 중국말로 열정적으로 항일을 선전하고, 백성들뿐만 아니라 적군들에게 선전작업도 잘 할 수 있으며 적군의 포루 앞이나 전화에서 일본 병사들에게 유창한 일본어로 살길을 지적해고, 심지어 중국에서 피

143) 武亭『華北朝鮮獨立同盟1944年1月至1945年5月工作經過報告』, 1945년5월9일; 楊昭全等『關內地區朝鮮人反日獨立運動資料彙編』, 1150쪽, 瀋陽, 遼寧民族出版社, 1987『解放日報』1945년8월9일.

를 흘려도 마다하지 않았다.[144)]

1944년 8월, 엽검영(叶剑英) 팔로군 총참모장은 중국 중일전쟁에 한적 혁명가들의 지지와 공헌을 높이 평가해주었고 중국 중일전쟁에 희생된 조선 친구로는 손일봉(孫一峰) 등 17명이 있고, 조선독립동맹의 상당수는 중국 중일전쟁을 위해 "힘들고 용감한 일을 했다"고 밝혔다.[145)]

근거지의 생산운동에서 그들은 역시 남보다 뒤떨어지지 않으려는 대장부이자 모범이다. 조선혁명군정학교를 예로 들면 연안으로 옮긴 후 채 1년도 되지 않아 중국 공산당 중앙의 대량생산운동 창의에 적극 호응하여 전 학교교사와 학생들의 노력을 통해 황무지 500무 개간, 양식 81석, 목탄 17000근, 판 65장, 움집 17공 파고 집 18칸 지어 800만원 절약했다. 채소 30,000여근, 벽돌 50,000장, 기와 48,000장 생산하여 50만원을 얻었다. 설탕 공 이익 73만원, 방면사 48근, 조모사 40근, 털양말 166켤레을 생산했으니 10여 만원 절약했다. 또한, 학교 동지들의 노력을 통해 라가평(罗家坪) 학교숙소를 지었고 그중 9명은 모범교사로 선정되었다. 이 모든 것들은 연안에서 미담으로 알려졌다.[146)]

정풍운동(整风运动)에서 한적 혁명가들은 정풍을 중국 공산당의 혁명 경험을 배울 수 있는 가장 좋은 기회로 여겼다. 조선청년혁명학교(이후 조선혁명군정학교로 개칭)는 한적 혁명가들의 정풍학습

144) 寧真「朝鮮義勇軍在晉察冀」,『解放日報』, 1944年4月24日.
145)『中共抗戰一般情況介紹』,『解放日報』, 1944年8月10日.
146)『朝鮮革命軍政學校的生產』,『解放日報』, 1945年2月21日.

의 중요한 장소로 정착되고, 각 동맹 분회에도 정풍학습위원회가 설치되었다. 조선독립동맹 지도자인 무정은 이 학교 정풍동원회의에서 사상적 획일화를 위해 정풍을 반드시 실시해야 한다고 강조하면서 3가지 요구를 제시하였다. 하나는 조선의용군은 군대만 있는 동시에 정치적 소양을 잘 해야 한다는 것이고, 둘째 정풍을 조선혁명 실천과 결합해야 한다는 것이다. 셋째, 공부란 책 속에 파고들어야하고 수박 겉 핥기식으로 공부하면 안 된다는 것이다.147)

그분은 다른 곳에서도 정병간정(精兵对政), 대생산, 대적투쟁 등에서 거둔 성과를 열정으로 가득 차게 모택동 사상은 마르크스-레닌주의 중국화라는 것을 극찬하였다. 모의 주의는 살고 있는 마르크스-레닌주의이고 중국에서 뿐만 아니라 조선혁명에서도 성장하고 있다.148)

정풍운동은 조선 혁명가들의 전반적인 정치사상 수준을 높이는데 긍정적인 역할을 했다.각 항일 근거지에서 한적 혁명가들 중에는 중국 혁명에 중요한 공헌을 핸 훌륭한 인물들도 배출되었고 그 중 투쟁의 영웅과 대생산 운동의 모범도 있고, 각종 전문가들도 있었다. 예를 들어, 뛰어난 의학 전문가, 조선독립동맹 산·감·녕(陝甘宁) 동맹분회의 책임자인 방우용과 와 조선청년 음악가이자 중국 공산당원인 정률성이 있다.

147) 『朝鮮青年革命學校擴大生產規模加緊學習』, 『晉察冀日報』, 1943年3月21日.

148) 『武亭在邊區黨政軍民隆重紀念“八一”大會上的講話』, 『晉察冀日報』, 1944年8月8日.

중국 중일전쟁 중, 조선독립동맹과 조선의용군은 계속 성장함으로써 조선의 독립광복을 위한 정치·조직·군사적 준비를 철저히 하였다. 1945년 8월 소련의 대일선전과 미국은 일본 히로시마와 나가사키에서 원자폭탄 투하로, 반파시즘 전쟁이 급변하자 팔로군 주덕 총사령관은 일본군대에 대한 총반격 명령을 내렸다. 이 중 명령 6호는 "소련 홍군을 협조하기 위해 중국 및 조선에서 작전을 해라."이고 "현지 화북에서 대일 작전을 벌이고 있는 조선의용군 사령관 무정, 부사령관 박효삼, 박일우는 즉시 부대를 인솔하고 팔로군 및 옛 동북군 각 부대를 따라 동북으로 들어 적군과 괴뢰를 소멸하고 동북에 있는 조선 민중을 모여 조선을 해방하는 임무를 완수하라."고 명령했다.149)

조선독립동맹은 한편으로 각지의 동맹 분회에 전 회원이 긴급히 움직이라는 명령을 전보로 보내 모든 힘을 다하여 중국의 한적 병사와 조선거주 민중들이 일본 군대를 공격하도록 그들을 격려하였고 다른 한편으로는 조선혁명군정학교의 개설을 정지시켰고 조선의용군 전원은 조직별로 개편하여 동북 진군을 준비하기로 결정하였다. 김백연 조선독립동맹 위원장은 담화를 발표하고 "이번의 임무는 소련 홍군은 조선에서 작전할 수 있도록 그들에 협조하여 본 파시즘 소탕과 조선 인민해방, 동북·화북 함락지역 220만 조선 인민을 조직해 고향으로 돌려보내는 것이다. 전후 조선 인민들이 스스로 그 정치형태를 선택할 수 있고 새 조선이 금방 탄생하겠다."

149) 『中共黨史參考資料』, 中國人民解放軍政治學院黨史教研室1979年刊印, (九), 591~592쪽.

고 밝혔다.150)

그 후, 조선독립동맹과 조선의용군 전체 인원 3000여 명은 중국 공산당 중앙이 편성된 최초의 동북간부 공작대를 수행해 연안에서 출발하여 동북으로 직진했다. 행진하는 과정에서, 이들은 일제 괴뢰의 잔당을 숙청하는 동시에 정치 선전작업을 펼치면서 적지 않은 교민들을 흡수해 군대에 편입시켜 조선의용군을 더욱 키웠다.

11월 7일, 동북에 도착한 조선독립동맹과 조선의용군은 중국 공산당 중앙동북국의 지시에 따라 심양에서 조선의용군 군인대회를 개최하고 무정 사령원은 전군을 1, 3, 5, 7지대로 개편했다. 소련 홍군은 조선의용군이 바로 조선에 들어가 작전하는 것에 동의하지 않기 때문에 의용군이 명령을 받고 동북조선족 밀집거주 지역으로 진입해 작업을 했다.

1946년 3월 25일, 중국 공산당 중앙동북국은 『조선의용군 임시 편성방안에 대하여』을 제정하였고 조선의용군 중대 이상 간부 3분의 1정도, 그 이하 간부 및 늙은 군인 2000명을 조선으로 돌려보내고, 나머지 각 부대는 중국 동북민주자위군에 편입시켜 더 이상 조선의용군의 이름으로 활동하지 않도록 하였다. 각 지대의 경우는 다음과 같다.

같은 해 11월 10일 심양 근교에서 보병 9개 중대, 기관총 1개 중대, 경비 1개 중대를 관할한 조선의용군 제1지대는 창설됐다. 11월 말 부순(抚顺)으로 이주하여 안동, 관전, 환인, 정우 등 지역

150) 『留延朝盟員紛紛請纓隨軍出發』, 『晉察冀日報』, 1945年8月1日.

에서에서 활동하던 조선의용군 압록강지대와 영구 일대에서 활동하던 조선독립대를 합병하였다. 이듬해 2월 이 지대는 리홍광(李紅光)지대로 명명되었고, 5000여 명이 병사가 있으며 동북의 비적을 토벌하고 근거지를 공고히 하는 투쟁에 참가했다.

해방전쟁이 시작된 후 동북민주연합군 독립4사단으로 확대·개편되어 4번 임강 보위, 장춘 포위, 선양 해방 등 여러 전쟁에 참가하여 동북의 해방에 크게 공헌하여 그후 중국 인민해방군 제166사단으로 개편되었다.

조선의용군 제3지대는 주덕(朱德海)이 일부 간부를 거느리고 하얼빈으로 도착한 후 하얼빈 보안부대인 조선독립대대와 합쳐져 2000여 명의 병력이 이루어졌고 이 지대는 하얼빈 해방전투에 참전해 중국 공산당 중앙동북국을 수호하는 영광스러운 임무를 완수했다. 1946년 6월, 동북민주연합군 송강군구 독립8연대로 개칭하였다.

조선의용군 제7지대는 1945년 11월 길림에서 조성됐다가 화전(桦甸)보안단과 합병하여 동북민주연합군 제24여단 제72연대로 개칭됐다. 이어서 조선의용군 제3지대와 동북민주연합군 독립 11사단으로 편성되어 장춘 포위전 등에 참전하였다. 이후 중국 인민해방군 제164사단으로 개편되었다.

이익성(李益星) 조선 의용군 제5지대 지대장과 참모장 전우(全宇)가 부대를 인솔하여 연길 지역에 들어가서 연변의 경비단 3개와 합쳐서 연변 경비 1, 2여단으로 편성되었 비적 숙청과 동만(東滿) 근거지를 공고히 한 투쟁에 참가하였다. 이후 동만 독립사단으로 편성되었고, 일부는 1947년에 중국 인민해방군 제10종대에 편입되어 동북해방투쟁에 참가하였고 다른 한 부대는 연변군이 3, 6연대를 분할·독립시킨 뒤 동북민주연합군 독립 6사단에 편입돼 장춘 해방전투에 참전했다가 중국 인민해방군 제156사단으로 개칭돼 다른 부대와 함께 남하(南下)해 평진 전투(平津), 도강(渡江) 전투 등 전국 해방전투에 참전했다.151)

제4절 중국 공산당과 한국임시정부의 관계

1919년 4월 한국 임시정부가 상해에 수립된 이후부터 1945년 11월 이 정부의 주요 지도자가 귀국할 때까지 27년 가까이 걸렸다. 그동안 한국 임시정부를 대하는 중국 공산당의 태도는 큰 변화를 발생하고 한국 민족주의를 대하는 당파적 정책의 변화를 통해 보여주었으며 이는 중국 공산당과 한국의 독립운동 관계의 또 다른 중요한 단면을 형성했다.

대한민국 임시정부 수립 당시에, 러시아 10월 혁명의 영향을 크게 받기 때문 3·1운동으로 고조되었고 이는 중국 공산당의 탄생과 공통된 역사적 배경을 가지고 있으며, 대한민국 임시정부 구성원들 중에도 공산주의자들이 있거나 사회주의 학설에 관심 있는 사람들이 있었다.

그들은 당시 아직 성숙하지 못한 중국 공산주의자들과 많은 공통점을 가지고 있어 서로 연락하면 영향을 주고받는 것은 당연한

151) 文正一·池寬容, 『抗日戰爭中的朝鮮義勇軍』; 楊昭全, 『朝鮮獨立同盟與朝鮮義勇軍』, 載杭州大學韓國硏究所, 『韓國獨立運動硏究學術會議論文集』.

일이었다. 이는 중공 창당 과정과 극동 각국 공산당과 민족혁명단체 제1차 회의에서 모두 반영되었으나, 중국 공산당 창당 이후, 특히 공산국제 강령을 받아들이고 공산국제이 지부가 되었다. 한국임시정부 내부 이른바 사회주의파가 정부를 떠난 후부터 서로의 격차가 점차 생겨졌다.

1923년 7월 중국 공산당 중앙위원회는 『시세에 대한 주장』을 발표하고 한국임시정부를 대표로 하는 한국독립당원들이 워싱턴회의쯤에 열강에게 독립을 구걸하는 관점과 행동에 대해 혹되게 비평하였다. "독립국가를 수립하고 혁명의 정부를 건설하며, 국민들이 스스로의 노력에 의지하고 고군분투해야 이루어질 수 있고 조선민당이 스스로 노력하지 않고 워싱턴회의에 의지하여 외부 세력의 인정을 통해 성공을 바란다." "이렇게 게으르고 교묘하게 외력에 의뢰하는 국민이 균벌 열강들간 결탁하는 관계를 모르고 어떻게 독립적 국가를 건설할 수 있겠는가"라고 하였다.152)

이 비평은 매우 적절하고 정곡을 뚫었다고 할 수 있다. 그러나 전반적으로 보면 1차 국공합작 시기만 해도 중국 공산당은 한국 임시정부에 대한 태도는 평화적, 비판적이라 하더라도 권유적이었다.

1927년 국공분단 이후 민족주의 파벌에 대한 중국 공산당의 정책에 있어 큰 변화를 발생하였고, 특히 세 차례의 좌경 맹동노선이 성행하던 시기에는 중간파를 가장 위험한 적(敵)으로 여겼는데 이는 한국임시정부를 비롯한 한국민족주의 당파를 대하는 중국 공산당의 태도에도 영향을 미쳤다. 국공분단으로 인해 한국 독립운동

152) 『先驅』第24號, 1923年8月1日.

내부는 좌우 각 당파도 서로 갈라져 공산주의파는 대한민국 임시정부에서 탈퇴하고 민족주의 각 당도 사분오열되었으니 대한민국 임시정부는 역사상 가장 저조한 시기에 각료가 주마등처럼 빈번하게 교체되어 몇 명만으로 간신히 영위하는 지경에 이르렀다.

사회 활동도 뜸해지면서 정치적 영향력이 사상 최저 수준으로 떨어진 상황에서 중국 공산당과 한국 임시정부와의 관계에 부정적인 영향을 미쳤다. 중국 공산당이 실제로 한국 공산주의자들과만 연락을 취하는 방침을 고수하고, 조선공산당이 해산한 후, 중국 강소성 당위원회 법남구 한국지부가 설립된 것이 좋은 예시이고 한국 임시정부에 대한 맹렬한 비판이기도 하다.

1930년 3월 1일, 중국 공산당 중앙기관지인 『홍기』에 등재된 한국의 3·1운동을 기념하는 기명 기사에서 한국임시정부에 대해 "혁명은 물론 새 임시정부를 수립해야 하지만 이 정권은 반드시 민중의 무장폭동의 승리를 바탕으로 건설되어야 한다. 상해에서 한국의 '혁명'정부를 설립하는 것은 매우 우스운 일이라서 이 정부는 필연적으로 또 다른 관료기관이 될 수밖에 없다.

이 정부는 혁명의 강령을 집행하지 못하고 한국 민중의 고통을 해소하지 못할 뿐만 아니고 국채를 발행하고 세금을 늘어나 한국 국민의 착취자로 전락했다. 이런 정부는 결코 진정한 의미가 있는 혁명이 아니고 한국 혁명민중의 지지를 받지 못하고 결국은 멸망할 수밖에 없다."고 했다. 이 글을 통해 조선민중들에게 모두 무산계급 사상의 지도를 받고 투쟁하라고 호소하고 '한국공산당의 발기와 공고함은 반드시 한국혁명이 승리하려는 가장 근본적인 선결적

조건이 이어야 하며, 그래야 '3·1운동처럼 위대한 역사적 임무'를 완수할 수 있다'고 예언하였다.153)

뻔한 것은 중국 공산당 중앙위원회 이 권위적 학술지는 한국 임시정부를 한국 공산주의자의 대립면에서 비판하는 것이고 한국적 민중의 '착취자'이자 한국 혁명의 대상 중의 하나로 간주했다. 이 입장은 중국 강소성 당위원회 법남구 한국지부가 한국 임시정부와의 관계를 처리하는 과정에서 확연히 드러났다.

1932년 1월 한국임시정부의 중요한 기둥이었던 상해한교민단 정무위원회는 『민단세제개정 제1호 공고』를 발표하고 옛날의 균일세제를 등급세제로 변경하여 8~15위안의 세금을 각각 납부하였는데, 이런 세금은 한국임시정부의 생존을 위한 중요한 재정원천이었다. 그러나 중국 공산당 법남구 한국지부는 이를 대해 반대하고 '상해 교민 민단세 납부 거부 동맹'을 결성해 반발하고 있다.

이 동맹집행위원회가 4월 1일에 '민단세 납부거부 동맹선언'을 발표하고 행동강령으로 공고했다. ① 주민의 삶을 불리한 민단세를 납부하지 않을 것 ② 민단과의 관료적 강제 세금징수와 가혹한 사형과 투쟁 진행 ③ 주민을 억압하고 삶을 위협하는 봉건적 통치단체인 민단 타도한다. ④ 주민 의지와 이익을 대변할 수 있는 민주적 협상기구 설치 등. 이 강령은 중국 공산당원들의 태도를 크게 반영한 것이다.

그러나 중국 공산당은 한국임시정부가 계획하거나 실행한 반일(反日)조치에 대해 환영과 지지를 나타냈고 그중 가장 전형적인 예

153) 金堅『紀念韓國的"三一"運動』, 『紅旗』, 第80期, 1930年3月1日.

로써는 1932년 4월 29일 김구 한국임시정부 지도자가 기획한 상해 홍구공원의 윤봉길이 중국 침략 일본군 우두머리를 향해 포탄을 던지는 사건이 그 예다. 사건이 발생한 후, 온 세계가 크게 놀랐으며 일본군은 상해에서 미쳐 날뛰면서 한국 지사를 체포하였다. 중국공산주의청년단 상해 한인지부, 상해한인반제동맹은 연이어 『전 상해 혁명청년의 고지서』『상해조선주민동포고지서』를 발표하여 일본 제국주의자들과 법조계의 치안을 담당하는 프랑스 제국주의자들이 한국적 망명자를 무리하게 체포한 것에 항의하였다.154)

중화소비에트 중앙정부 기관지인 『붉은 중화』에서도 「상해 일본 요인 일체 부상」이라는 제목으로 이 사건의 전 과정을 보도하하였다. 이 기사 행간에 동정과 찬사가 넘쳤다.

1936년 3월,'화북사변'으로 중일 갈등이 심해지면서 중국 공산당 중앙이 항일민족통일전선방침을 세우자 중국 공산당 주최한 파리의 『구국시보』는 한국 임시정부 지도자 김구가 직접 지휘하는 한인애국단이 윤봉길 열사의 조난일을 기념해 발간한 『중국 동지 고지서』에서 "열사의 뜻을 이어받아 국토를 회복하고 이미 상실된 주권을 되찾기 위해 우리는 한국 국민당과 임시정부를 옹호하고 혁명력을 모아 함께 분투하고 긍긍하면서 자격지심으로 더 큰 의거를 도모하고자 한다."며 중국 동지의 "수시로 각종 지도를 부탁한다"고 말했다. 『구국시보』는 한국임시정부에 대한 이 기사의 태도를 회피하지 않을 뿐만 아니라, 편집자의 말을 통해 다음의 내용을 호소했다.

---

154) 參見上揭『韓國獨立運動與中國』, 193쪽.

"한국 3천만 국민의 여론을 대변하는 의서로서 확실히 동포 여러분의 반복 낭독해야 한다."며 "본신문은 이 책을 발간함으로써 국내외 동포들에게 윤열사에 대한 애도와 사모를 불러일으킬 뿐만 아니라, 일제의 압박 속에서 피맺힌 원수를 품고 자유해방을 도모하려는 우리 동포들이 더 많은 이해를 갖고 있다. 항일광복전선을 확대하고 한국 등 적개심 많은 형제민족을 단결하여 가장 성실하고 친밀하게 공동으로 적을 향해 공격할 것을 노력하자."고 밝혔다.155)

이는 중국 공산당 중앙위원회가 항일민족통일전선의 정치노선을 수립한 후 국내의 계급관계를 대폭 조정하고, 동원할 수 있는 모든 힘을 모여 일제에 반항할 뿐만 아니라, 한국임시정부를 비롯한 동양의 피압박민족인 민족주의당파와의 관계도 재조정함으로써 동양 여러 민족이 일본 파시즘에 반대하는 통일전선을 결성하기 시작했다고 의미한다.

일전쟁이 발발하자 중국 공산당은 항일민족통일전선의 전략적 방침에 맞추어 한국의 반일독립운동 각 당파 널리 연락하는 새로운 노선을 확립하고 한국임시정부와도 관계를 유지하고 상대방을 상당한 존중을 표하였다. 중국 공산당 중앙위원회가 중경에서 창간한 기관지 『신화일보』는 한국임시정부의 중일전쟁 중 활동을 많은 지면을 할애하여 직접 보도했는데 확실하지 않은 통계에 따르면 기사가 30여건 있고, 간접적인 기사와 글이 수백 건에 달하며, 본 정부가 발표한 선언문, 공고, 한의정원, 정부, 광복군 및 각 당파의 중요 활동 기사, 정부 요인, 광복군 지도자, 각 당 정치인들의 담

155) 『救國時報』, 1936年3月5日.

화와 글 등내용을 포함했다.[156)]

이러한 기사와 글은 한국임시정부와 한국독립운동의 각 당파가 중국 중일전쟁에서 성장해 온 과정을 전 국민들에게 소개하였다. 중국 공산당 당보(黨報)의 선전은 중국 일반민중들에게 설득력을 강화했다. 따라서 한국의 반일독립운동의 고양과 발전을 추진할 뿐만 아니라 중국 인민의 반일투지와 불요불굴의 혁명정신을 고양시켰다.

총체적으로 보면 한국임시정부는 역사적 관계 및 정치적 현실에서 주로 중국국민당의 지원을 받아 중국국민당과의 관계를 강화하고 중국국민당에 붙어 생존과 발전을 도모하였으나, 중국 공산당은 여전히 한국임시정부와 좋은 관계를 유지하면서 한국의 반일독립운동에서 한국임시정부의 위상을 인정하고 김구가 한국독립복국사업에서 지도자로서의 지위를 인정하였다. 1941년 10월 중국 공산당은 동방민족대표들과 함께 연안에서 동방민족반파시즘대회를 개최하고 한국임시정부 주석 김구와 루스벨트, 스탈린, 처칠, 장개석, 모택동 등 30여 명을 명예주석단으로 추대했다.[157)]

연안과 각 적후 항일 근거지 조선혁명단체 및 항일무장부대 주둔지에는 김구와 모택동의 초상화가 나란히 걸려 있었다.중국 공산당 대표이자 국민참정회 주회위원인 동필무 등은 조선독립운동을 지원하고 대한민국 임시정부를 인정하는 의안을 적극적으로 발의하

156) 張雲: 『解放日報、新華日報與韓國獨立運動』, 『韓國獨立運動血史新論』, 上海, 上海人民出版社, 1996.

157) 『解放日報』, 1941年10月27日~11月1日.

고 통과시켰다. 중국 공산당 중앙대표와 팔로군의 중경 등 국민정부 통치구 사무소에서는 한국임시정부, 한국광복군 및 한국반일독립운동 각 당파가 개최하는 각종 행사에 대거 참가하였다. 중국 공산당 지도자인 주은래는 한중문화협회 명예이사 등을 맡고 있다.

중국 공산당은 한국 임시정부 내부 및 한국 반일 독립운동 각 당 간의 단결 문제에도 큰 관심을 보였다. 주은래는 1942년 11월 10일 중한문화협회가 한국의 임시의정원 의원 전원을 초청한 다과회에서 "한국 국민의 용감한 희생정신"을 칭송하였고, "중화민족 해방을 위해 중국의 땅에서 희생하였다."고 하며 "한국 동지들이 중국을 위해 피를 흘리면서도 본국의 문제에는 서로 협조하지 못하는 것은 안타까운 일"라고 의미심장하게 했다. "그들의 노력은 본국에서 전력하라." "조만간 한국으로 돌아와 독립과 자유를 실현하기를 바란다."면서 한국 지사들의 단결을 호소했다.[158]

이어 주덕 팔로군 총사령관도 『해방일보』에서 발표한 '단결광복'이라는 글에서 "한국 독립운동은 내부 파벌이 갈라져 단결하지 못하는 탓으로 많지 않은 조직체도 풀어지고 약하다." 이는 "한국의 혁명가들이 반드시 극복해야 하는 것"이라며 "어떤 당파든 한민족의 수령으로 자처하면 민중들 속에 들어가서 일을 하지 않으면 반드시 패배하게 될 불쌍한 인간이 될 것"이라고 지적하며 "한국 일체의 항일광복지사들은 일제의 음모를 경각심을 갖고 군대 내부의 분열 조짐을 극복하며 한국 민중들 사이에 깊이 파고들어 차분하게 항일광복의 민족통일전선을 수립하기 위해 악착같이 일을 해야

158) 『新華日報』, 1942年11月11日.

한다."고 호소했다.159)

중국 공산당 지도자들은 권고와 호소를 통해 한국의 반일 독립운동 각 당파가 단결하고 협력할 수 있도록 재촉하는 중국 공산당원들의 간절한 바람을 반영하고 있다.

중일전쟁 말기에는 국민당과 공산당 양당의 갈등과 충돌이 날로 격심해졌고, 양당의 정치적, 사상적 이견도 대남정책에 영향을 미치지 않을 수 없다. 중국 국민당은 중일전쟁 초기 한국 반일독립운동 각 당파를 지지하는 정책을 김구가 이끄는 한국독립당과 한국임시정부, 한국광복군을 전폭적으로 지원하는 것으로 바꾸었다. 특히 조선의용대 주력이 화북의 적후 항일 근거지로 떠나자 국민당 중앙은 "한국 각 당파 중에서 김구가 이끄는 한국독립당이 가장 좋다."며 "과거나 지금이나 그 당 강령의 제출자는 모두 민족주의자이고 본 당의 혁명취지에 부합하고 그 간부들이 자당 혁명에 많이 참가하거나 독립당을 동정하며, 예전에 동맹회(박순 등)에 가입한 사람들이 있다."면서 "독립운동을 이끌 수 있도록 우수한 당파를 지지해야 한다."고 주장했다.

반면 또 다른 당파인 조선민족혁명당은 당 강령은 "국제적 특징이 뚜렷하다." "이 당의 조선 의용대가 지난번 섬북 각지에 간 사람은 첩자에 붙은 자는 200여 명 있다." "나머지 수십 명이 '조선전투동맹' 초당파 사람들이 있다." "인원수도 적고 신앙도 각각 다르며 사상도 복잡하다."며 "공산당 이용당하지 않도록 그들의 성장

159) 朱家驊; 『為密陳四年來對韓國問題辦理經過附具意見簽呈』, 1943年3月 5日, 上揭『國民政府與韓國獨立運動史』, 577~584쪽.

에 도움을 많이 주면 안 된다"고 주장했다.

한국독립당과 한국임시정부는 국민당의 지원을 더 많이 받기 위해 조선민족혁명당과의 내부 투쟁에서 '친공(親共)'을 공격하고, 국민당 중앙부에 보낸 비밀문서에 '반공(反共)'으로 표방했지만, 공적 석상에서는 중에 있는 중국 공산당 대표들과 가깝지도 멀지도 않은 관계를 유지했다.

중국 공산당에는 세계 반파시즘 전쟁이라는 큰 차원에서 적후 항일 근거지에 있는 조선독립동맹과 조선의용군을 전폭적으로 지원하는 동시에 한국임시정부를 비롯한 한국민족주의당파들의 반일광복투쟁을 지지해 왔다. 1944년 7월 4일, 『신화일보』는 일본 파시즘이 조선 군주정치를 부활시키려고 만주국 정부 및 남경정부와 같은 괴뢰정부를 수립하려는 소문에 대해 한국 임시정부에 대한 태도를 보고했다.

현재 한국 국민을 대표할 수 있는 유일한 통일정부로써 동맹국들이 속히 공식 승인하고 한국광복군을 적극 지원하고 중국 적후 전장의 발전과 한국 내의 한국 국민들의 반일운동에 적극 협조하는 것은 일본 침략자들의 음모를 부수기 위해 필요한 조치(시도)이다"라고 평가하고 한국 임시정부의 태도를 보도했다.160)

이는 한국임시정부에는 아주 강력한 지지라고 할 수 있다. 한국 반일독립운동 내부의 단결문제에 대해 중국 공산당은 열렬하게 지원을 해주었다. 1944년4월, 한국임시의정원 제36차 의회에서 신

160) 『韓國臨時政府人士表示 : 希望盟國迅速承認』, 『新華日報』, 1944年7月4日.

헌장과 선거를 통과시켰다. 국민정부 통치구에서 한국독립운동당파들이 포함한 신 임시정부 내각위원회가 원만하게 폐막했다. 『신화일보』는 단평과 사설을 발표하여 치하를 해주었다. "세계 대세가 보여주었듯이, 민주가 있어야 단결할 수 있고 단결이 있어야 강력한 투쟁이 있어야 하며 단결투쟁을 해야 민족광복을 이룩할 수 있다. 한국 임시의정원 제36차 회의에서 거둔 성과는 단결한 것은 동방에 이미 와있다는 것을 의미한다." "한국 민주와 단결을 실현하는 것은 한국임시정부의 발전과정에 찬란한 업적이 남아있고 세계 민주의 흐름에서, 동방약소민족 해방운동의 차원에서도 매우 중요한 의미를 갖고 있다."161)

6월 7일, 중국 공산당 대표인 조함, 동필무는 중경에서 한국임시정부 새로 부임한 국무위원과 각부 부장을 초대하였고 중국 공산당과 한국임시정부는 비록 사상이나 의식적으로 대립도 존재하고 조선의용군문제에 있어도 심각한 이견이 있는 것도 불구하고 반파시즘 전쟁이란 공동된 목표아래 우의 좋게 잘 지낼 수 있었다. 1945년 11월, 대한민국 임시정부 구성원들이 귀국할 무렵, 중국 공산당 지도자인 주은래와 동필무는 중경사무소 명의로 연회를 베풀어 그들을 환송하였다. 김구, 김약산, 홍진, 그리고 대한민국 임시정부의 각 부 장관들이 그 자리에 모두 참석한 가운데 주객이 연거푸 잔을 들 작별인사를 나누며 한중 우호관계사에 미담을 남겨주었다.

---

161) 『民主團結的光輝在東方開放』(短評), 『新華日報』, 1944年4月28日; 『韓國的民主團結』(社論), 『新華日報』, 1944年4月30日.

제2편

한국독립운동특집 - 한국주화대표단 연구

제1장 한국주화대표단의 연구 기인

한국임시정부는 중국과 떼어 놓을 수 없는 인연을 맺었다. 한국에 있었던 3·1운동의 영향과 중요한 성과로써 한국임시정부는 1919년 4월 상해에서 설립되었다. 그로부터 27년간 중국의 여러 지역에서 활동을 전개하였는데, 중국의 국민당과 공산당의 아낌없는 지원을 받으면서 한국의 독립운동과 중국의 중일전쟁에 많은 노력을 기울였다. 11월 미국정부의 일방적인 결정으로 한국임시정부는 상해에서 해체를 선포하였고 각료 구성원은 각각 개인 신분으로 귀국하여 독립과 건국운동에 참여하였다.

한국임시정부의 존재와 변천은 한국 근대사 및 한중관계에서 다음과 같은 세 가지 의미를 가진다. 우선 민족주의의 입장에서 볼 때, 이는 한국 반일독립운동의 구현이자 상징이다. 민주주의의 차원에서 볼 때는 한국국민이 식민지통치를 벗어나고 새로운 공화사회를 수립하기 위한 선택이자 실험이라 볼 수 있다. 그리고 한중관계의 차원에서 볼 때는 중국 여야 양측에서 한국독립운동을 지원한 대상으로 목표이면서 동시에 중간 매체였다.

중국의 학술계에서 한민국임시정부에 대한 최초의 연구서는 1970년대에 출판된 호춘혜(胡春惠) 선생의 『중국에서의 한국독립운동』[162] 이라 할 수 있다. 90년대에 들어서서 한중관계의 해빙과 한중수교의 호기를 맞아 관련 저서와 사료집들이 쏟아져 나왔고, 대한민국 임시정부 연구에 관한 논문도 다수 발표됐다.[163]

162) 胡春惠; 『韓國獨立運動在中國』, 臺北 "中華民國"史料中心, 1976.

종래 중국 학술계의 한국임시정부 역사에 대한 연구는 거시적인 차원에서 전반적인 연구를 중요시해 왔다. 이를 통해 당시 임시정부의 중국 활동에 관한 역사와 중국 여야와의 관계를 살폈던 것으로 보인다. 현재 이런 연구는 상당히 축적된 것으로 생각되며 많은 연구 성과물이 출판되었다. 하지만 임시정부의 연구에서 세부적인 사례와 문서자료를 통한 개별적이고 자세한 주제연구는 아직 미흡하다. 최근 10년 동안 필자는 이런 점에 초점을 두고 심열을 기울여왔다. 1999년 여름 필자는 중국국민당 재단법인 중정문교(中正文教)의 요청으로 대만에 가서 연구를 진행하였다. 중국국민당 당사(黨史)회에서 대량의 한국임시정부 주화대표단(이하 '주화대표단'이라 간칭)의 문서사료를 발견하였으며 아직 알려지지 않은 것임을 확인하였다. 대체로 한국이나 중국의 학술계에서는 임시정부 주화대표단의 연구와 관련된 저작에서 대표단이 해체되고 개인 신분으로 귀국한 것까지만 기술되고 있다. 그 이후 임시정부 주화대표단의 근 3년 가까이의 활동에 대해서는 언급된 바가 없다. 필자는 대만에서의 기회를 통해 이와 관련한 문서자료를 수집하였고 이것이 본 연구의 토대가 되었음을 밝힌다. 2006년 이 사업이 한국학중앙연구원의 지원을 받게 됨에 따라 필자는 2007년초 다시 대만으로 갔다. 대북 '중연원(中研院)' 근대사 연구소, '국사관(國史館)', 중국국민당 당사(黨史)회를 돌며 자료를 수집하였다. 상해와 남경은 전쟁 후 한국임시정부 주화대표단의 주요 활동지였기 때문에 필자는

163) 參見復旦大學韓國研究中心資料室王明根, 李花玉編『20世紀韓國獨立運動論著目錄』, 韓國國家報勛處, 2002年刊印

상해 문서관과 남경 중국 제2역사 문서관에서 적지 않은 소한중 사료를 얻었다. 이를 바탕으로 본 연구를 수행할 수 있게 되었고 이는 한국독립운동연구에 새로운 영역을 개척했다고 블 수 있다.

지적할 것은 여러 가지 조건의 한계로 인해 필자는 아직 동북의 각 지역과 중경, 무한, 청도, 천진, 북경 등 한교민(이하 한교로 줄임)의 집거지에서 한국임시정부 주화대표단의 활동 및 중국정부와 교섭한 자료에 대한 검색은 진행하지 못했다. 이에 대한 연구는 향후에 진행할 계획이다.

본 편은 수집된 최초의 자료를 바탕으로 한국임시정부 주화대표단의 중국 내의 활동과 중국정부당국과의 교섭 과정을 밝히고 있는데, 대체로 다음과 같은 7가지에 대하여 언급하고 있음을 먼저 밝힌다.

1. 한국임시정부 주화대표단이 설립된 역사적 배경

이는 2차대전 후 임시정부가 직면한 국내외적인 도전에 관한 것으로 여기에는 대체로 다음 몇 가지로 나뉜다.

(1) 얄타체계의 확립으로 한국독립운동의 험난한 형세와 미국과 소련의 한반도의 남북점령에 따른 반도의 분단

(2) 중국 전장의 형세 악화 및 중국의 태평양 전장에서의 전략적 지위의 하강에 따른 한국독립운동에 파국적인 영향을 미친다.

(3) 기존에 있었던 임시정부 내부의 당파투쟁과 임시정부 대(對) 반임시정부 파별의 대립으로 임시정부가 맞서는 내외적 곤경

(4) 각각 소련과 미국의 지지를 받는 김일성과 이승만 세력이 귀

국하였지만 한국 국내 반일광복의 역량이 신속히 확대됨에 따라 더욱이 미국정부의 간섭으로 인해 아직 귀국하지 못한 임시정부 지도자들에게 유리하지 못한 국내 정치투쟁 상황이 만들어졌다.

이런 역사적 배경 하에 한국임시정부는 황급히 자신의 전략적 방침을 책정하였다. 그 내용은 다음과 같은 다섯 가지로 정리한다.

(1) 계속해서 국제적으로부터 임시정부의 법률적 지위를 얻기 위해 노력한다.

(2) 한국독립당의 당장과 강령을 수정하고 새로운 시기에 맞는 내외적 정책과 원칙을 제기했다.

(3) 임시정부에 대한 중국 국민정부의 전력적인 지지를 확보한다.

(4) 임시정부 구성원들이 속히 단체 귀국을 실현코자 노력한다.

(5) 중국정부당국과 함께 한교(韓僑)의 보호 방안을 협상·합의했다.

2. 한국임시정부 주화대표단의 설립 및 산하 기구

이는 네 가지 차원으로 나누어 서술한다. 첫째, 전쟁이 끝난 후 한교에 대한 처리 문제는 한국 임시정부의 선무단과 주화대표단의 설립으로 말미암았다는 것. 둘째, 한국 선무단의 설립 과정과 주요 활동에 관한 것. 셋째, 주화대표단의 설립과 그 활동에 대한 평가. 넷째, 주화대표단의 하부 조직 기구 및 변천에 관한 것 - 이는 대체로 남경, 상해, 동북지역, 화북지역, 화남지역, 대만에서 활동했다. 한국임시정부주화대표단은 임시정부의 요원들이 귀국하기 전까지 중국의 공식 승인을 받은 주 중국 대표기구로써 한국정부가 수립되기 전 중국정부 당국과 교민문제를 협상하는 임무를 수행하였다.

3. 한국임시정부 주화대표단의 정치, 외교적 활동

주화대표단의 주요 직책은 정치적으로 줄곧 한국임시정부 지도자의 지시에 따라 움직였는데, 이를 구체적으로 살펴보면 첫째, 한반도에 대한 4강통치를 반대하면서 한국의 즉각적인 독립을 견지하는 것. 둘째, 국내의 독립광복 투쟁을 지원하고 한국 독립에 대한 성원을 얻는 것. 셋째, 미국 대통령 특사에 서한을 보내 미국의 대한정책에 영향을 미치고자 노력하는 것. 넷째, 한국임시정부의 역사적 지위를 확보하기 위해 노력하는 것, 즉 그 동안의 불평등하고 불공정한 대우에 대해 항의하는 것 등이다.

4. 한국임시정부 주화대표단과 중국정부 간의 관계

한국임시정부 주화대표단의 주요 임무 중 하나는 한중관계의 발전을 도모하고 중국 국민정부와 밀접한 관계를 유지하는 것이다. 이는 대체로 네 가지 측면의 노력으로 나타난다. 첫째, 한반도의 정보를 중국정부에 제공한다. 둘째, 한국과 관련된 사건을 처리는데 중국정부 당국에 협조한다. 셋째, 한중관계의 발전을 위해 적극적으로 활동한다. 넷째, 한국독립당과 중국정부당국과의 우호적인 관계를 추진한다.

5. 한중 관내[164]지역에서 교민문제에 대한 교섭

한국임시정부 주화대표단의 또 다른 임무 중 하나는 중국에 있는 교민의 각종 문제를 처리하기 위해 중국정부당국과 교섭·협상하는 것이다. 이 임무는 우선 중국 관내지역에서 진행되었는데, 대체로 다음 여섯 가지로 정리할 수 있다. 첫째, 교민집중 문제에 관한 교섭 둘째, 교민의 산업문제에 관한 교섭 셋째, 교민관리 문제에 관한 교섭 넷째, 교민 송환문제에 관한 교섭 다섯째, 교민관리권의 문제에 대한 교섭 여섯째, 한중 통항문제에 대한 교섭 등이다.

6. 한중 동북지역의 한교 문제 교섭

중국 국민정부 군대가 동북으로 진입함에 따라 국민당과 공산당 내전이 동북에서 전면적으로 전개되었다. 이에 동북의 한교문제는 주화대표단이 중국정부당국과 교섭하는 주요 문제로 부각되었다. 한중간 교섭의 주요 사항은 첫째, 동북 한교 농업대출문제. 둘째, 동북 한교의 무장단체 핵심인력 교육문제. 셋째, 동북 한교산업문제. 넷째, 동북 한교 송환문제 등이다.

7. 한국임시정부 주화대표단의 해체

첫째, 미국 군정부(軍政府) 대표가 중국에서 활동을 하고 있었지만 중국정부 당국은 지속적으로 주화대표단과의 관계를 유지하였으

164) 关内: 산하이관(山海關) 서쪽 또는 자위관(嘉峪關) 동쪽 일대의 지방을 가리킨다(역자 주).

며 중국에서의 합법성을 보장해주었고 중국정부와의 교섭권도 보존해 주었다. 둘째, 1947년 4월, 이승만이 중국을 방문하여 모종의 영향을 미쳤으나 중국정부당국은 김구(金九)로 대표되는 주화대표단의 중국 내에서의 활동을 지속적으로 지원하였다. 셋째, 후기에 주화대표단 중국에서의 우호적 활동. 넷째, 주화대표단의 해체 선고 및 임시정부의 사후조치.

이 프로젝트를 진행하는 과정에 많은 사람들의 도움을 받았다. 우선 작고한 대만 중정문교재단 이사장, 대만고궁박물관 관장 진효의(秦孝儀) 선생, 중국국민당당사(黨史)회 전 주임의원인 진봉인(陳鵬仁) 선생, 현 중국국민당당사(黨史)관 관장인 조명황(邵銘煌) 선생, 대북 '중앙연구원'의 연구원인 장계웅(張啟雄), 장력(張力)선생, 상해시 기록보관소 소장이신 마장림(馬長林) 등이다. 그 밖에도 한국학중앙연구원이 연구과제의 확정에 지원하였고, 이에 본 지면을 빌어 감사의 말을 전한다.

제2장 한국임시정부 주화대표단 설립의 배경

제1절 2차 세계대전 후 한국임시정부가 직면한 문제

1945년 8월, 일본정부가 무조건 항복을 선언하고 2차세계대전이 종식될 때까지, 김구 선생이 이끄는 한국임시정부는 중국에서 근 27년 동안 무척 힘들고 어려운 투쟁을 해오면서 중국국민당 통치권에서 한국독립운동의 지휘센터로 자리잡았다.165) 한국임시정부

165) 대한민국 임시정부는 1919년 4월 13일 상하이에서 설립된다고 선

는 1차세계대전의 종전과 러시아의 10월혁명 후 나타난 세계민족혁명의 큰 흐름 속에서 한국의 '3·1반일독립운동'에 기반하여 수립되었다는 것이 필자의 관점이다. 그의 수립은 일본의 압박에 굴복하지 않는 한국 국민들의 일본의 병탄에 대한 항거와 조선조 봉건주의의 구태의연한 통치체제를 배격하고 자본주의의 공화제도를 실행코자 했던 결심을 입증해 준다.

27년의 시간에 각고의 노력을 거쳐 중국정부와 각 당파 조직의 지지와 성원 하에 한국임시정부는 정부형태를 갖춘 한국독립운동의 지휘센터로 자리잡았고, 반일당파의 연합집권체166)로써 임시의정원167)의 '대한민국임시헌장'168)과 '건국강령'등을 정비하고 한국

포되었다. 저자는 중국에 있는 한국 교민들의 각 계급, 각 당파가 한국 독립광복 운동에 동참했다고 본다. 정치적 영향과 역사적 역할 면에서 가장 큰 세 세력은 중국 동북부 함락지역과 소련 극동지역 중국 공산당이 이끄는 항일연대에서 활동했던 김일성·최용건 등으로 대표되는 조선항일혁명세력, 전쟁기간 중국 공산당이 이끄는 화북·화중·화남의 적후항일 근거지에서 팔로군·신4군과 함께 싸운 조선독립동맹과 조선의용군, 그리고 오랫동안 중국 관내 지역에서 활동한 대한민국 임시정부 중심과 지도하의 각 파벌의 항일세력이다. 앞의 두 세력은 함께 조선민주주의인민공화국을 창설했고, 세 번째 세력은 어느 정도 분화되어 소수는 북한 정부에 참여하였으나, 대부분은 대한민국 정부를 창설하는 주요 참여자 및 조직자로 되었다. 이러한 정당 및 정치세력들은 정치적 신념이나 활동 지역, 투쟁 방식이 서로 다르지만, 모두 용감하게 대한민국 독립과 재건 사업에 기여했다. 본문에서는 세 번째 종류의 한국 항일 세력을 연구 및 조사 대상으로 삼았다.

166) 1944年, 한국임시의정원은 제36차 회의를 개최하여 한국 독립 운동 각 정당의 통합 행정을 실현했다. 김구가 주도한 한국 독립당, 김억산이 주도한 조선민족혁명당, 그리고 조선민족해방동맹과 조선무정부주의자동맹은 공동 행정을 형성하였다.

광복 무장군까지 갖추고 있어 곧 국제사회로부터 승인을 받음은 물론 세계 반파시즘 전쟁의 승리와 한국 독립광복운동의 승리를 위해 적극 노력하였다.

하지만, 세계반파시즘 전쟁과 중일전쟁의 승리를 목적에 둔 상태에서 한국임시정부 지도자들은 복잡한 국제정세에 휩쓸릴 수밖에 없었다. 수십 년 간 지속해 온 반일독립운동이 최종적으로 승리를 거두고 곧 맞이할 광복에 대한 희망이 보일 즈음 갑자기 찾아온 승전에 한국임시정부는 국내·외적으로 많은 제한을 받을 수밖에 없는 상황에 놓이게 되었다. 이로써 국내의 정치활동에 많은 국민적 지지기반을 확보할 수 없음은 물론 세계 반파시즘 전쟁의 승리에 큰 공헌을 세우지 못하고 만 것이다. 지하군대를 편성하고 한반도에 진입하여 연합군을 맞이하는 것은 계획단계에 그치고 말았고 미처 실시하지 못한 상황에서 전쟁이 끝나고 만 게 그 좋은 예라 할 수 있겠다. 이런 요인으로 임시정부는 전쟁 후의 미래가 매우 캄캄할 수밖에 없었다. 마침내 임시정부는 주석인 김구 선생을 비롯하여 많은 지도자들의 근심과 걱정은 태산과 같았다.

우선, 전쟁이 끝날 무렵 연합군의 각국은 세계를 어떻게 분할할까 하는 문제에 골몰하였는데, 그들이 비밀리에 계획했던 알타체제

---

167) 대한민국 임시정부 의정원은 1919년 4월 10일에 설립되었으며, 대한민국 임시정부의 정치 체제 및 주요 정책을 결정하는 의사 결정 기구입니다. 전쟁이 종료될 때까지 중국에서 총 36차례의 회의가 개최되었다.

168) 1919年4月10日,대한민국 임시정부가 성립된 동시에 임시정부 의정원은 "임시헌장"을 통과했습니다.窗体顶端

대로라면 한국의 독립은 매우 불리할 수밖에 없었다. 카이로회담에서 한반도의 독립된 역사적 지위는 확실히 보장해주겠다고 했지만 강대국들은 한국을 언제 독립시킬 것인가에 대한 태도는 명확하지 않았다.

미국정부의 태평양지역에 대한 전략적 목표는 일본을 패망시키는 것은 물론 미국을 위협하지 못할 정도로 '일본제국'을 철저히 해체시키는 것이었다. 따라서 다음과 같은 정책적 목표를 실현하고자 하였다.

(1) 오키나와와 오가사와라 제도의 군사적 지배권과 북태평양 미크로네시아 군도에 대한 통치를 명확히 한다.

(2) 미국은 일본에 대한 군사점령을 실현하고 일본의 비군사화와 민주화를 추진하여 국제사회로 돌아가게 한다.

(3) 장개석(蔣介石)을 위시한 중국국민당의 통치하에 친미파의 중국을 지지하고 중국은 아시아지역의 '안정된' 세력으로 정착하도록 한다.

(4) 조선은 일본의 통치에서 벗어한 후,어느 나라에 일임하여 특정한 나라(중국이나 소련)의 관할을 받지 않도록 '상당한 시간'동안에 '완충'국의 지위를 인정해주고 향후 완전한 독립을 보장한다.

(5) 소련이 일본을 역습한 보상으로 사할린섬, 쿠릴열도의 점령을 인정하고 중국 동북지역의 특권을 실행할 수 있도록 하며, 또안 미국의 동아태평양의 전쟁 후 구상을 승인하도록 한다.

(6) 미국의 군사기지를 유지하는 조건하에서 필리핀의 독립을 인

정했다.[169)]

이 전략적 구상에 근거하여 프랭클린 루스벨트(Frarklin Roosevelt) 미국 대통령은 최초로 한반도에 대한 40년 신탁통치 주장을 제기했다.[170)] 얄타회담 중 한반도 문제는 '적대국 영토를 어떻게 처리하는지'의 문제로써 회의일정에 들어갔다. 루스벨트와 스탈린은 한반도의 위탁문제에 대해 논의하였고, 루스벨트는 필리핀을 예시로 하여 한반도를 완전 독립시키려면 어느 정도의 시간이 필요한지 설명하였다. 필리핀은 40년이 소요된다 하고 한반도는 많이 잡아도 20년이나 30년이면 충분하다고 하였다. 스탈린은 신탁통치의 시간이 짧을수록 좋고 영국도 위탁사항에 대하여 함께 협상해야 한다고 하였는데, 이점은 루스벨트도 같은 의견이었다. 하지만 전쟁이 끝나기 전까지 한반도의 위탁사항의 구체적 실시방법은 논의되지 못했고[171)] 또한 그들의 뜻을 한국임시정부를 지지하는 중국 국민정부에 알려주지 않아 한국 임시정부의 고위층은 줄곧 까맣게 모르고 있었다.

영국정부의 전쟁 후 극동지역에 대한 전략은 영국의 옛 식민체제를 복원시키는 것이 최고의 목표였다. 인도, 미얀마, 말레이시아 등지의 종주국 지위를 유지하기 위해 한반도와 동양민족주의 운동

169) [日]山極晃編 『東亞與冷戰』, 東京三鈴書房, 1994, 22쪽.

170) Deparment of State,Foreign Relations of the U.S.Diplomatic Papers, The Con-lerenoas at Cairo and Tahran(1943), Govemnment Printing Office, Washington, D. C., 1955, p.869.

171) 曹中屛等編著 『當代韓國史』, 南開大學出版社, 2005, 3~4, 17쪽.

의 확대를 줄곧 반대했고, 중국이 아시아의 민족해방에 있는 주인 노릇을 하는 것을 더욱 더 반대하였다. 그리하여 영국이야말로 한반도가 일찌감치 독립하는 것에 근본적인 반대를 하였다. 처칠 영국 수상은 카이로회담에서 중국과 미국이 한반도 독립을 지지하는 주장을 반대하지 못하는 상황에서 '적당한 시기'라는 시간적 제한을 제기하여 한반도의 독립을 지연시키고자 하였다. 그후 영국과 미국은 단번에 의견을 같이하여 국제상 한반도를 신탁통치 하는 것에 대한 적극적 지지자가 되었다.[172]

10월 혁명 후 소련은 공산당을 조직하는 데 있어 소련에 거주하는 한교민을 참여시키기 위해 적극적으로 움직였다. 중일전쟁이 발발한 후 러시아는 중국 공산당부대 중 조선공산당원들이 중국 동북지역과 소련 극동지역에서 항일무장투쟁을 할 수 있도록 협력하였을 뿐만 아니라 혁명역량을 키워 한반도에서 공산당 정권이 수립될 수 있도록 노력하였다.[173] 테헤란회담에서 소련은 카이로회담에서 협약된 전쟁 후 한반도 독립의 원칙에는 찬성하였으나 한반도의 신탁통치에 대한 명확한 답을 내놓지는 않았다. 그러면서 대일전선에 참전한 입장에서 한반도의 군사적 점령에 예의주시하였다. 알타회담에서 스탈린은 한반도의 군사적 점령문제를 루즈벨트에게 물었고 포츠탐회담에서 또 어떻게 하면 한반도를 군사적으로 점령할 수 있는지에 대해 미국에 자문하였다. 소련정부는 한반도를 군사적으로 점령하는 것이 한국의 국익에 도움이 된다고 보았다.[174]

---

172) 石源華『韓國反日獨立運動史論』, 38쪽.

173)『1943年中美外交關係文件』, 臺灣聯合報社中譯本, 1962, 150쪽.

전쟁 후기 중국은 한국임시정부의 국제적 위상에 대한 미국과의 논의에서 망명정부로서 한국임시정부를 승인해 줄 것을 여러 차례 요청하기도 했다.고자 재차 요구하였지만 미국은 여러 가지 이유를 대고 이를 반대하였다. 1944년 9월, 미국과 영국 정부는 잇달아 중국 국민정부에 이와 같은 내용이 담긴 『한국문제 연구초안』을 제출하였고 군사로 한국 본토를 점령한 후 임시적 국제감독기구를 설립하자고 제의하였다. 9월말 미국 국무원은 소련과 영국의 동의하에 미국·영국·소련·중국 네 나라의 공동 위탁관리 방안을 중국 국민정부에 보내왔다.[175] 초, 샌프란시스코에서 거최된 유엔 창립 대회에서 중국은 한국임시정부 대표가 이 회의에 참석하여 한국 국민의 독립에 대한 열망을 밝힐 수 있도록 기회를 주자고 하였으나[176] 미국정부는 한국임시정부가 정식대표로서 유엔준비회의에 참석요구를 묵살하였을 뿐만 아니라[177] 옵저버의 자격조차 줄 수

174) 參見石源華『韓國反日獨立運動史論』, 39쪽.

175) 邵毓麟: 『使韓回憶錄』, 傳記文學出版社, 1980, 38~39쪽.

176) 중국 정부는 다양한 조치를 취하여 한국 대표단이 삼프란시스코 회의에 참가하는 데 강력한 지원을 하고 있다. 1945년 4월 3일, 장새석은 중국 외교부에 미국 정부에 건의서를 제출하도록 명령하였으며 동시에 중국 재무부에 중국 외교관들의 대우에 따라 15,345달러를 중국에서 한국 대표단의 미국 방문 왕복 여비 및 제복비로 지출하도록 명령했다.

177) 1945년 5월 12일, 대한민국 임시 정부 대표 이승만은 유엔 설립 회의에 참석하기 위한 공식 초청을 요청했다. 그 이유는 다음과 같습니다. 대한민국은 최초로 일본의 침략을 받은 나라이며, 1905년 이후 계속해서 일본과 전쟁을 멈추지 않았다. 현재의 임시 정부는 1919년 대한민국 전국 대혁명 시에 13개 도의 대표로 구성되었으며 그 후에 중국에 설립되었다. 모든 대국은 조약 의무에

없다며 임정 대표에게 입국비자마저도 발급해주지 않았다. 샌프란시스코 회의의 비서장인 미국대표 희사(Alger Hiss)는 한국에 있는 임시정부 주미대표 이승만 일행에게 어떤 방식이든 이 회의에 참석하지 말라고 정식 통지하였다.[178] 이런 일련의 사안으로 카이로 회담에서 결정된 '한국독립'의 엄숙한 약정은 애매해졌다. 한국의 신탁통치 여론이 국제무대에서 분분해짐으로써 한국의 독립문제에 먹구름이 드리우게 되고 만 것이다.

8월 21일, 주중 미국총사령관 위덕매(Weimaide) 장군은 비망록 형식으로 중국 전쟁지역의 지휘자 장개석에게 통지하면서 맥아더 장군에게 일본 부대에 명령을 내리도록 하였다.[179] 한국에 있는 일본군대는 북위38도를 경계선으로 각각 소련군대와 미국군대에게 항복하라는 내용이었다. 미국 국무경 및 국문원은 이는 단순한 잠재적 군사조치라 해석하였다. 미국과 러시아 두 나라의 군대가 '38선'을 경계로 한반도를 남북으로 군사점령하면 한반도의 독립과 통일에 안정적이지 않는 요소로 작용할 것인 바 한국임시정부의 고위층의 근심과 걱정은 태산같았다. 8월 21일, 미국에 있던 이승만은 중국 최고지도자인 장개석에게 급히 전화를 하여 미국 트루먼 대통령으로 하여금 미국과 소련이 각각 한반도를 갈라놓는 계획을 받아들이지 않도록 중국 정부가 나서서 조정해주기를 기대했다. 이승만은 '한반도가 완전 독립하는 이외의 모든 계획을 무시

따라 대한민국을 지원해야 한다.

178) 重慶 1945年5月22日『大公報』

179) 石源華『韓國獨立運動與中國』, 559쪽.

하겠다.'고 하고 국민들도 '절대로 이런 제안을 받아들이지 않겠다'는 의지를 밝혔다.180)

다음으로 중국전장 정세의 악화, 태평양전쟁 위상의 하락, 중국 국민정부 자체의 변화 등 모든 상황이 한국임시정부에 막대한 악영향을 미쳤다.

중국 국민정부는 한국임시정부의 국제무대에 있어 가장 큰 지지자이었다. 중국정부는 한국임시정부에 대한 지지와 지원은 1921년 손중산이 지도하는 광주호법군정부가 임시정부에 대한 본격적 인정에서부터 시작되었다.181) 남경국민정부 수립 후 중국국민당은 중국을 관장하고 있는 손중산의 주변 약소민족을 보호하는 사상과 정책을 계승하여 한국의 반일운동에 지지를 보냄으로 대외전략에 있어 국제적 위상을 높였다.

1932년 4월 29일, 상해 홍구(虹口)공원에서 한국의 윤봉길 의사가 폭탄을 던져 일군장교 시라카와(白川义则)대장을 죽인 사건으로 인해 중국국민당 최고기관은 한국의 반일독립운동에 직접적 관심을 가지면서 공개적으로나 비공개적으로 중국 내 한코민들의 반일독립

180) 趙中孚, 張存武, 胡春惠主編『近代中韓關係史資料彙編』第12冊, 臺北"國史館", 1987年刊印, 401쪽.

181) 손중산이 주도한 과주호법군정부는 외교적으로 계속해서 강대국들에 인정받지 못했으며, 지역적으로 중일 관계에 민감한 지역에서 멀리 떨어져 있어 외교 문제를 다루는 데 상당한 자유도가 있었다. 1921년 11월 3일, 손중산은 광저우 비상대통령부에서 대한민국 임시정부 특사이자 정부 대총리 겸 외무, 법무 총재인 신규식을 만났다. 신규식은 한국 임시정부에서 작성한 '중한상호협정' 다섯 항목을 제안했다(중략). 참고: [한]민석린의 '중한외교사화', 충칭 동방출판사, 1942년, 26~27쪽.

운동을 적극 지지하게 되었다. 당시 일본의 압박으로 한국임시정부는 상해조계에서 설 자리조차 없었을 뿐만 아니라 이 일의 기획자인 김구(金九)선생 개인의 안전문제 마저 위협을 받게 되었다. 이에 중국국민당 중앙조직부부장 진과부(陳果夫)는 각지의 군대와 경찰을 동원하여 김구를 비롯한 한국 독립당 인사를 암암리에 보호해주었을 뿐만 아니라 그들이 가흥(嘉興), 해염(海鹽), 항주(杭州), 남경(南京), 진강(鎮江) 등지로 옮길 수 있도록 도와 일본측의 복수행동을 막았다. 1932년 8월부터 중국 국민당 중앙조직부는 최고기관의 허락을 받아 매월 5,000원을 김구 등에 지급하여 일상 활동비로 삼았다. 또한 김구 선생이 계획하는 임시정부의 사업에 대한 경비는 따로 지급하기로 하였다. 1933년초, 중국 최고 지도자인 장개석은 남경에서 김구를 면담하고 협력사항을 비밀리 협상했다.182) 이로부터 중국정부의 주된 조직계통은 둘로 나뉘었는데, 하나는 진과부(陳果夫), 진립부(陳立夫), 주가화(朱家驊) 등을 비롯한 중국국민당 중앙조직부의 관할 하에 있던 '중통국(中統局)'이고 또 하나는 등원중(鄧元仲), 하충한(賀衷寒), 간국훈(干國勛), 등걸(騰傑), 대립(戴笠) 등이 제어하는 중국 삼민주의 역행사(力行社)가 관할하는 '군통국(軍統局)'이다. 이들은 각각 한국 독립운동의 각 당 및 단체와 밀접한 관계를 유지하면서 그들에게 여러 편리와 지원을 제공해주었다. 20세기 30년대 전기와 중기, 중국 군대는 남경, 낙양, 강서성,

182) [韓]國史編纂委員會: 『韓國獨立運動史』(四), 70쪽. 轉引自楊昭全, 韓忠富編 『大韓民國臨時政府史料彙編』, 249쪽. 金九: 『白凡逸志』, 民主與建設出版社, 1994, 232~233쪽.

호북성 등지에서 한적(韓籍) 혁명인사를 양성하는 군대학교와 훈련대 등 조선혁명간부학교를 설립하는 한편 중국 군대학교(항공학교 포함)에서 한적의 학생을 받아들였다. 중일전쟁이 발발하기 전까지 양성한 한적 학생은 모두 415명이었고 이는 한국의 독립전쟁에 소요한 많은 사관을 육성했다.[183]

중일전쟁이 전반적으로 퍼지기 전까지 중국정부 지원하에 비밀리에 진행되어 오던 한국의 독립운동은 7.7사변을 기점으로 중국 국민들과 함께 중일전쟁에 합류하여 그의 중요한 일부가 되었다. 이에 정치적으로 중국정부는 본격적으로 한국의 독립운동을 지원하겠다고 선포하였고 한국의 각 당파인사들이 중국의 중일전쟁에 참가하는 것을 적극 환영하였다. 이에 한국임시정부는 공개적으로 중경에 임시정부의 간판을 걸 수 있었으며 중국정부는 그들이 각종 행사를 거행할 수 있도록 동의하고 여러 가지 편리를 제공해 주었다. 또한 중국국민 삼정회(參政會)는 두 번씩이나 의안을 통과시켜 한국 독립회복의 목표를 실현할 수 있도록 한국임시정부의 국제지위 승인에 대한 제안을 정부에 청구하였다.[184] 경제적인 면에서 중국정부는 중일전쟁 중에 임시정부가 관할지역에서 활동을 할 수 있도록 한국독립운동 각 당파들의 모든 정무비용, 당무비용, 군무

183) 範廷傑: 『蔣委員長培育韓國革命幹部』, 『傳記文學』 第30卷第6期。

184) 1941年 11月 17日,중국 국민참정회 제2회 제2차 대회에서 제1안이 통과되어 정부에게 적절한 시기에 대한민국 임시정부를 인정할 것을 요청했다. 1944년 중국 국민참정회 제3대 제3차 대회에서 다시 한 번 이러한 안이 통과되어 정부에게 즉시 대한민국 임시정부를 인정하고 한국을 영구 중립국으로 인정해달라고 요청했다.

비용과 함께 생활비용을 제공해 주었고 임시정부와 독립운동 각 당파들이 중일전쟁에 참가하여 대일투쟁을 통해 국권회복의 꿈을 실현할 수 있도록 응원하였다. 군사적으로 중국정부는 선후로 조선의용군과 한국광복군의 창설을 지원하고 또한 이 둘이 하나로 통합되도록 하여 중국 군대의 일부로서 중일전쟁 행렬에 편입시켰다. 전쟁 초기 중국에 있던 한국의 이 두 항일무장세력은 이후 중일전쟁의 일부를 담당한 국제지원군에 해당하였다. 국제적으로 중국정부는 전쟁이 끝난 후 한국이 독립국가가 될 수 있도록 최대한 노력하면서 한국임시정부의 역사적 지위와 역할을 높이 평가하였다. 국제사회가 한국 정부를 승인할 수 있도록 노력하는 동시에, '타국가보다 먼저 한국임시정부 승인'의 원칙을 정해 여러 조치를 취하였다.185) 전쟁 때부터 한중 양국은 서로 긴밀한 협력을 위한우

185) 태평양 전쟁이 발발한 이후, 대한민국 임시정부의 인정 문제가 중국 공식 의사일정에 올라갔다. 중국 당국은 이 정부가 수십 년간의 한국 독립 운동의 상징이라고 보았으며, 국제사회의 인정을 받을 경우 전쟁 중에 중국 내의 모든 한국 독립 운동 단체를 이 정부에 편입시켜 한국의 독립과 복국 사업에 노력할 수 있을 것으로 생각했다. 한국이 독립을 실현한 후에는 중국과 우호적인 정통 정부를 이 정부를 기반으로 수립할 수 있을 것이라고 기대했다. 1942년 3월 22일, 중국 국민정부 입법원장 손과는 동양문화협회에서 강연을 하면서 대한민국 임시정부를 높게 평가하며 현재 "가장 중요한 것은 대한민국 임시정부를 인정하는 것"이라고 처음으로 공개적으로 밝혔다[인용: [한]추헌수의 "한국 독립 운동"(1권), 연세대학교 출판사, 1972, 531~536쪽]. 같은 해 8월, 중국 당국 고위층은 두 차례의 한국 지원 문제 회의에서 대한민국 임시정부를 인정하는 문제를 반복적으로 논의했으며, "인정을 너무 일찍 받으면 영국이 기분 나쁘게 생각하고 미국도 영향을 받을 것이며, 너무 늦게 인정하면 소련이 음모를 가지고 있을 것"을 염려하여

호관계를 맺었는데, 특히 한국의 국제 위상과 종합적 역량은 한국의 독립에 직접적인 영향을 미칠 수 있다.

하지만 미국은 일본을 반격하는 태평양전쟁에서 중국을 일본의 반격기지로 삼던 작전에서 태평양 섬에서 일본 본토를 직접 공격하는 작전방식으로 바꿈으로써 군사전략적인 면에서 중국전장의 지위는 많이 약화되었다. 이 때 미국은 중국의 전장에 대한 기대대신 소련이 참전해주기를 요구하였다. 게다가 1944년 중국정부의 군대가 중국대륙교통선을 뚫려는 전쟁에서 일본군한테 궤멸함으로써 국민당 통치지역 내 정치,경제는 극심한 위기를 맞았고 국제적으로 위상이 많이 손상되었다. 중국은 '4강' 반열에 들어가 있기는 하였지만 실은 유명무실한 존재였다. 2월에 개최된 얄타회담에서 미국· 영국·소련은 중국 몰래 비밀리에 『얄타협정』을 맺어 중국의 이익을 팔아먹는 대가로 소련이 일본을 반격할 수 있는 빌미를 제공해 주었다.186)

"적절한 시기에 다른 나라에게 인정을 받기로 하는 것"의 원칙을 결정했다.

186) 『얄타 협정』의 주요 내용은 소련이 독일 항복 및 유럽 전쟁 종료 후 2개 또는 3개월 이내에 일본에 대항하기로 동맹국에 참여할 것을 약속한다는 것이고 조건으로는 다음과 같다. 1. 외몽골(몽골 인민공화국)의 현상은 유지되어야 한다. 2. 1904년 일본의 배신적인 공격으로 파괴된 러시아의 이전 권익은 복구되어야 하며, 즉 쿠릴 제도의 남부 및 인접한 모든 섬은 소련에 반환되어야 한다. 3. 대련 상업항은 국제화되어야 하며, 소련이 해당 항구에서의 특전 권익을 보장해야 하며, 소련이 리싼 항구를 해군 기지로 사용하는 임대는 복구되어야 한다. 4. 대련으로 향하는 중동 철드와 남만 철도의 출구를 담당하는 회사를 소련과 중국이 공동으로 설립하여 공동으로 운영해야 하며, 이에 따라 소련의 특전 권익이 보장되어야 하며, 중국은 "만주"에서의 모든 권리를 유지해야 한다.

이후로 미국·영국·소련 삼국은 한반도문제에 대한 토론을 비밀리에 진행하기 시작했다. 한반도의 독립은 동아평화문제, 중국의 중요한 국가이익과 깊은 관계가 있었기 때문에 중국정부는 한국의 독립문제에 재차 힘써 주기를 요구하였지만 미국정부는 중미교섭에서는 '구체적인 태도를 보이지 않고 미래의 상황에 따라 적절한 결정을 하자'는 태도를 취해 중국정부는 도무지 갈피를 잡을 수가 없었다.[187] 중국은 한국문제에 있어 발언권이 많이 약화되었고 결정권은 더욱 잃어버리고 말았다. 미국·소련·영국은 한반도문제에 대해 먼저 결정하고 나중에 중국에 통보함으로 중국은 피동적으로 통지만 받는 대상이 되고 말았다. 중국의 국제업무에 있어 이런 위상의 변화는 한국임시정부에 참으로 불행한 소식이 아닐 수 없었다.

대전 후, 중국 국내정세의 변화로 인해 한국임시정부의 지도자들은 매우 불안해졌다. 중국 국민당과 공산당은 1942, 1943, 1944년 세 차례에 걸쳐 담판을 진행하였지만 실질적인 진전을 이루지는 못했다. 중일전쟁이 끝난 후 양측의 담판은 교착상태에 빠졌다. 중일전쟁 승리 후 생사를 두고 대결하던 민족모순적 저항은 국내의 날카로운 계급투쟁으로 바뀌었다. 중국 국민당정부의 전 역량과 주력을 동원한 공산당에 대한 전략적 응대는 전쟁 후 외교정책에 큰 영향을 미쳤다. 중국 국민당정부는 멀지 않는 미래에 발생할 중국내전에서 공산당을 이기기 위해 모든 힘을 동원하였고, 주변 외교정책에 있어서도 정치적으로는 얄타체계에 굴복하였다. 미국의

187) 『中國駐美大使魏道明致吳鐵城函』 〈1945年3月19日〉, 中國國民黨黨史會特檔 016-4

세계전략체계에 동조하였으며 특히 소련과 미국의 고순이 첨예화되는 과정에서 국민당정부는 극동지역에 미국의 주요 동맹국으로써 반소련, 반공산당 노선의 열렬한 추종자가 되었다. 중국 국민정부는 주변에 새로 독립된 국가를 지지하는 염원을 가지고 있고 아시아지역에서 종주국의 지위를 잃지 않으려고 했지만 실제로는 군사적 역량의 분산을 최대한 피하면서 대외적으로 될 수 있는 한 출병하지 않고 철수하려면 즉시 철수하는 정책을 실시했다. 중국 국민당은 내전 중 연속 패퇴되었으므로 주변국가들에 대한 영향력과 국제 위상은 날로 약화되어 갔다. 당연히 이런 정치적 상황에서 중국정부의 대규모적인 한국임시정부의 지지와 한국의 국권회복운동을 지원할 힘을 잃게 되자 김구 등 지도자들은 귀국후 집권할 수 있는 강력한 후원자 역할을 잃고 말았다.

더 중요한 요인은 한국이 완전히 독립함으로써 국권 회복을 실현해야 했지만 한국임시정부에 있던 한국독립당과 조선민족혁명당 간, 그리고 임시정부와 반임시정부 간에 모순이 격화되면서 한국임시정부는 안팎으로 어려운 상황에 처해 전후양면에서 적의 공격을 받고 있었다. 6월 11일, 조선민족혁명당은 한국독립당에 다음과 같은 담판 조건을 내걸었다. '한국임시정부의 재정내역을 공개하고 비밀외교를 즉시 중단하며 미국의 부속국 노릇을 그만둔다. 광복군의 인사임명권은 두 정당이 협상한 후에 발표하고 광복군의 제반 사항은 총사령관이 참모장과 상의한 후에 발표할 수 있다. 또한 만족스러운 답을 주지 않으면 조선민족혁명당은 한국임시정부의 탈퇴를 선언할 것이다.' 이런 대립으로 양측은 다시 격화된 조짐을 보

였다.[188)]

한국독립당 내부에서도 분열이 생겼다. 2월 중순, 한국독립당의 원로인 홍진(洪震)을 비롯한 주요 당원이 탈당하고 '신한독립당'을 새로이 편성하며 『창립선언』을 발표하였고 내용은 다음과 같다. '지금까지 임시정부 내각과 내부 의회를 많이 기대했었지만 점차 절망감을 느껴 부득이 뜻이 맞는 사람들끼리 모여 새로운 단체를 조직

188) 한국 독립당과 조선민족혁명당이 분열한 이유는 다음과 같다. 1. 한국 독립당은 중국 국민당 6차 전체회의에서 이미 내용을 통과하여 한국 임시정부, 한국 독립당 및 한국 광복군을 지지하고 있었으며 자만심이 강해 조선민족혁명당에 대해 매우 오만했다. 2. 한국 독립당 소속인 광복군 제2부대는 서안과 부양에 위치해 있었으며, 미국과 직접 협상하여 훈련소를 설립하고 미리 중국 임시정부나 광복군 총사령부에 보고하지 않았는데, 한국 독립당은 이에 대해 묻지 않았다. 최근에는 전면적으로 제2부대가 일본 장비와 훈련을 받을 예정이라는 소문이 들려왔는데, 조선민족혁명당의 제1부대는 발전의 여지가 없다는 것입니다. 조선민족혁명당 소속의 참모장 왕일서는 광복군의 모든 계획이 완전히 물거품이 되었다. 3. 김억산은 제1부대의 작업지를 강남으로 설정하고, 동맹군의 상륙을 지원하기 위해 개발하려는 의도를 가지고 있었지만, 한국 독립당은 반대하고 임시적으로 중경에서 집결하도록 하려고 했다. 4. 광복군 참모장 왕일서는 외부 활동에 대해 이정천에게 보고하지 않았고, 한국 독립당은 그가 권력을 독점했다고 비난하고 김억산에게 해임을 요청하고 최창숙을 파견하여 대신하도록 했다. 5. 김구는 이미 미국에 군사 협상을 할 것을 동의했지만, 갑자기 대표단을 파견하여 왔고, 이로 인해 왕일서는 크게 불만을 품게 되었다. 6. 한국 임시정부는 작년에 중앙에서 5백만 위안을 지원받아 재정부에서 받았지만, 그 돈은 이미 다 쓰였고 목적은 아직 공개되지 않았다. 7. 미국에서 훈련받은 한국 광복군의 멤버들은 적군에 침투하여 정보 작업을 맡게 되었으며, 이로 인해 광복군의 전체 계획에 영향을 미쳤다. [韓]秋憲樹『韓國獨立運動』(二) 延世大學出版社, 1972, 82~83쪽.

했다.' 한국임시정부는 '무능하고 안목이 짧은 고집불통의 사람들'이라고 비평하며 '국권 회복의 혁명자들이 지도하는 모든 낡은 농단적 경향을 철저히 청산하고 집단과 개인의 민주적 협력이 충분히 전개되어야 한다.'는 주장을 펼쳤다. '민족진흥, 조국광복, 민주실천'의 목표를 내건 그들은 한국임시정부 외에 또 다른 정치세력으로 부상하였다. 이로써 한국임시정부의 위상은 많이 악화되었다.

8월 17~22일, 한국임시정부 의정원은 39차 회의를 개최하고 임시정부에 참여하는 각 당파 간 의견차이에 따라 조선민족혁명당, 신한민주당, 조선민족해방동맹의 삼당 의원들은 임시정부를 즉각 해산하라고 요구하였다. 이를 위해 먼저 임시정부 국무위원회 모두 사직하게 하고 다른 내용을 논의해야 한다는 의견을 내놓았다. 이에 한국독립당이 결연코 반대를 하였기 때문에 삼당 의원들이 차례로 자리를 떠 회의는 그만 중단되고 말았다. 서안에서 한국광복군을 시찰하고 있던 김구 주석은 급히 중경으로 돌아와 임시정부 내부의 혼란상태를 가라앉히고 귀국할 때까지 한국임시정부의 현 상태를 유지하기로 합의하였다.[189]

한국 국내정세는 활기차게 급성장하고 있었다. 국내에서 활동하고 있던 반일복국세력은 우선적으로 국내에서 당당한 정치역량으로 부상하였다. 8월 15일, 일본이 무조건 항복선언을 발표한 몇 시간 후 조선총독 정무총감독 등류작(藤柳作)과 한국의 독립운동 대표자인 려운형(呂運亨)이 회담을 하였는데, 려운형은 추가조건 하에 일본으로부터 '양도'와 '치안권'을 이양받았다.[190] 이어서 려운형은

189) 金九: 『白凡逸志』, 216쪽.

좌익세력의 지지 하에, 려운형을 위원장으로, 안재홍을 부위원으로 하는 조선건국준비위원회 설립을 선언하였다. 본 위원회는 '국내외 3천만동포 고지서'를 발표하고 경찰청, 방송국과 기타 여론 수단을 인수한다고 했고 그들의 정치세력은 날로 확장되어 갔다. 8월말까지 이들 위원회는 전국 145개 시, 군에 지하조직단체인 국민위원회와 162개의 군사조직의 치안대를 설립하였다. 미국이 상륙하기 전까지 수도로부터 지방에 이르기까지 모든 권한은 이들의 지방단위 국민위원회로 옮겨졌고 중심역할을 한 사람은 바로 박헌영을 위시한 조선공산당 재건위원회이다. 9월 6일, 조선건국준비위원회는 서울에서 전국인민대표자 회의를 개최하고 즉시 조선인민공화국을 수립하하고자 결의했고 중앙인민위원회와 공화국정부위원회를 각각 설립하였다.[191] 중국의 학자 조중병(曹中屛)은 이를 이렇게 평가하였다. '건국준비위원회는 당시 전국민이 참여하는 독립공화국을 수립할 수 있는 유일한 단체이자 조선현대사에 최초로 외국세력의 영향을 받지 않는'준(準)국가적 정치적 기능'을 발휘하는 민

190) 려윤형은 일본 총독부에 제출하고 승인 받은 요구사항은 다음과 같다. 즉시 조선인 정치범과 경제범을 석방하라. 경성의 8~10월 동안의 식량 공급을 보장하라.지역 안정과 건설 사업에 간섭하지 말라. 청년 학생의 조직과 훈련에 간섭하지 말라. 조선 내 기업 단위에서 노동에 종사하는 일본인들은 조선의 건설 사업에 협조하라. 참조: 조중평 등 편저 "현대 한국사", 7페이지.

191) 이승만이 중앙인민위원회와 공화국 정부위원회 위원장으로 선출되었으며, 대한민국 임시정부 지도자인 김구, 김규식, 김원봉, 신익희가 각각 내무, 외무, 군사, 우편부 장으로 선출되었고 조선 독립동맹과 조선 의용군 지도자인 무정, 최창익도 중앙인민위원회와 공화국 정부위원회의 후보 위원으로 선출되었다.

족권력기구였다'.[192]

9월 7일, 인천으로 상륙한 미국군대는 신속하게 한반도의 남쪽을 점령하고 반소련 반공산당의 기치 하에 일본인의 역량을 이용하고자 하는 혁명방침에 따라 친일파핵심의 우익당파인 한국민주당(한민당)이 급격히 성장하는 계기를 만들어주었다. 트루먼 대통령은 미국은 실제상황을 근거로 하여 일본 관리자 몇 명을 조선에 남긴다는 성명을 발표하였다. 미국의 『기독교과학 잠언보』는 이를 이렇게 해석하였다. '일본인으로 하여금 조선을 통치하게 하는 미국의 결정에 조선이 매우 분개할 것을 뻔히 알면서도 미국이 이런 정책을 취하는 데는 그럴 만한 까닭이 있다. 미국은 조선의 행정권을 조선인의 손에 넘길 수 없는 원인으로 조선의 인사조직의 부족을 들었다. 조선인의 요구는 이와 정반대였지만 미국정부와 군사당국은 조선을 잘 관리할 수 있는 잘 조직된 집단이 있는지 몰랐다. 그 외에도 일본군대가 일단 철수하면 조선을 관리할 수 있는 유능한 조직이 없다. 중경에 조선의 임시정부가 있긴 하지만 조선의 부분적인 행정권도 수행할 수 없을뿐더러 이들은 동맹국들로부터 승인을 받지도 못했다. 미국에 있는 조선인사들조차도 어느 조선집단들이 조선을 대표할 수 있을지 일치된 의견을 낼 수 없다. 따라서 미국은 조선의 행정권을 조선인에게 넘길 수 없다고 본다. 많은 필요한 인원이 없고 군정부도 세울 수 없다. 그러므로 유일한 방법은 일본인에게 조선의 질서를 유지케 하고 행정업무를 맡기는 것이다.'[193] 미점령군대는 조선국민을 신뢰하지 않았고, 외국에 있는

192) 曹中屏等編著『當代韓國史』, 10쪽.

여러 독립운동당파와 단체들이 한국에 귀국하는 것조차 동의하지 않았다.

11월 16일까지 미국국무원의 조선문제에 관한 성명서에 '조선의 중요한 행정권을 가지고 있는 일본인은 반드시 청산해야 한다.'고 하며 해외에 거주하는 한국독립운동인사들이 한국으로 돌아가는 것에 동의하되 그 대상은 우선 미국에서 활동하는 한적 인사들이어야 한다. 성명서에는 '일본이 조선을 점령한 후 많은 전도양양한 한국 사람들이 스스로 혹은 부득이 조국을 떠났는데, 그 중 일부가 미국에서 살게 되었다. 그들은 민중의 지지를 받고 있어 일본의 암살을 피할 수 있었는데, 그들의 도망은 민주관념을 보였으니 미국은 교통이 안 좋은 상황에서도 신속하게 그들을 귀국하게 하여 조선 현지의 각파 지도자들과 공동 합작의 길을 열 수 있었다.[194]

바로 이런 배경 하에서 미국에 오래 거주하던 한국의 독립운동 지도자인 이승만은 귀국의 허가 받을 수 있었다.

10월 16일, 이승만은 맥아더 장군이 보낸 전용 헬기를 타고 33년만에 한국에 돌아왔다. 다음날, 민중들의 환영집회에서 이승만과 주한미총사령 호치(John Hodge) 장군이 나란히 앉는 것을 보고 많은 사람들은 미국 대한정책의 신호를 읽을 수 있었다. 이승만은 귀국 초기 그를 추종하는 세력이 많지 않은 까닭에 '좌우합작통일'의 주장에 동조하여 여운형, 박헌영과 '독립중앙 촉진협의회'를 설립하기로 합의하였다. 하지만, 반소련 강연으로 그는 조선공산당과

193) 重慶 1945年9月15日『大公報』.

194) 重慶 1945年11月18日『大公報』.

친일파를 청산하는 문제를 합의하지 못한 채 조선공산당과 관계를 끊고, 우익의 한민당과 결합하는 방침을 취했다. 주한미군 당국의 지지를 받는 이승만과 한민당의 결합은 필연적이었는데, 한민당의 반공산적 태도와 그의 미 군정부와의 밀접한 관계는 빈손으로 돌아온 이승만에게는 매우 유익한 정치자원이 되었다. 동시에 수십년 동안 지속해 오던 반일역사를 갖는 이승만은 '친일파' 이미지를 급속히 바꾸고자하는 한민당의 관심을 받았다. 이 둘은 단박에 일치하여 미군이 지지하는 한국 우익진영을 형성하였고 이로 인해 곧 귀국하려는 한국임시정부의 김구 일행과는 안 좋은 정세에 직면할 수밖에 없었다.

소련에서 활동했던 김일성 집단은 소련 조기 군대를 따라 한반도 북쪽으로 진입하였다. 중일전쟁 후반기, 중국 동북에서 활동하던 한적(韓籍)의 혁명가들은 중국 항일연합군을 따라 소련경내에 들어갔는데, 이들은 '중국교도려'로 편성되어 '국제려'라도 불리었다. 이들의 대외번호는 '8461'이었고 육군 '특별려'로 소련군대에 편입되어 명목상 소련 홍군이 위탁관리하는 형식이었지만 실제로는 중국공산당 항일연합군으로서 독립성과 조직계통을 여전히 보유한 채로 중국 공산당의 지휘를 받았다. 그들은 공산당원의 유격대원을 계속 중국 동북지역과 조선 경내로 파견하여 이 지역의 지하조직 및 민중들과 유대하여 비밀리에 반일유격전쟁을 진행토록 하였다.[195] 7월, 중국 공산당 동북당위원회는 전체회의를 개최하고 세

195) 東北抗日聯軍鬥爭史編寫組: 『東北抗日聯軍鬥爭史』, 人民出版社. 1991, 449쪽.

계 반파시즘 전쟁의 정세와 항일연합군의 반공격 작전계획에 근거하여 당의 지도부를 개편하기로 결정하고 기존의 인원을 둘로 나누었다. 그중 중국적의 당원은 새롭게 동북당위원회로 편성하여 '요길흑(遼吉黑)임시당위원회'라 하고 총부를 장춘에 두었다. 그 밑에 12개 지역위원회를 설치하였는데 소련 군대를 따라 중국 동북지역에서 작전을 수행하도록 하였다. 조선적의 당원은 조선당위원회로 편성하여 소련군대를 따라 조선에 들어가 조선공산당을 건립하도록 하는 작전을 수행하도록 하였다. 일본의 무조건 항복 후 조선적의 혁명가들은 소련군대를 따라 조선북부로 들어갔는데, 그들은 소련군대의 지원하에 활동을 적극적으로 전개하여 여러 혁명단체를 연합하면서 정치세력을 키워 나갔다. 그들은 조선민족집행위원회를 창립하고 일본의 잔재를 청산하여 행정자치를 실시함으로써 독립건국의 첫 발걸음을 떼었다. 이로써 한반도 북부지역은 중국국민정부를 배경으로 하는 한국임시정부에 편성되지 않는 독립된 행정단위로 정착되었다.[196]

중국 국민정부는 국제사회에서 한국임시정부가 합법적 지위를 보장받고 그 지도자들이 신속히 귀국하여 정치활동을 전개할 수 있도록 많은 노력을 기울이었다. 미국의 강렬한 반대로 교섭에서 많은 어려움이 있을 거라 예상하면서도 중국 외교부는 미국 주화대사관과 정면에서 협상을 꾀하였다. 중국정부는 동맹국들에게 한국임시정부가 승인받을 수 있는 '적당한 시기'는 바로 그때인 걸 밝혔지만 미국은 이 의견을 반대하였다.

---

196) 石源華: 『韓國反日獨立運動史論』, 75~76쪽.

미국정부는 한국임시정부가 전반 귀국을 결코 동의하지 않았고 그 합법적 지위를 승인해 주지도 않았으며 그들이 조국광복에 관한 임무를 맡을 생각은 더욱더 없었다. 여태까지 중국 국민정부가 국제사회에서 한국임시정부의 합법적 지위를 보장받을 수 있도록 기울인 노력은 모두 허탕이 되고 말았다. 부차적인 선택으로 미국이 동의하는 차원에서 중국에 있는 한국임시정부 요원들이 될 수 있는 한 조속히 한국으로 돌아가 국민들과 함께 합심하여 독립의 지위를 실현할 수 있도록 국민정부는 응원해 주었다. 11월초, 장개석은 한국임시정부에서 중국籍 고문을 맡고 있는 소육린(邵毓麟)을 군사위원회위원장 겸 주 한국 군정부연락원으로 임명하여 공사(公使)로서 김구 주석을 모시고 한국으로 돌아가게 하였다. 그의 임무는 '대외적으로 중·미 양국이 한국에서 공동의 관계를 증진시킨다. 김구를 비롯한 독립당과 국민당 간 연락을 취하고 다른 당파와 좋은 관계를 유지하며 한중우의를 증진시키는 것이었다.' '군사위원회위원장 주한대표'와 '외교부 주한대표'로 개칭되었고 대사급 대우를 받던 그가 어떤 사정으로 이런 임무를 등한히 함으로써 중국의 의도는 실현되지 못하고 말았다.197) 이런 상황은 한국임시정부 정치의 미래에 심각한 영향을 미칠 수밖에 없었다.

제2절 전후 한국임시정부의 응대방안

일본이 무조건 항복의 며칠 전의 8월 11일, 서안을 시찰하던 한국임시정부 김구 주석과 한국광복군 총사령관 이청천(李青天, 일명은

197) 邵毓麟: 『使韓回憶錄』, 72~76쪽.

지청천)은 미국전략정보기관에서 훈련을 받고 있는 한국광복군 제2대를 국내정진대로 편성하기로 결정하였다. 이에 이범석을 총지휘관으로 임명하고 귀국작전의 구체적인 계획을 세워 동맹군 부대의 상륙작전에 협조토록 하였다. 한국 국내 정진대 편성은 다음과 같다.

總指揮 李范奭 副官 金星根

本部要員：李在賢、閔泳秀、金東、李允璋、姜一成、吳 健、韓景洙、金東傑

第一地區：隊長安椿生

平安道班：班長康禎生

一分隊：張德祺、桂義成、張鐵

二分隊：金湧、李志鴻、李宇卿

三分隊：金仲浩、田成胤、鮮於基

四分隊：金榮鎬、樸明光、安國寶

黃海道班：班長宋冕秀

一分隊：盧星煥、黃三龍、李東渙

二分隊：洪基華、申 泳、石鎬文

三分隊：李宇成、許鳳錫、宋秀一

京畿道班：班長 張浚河

一分隊：李 承、李 明、樸樹德

二分隊：宋昌錫、鄭正山、崔文植

三分隊：金柔吉、吳庶熙、李淳承

第二地區：隊長盧泰俊

忠清道班：班長鄭一明

一分隊：李德山、樸永燮、金旭培

二分隊：張在英、朴載華、宋亨錫

三分隊：尹致淳、尹泰鉉、金世用

全羅道班：班長朴勳

一分隊：魯能瑞、申國彬、金商乙

二分隊：李正善、張鬥星、白俊基

三分隊：林載南、韓宗元、朴金童

第三地區：隊長盧福善

鹹鏡道班：班長金容珠

一分隊：石根永、太倫基、李旭升

二分隊：崔鳳祥、金德元、金先玉

江原道班：班長金俊燁

一分隊：李啟玄、林正根、李俊明

二分隊：高澈浩、洪在源、金成甲

三分隊：金春鼎、董邦石、李浩吉

慶尚道班：班長許永一

一分隊：金聖煥、具滋民、李東學

二分隊：劉德亮、李志成、尹在賢

三分隊：李鐘武、李健林、李雲鶴198)

전쟁이 끝난 후, 김구 주석은 선견부대를 신속하게 귀국시키는 결정을 내렸다. 8월 18일, 주화 미군의 지지하에 이범석, 김준엽,

198) 參見[韓]韓詩俊『韓國光復軍研究』, 一潮閣, 1993, 295쪽.

장준하, 노능예 등은 미 장교18명을 따라 미군의 C-47 비행기를 타고 서안을 떠나 서울로 갔다. 그 목적은 '광복군이 최대한 빨리 귀국하여 미군의 협조 하에 일본을 무장해제하고 사회질서 유지와 건국의 기반을 다지는 것이었다.' 이는 민족 전체의 새 국가 수립의 기대에 부합하는 것은 물론 여타 세력의 견제로부터 벗어나기 위한 일이기도 하였다.199) 하지만 그들이 다른 사람들보다 먼저 귀국을 했지만 당시 서울에 있던 일군의 맹렬한 저항과 미국정부의 불분명한 대한 정책으로 말미암아 이범석 일행은 한국 땅에 착륙한지 28시간 만에 미군을 따라 다시 상해로 돌아올 수밖에 없었다.200) 한국 국내역량의 대비와 전략적 정세는 한국임시정부에 매우 불리하고 조선민족이 곧 분열과 분단될 것이라는 위험을 김구 등의 지도자들은 직감하고 있었다.

이런 역사적 고비에 김구를 위시한 임시정부의 지도자들은 5가지의 대응방안을 취했다. 첫째, 국제사회에 임시정부의 합법적 지위 보장을 위한 호소를 계속한다. 둘째, 한국독립당의 당장과 당강령을 제정하고 신정부의 내외정책을 세운다. 셋째, 중국 국민정부로부터 임시정부의 전폭적 지원과 도움 요청한다. 넷째, 임시정부 전체 구성원들이 조속히 환국할 수 있도록 노력한다. 다섯째, 한교민들의 보호 방법과 정책을 중국정부와 협상한다.

국제사회로부터 임시정부로서 합법적 지위를 승인받을 수 있도록 국제사회에 계속 호소하였다. 8월 15일, 한국임시정부는 일본

199) [韓]金俊燁:『我的長征』『中文版』, 408~410쪽.
200) [韓]金俊燁 :『我的長征』『中文版』, 408~410쪽.

의 항복에 즉각 성명을 발표했고 유엔에 몇 가지 명확한 요구를 제출하였다. 한국 대표를 파견하여 일본 항복에 관한 여러 회의에 참석하고 관련 임무를 수행하는 것, 정전협정체결의식을 비롯한 모든 한국 관련 회의에 참석하는 것, 그리고 세계평화회의와 관련한 모든 비정부간의 국제회의(선후구제총회)에도 참석시켜 주는 것이었다.[201] 같은 날, 임시정부 외무부장 조소앙(趙素昂)은 중, 미, 영, 소, 불 등 유엔 상임이사국에 성명서를 발표하고 다음의 구체적 요구안을 제출하였다.

(1) 한국대표는 일본의 항복회의에 참석할 수 있다.

(2) 한국대표는 전쟁이 끝난 후 한국문제에 관한 회의에 참석할 수 있다.

(3) 한국대표는 세계평화회의에 참석할 수 있다.

(4) 한국은 일본세력을 청산한 후, 정전협정 체결 1년 이내에 한국임시정부가 유엔 주한동맹군의 협조하에 한국국민들의 자유의지로 선출된 입법회의를 소집하고 헌법에 의거하여 중앙정부를 건립한다.

(5) 정전협정이 발효되고 한국의 신정부가 수립된지 1년 내의 기간은 바로 카이로회담에서 지적한 '적당한 시기'에 해당한다.

(6) 유엔은 한국이 일본영토에서 분리된 것이 아니라 일본의 강점에서 해방된 국가임을 분명히 하고 한국이 역사적으로 독립된 국가임을 명확히 인식한다. 그리하여 한국 영토의 어떤

201) 韓國三均學會編『素昂先生文集』(上), 1979, 333쪽.

일부라도 모두 유엔헌장 77조의 적용을 받도록 한다.

(7) 본 성명은 유엔헌장의 적당한 모 장과 모 절의 적용을 받는다.[202]

한국임시정부의 성명은 종전 후의 입장을 명확히 밝혔는데, 한국은 일본의 강점에서 벗어난 해방 국가이므로 독립국가로서의 지위를 가져야 하고, 한국은 일본항복과 한국문제에 관련된 모든 국제회의에 참석할 자격이 있으며, 카이로회담에서 논의된 한국이 독립될 '적당한 시기'란 정전협정이 체결되고 한국의 신정부가 수립된 지 1년의 시간에 해당한다는 것 등이었다. 한국임시정부는 국제사회에서 합법적인 지위를 승인받을 수 있는 가능성이 매우 낮다는 걸 잘 알고 있지만 최선의 노력을 기울였다.

9월 23일에, 한국임시정부 김구 주석은 미국 트루먼 대통령의 조선에 대한 정책 발표에 맞추어 성명을 발표하였다. 성명에서 김구는 '저는 중·미·영·소 등의 4강은 한국 국민이 행정권을 속히 넘겨줄 것을 믿고 한국 국민의 힘으로 기타 문제를 충분히 해결할 수 있습니다. 이 사업을 완성하기 위해 저희는 27년 동안 노력을 기울여 왔습니다. 한국 각 방면의 의견을 대표할 수 있는 한국임시정부는 선거정부가 탄생되기 전 과도기에 각종 업무를 집행할 수 있는 믿음직하고 유일한 기구입니다.'라고 하였다. 또한, '한국 각계의 국민들은 임시정부요원들이 속히 귀국하기를 간절히 바라고 있으며 임시

---

202) 韓國三均學會編 『素昂先生文集』(上), 1979쪽.

정부도 속히 한국의 광복을 실현하기 위해 친애하는 동포를 만나기를 원하고 있습니다. 그리고 4강의 협조 하에 한국 국민들을 위해 노력하고 세계평화를 위해 동맹국들과 절실히 협력을 해야합니다.'고 덧붙였다. 따라서 미국정부가 본 정부를 승인할 수 있도록 설득하려고 애썼고 '통일·독립·민주의 한국을 수립할 수 있도록 임시정부와 제휴해야 하며 한국국민들이 공동으로 분투하고 있는 위대한 꿈을 실현할 수 있도록 노력해야 합니다.'고 강조하였다.203)

유엔의 주요 회원국들에 한국임시정부를 승인해 준것을 직접 호소하는 것 외에도 임시정부는 중국국민정부를 통해 미국 등의 국가와 교류·협조를 통해 사업을 추진해 나가기를 원했다. 하지만 유감스럽게도 임시정부의 이런 요구들은 중국 외 유엔의 기타 각국들로부터 관심과 인정을 받지 못했다. 미국의 주중대사관은 중국 외교부에 각서를 보냈다. '미국정부는 해외의 모든 한국정치단체에 절대적으로 협조할 의향이 없다. 다만, 한국 현황에 따라 능력있는 인사가 군정부에서 근무할 뜻이 있는 사람이면 그들의 귀국을 권장하고 비행기 자리가 있으면 미국이 관리하는 비행기를 타고 귀국하길 바란다.'204) 중국에 한국임시정부를 승인해 줄 것을 요청하는 것을 명확히 거부하였다. 또한, 미국정부는 주미 중국대사관을 통해 '미국은 영국, 소련과 협정을 맺어 원칙상 한국을 중, 소, 미, 영 4국이 신탁통치해야 하는데 자세한 방법을 검토한 후 중국과 협상하려고 한다. 한국이 임시정부를 수립한 것에 대하여는 국제 신탁통치

203) 重慶1945年9月23日『大公報』

204) 1945年8月25日『中央日報』.

조직이 검토한 후에 고려할 것이다.'고 밝혔다.[205] 종전 후 한반도에 대한 유엔의 처리 원칙은 4강이 신탁통치한다는 사실을 중국정부에 명확히 통고한 것이다. 중국 국민정부는 한국임시정부를 승인하여 임시정부가 귀국한 후 계속 집권하기를 바랐지만 미, 영, 소 삼국의 의지에 어긋난 채로 일을 진행시킬 수가 없었다.

전쟁이 끝나고 귀국한 뒤 집권할 수 있도록 법적, 이론적 준비를 많이 했다. 8월28일 임시정부의 제1정당인 한국독립당은 제5차 임시대표대회를 개최하고 한국독립광복과 관련한 새 정세와 임무에 근거하여 독립당의 당의(黨義)를 새로 정해 반포하였다. 당의는 '혁명의 방식으로 적대국인 일본의 모든 침략 세력을 청산하고 국토와 주권을 완전 회복시켜 정치, 경제, 교육의 균형을 실현하는 신민주국가를 수립하고자 한다. 내부는 국민 모두가 공정한 삶을 향유할 수 있도록 보장해주고 외부는 민족과 국가 간의 평등을 실현하고 세계일체로 나아가려 한다.'고 하였다. 이에 따라 당의 기본 강령(당강) 5가지를 세웠는데 그 내용은 다음과 같다.

'국가의 독립을 수호하고 민족문화를 발전시킨다. 계획경제제도를 확립하고 공정하고 행복한 사회생활을 보장한다. 전 국민을 통솔하는 정치기구를 설립하고 민주공화국 체제를 정비한다. 국립 교육시설을 완비하고 기본지식과 필수기능을 보급시킨다. 평등 협조를 원칙으로 한 세계적인 대가족을 구현하고자 한다.' 또한 행동강령(당책) 27조를 작성하고 한국독립당이 종전후 한국 신정부의 내

205) 張群, 黃少穀 : 『蔣總統為自由正義與和平而奮鬥述略』, 臺北: 蔣總統對中國及世界之貢 獻叢編編輯委員會, 1968, 290쪽.

외정책에 대해 구체적 주장을 세우어206) '현재의 슬로건'을 제기하며 당분간의 행동에 관한 구체적인 임무를 계획한다. 그 행동임무는 다음과 같다.

'전 민족의 민주단합 실현, 독립운동 선구자 유족과 미망인 구제, 감옥, 형무소, 유치(留置)장, 관찰소 개방, 적군의 창고에서 저장된 곡물을 가난한 국민들에게 나눠줌, 항복한 한적 군인들을 국방군에 재편성함. 또한 임시정부는 정권을 국민들의 염원으로 설립된 정식 정부에게 넘길 것, 국내 군대를 최대한 지원함, 전쟁지역에 남겨진 동포들의 안전을 최대한 보호함 등을 위해 노력한다.' 이런 문서를 통해 미래 한국신정부의 민주공화제와 대내외 기본정책의 청사진을 그려냈을 뿐만 아니라 한국의 광복과 건국을 위해 이론적인 중요한 토대를 마련했다.207)

9월 3일, 김구는 한국임시정부 주석의 신분으로 『국내외 동포에게의 읍고서』를 통해 한국독립당과 임시정부의 대내외 정책 14항을 전면적으로 공포하였다. 본 임시정부는 최대한 빨리 환국한다.

(1) 본 민족의 해방과 독립을 위해 노력한 중·미·소·영 등의 국가와 친목을 유지하고 동맹국으로써 협력하여 유엔 헌장에 따라 세계일가의 안전평화를 실현한다.

(2) 유엔의 주요국가인 중·미·소·영·불 등의 5개 강국과 먼저 우호협정을 맺어 외교경로를 개척한다.

206) 한국독립당책(행동강령)의 구체적인 내용은 [韓]추헌수 〈한국독립운동〉(2), 연세대학교 출판부. 1972, 173~174쪽

207) 위와 같음.

(3) 연합군이 한국에 주둔하는 기간 국민들은 모든 필요사항에 적극 협조해야 한다.

(4) 앞으로 개최될 평화회의와 국제회의에 참석하고 한국이 마땅히 누려야할 발언권을 행사한다.

(5) 국외 임무를 종료함과 동시에 국내 임무의 개시를 집행하고 교체하는 동안에 과도조치는 필수로 한다. 이른바 전국의 총선거제도에 의거하여 민주정책을 정식으로 수립하기 전까지 국내의 과도정권을 수립한다. 이를 위해 국내외 각계각층, 각 혁명당파, 각종교단체, 각지방대표 및 저명한 민주지도자가 참여하는 회의를 적극 개최하여 임시정권을 조직한다.

(6) 국내의 과도정권이 조직되면 본 임시정부의 임무가 완성되었다 판단하고 모든 직권 및 서류는 과도정부에 넘겨준다.

(7) 국내에 수립된 정식정권은 반드시 독립된 국가, 민주정부, 균등사회원칙의 새 헌장에 근거하여 조직하여야 한다.

(8) 국내의 과도정권이 조직되기 전 모든 질서 및 대외관계는 마땅히 본 임시정부가 잠시 책임지고 이행한다.

(9) 교포의 안전과 귀국사항, 국내외에서 거주하는 동포의 구제사항 등은 마땅히 시급히 처리한다.

(10) 적들이 제정한 모든 법령은 모두 무효라 선언함과 동시에 새로 반포된 법률의 효력은 즉시 발생하여 적이 통치하는 기간 발생한 모든 범죄자는 일체 사면해 준다.

(11) 적의 재산의 몰수와 적의 교민 사항을 동맹군과 협상하며 처리한다.

⑿ 동맹군과 협상하여 적 군대의 압력 하에 부득이 전쟁에 참여하게 된 한적의 군인은 국내 군대에 편입시킨다.

⒀ 독립운동을 방해한 사람이나 첩자는 공개적으로 엄격히 처벌한다.208)

이 서류는 한국임시정부의 기본입장을 비교적 상세히 밝혀냈다. 종전 후 한국은 즉시 독립해야 하고 과도정부가 정식으로 생기기 전까지 임시정부가 잠시 정권을 맡아 한국국민을 대표하여 정무를 집행하고 대내외 주된 정책방침을 제출한다는 기본 정신을 담고 있다. 이 구상은 임시정부를 바탕으로 한 정식 과도정부를 만들려는 의도가 담겨 있음은 물론 전쟁 후 한국에서 집권하고자 하는 임시정부의 강력한 염원을 반영하고 있기도 하다.

9월 17일에 한국임시정부의 다른 집권당인 조선민족혁명당의 지도자 김규식, 김약산 등도 중국국민당 중앙비서장 오철성에게 전화를 해서 본 당의 대내외 주요정책을 제기하였는데 요점은 다음과 같다.

⑴ 건국방면: 일본의 잔존세력과 친일파 간첩 세력을 철저히 청산하고 완전독립의 민주자유공화국을 수립한다.

⑵ 건당방면: 본당의 4대원칙(민족자유, 정치자유, 경제자유, 사상자유)을 토대로 농민, 노동자, 소자본가 계급을 중심으로 당의 활동영역을 확대하고 신정권 수립에 참여한다.

⑶ 정부방면: 국내외 각 민주당파와 민주지도자들을 통합하여 전

208) [韓]金九: 『告國內外同胞書』, 載[韓]金恩忠 『韓國獨立黨三均制度之詮釋』, 韓國 獨立黨中國總支部執行委員會, 1947年刊印.

국의 통일된 임시연합정부를 수립한다(원칙상 임시정부를 토대로 신정부 수립을 원함).

(4) 국방 및 외교: 중·미·소·영과 밀접하게 협력하여 극동의 침략전쟁과 침략행위를 방지하고 한국의 완전독립을 보장한다.

(5) 한국에 있는 적군과 일본에 빌붙어 아첨한 민족반역자의 모든 재산 및 토지를 몰수하고 신국가경제건설에 재활용한다.

(6) 한국에 있는 일본인을 내쫓아 한국의 안전을 보장한다.

(7) 중·미·소·영 등 경제 및 기술지원과 문화 협력을 환영한다.

이 서한 중에 조선민족혁명당은 귀국 시 중국국민당에 연락할 사람을 보내 서로 제휴하기를 바라며 교통비와 여비 등 다방면에서 편의와 지원을 해달라고 요청했다. 또한 조선혁명당의 일부 중앙간부와 실무진이 시급히 상해를 떠나 귀국할 수 있게 해 달라고 제의하였다.209)

한국독립당과 조선민족혁명당은 각각 중국정부에 전쟁 후의 정치적 주장을 전달하였는데 정치강령에 있어 서로 다른 특징을 보여주었다. 같은 것은 두 정당은 중국국민당과 오랫동안 좋은 관계를 맺기를 간절히 바라면서 구체적 요구사항을 보내왔다는 것이다.

중국국민정부에 전폭적인 지원과 도움을 요청했다. 국제사회로부터 승인을 받을 수 있는 희망이 영 없어지자 한국임시정부는 중국국민정부에 다시 지원을 요청하였다. 8월 22일, 김구는 한국임시

---

209) [韓]秋憲樹『韓國獨立運動』(2) 243쪽.

정부 주석과 한국독립당위원장의 자격으로 중국국민당 중앙당비서장 오철성을 면담하고 두 가지의 희망사항을 제출하였다. 하나는 '중국국민당과 한국독립당의 역사관계를 감안하여 앞으로도 공산당 세력의 확장을 막기 위해 더욱더 돈독한 관계를 유지하기를 바란다.'는 것이고 그리고 다른 요구는 '중국정부가 한국임시정부를 승인해주기를 바라는데, 즉시 승인하지 못하더라도 임시정부가 귀국한 후 각계 지도자들을 소집하여 신정부를 수립할 때까지 중국정부가 잠정적으로 승인해 주기를 바란다.'는 것이다. 오철성은 중국국민당중앙을 대표하여 '한국독립의 소원이 성취되기를 기원하면서 한국의 각 당파가 서로 협력하여 독립운동을 완성하기를 바란다.' 고 하였다. 또한 '중국정부는 중경의 한국임시정부가 환국할 수 있도록 도움을 주고 국민적 선거에 의해 정식정부가 수립되기를 바라며 한국국민들이 막 수립될 과도기의 미국 군정부에 많은 참여가 있기를 희망한다.'는 뜻을 밝혔다.210)

24일, 중국국민정부 장개석 주석은 국방최고위원회와 국민당 중앙상무위원회 임시연합회의에서 '민족주의 완성, 국제평화 유지'라는 강연을 발표하면서 '조선 독립과 자유회복'은 종전 후 중국 국민정부의 가장 큰 목표이자 급선무로 정했다. 국민혁명은 만주정부를 뒤엎고 일본에 반항하였는데, 이는 중국 본국의 자유독립을 위한 노력이었을 뿐만 아니라 조선의 해방독립을 위한 노력이기도 한다.'고 선언하였다.211) 이는 한국독립운동의 지도자들에게 큰 격

---

210) [韓]秋憲樹 『韓國獨立運動』(1), 460쪽.

211) 蔣介石: 『完成民族主義, 維護國際和平』, 1945年8月25日 『中央日報』.

려가 되었다. 같은 날, 김구 주석은 한국독립당의 지도자 신분으로 장개석에게 다음과 같은 7가지의 요구사항을 제시했다.

(1) 중경에 있는 임시정부는 전 국민의 유일한 기대·지지를 받는 27년의 긴 역사를 갖는 민족 혁명의 최고기관으로써 귀 정부는 두 정당 사이 30년의 긴 역사를 감안하여 정당간 서로 대표를 통해 연락할 것임은 물론 동맹국 각국에 본 임시정부를 승인할 수 있도록 도움을 청하고 짧은 시간 내에 이것이 실현될 수 있기를 바란다.

(2) 일본 항복 후 한국 국내는 정치혼란에 빠져 들었다. 이에 본 임시정부가 즉시 귀국하여 민심을 안정시키고 질서를 유지해야 하는데 교통관계로 이룩하지 못하니 매우 조바심이 난다. 주석 각하가 미 당국과 협상하기를 감히 간청하여 짧은 시일내에 전용기를 차용해 본 임시정부의 구성원들이 환국할 수 있게 하고 기초작업을 빠른 시일내에 전개시켜 주기를 바란다.

(3) 중국 피점령지역에 있는 다수의 한교민을 위로하고 중국내의 국민과 연락을 취하기 위해서는 중국 연해지역에 기구를 설립하는 것이 매우 절실하다. 중국 군대와 행정직원들에 따라 남북수복인원을 보낼 때 비행기에 본 임시정부의 인원 몇 명을 추가하여 중요 지대에 이들을 배치함으로써 연락망을 구축하고 소식이 서로 통할 수 있도록 해주기를 바란다.

(4) 적군 중 한국국적의 병사가 무기를 내려놓았을 때는 우대해 주어야 하고 무기를 나눠줘 한국광복군에 인도하여 임시정부의 근간대열에 편입시킬 수 있도록 한다.

(5) 중국 피점령지역의 한교 중 적군에 빌붙어 나쁜 짓을 한 많은 불량자들이 적군이 항복하는 틈을 타 함께 죽는 우려가 있으므로 각 수복 지역의 사령관에게 이들을 보호하는 명령을 내려 인도주의적인 화목과 우정을 유지할 수 있도록 한다.

(6) 중경에 거주하는 한국의 남녀노소 교민들은 우대해 주어야 하고, 선박을 제공하여 이들이 한꺼번에 귀국할 수 있도록 한다. 이 사람들은 수십년간 한국의 혁명을 위해 노력한 사람들의 가족이기 때문이다.

이상의 각항을 처리하기 위해서는 자금이 필요하다. 유엔에 청할 구제금 외에도 우선 화폐 3억원이 필요하니 이를 순조롭게 차관해 주기를 바란다.[212]

사안의 핵심은 한국독립당과 중국국민당 사이의 밀접한 관계 유지와 협력을 촉구하여 임시정부 구성원들이 속히 귀국할 수 있도록 도움을 청하고 조국의 광복을 위한 전략적 목표를 달성하고자 하는 것이다.

같은 날 조선민족혁명당 지도자인 김약산(金若山)은 중국국민당 중앙당비서장 오철성에게 전화하여 조선민족혁명당의 행동계획을 제기하였는데 그 요점은 다음과 같다.

(1) 몇 명 한국인을 미국에 파견하여 본 조선민족혁명당의 조직을 확대시키고 교포의 인력, 물력을 동원하고자 한다. 미국의 한교민 중 젊은 사람을 선발하여 항공 훈련을 받게 하고 그

212) [韓]金九: 『備忘錄』, 載[韓]秋憲樹 『韓國獨立運動』 (1), 461쪽.

들을 조선공군을 편성하여 중국공군과 제휴하여 일본을 공격함으로써 조국의 광복을 실현하고자 한다.

(2) 평진(平津) 일대의 적군 후방으로 사람을 보내 당의 동지를 지도한 뒤 다시 국내로 잠입하여 중국이 지원하는 상황을 홍보하고 전 국민들이 의거할 수 있도록 선동한다.

(3) 한국인 몇 명을 선발하고 인도로 보낸다. 중미 간 조선의 독립운동을 연락할 수 있는 기구를 설립한다. 또한, 남아시아에 산재하는 교민들의 혁명업무와 선전작업을 착수케 하고 동맹군 작전에 협조하여 남태평양과 미얀마 등지에서 체포된 한적 포로를 훈련시켜 혁명군의 역량을 강화시킨다.213)

이런 행동계획에는 다음의 내용을 포함한다. '상술한 내용은 모두 본국 혁명에 매우 시급한 사안이니 부디 허가해 주기를 바라며 이에 해당하는 비용을 지불하기 바란다. 본 당은 경제면에서 매우 어려우니 10만원을 우선 지급하여 가족들의 삶에 도움을 해달라는 것이다.'214) 그들의 목표 역시 중국 측의 유력한 지원과 지지를 통해 국내외의 동맹군에 신속하게 협조함으로써 그 당의 역량을 강화시킴은 물론 한국 광복사업에서 비교적 우위를 차지하기 위한 노력으로 보인다.

한국임시정부와 한국독립당 그리고 조선민족혁명당은 중국정부에 각각 경제적인 지원 요청을 많이 하곤했다. 8월 22일, 한국임

---

213) [韓]秋憲樹『韓國獨立運動』(2), 241쪽.

214) [韓]秋憲樹『韓國獨立運動』(2), 241쪽.

시정부 김구 주석이 장개석에게 보내온 비망록에는 다음의 내용이 있다. '유엔에 청구하는 구제금 외에 3억원을 우선 지급해주기를 바랍니다.'[215] 거액의 돈이기에 국민정부는 곧바로 답을 하기 어려웠다. 8월26일 김구는 오철성에게 다시 전화를 하여 '임시정부는 동맹국을 따라 귀국할 예정인데 파견하는 간부를 따라 항복군의 인수업무를 맡을 젊은 청년들을 보낼 계획입니다 이에 소용되는 비용이 너무 크니 우선 5,000만원을 지급하기 바랍니다.'고 하였다.[216] 9월 10일 김구는 다시 급전을 하여 '본 정부는 경비로 귀당 조직부로부터 5,000만원을 받았지만 아직 부족하여 교민생활비를 반절밖에 조달하지 못했습니다. 10일 동안의 지출에 이미 돈은 바닥이 났고 온갖 비용이 잇달아 생겨 조급하기만 합니다.'고 하며 다시 5,000만원 빌려주기를 요구했다. 이에 '날짜를 정해 만나서 모든 협상해야 할 일을 상의하면서 하나씩 해결하고자 한다. 3억 차관의 일도 포함되어 있다.'[217]고 하였다. 9월 20일, 김구는 다시 오철성에게 전화 몇 통을 했다. '귀국 사업할 인사와 함께 본국의 요원 23명이 중경에 오는데 귀국의 정부 내에서 거주하는 숙식비가 큰 문제입니다. 남온천(南溫泉) 수용소에서 석방된 본국의 청년 12명을 받아야 하고 귀국의 군통국을 통해 보내온 청년은 별동대 21인을 포함하여 총 56명이니 그들을 배치해야 하는데 현재 경비가 부족합니다. 이에 우선 500만원을 빌려주시면 중경에 오는 이

---

215) [韓]秋憲樹『韓國獨立運動』(1), 461쪽.

216) 石源華:『韓國獨立運動與中國』, 563쪽.

217) 石源華:『韓國獨立運動與中國』, 571쪽.

들 한교민을 위해 쓸 것입니다.'고 하였다.[218] 9월 26일, 김구 주석은 다시 장개석에게 전화를 하여 '험악한 국내외 정세에 여러 일을 처리해야 하는데 경비없이는 움직일 수가 없습니다.' '3억원을 지급해 주기를 바랍니다.'고 하였다.[219] 그리고 10월 7일, 김구는 다시 오철성게게 전화를 하여 '임시정부 요원들이 귀국할 때 여러 장비가 필요합니다. 그리고 귀국 초기단계라 복잡한 일이 많은 만큼 경비도 많이 소요됩니다. 귀국할 인원에 필요한 장비와 여비에 소요되는 법폐 5,000만원과 귀국 후 활동비 50만원을 지급해 주기를 바랍니다.'[220] 한국임시정부의 지도자들은 중국정부에 이런 경제지원을 많이 해달라고 하였다.

중국국민당 고위층은 한국측의 이런 요구를 매우 중요시했다. 9월17일 국민당중앙조직부장 진립부는 장개석에게 글을 올려 임시정부가 귀국하여 활동하려면 법폐[221] 3억원이 필요하니 한국측 청구를 허락하여 이를 지급해야 한다고 주장하였다. 중국국민정부는 종전 후 많은 일이 밀려있는 데다가 경제형편도 매우 어려운 시기였다. 그럼에도 불구하고 매월 한국에 300만원씩을 지급한 것 외에도 힘이 닿는 대로 한국임시정부에 필요한 지지와 도움을 주었다. 9월 26일, 오철성은 김구에게 서한을 보내 '군사위원회 사무청

218) 石源華: 『韓國獨立運動與中國』, 576쪽.

219) [韓]秋憲樹『韓國獨立運動』(1), 467~468쪽.

220) [韓]崔鐘健編譯 『大韓民國臨時政府文書輯覽』; 轉引自楊昭全 『大韓民國臨時政府史』, 447~451쪽..

221) 法幣는 1953년 이후 국민당 정부가 발행한 지폐를 가리킨다(역자 주).

하국광(賀國光)과 협상하여 500만원을 차관하여 주니 중경에 오는 한국인들의 정착문제를 해결하는 데 쓰라고 하였다.'[222] 10월 23일, 장개석이 오철성에게 보낸 회답문서에서 '임시정부에게 지급할 경비는 모두 1억원이고 이에 동의하고 우선 5,000만원을 지급할 예정이다.'고 하였고 곧 이어 10월 30일에 다시 공문을 보내 5,000만원을 지급한 다음, 다시 20만 달러를 지급해 달라는[223] 오철성의 요구를 비준하였다. 이를 통해 중국 최고 지도자 장개석이 관심을 갖고 친히 비준하여 중국정부가 한국임시정부 김구 일행에 지급한 귀국 비용은 모두 법화 1억원, 미화 20만 달러인걸 알 수 있다. 비록 한국임시정부 지도자가 요구한 법화 3억원과 미화 50만 달러에 미치지는 못하였지만 중국입장에서 보면 최선을 다한 것으로 한국 독립광복사업에 유익한 원조가 되었다.

한국임시정부는 귀국후 중국정부와 연락을 취하자면 통신 설비가 필요하니 이의장비를 중국정부가 제공해 줄 것을 요구했다. 11월15일, 국민정부교통부는 국민당 중앙비서처의 허락을 받아 국제방송에 필요한 100와트 송신기와 AR/88수신기 각 1대를 임시정부에 보내주었다.[224]

한국임시정부는 전반적으로 정부 요원들을 속히 귀국시키기 위해 노력했다. 한국임시정부는 국제사회로부터 승인을 받는데 철저

222) 石源華:『韓國獨立運動與中國』, 579쪽.

223) [韓]崔鐘健編譯『大韓民國臨時政府文書輯覽』; 轉引自楊昭全『大韓民國臨時政府史』, 454~455쪽.

224)『交通部致國民黨中央祕書處函』,中國國民黨黨史會檔案 016-4-5.

히 실패한 뒤 오로지 전반적인 귀국의 희망을 중국정부에 걸었다. 9월 2일, 한국임시정부 대변인은 한국은 곧 해방될 것이라는 성명을 발표하고 '중·미·영·소 4강이 한국 독립운동에 협조한 것에 감사하면서 아직 3개 사업이 남았음을 발표하였다. 첫째는 한국으로 돌아간 뒤 동맹군의 도움을 받아 일본을 내쫓는 것이고, 둘째는 한국임시정부의 권력을 한국민들에게 돌려주고 자유선거를 통해 정식으로 정부를 수립하는 것이며 셋째는 한국국민들과 힘을 합쳐 한국이 속히 독립될 수 있도록 노력한다는 것이었다.[225] 임시정부는 전체적으로 귀국의 의사를 밝혔다. 9월 26일, 김구는 장개석을 만나 재차 비망록을 통해 중국정부에 간절히 청구하였다. '한국의 국내 정세가 매우 급박한 상황에서 미국정부와 협상을 원한다. 최소한 비공식혁명의 과도정부를 승인해 주고 요원들을 한국으로 보내달라고 한다. 동맹국의 협조하에 각계 대표의 조직을 확대시켜 과도정부를 거쳐 민선정부를 수립할 수 있도록 협조해 달라.' 그리고 한국은 해방되자 당파들이 난립하고 오합지졸이 되는 무장세력은 혼란지경에 빠져 있는데, 특히 북한의 경우 소련의 협조 하에 국민위원회를 편성하였다. 이런 까닭에 국내외 국민들은 임시정부가 속히 귀국하여 통일사업을 진행하기를 학수고대하고 있다. 이와 관련한 사안에 미국의 동의받기를 간절히 바라면서 어떤 형식이든 중경에 있는 한국인들을 비행기로 한국으로 보내주기를 바란다. 만약 비행기가 어렵다면 우선 상해로 가 배편으로 귀국할 수 있게 해주

225) 1945年9月4日『中央日報』

기를 바란다(이때 독립당 요원들이 우선 입국할 수 있도록 한다).[226] 10월 11일 민석린은 국민당 중앙비서처에 전화를 하여 김구의 친필 서한을 동봉하여 보냈다. 조소앙 등 3사람이 먼저 귀국할 수 있게 해 달라고 간청하였고 국무위원 및 각부 부장 등 29명의 탑승자 명단을 제출하였다.[227]

따라서 중국국민정부는 김구 등의 요구를 들어 미국에 3가지를 요구하였다. 첫째, 미국은 한국의 건국에 명확한 태도를 취할 것. 둘째, 미국 군대는 비행기를 보내 중국에 있는 한국독립운동 지도자들이 속히 귀국할 수 있도록 할 것. 셋째, 주 한국 미군정의 호치(Hodge) 장군은 한국임시정부 요원들이 군정의 행정직을 맡길 수 있도록 동의할 것[228] 등이었다.

10월 7일 김구는 국민당중앙비서장 오철성에게 다시 전화를 하여 귀국에 대한 구체적 요구안을 제기하였다. 요구안은 대체로 다음과 같다. '대형 운송비행기 한두 대를 보내 임시정부 부장급 이상의 요원 및 비서, 경비원 등 29명, 중요한 공문서 10여 건, 소지할 수 있는 휴대물품들을 귀국하게 요구한다. 동행할 중국정부 인원을 뽑아 한국에 가서 국민당과 밀접하게 협력할 수 있게 한다.

226) [韓]秋憲樹 『韓國獨立運動』(一), 467~468쪽.

227) 탑승자 명단은 다음과 같다. 김구, 김규식, 이시영, 조성환, 황학수, 조완구, 조소앙, 김억산, 유성림, 성주실, 김성숙, 장건상, 김명준, 조경한, 신익희, 김상덕, 연헌섭, 최동(일도), 유동석, 이상만, 홍진, 안오생, 민영완, 안미생, 윤소빈, 백정갑, 서상열, 이영길, 선우진이었다.

228) 『吳國楨在中國國民黨召集之韓、越、泰問題座談會上之發言』, 中國國民黨黨史會特檔 016-4

통신용 무전기를 1대 준비해주고 귀국 요원의 장비, 여비, 활동비에 쓰이는 자금으로 법화 5,000만원과 미화 50만 달러를 지급해 주기를 바란다. 박순, 민석린 등은 중국에 남으면서 중경의 임시정부 요원과 교민의 잔무를 맡게 하고, 장개석 주석과의 직접적인 면담을 통해 다년간 우의에 대한 감사를 전한다'고 했다.[229]

이 즈음 중국정부는 동맹국들이 한반도문제를 토론하는 데 있어 발언권을 잃게 되어 한국임시정부의 전반적인 환국에 관한 요구를 실현시킬 수가 없었다. 미국정부는 임시정부의 주장을 거의 중시하지 않았고 임시정부를 미국의 교섭대상으로 삼지도 않았다. 임시정부는 반드시 해산되어야 하고 지도자들은 개인 신분으로 귀국하여 정치활동에 참여하기를 바란다고 하면서 그렇지 않으면 임시정부 구성원들에게 귀국할 교통수단을 제공하지 않을 것이며 아예 환국조차 못하게 할 것이라 엄포를 놓았다.

이런 정세하에 김구 주석은 어쩔 수 없이 한국임시정부가 전체적으로 귀국할 수 있는 방법을 포기하고 차선으로 중국정부에 임시정부 요원들이 속히 귀국하여 한국민들의 믿음에 힘입은 정치활동으로 독립·광복의 목표를 달성할 수 있도록 해주기를 간청하였다.

중국정부는 한국임시정부의 긴급한 요구에 응하여 미군과의 적극 교섭으로 김구 일행이 제 때에 환국할 수 있도록 비행기를 보내달라고 요구하였다. 중국정부 노력의 결과로 마침내 임시정부 요원들의 환송의식을 거행할 수 있게 되었다. 10월 24일 중국국민당

229) [韓]崔鐘健編譯 『大韓民國臨時政府文書輯覽』; 轉引自楊昭全 『大韓民國臨時政府史』, 473~474쪽.

중앙집행위원회는 한국임시정부 고위층들의 귀국을 환송하는 연회를 베풀었다. 이 연회에는 장개석 부부를 비롯한 중국과 한국의 고위층 인사 100여명이 참석하였다. 오철성은 한국이 동맹군의 협조하에 국권회복 사업을 힘써 독립·자유가 보장된 부강한 국가의 기반을 다져주기를 바란다는 축사를 하였다. 이에 김구 주석은 중국의 여야가 한국독립운동에 쏟는 노력에 대해 진심으로 감사한다는 답사를 하였다. 그리고 국민정부의 입법원원장, 한중문화협회 이사장 손과(孫科)의 축사가 있었고 마지막으로, 중국국민당 중앙감찰위원회 비서장인 적군문(狄君武)이 즉석에서 이별시를 지었다.

複義由來大,坤維旋轉初。千年脣齒誼,卅載膽薪功。

換矣成新國,依然望舊都。舉觴申私祝,長念萬民蘇。

이로써 연회의 분위기는 최고조에 이르렀다.230) 10월 29일, 한중문화협회는 3주년 기념식에 맞추어 한국혁명지도자 귀국대회를 거행하였다. 여기서 손과, 김구 등의 축사가 있었고, 손과는 환송회의 방명록에 '中韓萬歲'를 써서 김구에게 증여하였다.231) 11월 3일, 중국국민외교협회와 중경시 참의회를 비롯한 중경의 32개 민중단체가 마련한 환송식에는 400여명의 한국혁명 지도자들이 참석하였다. 석상에서 김구는 '앞으로도 중국국민들이 진정한 독립을 이룩하고 자유와 평등을 획득할 때까지 한국국민과 한국정부를 계속 아낌없이 지원해주기를 바랍니다.'고 하였다.232) 11월 4일, 장

230) 1945年10月25日『中央日報』

231) 1945年10月30日『中央日報』

232) 1945年11月4日『中央日報』

개석 부부는 중경 국민당중앙당부의 다과모임에 임시정부의 주석과 부주석을 비롯한 각부 부장, 의정원 의장 등 30여명 출석케 하여 그들의 귀국을 환송하였다. 장개석은 즉석에서 축사를 발표하였는데, '조선이 독립·자유·평등을 실현하지 못한다면 중국의 독립·자유·평등도 실현하지 못한 것과 다를 바가 없다. 조선이 독립하지 못한다면 그것은 중국의 독립에 방해가 될뿐더러 동아시아 내지 세계 평화도 보장받지 못할 것이다. 동아시아 나아가 세계의 자유와 평화를 위해 중국은 반드시 조선을 독립시켜야 하고 이는 국민당의 조선에 대한 제일 원칙이다. 국민당은 최선을 다해 조선의 독립을 지원할 것이다.' 이에 김구는 장 주석 부부의 환송과 수년 동안 중국정부의 협조에 감사드리며 앞으로도 계속 중국 및 기타 국가의 지원을 바라면서 세계 평화와 행복을 위해 서로 협력하겠다고 밝혔다.[233] 11월초, 중경에 있는 중국공산당대표 주은래, 동필무 등은 팔로군 중경 사무처의 이름으로 한국임시정부 요원들의 귀국을 환송하고 김구, 김규식, 홍진 등과 함께 주빈간 잔을 들어 섭섭한 이별의 정을 나누었다. [234]

이에 중경 『대공보』에서 『중경에서 한국지도자들의 귀국 환송(送韓留渝領袖歸國)』이라는 사설을 실었고 열정적으로 한국 독립운동의 찬란한 미래를 기원하였다.

여러분, 귀국의 길에 떠나겠지요! 여러분의 행동으로 독립한 대한민국이 동아시아에서 강하게 서 있게 될 것입니다. 독립된 대한

233) 1945年11月5日『中央日報』

234) 金九在『白凡逸志』一書中對此事作了記載, 但未注明確切的日期。

민국은 이번 전쟁에서 동양에서 소한 중 업적입니다. 대한민국이 동양에서 소한중 업적을 이루었기 때문에 대한민국의 지위는 매우 중요합니다. 우리는 대한민국의 지도자와 그들의 국민들이 특히 소중히 여기고 힘들게 향상시키기를 바랍니다. 대한민국이 동양의 평화의 중추가 되도록 대한민국이 독립하고 부활함으로써 중, 미, 소, 영 등 국가와 협력하고 도움을 받으면서 영원한 평화의 기반이 될 것입니다. 귀국의 길에 떠나 직전 여러분은 소한중 노력을 아끼고 그 시대의 임무를 성취하기를 기대합니다![235]

중국,미국과 한국임시정부는 임시정부 고위층 인사들의 귀국에 관한 사항을 교섭하였다. 10월 28일, 중국 국민정부외교부 왕세걸(王世傑) 부장은 주중미대사관 맥아더 장군에게 전화를 했다. '한국임시정부 요원들을 속히 돌려보낸 뒤 이들을 등용하여 미군정부에서 행정업무를 담당시키기를 바란다.'[236]고 하였다. 11월 2일, 김구 주석은 중국국민당 중앙비서장 오철성에게 전화를 하여 미국에 대한 입장을 발표하였다. '김구 등 귀국 후의 활동은 중·미 간 우호관계의 약정을 지킨다는 전제 하에서 미군정의 규정을 위반하지 않는 원칙으로 미군정부가 전 국민의 의지를 통일시키는 데 협조

235) "行矣諸君！由諸君之行，將見獨立的韓國屹立于東亞，獨立的韓國乃是這次大戰在東方的寶貴收穫．由於韓國在東方的寶貴收穫，由於韓國在東方地位的重要，我們希望韓國諸領袖及其人民，特別珍重，特別自強，而使韓國成為東方和平的支柱之一。通過韓國的獨立再生，而與中美蘇英合作互助,構成東方永固的和平之基。行矣諸君！望珍重努力,善盡其時代使命！" 重慶1945年11月6日『大公報』

236) 石源華:『韓國獨立運動與中國』, 584쪽.

하여 자주·독립 신민주국가를 건설하도록 하겠다.' 11월 5일, 김구 일행은 미국 비행기로 상해에 도착하여 '치중화민국여야인사고별서(致中華民國朝野人士告別書)'를 발표하였는데, 고별서에는 '수십년 중국 여야의 한국독립운동에 대한 협조에 김구를 비롯한 한국의 3천만 동포는 평생동안 그 감사의 마음을 금할 수 없으며 우리는 귀국해도 이를 결코 잊지 않을 것이다. 귀국 후 우리는 유언헌장에 따라 독립·민주의 국가를 수립할 것이며 중국과 친밀한 협력관계를 영원히 유지할 것이다. 한·중의 상호 친목은 천년 만년이 지나도 변하지 않을 것이다.'고 하였다.237)

11월 14일, 주한미군사령관 호치(Hodge) 장군은 담화를 발표하고 '한국으로 돌아올 김구 주석은 반드시 일반 서민 자격으로 귀국해야 하며 이 조건을 어기면 귀국을 연기시킬 수밖에 없다.'고 하였다. 이에 중국국민당 중앙비서처는 한국임시정부의 고위층과 긴급히 협상을 하였다.238) 11월 21일, 김구 주석이 임시정부를 해산하는 대가로 주상해 미군총사령부는 장개석에게 전화로 통지했다. '미국의 운송비행기가 조선을 거쳐 상해에 이미 도착했고 날짜를 택해 즉시 김구 일행을 귀국시키겠다. 그리고 나머지 인원의 귀국은 김구가 한국에 도착한 후 직접 주한 미군총사령관과 협상해라고 했다.'239) 23일, 미국의 비행기로 한국임시정부 요원 20명 정도가 국내로 돌아가게 되었다. 상해를 떠나기 전 김구 주석은 장개

237) 參見石源華『韓國獨立運動與中國』, 587~588쪽.

238) 『中國國民黨中央執行委員會祕書處函』, 中國國民黨黨史會特檔 016

239) [韓]秋憲樹: 『韓國獨立運動』(一), 480쪽.

석에게 전화를 하여 그가 전할 수 있는 가장 숭고한 경의를 표하였다.240) 한국임시정부 고위층은 마침내 한국으로 돌아가 새로운 정치투쟁과 정치생활을 시작하였다.

한민국임시정부 주화대표단은 바로 이런 배경하에 탄생된 것이다.

제3장 한국임시정부 주화대표단의 설립 및 기구

제1절 전후 한·중 한교문제의 초보적 교섭

전후 한국임시정부가 중국정부와 한교의 보호방법에 대한 협상은 그들이 귀국하기 전 처리해야 할 중요한 임무이면서 동시에 임시정부 주화대표단이 탄생하는 주요한 배경이 되기도 했다. 8월 24일, 김구 주석은 장개석 각하에게 비망록을 보냈는데 그 중 제3조, 5조, 6조는 바로 중국 피점령지역에 있는 한교에 관한 내용이며 주요 골자는 다음과 같다. 첫째 업무 인사를 피점령지역에 파견하여 한·중 간 교섭을 할 수 있도록 연락망을 조직한다. 둘째 중국의 한적 전쟁포로를 우대하여 한국광복군에 인계한 뒤 임시정부의 근간대열에 편성시킬 수 있도록 한다. 셋째 선량한 한교와 그렇지 않은 자를 구분하여 한교를 적극 보호함으로써 화목을 도모한다. 넷째 속히 한교를 한국으로 송환한다. 이런 내용이 종전 초기 한국임시정부와 중국정부 간 한교문제와 관련한 주된 교섭 내용이었다.

9월 7일, 한교문제 처리를 전담하는 중국군사위원회 판공청 하

240) 參見石源華『韓國獨立運動與中國』, 592쪽.

국광 (賀國光) 주임은 김구 주석에게 서한을 보내, 김구가 장개석에게 보낸 비망록에서 요구한 내용을 답했다. '대만측은 한교보호에 대한 청구와 적군 중 한적 군인을 광복군에 인계하라는 두 가지 요구안은 처리할 수 있다.' 아울러 '적군 중 한적 군인을 광복군에 인계하는 방법은 본 위원회가 결정할 수 있다.' 한교보호 사항은 '이미 총사령관에게 전보를 보내 각지의 군사장관에게 보호하라 명령하였다.'[241] 또한, '과거 각지의 한교들이 일본인의 세력에 빌붙어 호랑이의 창귀 노릇을 한 까닭에 그들을 적대시하는 주민이 많다. 이에 중국에 있는 한교는 앞으로 모두 중국의 법령을 준수하여 더 이상 악행과 불법의 일이 발생하지 않도록 대만측에 약속한다. 그래야만 중·한 우호증진에 도움이 될 수 있다'.[242] 이를 통해 중국의 피점령구에 있는 복잡한 한교상황을 알 수 있다. 중국군대 측은 한교 보호와 한국광복군이 일본군 중의 한적 군인을 수용하는데 도움을 줄 수 있지만 전쟁 시 한교의 불법행위와 한인의 간첩문제 등은 처벌해야 함을 제기했다.

9월 11일, 김구 주석은 하국광에게 서한을 보내 적군 중의 한적 군인을 한국광복군에 인계하고 각지 군정장관으로 하여금 한교 보호책을 실시하도록 한 중국군사위원회에 감사하다는 뜻을 전했다. 서신에서 김구는 '본국의 교민들은 과거 일본의 통제와 압박하에 또한 적들이 한·중 민족 간의 전통적 우의를 고의로 파괴하고, 한인의 토지를 약탈해 중국으로 내쫓는 과정에서 소수의 불량분자들

---

241) 총사령은 중국 육군총사령부 사령인 何應欽이었다.

242) 『賀國光致金九函』, 載[韓]秋憲樹 『韓國獨立運動』(三), 244쪽.

이 적에 붙어 사람을 업신여긴 일이 잦았다. 앞으로 본 임시정부의 담당자가 평상시에 비밀리 조사하여 이들을 가려낸 뒤 해당법률에 따라 처벌할 것이고 첩자이면 공개적으로 처단할 것이다.' 하고 중국 측의 의견을 존중하였다. 그리고 '한국 병사들을 무장해제 하고 지역별로 모이게 한 다음 속히 광복군에 복귀시켜 엄격한 훈련을 받을 수 있기를 간절히 바란다.' 또한 '수복지역으로 가는 귀국(貴國)의 군정원과 함께 임시정부의 임원도 각지에 파견하여 교민을 감시·관리할 수 있도록 한다. 또한 중·한 양국의 우정과 근 30년 동안 지속해 온 중국의 한국 독립운동에 대한 도움에 감사하고 송환임무를 순탄하게 진행할 수 있도록 잔무를 잘 부탁한다.'[243]

9월17일, 한국임시정부는 중경에서 다과회를 열어 중국 동북의 신임 행정장관이 부임한 것을 환송하였다. 웅식휘(熊式輝) 동북행원[244](東北行轅)주임, 하주국(何柱國) 장춘철도호로군(長春鐵路護路軍) 총사령관, 오만도(吳滿濤), 펑제군(彭濟群), 유한동(劉翰東), 한준걸(韓駿傑), 고석동(高惜凍), 오환장(吳煥章), 정도유(鄭道儒) 등 동북 각 성의 성장, 양양암(楊綽庵)하얼빈 시장 등 모두 20여 명이 참석했다. 동북은 한교가 많이 모여 사는 곳이면서 한·중 간 갈등이 첨예한 곳이기도 하다. 김구는 축사에서 한교문제를 다시 언급하였는데, '왜구가 한국을 병탄하고 중국을 침범하여 두 민족의 감정을 부추겼다. 그중 소수 불량한 자들이 원수를 아비로 섬기며 왜

---

243) 『金九復賀國光函』, 載[韓]秋憲樹 『韓國獨立運動』(一), p.465.

244) 东北行辕는 국민정부의 최고 행정장관이 동북에 주재하는 대표기관이며 1946년, 장개석은 국공내전을 일으켜 군사위원회위원장 동북행원을 설립하여 총사령부는 장춘에 두었다(역자 주).

구에 사역하니 두 민족 사이에 큰 벽이 만들어졌다.'고 하며 '동북 지역의 지도자들이 중국민중들을 잘 인솔하고 동북의 한교들을 지도하는 것을 도맡고 소수의 불량한자들의 과거 잘못을 바로잡고 바른 길로 인도해 주기를 바란다.'245)고 밝혔다.

9월 22일, 한국임시정부는 피점령지역 교민의 관리권을 이양받기 위해 임정 내무부는 '대한민국민단 잠정조직조례(大韓民國民團暫定組織條例)'를 반포하였는데 주요 내용은 다음과 같다. '한교는 한국임시정부 내무부 부령에 따라 대한민단을 조직하여 자치업무에 착수하고 그 명칭은 모국 모처에 명시한다. 정, 부 단장을 각 1명, 이사 몇 명, 고문 몇 명을 임명하여 민선으로 하되 특수상황이면 소속 장관이 직접 파견할 수 있다. 민단 산하에는 총무, 계획, 재무, 문화, 위생, 여성, 사찰부 등을 각각 설치해 둔다. 교민총회는 매년 (4월)정례 총회를 개최하고, 이사회는 정기적으로 매달 한 번, 각부 연석회의는 정기적으로 한 달에 두 번씩 개최하는데, 필요할 경우 임시회의를 개최할 수 있다. 다만 모든 회의는 단장으로만 소집할 수 있다. 단부(團部)의 경비는 부과금, 수속료, 기부금, 정부 보조금, 국제기부금 등으로 충당한다.246) 하지만 이에 설립된 각지의 한교단과 교민협회는 바로 중국정부의 승인을 받지 못했다.

중국 국민정부군이 피점령 지역을 진입함에 따라 여러 한교단체도 따라 진입을 하였으나 중국군과 통합되지 못하고 각자 제멋대로 일을 하여 혼란스러운 상태를 초래했다. 상해로 예를 들어 설명

245) 石源華『韓國獨立運動與中國』, p.575-576 참고.
246) 上海市檔案館編『中國地域韓人團體關係史料彙編』(一), p.128~132.

하면 다음과 같다. 한국광복군 제1지대의 제2구다부가 먼저 상해에 진주하고 사무소를 설치하여 대외적으로는 '한국광복군선발군총사령부(韓國光復軍先遣軍總司令部)라고 부르며 조선민족혁명당 주간부 이소민(李蘇民)구대장을 맡았다.[247] 9월 23일, 이 지대의 상해 사무소(駐滬辦事處)의 김순재(金珣載) 주임은 상해시 경찰서에 비자 제32호 대전(代電)[248]을 보내 6월 11일부터 상해에서 정식으로 업무를 착수했다며, 세 방면으로 나눠 군총사령부의 등록·인정을 받아 활동을 하겠다고 통고하였는데 그 내용은 다음과 같다.

(1) 상해에 거주하는 한교민을 위로하고 생활 정황을 시찰한다.

(2) 무의탁 빈민과 사망한 교포를 구휼·진휼한다.

(3) 실학, 실업의 한적 청년을 수용하여 취학·취직시켜 준다.

(4) 상해에 거주하고 있는 한교 인구수를 파악하고 적에게 빼앗긴 재산, 가옥을 조사하여 교섭을 통해 정리·회수하고 보호·보장해 준다.

(5) 한교의 모든 위(僞) 조직을 철폐하고, 본 정부의 교민 조직·조례에 따라, 한교가 상해에서 거류민단을 다시 조직하도록 감독하여 교포업무를 맡아 처리토록 한다.

(6) 상해에 체류하는 한교들이 종전의 적의 침략으로부터 받았던 노예화 교육, 이간질, 불순한 사상, 경거망동한 행위 등을 바로잡고 감화교육을 시키며, 유엔에 대한 보급의식을 강화하

---

247) 『上海市警察局刑警處第四課報告』 (1945年12月12日), 上海市檔案館檔案 011-6-510.

248) 代電: 옛날식 표현으로 간략한 전문식의 공문(역자 주).

도록 문화선전을 진행한다.

(7) 한교의 분쟁을 중재하고 조정하여 처리한다.

(8) 첩자로 활동한 한국인을 조사하고 엄벌한다.

(9) 단계별로 한교를 한국으로 돌려보내는 데 교통운수를 보장한다.

(10) 상해에 있는 귀국(貴國)의 각 군정기관에 연락하여 동맹군과 교섭한다.

(11) 한교에 관한 모든 일은 본처(本處)가 도맡아 처리한다.

(12) 중국은 한교의 생명과 재산을 보호하고 안거낙업(安居樂業)을 할 수 있도록 보장해 주기를 바란다.

(13) 한교업(韓僑業)은 이미 거류민단(居留民團)을 설립한 바, 이 단체가 거류민단의 증명서를 발급하여 신분을 증빙할 수 있는 서류로 삼을 테니 귀 정부는 향후 이 서류를 소지한 자들에게 편의를 제공해주기 바란다.

(14) 상해에 남아 있는 한교민의 불법행위나 기타 분쟁사건이 발생하면 본 사건과 범인을 국제법에 따라 임시정부에 인도해 주기 바란다.

(15) 귀국의 군정(軍政) 규정과 본처가 처리해야 할 사항 및 본처가 마땅히 향유해야 할 권익에 대하여 지시해주면 본처는 이를 적극 따를 것이다.

(16) 본처는 설립 초기라서 업무추진에 있어 아직 두서가 못 잡혀 있으니 귀 정부의 많은 지도편달이 있기를 바란다.[249]

---

249) 上海市檔案館編 『中國地域韓人團體關係史料彙編』(一), p.188~189, 192~195.

이처럼 '한국광복군 선발군총사령부'는 흡사 이들이 상해 전체 한교를 대표하는 기관인 듯 활동하고 있었다.

10월 1일, 또 다른 한교단체인 상해한교회의 남궁혁(南宮赫) 회장도 전 한교대표의 신분으로 상해시정부 사회국과 상해송호경비총사령부(淞滬警備總司令部) 등에 서신을 보내 이 교민회의 설립을 통보했다. '본회는 상해에 거주하는 교포 약 5천여 명이 조직한 자치기관이다' '한국정부가 아직 정식으로 수립되지 않았고 주화대표단이 도착하기 전이므로 상해에 있는 전체 한교의 위탁을 받아 본회가 정치와 외교에 관한 모든 직무를 수행한다.' '한국인의 신분을 증명하기 위하여 이미 전 한국인에게 '한국인증'을 발급해주었음에 이를 서신으로 귀 기관에 통지하니 이 지역에 거주하는 한교의 생명, 재산, 자유 등 모든 권익을 신중히 보호해 주시기 바란다.' 하면서 본회의 사무부 구성명단도 통보해 왔다.[250]

10월 14일, 상해시정부 사회국은 상해 한교회에 회신을 하였는데 '한국인증'의 발급 및 한국인의 생명, 재산 등 권익을 보호해 달라는 요구에는 동의할 수 있으나 행정 및 외교권 행사에는 '국제적으로 전례가 없으니 동의하기 어렵다.'는 뜻을 밝히면서 '정관·직원·회원 등의 정보를 등록한 뒤 보고하면 일정 범위안에서 설립과 활동을 인정해 준다.'고 하였다.

250) 한국 교민회 회장 남궁희, 총무 및 사무부 부부장 신국권, 사회부 부부장 현정주, 재무부 부부장 장두철, 교무부 부부장 신윤룡, 교육부 부부장 김형규, 의원은 최창식(의장), 선우혁, 장덕린, 서병호, 박정희, 이성용, 송세호, 최황, 박용길, 具益均, 정치화, 김기승, 서규철 등이다. 『上海市韓國僑民協會檔案』, 上海市檔案館檔案Q6-5-1067。

더 심각한 것은 한국임시정부 내부에서 일어난 당쟁을 이런 조직 파벌에 끌어들였다는 점이다. 한국독립당을 배경으로 한 광복군 제3지대와 조선민족혁명당을 배경으로 한 광복군 제1지대의 제2지구대는 상해에서 격렬한 충돌을 일으켜 극악한 영향을 초래했다. '군사위원회의 비준을 받아 설립된 한국광복군 및 각 부대인원수에 따르면 상해에 있는 제1지대 제2지구대의 중국군대의 활동은 승인을 받았음에도 불구하고 10월 9일, 제2구대장인 이소민이 갑자기 중국군에 체포된 사건이 발생했다. 그 까닭은 한국광복군 제3지대장인 김학규(金學奎)가 중국 제3방면군과 특수관계에 기대어 '이소민이 공산당 혐의가 있다.'고 밀고하면서 중국군부에게 그를 체포하도록 부추겼으니 상해교민들을 큰 혼란에 빠지게 만들었던 것이다.

또 '한국광복군 제1지대 제2구대 상해사무소장인 김순재와 그의 비서 김용한이 최근 상해 교민들을 무고하여 많은 상해교민이 비밀리에 처형을 당했다는 옳지 못한 행위로 국가의 위상을 훼손했다.'[251]고 밀고했다. 이에 상해시정부 경찰국은 이를 조사하였는데, '이소민은 공산당 활동 혐의가 없다.' 그리고 '이 사무소에서 다소 한교를 소환하는 일은 있긴 하지만 대부분 1~2일 구금하다가 다시 석방시켰다. 많은 사람을 처형했다는 소문은 사실이 아니다.'[252]고 밝혔다. 그럼에도 이소민은 한 달 넘게 구금되었다가 조선민족혁명당 지도자 김규식과 김약산이 직접 상해로 와 교섭을 함으로써 풀

251) 『中央執行委員會祕書處電』(1945年11月26日), 上海市檔案館檔案 11-6-510。

252) 『上海市警察局市警司 (34) 第7410號公函』(1945年12月19日).

려나올 수 있었다. 11월 초, 한국광복군 제1지대 제2구대는 해체되고, 이 지역의 상해사무소도 동시에 철수되었다. 김학규는 광복군 총사령관 이청천의 지휘하에 상해에 한국광복군 총사령부를 따로 설치하였으나 이 행위에 대해 한교들은 불만을 표시했다. 11월 12일, 광복군 병사 200여 명은 김학규가 간첩을 제거한다는 명의로 무조건 한교민을 타격하는 것을 차마 두고 볼 수가 없어 죄없이 수감된 대표 5명을 석방시키기 위해 폭동을 일으켰다.

그들은 급히 한교위원회를 조직하고 김학규가 불법으로 한국인을 체포하는 행위를 항의하는 성명을 발표하여 이것은 바로 상해시 행정당국과 한국임시정부 고위층을 매우 놀라게 한 '한국광복군 총사령부 상해지대 폭동사건'이었다. 그 결과로써 중국군대는 한국광복군 총사령부 상해사무소와 한교위원회를 철폐하고, 한국광복군 병사들을 모두 제3방면군 일본군 수용소로 옮겨 한국으로 송환을 준비하는 한편, 김학규는 지대장과 사무소장직을 면직시켰다.253)

이와 비슷한 사건이 동북 수복구에서도 발생했다. 11월 22일, 한국임시정부 주화대표단은 국민당중앙비서처에 서한을 보냈는데, 서한에 따르면 '전 동북보안사령부 한교사무처장 왕일서(王逸曙)와 신숙(申肅) 등이 서로 결탁해 한교총회를 창립하고 대표단의 동북사무소를 배척하려 한다. 동북행원(行轅)의 조사결과, 그의 처신이 바르지 못하고 대표단의 동북지방사무소가 오랫동안 설립되어 있었으니 별도 기구를 증설할 필요가 없다. 단지 분리되어 혼란한 상태를 낳

253) 石建國: 『韓國光復軍駐滬支隊暴動事件評析』, 載復旦大學韓國研究中心編 『韓國研究論叢』 第6輯, 中國社會科學出版社, 1999, p.149-160.

을 뿐인데도 그 회의 조직 설립을 늦추라고 명령한다.' '그리고 그들은 비밀리에 부당한 이유를 들어 회비 수백만을 긁어모아 민원을 불러일으키기도 하였다.' '깃발(旗)을 바치겠다는 명목으로 남경에서 활동할 작정인데 이를 기정사실로 만들어 조직을 더욱 공고히 하려 한다.'254)고 하였다. 그들은 이렇게 내부적 모순과 갈등을 중국에 넘겨 중국 당국이 나서서 이를 해결해주기를 청원하였다.

여러 한인교민조직과 단체가 혼란스럽게 속출하여 운영되고 있었는데 중국당국은 이를 중요시 여기면서 종전 후 중국국민정부는 한교의 정책결정에 깊은 영향을 미쳤다. 10월 7일, 상해경비총사령부는 상해시정부에 서한을 보내 한교회의 일을 문의하였다. '이 교민회는 귀 정부에 등록을 하였는가? 이 단체가 정치 및 외교와 관련한 일체의 직무를 수행할 수 있는가?

이 조직이 발급하는 '한국인증'은 합법적인가? 한국정부가 수립되기 전, 한국과 공식 외교관계를 맺지 못한 상태에서 상해에 거주하는 한교들은 무슨 신분증빙서류를 갖고 있어야 하는가?' 등이었다. 이 문제들과 관련하여 당분간 누구도 명확한 답을 내놓지 못했다.

10월 17일, 중국국민정부 장개석 주석은 중국 육군총사령관 하응흠(何應欽)에게 전보를 보내 한적 병사와 교민의 송환문제와 관련한 두 가지의 처리 원칙을 제시했다. 첫째, 한적의 병사는 일본 포로와 함께 집중관리하여 장차 일본 포로를 배편으로 보낼 때 그들도 함께 보내 귀국시켜라. 둘째, 각지의 한교는 성(省)과 시(市)에

254) 『韓國臨時政府駐華代表團致張壽賢函』, 載[韓]秋憲樹 『韓國獨立運動』(一), p.507.

서 집중관리하고, 후에 일교민을 배로 보낼 때 함께 한국으로 보내도록 하라.[255] 다음날 중국 육군총사령부는 기자회견을 열어 '중국정부의 승인이 없는 모든 한교단체와 광복군의 활동을 모두 금지함으로써 중국의 주권을 지키고 행패를 방지할 것이다.'[256]고 발표했다. 중국육군총사령부는 각 지역의 군정당국에 이런 사안을 바로 집행하라는 명령을 하달했다. 이는 중국의 최고 기관이 피점령지역의 한교민과 군인에 대해 원칙적 의견을 처음으로 내는 것이고 한국임시정부 지도자들이 추구하는 목표와는 동떨어진 것이었다.

10월 24일, 중국 제3방면군사령부는 상해 경비총사령부에 전보를 보내, 대(對) 한국정책을 엄격히 실시할 것을 요구하였다. '한교단체와 광복군이 중국정부의 비준과 승인 없이 각 지역에서 마구잡이로 행동하는 것은 중국 주권을 존중하지 않는 행위이다.' '한국임시정부의 김구 주석과 광복군 이청천 총사령관을 비롯한 각지의 어떤 한국단체나 광복군도 중국정부의 비준과 승인없이 그 활동을 금지시켜야 한다. 이렇게 해야만이 중국의 주권을 지키고 한국국민의 행패를 방지할 수 있을 것이다.'[257]

10월 27일, 상해시정부 사회국은 시정부에 공문을 보냈다. '상해한교회는 합법적인 집단의 자격을 획득하지 않았으므로 그 행동은 단속되어야 하고 한교신분 증빙서류는 주관기관이 보갑(保甲)[258]을

255) 『中國陸軍總司令部等頒布有關日韓僑民及戰俘的管理征用辦法』, 上海市檔案館檔案 Q1-6-70

256) 1945年10月19日 『民國日報』

257) 上海市檔案館編 『中國地域韓人團體關係史料彙編』(一), p.200.

정리할 때 삼가 처리를 할 수 있을 것이다.'[259] 이에 의거하여 10월 29일, 상해시정부 사회국은 상해한교회에 공문을 발송하였다. '중국정부의 사전 비준·승인이 없는 한교단체의 활동을 금지한다.'[260]고 함으로써 지난 10월 14일의 답변에 변화를 보여주었다.

중국당국은 일련의 조치를 취하여 한국광복군과 한교조직의 임의적 활동을 엄격히 통제하였다. 한편으로 중국당국의 한국임시정부에 대한 전면적 통제와 한교의 활동에 관한 통제는 마구잡이로 설치되는 여러 당파와 파벌의 움직임을 제어하는데 도움이 되었다고 할 수 있다. 다른 한편으로는 중국정부가 일본군에 붙어 활동한 한적 군인을 한국광복군에 재편하는데 최종적으로 동의를 하였음에도 광복군병사를 일본군 포로수용소로 보내고 한교회의 활동을 제한하는 것에 임시정부는 불만이 많을 수밖에 없었다. 이런 사실이 오히려 한·중 간 교섭을 촉발하고 한교선무단과 한국임시정부 주화대표단이 설치될 수 있는 주요 계기로 작용하였다는 점을 인정해야 할 것이다.

제2절 한교선무단의 설치

한국임시정부는 종전 후 수복지 내 한교들의 복잡한 상황에 대처하고 교민에 대한 통제와 지도를 강화하여 임시정부의 절대적

---

258) 역자 주: 保甲는 난징 국민정부 시절 현 이하의 하층 행정조직 제도였다.

259) 上海市檔案館編 『中國地域韓人團體關係史料彙編』(二), p.80~81.

260) 『上海市韓國僑民協會檔案』, 上海市檔案館檔案 Q6-5-1067

권위를 수호하며 중국정부와 연락통로를 확보하기 위해 '한교선무단'을 설치하기로 했다.

10월 15일, 김구는 중국국민당 오철성(吳鐵城) 중앙사무총장에게 서한을 보내 선무단의 설치 이유를 진술했다. '전쟁이 끝나기 전 한국정부는 적군후방 각지로 군대를 파견하여 활동하도록 했다. 돌연히 일본이 항복하는 바람에 업무가 중단되고 말았는데, 이후 혈기왕성한 청년들이 소원성취에 급급하여 경거망동을 할 수가 있고, 좋은 투기적 시기라고 판단한 불법자들이 이 틈을 타 출몰을 일삼으니 싸움이 일어날까 심한 우려가 된다.' 이에 임시정부는 한교들의 상황을 철저히 조사하기 위해 수복지에 '한교선무단'을 파견해 준 것을 중국정부에 요청한다. 또한 인원을 선발하여 각 지역으로 보내 중국당국의 협조하에 선무작업을 진행하고자 한다.[261]

한국임시정부는 '한교선무단복무조례'를 제정했다. 임시정부는 중국의 각 수복지에 산재한 교포들을 조사·구조하기 위해 특별히 선무단을 설치하고 선무지대를 화북, 화중, 화남 3지역으로 나누어 파견하고자 했다.

화북 지역: 북평(현 북경), 천진, 북령로난 중단, 교주-제남로, 창석로, 정태로, 평수로 등지

화중 지역: 해롱로(개평에서 서주까지), 신향, 방부등지

화남 지역: 남경, 상해, 한구 등 도시, 양자강 유역 및 절강성, 복건성, 광동성 등 연해 각 부두

261) 上海市檔案館編『中國地域韓人團體關係史料彙編』(一), p.182~184쪽.

각 선무단에는 교무·구호·군무 등 3부를 설치하고 각지에서 중국 당국의 협조를 받아 근무할 수 있도록 하기를 원했다. 교무팀은 조사, 등록, 반포, 훈도, 상벌 등의 사항을 처리하고 구호팀은 위생, 구제, 교포의 귀환 등의 사항을 처리한다. 군무팀은 중국 군사위원회의 승인을 받고 한국광복군사령부 파견자가 참석한 가운데 각 수용소에 있는 한적 군인의 위로와 심리점검, 대화 등의 일을 수행하며 군대의 훈련사항과 관련한 업무를 처리한다는 지침을 세웠다. 선무단은 다음과 같은 규정을 두기도 했다. 단장이 선무단의 업무를 도맡아 각 조별 사무를 지도하고 각 조 주임은 단장의 지도를 받아 각 조별로 사무를 처리한다. 선무단은 임시정부 국무위원회에 예속하고 국무위원회가 국내로 전입한 뒤에는 한국임시정부 주화대표단의 지도와 감독을 받는다. 그리고 선무단은 중국정부의 협조를 받아 업무를 수행하는 과정에서 수시로 지방 당국과 서로 협력하는 관계를 구축했다. 각 한교 선무단 구성원 명단은 다음과 같다.

화북 한교선무단
단장 겸 교무팀 주임: 이광(李光)
구호팀 주임: 조성산(趙城山)
군무팀 주임: 최용덕(崔用德)

화중 한교선무단
단장: 이상만(李象萬)
교무팀 주임: 박태예(樸泰禮)

구호팀 주임: 김수산(金水山)

군무팀 주임: 결(缺)

화남 한교선무단

단장: 이청천(李淸天) 겸(兼)

교무팀 주임: 조시원(趙時元)

구호팀 주임: 김의한(金毅漢)

군무팀 주임: 결(缺)[262]

10월 17일에 중국국민당 중앙사무처 오철성 총장은 김구 주석에게 서한을 보내 선무단 설립과 관련한 한국측 요청에 동의하고 또한 각 선무단의 출발 날짜, 경과 일정 및 각지 도착 시간의 통보를 요청했다.[263]

한편 조선민족혁명당을 배경으로 하는 한국임시정부 군무부도 중국국민당 당국과 직접 연락해 수복지에 대표를 파견하겠다고 요구를 하였다. 이에 중국정부는 지지를 하였다. 11월 18일 국민당 중앙사무처는 한국임시정부 주화대표단에 서한을 보내 임시정부 군무부가 이정호(李貞浩), 박영진(樸英振), 조지영(趙志英), 이성엽(李成燁) 등 4명을 각각 상해, 항주, 한구, 구강(九江)등지에 파견해 근무하는 것에 동의하면서 그와 관련한 증빙서류와 각 지역 당정군 기관에 이들을 소개하는 서신 13부를 함께 발송했다.[264]

262) 『韓僑宣撫團服務條例』, 載[韓]秋憲樹: 『韓國獨立運動』(一), p.490.
263) [韓]秋憲樹: 『韓國獨立運動』(一), p.491~492.

한국임시정부 선무단이 설립되었음에도 중국 수복지의 한교문제는 많이 완화되지 못했다. 중국 부대와 기관의 입주 및 업무의 전개에 따라 한교문제가 더욱 첨예하게 되면서 한국임시정부는 귀국을 앞두고 중국정부와 더욱 깊은 교섭을 할 필요가 있었다.

첫째, 한국임시정부는 중국군대가 한적 군인과 교민을 일본군인이나 일교민과 같이 수용하는 규정에 대하여 강렬한 불만을 표했다. 11월 16일에 김구 주석은 전대균(錢大鈞) 상해시장에게 서한을 보냈다. 서한에는 '중국 제3방면 군사령부가 일본군에 한적군인 및 교민들을 포함시켜 집중관리하겠다는 방법을 제출한 것에 한국군민들은 심히 놀랐다. 선량한 사람들은 하루종일 방황하고 교활한 사람들은 이 사태를 피하러 공산당 지역으로 들어가니 시급히 이를 해결하지 않으면 정세가 더 위태로워질 수 있다. 더욱이 현재 상해의 사회정세는 매우 안정적이고 선량한 한교들도 모두 각자의 몫을 다 할 수 있는 상태로 상황은 예전과 사뭇 다르다. 그리하여 '귀 시장은 상급에게 한국인을 일본인과 함께 집중관리하지 말라고 전달해주어야 앞으로 한·중 양국의 외교의 실익에 도움이 될 것이다.'[265]고 했다. 김구는 중국 최고위 당국자인 장개석에게도 직접 전화를 해드려 한적 군인과 교민의 집중관리의 방법을 수정해 달라고 청했다.[266]

264) 『中國國民黨中央執行委員會祕書處致韓國臨時政府駐華代表函』(1945年11月8日), 中國國民黨黨史會特檔016-21-18。

265) 上海市檔案館編 『中國地域韓人團體關係史料彙編』(一), p.3~5.

266) 上海市檔案館編 『中國地域韓人團體關係史料彙編』(一), p.3~5.

둘째, 한국임시정부와 한교들은 주택 등 실질적인 애로사항이 많아 중국정부에 절실한 협조를 구했다. 11월 16일, 김구 주석은 상해시장 전대균(錢大鈞)에게 서한을 보내 임시정부에 근무용 사무처와 생활용 가옥을 배치해 달라고 상해시 정부에 촉구했다. 편지에는 다음과 같은 내용이 있다. '일본이 항복하고 귀국한 뒤 상해에 오는 임시정부 인원이 날로 증가하고 있는데 직원의 사무처 및 기숙사는 부족하기만 하다. 열악한 경제적 여건은 업무효율에 영향을 미칠 수밖에 없다. 게다가 상해에는 원래도 교민이 매우 많은 편이다. 임시정부가 상해로 옮겨온 후 모든 취학 아동은 반드시 학교로 보내야 하고 가난과 외로움에 시달리는 교민들도 긴급히 구제되어야 하며 특히 이들이 가옥이 없어 갈 곳이 없는 일은 절대 벌어져서는 안 될 것이다. 얼마 전 임시정부의 엄대위(嚴大衛) 동지가 이 사정을 직접 각하께 여쭈어 주택 4동을 배치해 달라고 간청하였으니 빠른 시일 내에 이를 이행해 주면 감사하겠다.'267)

셋째, 한적 군인과 교민들간의 혼란스러운 상황과 각 당파의 권력다툼이 잦아지니 중국 측에 협조를 구하는 바이다. 11월 17일 한국광복군 총사령부 주 상해 사무처는 상해시 경찰국에 서한을 보내 산재한 한적 군인들의 해산을 요청했다. '본 사무처는 상해 지역의 한국광복군 병사들을 엄격히 관리하기 위해 상해 지역의 항복한 한교 병사를 기한내에 등록시키고 후강대학교(滬江大學)에 진학시켜 11월 23일부터 원래의 기호는 모두 취소하고 새 기호로 바꾸고자 한다. 외출시는 외출증을 휴대함으로써 그 진위를 식별하

267) 上海市檔案館編『中國地域韓人團體關係史料彙編』(一), p.9~10.

여 어목혼주(魚目混珠)를 피함으로 본 광복군의 명성을 유지하기 바란다. 본처가 매일 간부를 파견해 엄히 단속할 터이니 중국의 군헌경(軍憲警) 기관이면 협조를 한다면 더욱 원활한 업무가 이루어질 것 같다.'[268]

넷째, 각종 한교단체가 우후죽순처럼 속출되고 상해 한 곳만도 수를 셀 수 없을 만큼많고 각각 나름의 주장을 내세워 혼란스럽기가 그지없다. 게다가 한인(韓人) 첩자가 섞여 행패를 부리기도 한다. 예를 들어, 9월 19일, 대한청년단이 상해시정부에 공문을 보내 상해에서의 공개활동을 요구하였다. 공문에는 '외탄(外灘) 15호 215실을 사무실로 선정하는데 청년단의 업무를 재정비하고 교포들을 등록시키며 국가안보에 대비하고 청년단원을 의용총대로 편입하여 군사훈련을 하도록 할 것이다.'고 하면서 조직정관, 작업경과 보고서, 향후 작업방침 등을 발송하여 상해시정부에 등록을 요청했고 또한 원활한 업무진행을 위한 협조를 요청했다.[269] 10월 9일에는 제3전역 한교 전지공작대 류수인(柳樹人)대장이 제1구대를 인솔하고 남휘(安徽) 남쪽에서 상해 가서 민행로(閔行路)106길 3층에서 사무소를 설치하여 상해시정부와 경찰국의 시선을 끌었다. [270] 11월 11일에는 한중협회 김광명(金光明)회장이 상해시정부에 서한을 보내 이 협회의 27년간의 투쟁사를 자랑하면서 본 한중협회는 '한·중 양국 여야 지사들이 공동 조직된 단체'로, '양국 간의 우호

268) 上海市檔案館編『中國地域韓人團體關係史料彙編』(一), p.210~211.
269) 上海市檔案館編『中國地域韓人團體關係史料彙編』(一), p.508~515.
270) 上海市檔案館編『中國地域韓人團體關係史料彙編』(一), p.528~529.

교류와 국가광복을 위해 노력한 정치집단'이라고 밝혔다. 또한 '27년 동안 본 협회는 일본인의 억압에 시달렸음에드 불구하고 많은 지사들은 집결되고 큰 계획을 은밀히 세워 꾸준히 진행해 왔다.' 일본 항복후 '본 협회는 조국광복의 사명이 이미 완성되었으니 앞으로 서로 협력하여 건국의 업무를 지체없이 이행해 나가고자 한다.'고 하면서 '상해시 원명원로진광건물(上海圓明園路真光大樓)에서 사무실을 설립하고 중국 각 기관에 협조하여 현지 각지 한교의 보호임무를 진행하는 것은 급선무이다.'고 하면서 이에 '귀 정부가 이런 사실을 조사하고 협조해 주면 감사하겠다.'는 등의 내용을 보내왔다.[271] 12월 8일 국민정부는 참군처에서 '상해 공산당 비밀조직인 한중민주혁명동지회가 11월 15일 하동건물(哈同大樓)에서 긴급회의를 개최할 것이라는 첩보를 비밀리에 하달했다. 첩보에는 '향후 더 엄밀한 지하활동을 하겠다.'고 다짐하면서 '회원 및 본 협회와 관계가 있는 특수요원을 소북(蘇北) 중국 공산당 근거지로 이동시킬 것이다'는 계획, 그리고 중국 공산당 상해당국과 연락하여 상해에서 중국 공산당 근거지 소북까지의 교통편을 제공해 달라는 내용이 들어 있었다.[272] 12월 14일에 한중문화협회 상해지회는 상해시정부 사회국에 공문을 보냈는데, 그 내용은 다음과 같다. '본 협회가 조직된 위원회에서는 구제업무를 착수하고자 한다. 현재 조사결과로 따르면 구제해야 할 인원수는 기존에 상해에 있던 754명, 한국에서 상해로 온 350명, 남경에서 상해로 온 380명 등

271) 上海市檔案館編『中國地域韓人團體關係史料彙編』(一), p.421~422.
272) 上海市檔案館編『中國地域韓人團體關係史料彙編』(一), p.500~502.

으로 모두 1484명에 이른다. 이에 귀측에 물자구제를 부탁한다는 공문을 보내왔다. 아울러 현재 상태에서 교통수단이 있으면 한국으로 이들을 송환할 수 있게 해주기를 부탁한다.’273)고 하였다. 이런 와중에 12월 중순 상해시 경찰국은 경비총사령부의 요청에 따라 한적 첩자 백천문산(白川文產, 이후 백영희로 개명)이 유명무실한 ‘조선청년협회’를 구실로 삼아 행패를 부린 사건을 처리하겠다는 훈령을 반포했다. 이런 조직들은 배경이 복잡하고 주장들이 상이하며 서로 관할 받지 않은 채로 서로 권력쟁탈을 하니 수복지의 사회질서에 나쁜 영향을 미쳤다.

중국 수복지 한교조직의 혼란스러운 상황은 시급히 정비되어야 하고 한교문제를 중국정부와 교섭할 수 있는 정식적인 기구가 절실히 필요한 상황에서 한국임시정부 지도자들은 귀국을 서두르고 있었다. 이런 복잡한 상황 하에서 중국정부의 허가를 받은 한국임시정부는 주화대표단이 중국에 남고 한교문제의 처리를 중국정부에 협조하도록 하였다. 또한, 주화대표단은 중국국민정부, 중국국민당 중앙위원회와 이미 한국에 돌아가서 활동하는 임시정부 지도자들 간의 연락과 협조사항을 담당하였다.

제3절 한국임시정부 주화대표단의 설립

1945년 10월, 중국국민정부 군사위원회에서 승인을 받아 통과된『한국임시정부 관할 각 단체표』가운데는 주화대표단, 화북선무

273) 上海市檔案館編『中國地域韓人團體關係史料彙編』(一), p.464.

단, 화중선무단, 화남선무단, 한구지단 등이 포함되어 있다. 이는 임시정부의 요구에 따라 중국정부는 주화대표단을 중국에서 합법적 기관으로 인정해 주고 받아들인 것을 보였다. 11월 초, 한국임시정부 김구 주석은 임시정부 주화대표단이 정식으로 설립된 것을 각각 중국국민당 중앙비서처, 상해시정부, 송호(淞滬)경비총사령부 등에 서신으로 통보하였다. 설립 후 한교민과 관련한 후속 업무 및 상담사항 등을 본 대표단이 담당하였고 임시정부가 주화대표단이 박순을 단장으로, 이청천과 민석린을 대표로 임명한 사실도 중국정부에 공지하였다. 이에 중국 당정군(黨政軍)의 기관은 이런 소식을 각 부속 기관에 통지함으로써 주화대표단은 한국의 주 교섭기관으로 공개적으로 승인되었다.[274)]

이듬해 3월 5일, 한국임시정부 주화대표단 박순 단장은 상해시정부와 송호경비총사령부에 서신을 보냈다. '한교 업무는 수시로 근처의 한교단 상해지단의 선우혁(鮮于赫)과 협상하려한다. 선우 씨는 혁명계 선배이자 다년간 적의 폭력에도 굽히지 않고 조국광복을 위해 꾸준히 노력한 사람으로써 도덕, 절개가 높다.' 선우혁을 소개하면서 중국정부가 그를 신뢰하기를 바란다고 하였다. 중국정부는 서신을 받고 신속히 부속기관에 통지하였다.[275)] 이와 같이 한국임시정부 주화대표단과 파출기관은 1947년 3월 주한미군정부

274) 上海市檔案館編 『中國地域韓人團體關係史料匯編』(1), 14~15쪽.; 『金九致呈吳鐵城函』(1945年11月3日), 中國國民黨黨史會特檔 016-4-6.

275) 『樸純致上海市長函』, 『樸純致淞滬警備總司令函』 〈1946年3月糸日〉, 藏上海市檔案館.

신국권(申國權) 대표가 상해로 파견되기 전까지 중국정부로부터 공식적으로 승인받는 한국정부의 대표기관으로 1948년 대한민국정부 정식 수립될 때까지 유지해 왔다.

중국정부가 중국에서 한국임시정부 주화대표단의 설립을 인정한 것은 임시정부가 비록 형식적으로는 해체되었으나 중국에서 합법적으로 중·한 간 업무진행에 협의할 기관이 필요한다고 생각했기 때문이다. 이는 종전후 한중관계에 있어 매우 특이한 현상으로 한국임시정부 김구 주석과 중국국민정부 고위층 사이에 협상한 결과물이기도 한다.

한국임시정부 김구 주석은 주화대표단의 구성원을 친히 배치하였다. 박순을 단장으로 하고 이청천과 민석린을 대표로 하여 그들로 하여금 임시정부 지도자들이 귀국한 후 교민들의 잔무와 중국정부 간 연락 및 협상사항을 담당케 하였다. 한국임시정부 주화대표단의 인사구조는 2차대전 후 중국과의 관계를 적극적으로 유지하려는 김구 주석의 사상과 주도면밀하면서도 원대한 전략을 보여주는 단면이었다.

박순 단장은 한국독립운동의 원로로 본명은 박찬익(朴讚翊), 자는 남파(南坡)인데, 중국에 들어온 후 박순으로 개명하였다. 사람들이 대부분 그를 가명으로 불러 본명을 아는 이가 드물었다. 박순은 경기도 파주에서 태어났고 서울공업전문대학을 졸업하였으며 한문과 시조에 능통했다. 한국 국내에서 독립운동에 참가하였다가 일본인에게 체포된 뒤 중국으로 망명하여 중국에서 계속 한국독립운동을 이어나갔다. 1919년 3·1운동 후 한국의 혁명지사인 박규식(朴

圭植), 박은식(朴殷植), 김규식(金奎植), 신채호(申采浩), 조소앙(趙素昻), 문일평(文一平), 신건식(申建植) 등을 비롯한 300여명의 동지들과 함께 상해에서 항일혁명단체 '동제사(同濟社)'를 창설하였고 그 후 중국혁명당과 연락하면서 한국독립운동에 크게 기여하였다. 이 조직은 한중 양국 지사들이 공동으로 편성된 까닭에 '신아동제사'(新亞同濟社)로 개명하였고 아시아 각 민족과 서르 연락하면서 협력하는 데에 그 취지를 두었다. 중국의 송교인(宋教仁), 진영사(陳英仕), 호한민(胡漢民), 대전현(戴傳賢), 서겸(徐謙), 장계(張繼), 양서감(楊庶堪), 은여려(殷汝驪), 장계란(張季鸞), 백문울(柏文蔚), 여대랑(呂大良), 당소천(唐少川), 장정강(張靜江), 사량재(史量才), 엽초(葉楚) 등 저명인사들이 본 조직의 구성원으로 활동하였다. 신아동제사(新亞同濟社)는 당시 한중 양국의 훌륭한 인재들을 모아놓은 관계로 곧 주요 정치단체로 부상하였다. 박순은 중국국민당과의 30여 년 동안 깊은 관계는 이렇게 시작되었다.

단체가 설립된 후, 박순은 항일운동을 위해 중국동북으로 파견되었다. 손중산(孫中山)을 비롯한 중국국민당 고위급 인사들과 밀접한 관계로 인해 한국임시정부는 그를 광동호법(護法)군정부 대표로 임명하였다. 그는 손중산을 비롯한 중국국민당 원로들과 밀접한 관계를 유지하면서 두 민족 간에 두터운 우정을 맺었다. 또 운남 도독 당계요(唐繼堯)와 매우 친하여 다시 주 운남(雲南) 대표로 임명되었다. 박순은 많은 한국 청년들을 운남강무당(雲南講武堂), 항공학교, 낙양육군군사학교 등에 진학시켜 훈련을 받게 하였다. 그 중 유명한 육군장교 이범석(李范奭), 공군장교 이영무(李英茂) 등이 모두 박순 덕분에 해당 학교에 들어오게 되었다. 1932년 4월, 윤봉길이 일본의 침략 원흉인 사라카와(白川), 시게미쓰(重光), 우에다(植田) 등의 암살사건을 꾸밀 때 박순도 한인애국단에 참여하여 윤봉길 의사를 돕기 위해 분주히 움직였다. 또한 박순은 김구를 정성껏 받들고 각 방면에서 대책을 마련하는 등 한국임시정부의 일에 적극적으로 활동했다. 박순은 임시정부의 국무위원, 법무총장, 한국독립당 중앙집행위원 등 중요 직책을 역임한 바가 있고 임시정부 김구 주석의 적극적인 지지자일뿐만 아니라 임시정부의 대들보이자 한국 독립운동가 중에서 중국 고위층과 긴밀한 관계를 유지한 소수 지도자들 중 한 사람이기도 하였다.[276]

이청천 대표는 호는 백산, 본성은 지(池)씨이고, 본적은 중국 절강성이다. 1888년 한국 서울에서 태어났는데, 젊었을 때 한국 서울 육군무관학교와 일본 도쿄육군사관학교에서 공부하였고 일본군을 따라 제1차세계대전의 일덕(日德)전쟁에 참가한 바가 있다.그 후 한국독립운동에 참가하여 도쿄에서 한국독립선언을 발표했다. 1919년 3·1운동 이후, 중국 동북으로 망명하였고, 요녕성 류하현 서로군정서(遼寧省柳河縣西路軍政署)로 왔다. 한국임시정부 국무위원 이시영(李始榮)이 창설한 한국신흥무관학교에서 교장으로 발탁되었다. 1920년 6월, 일본 남만주철도 수비대(守備隊)를 습격한 후 이청천은 신흥무관학교 학생대를 인솔하여 백두산 북쪽 산기슭에 있는 안도(安圖)현 산림지역으로 옮겨 은둔한 뒤 계속 부대를 훈련시

276) 參見[韓]金恩忠『韓國獨立黨三均制度之詮釋』

켰다. 같은 해 10월, 이청천, 홍범도(洪範圖), 조동식(趙東植), 김좌진(金佐鎭) 등 유명한 한국독립운동 장교들은 각자가 거느리는 부대를 통합하여 대한독립군을 편성했다. 이청천은 대한독립군의 부사령관으로써 직접 군대를 지휘하여 적들과 공방전을 벌였다. 뒤에 중국과 소련의 국경일대인 호림밀산(虎林密山)으로 후퇴한 뒤 군대를 정비하면서 소련과 교섭했다. 1921년 3월, 이청천은 군대를 인솔하고 소련 시베리아 이르쿠츠크로 이동한 뒤 소련 내에 있던 한국 독립군과 합쳐 '고려혁명군'으로 재편성하고 새로운 군대의 군사훈련위원회 위원장, 고려혁명군사관학교 교장 등을 겸임했다. 군대훈련에 전력을 다해 일년만에 보병, 기병, 파병, 공병, 지원부대 등 각 부대의 장비를 우수하게 정비하고 강한 전투력에 일치단결하니 모두 이 장군에게 절대적인 복종심을 표하였다. 당시 인원은 총 12,000여 명에 이르렀는데, 그중 130여명이 중국공산당에 가입했다.

1923년 봄, 고려혁명군 대표로써 이청천은 상해 가서 한국국민대표대회의에 참석을 했고 1924년에, 동북정의브 군사위원회 위원장과 조선혁명군사령관에 임명되었다. 비록 중대(中隊)는 6개밖에 되지 않았지만 백 번도 넘게 소수의 부대를 국내로 비밀리 잠입시켜 적군의 시설을 파괴하곤 하였다. 1927년, 한국독립당을 조직하는 발기자로써 독립당의 중앙상무위원과 군사위원회 위원장이 당선되었다. 1931년 만주사변 후 한국독립군을 조직하여 총사령관 자격으로 중국 항일의용군 이두(李杜), 정초(丁超) 마점산(馬占山) 장군의 부대와 연합하여 작전을 펼쳤다. 일년 남짓 요녕성, 길림성,

흑룡강성 등지를 돌아다니면서 온갖 고초를 겪으며 긴 시간동안 중국 동북지역의 항일운동에 분투하였다.

1933년 김구의 지시에 따라 이청천은 중국 육군사관학교 낙양 분교에서 한국청년을 교육시키는 교관을 맡으면서 중국군대 측과 긴밀한 관계를 유지해왔다. 중일전쟁 동안 이청천은 선후로 한국임시정부 군무부장과 한국광복군 총사령관을 역임하면서 임시정부가 주관하는 항일군사투쟁을 전면적으로 지휘하였다. 또한 김구 주석의 군사방면을 담당하는 주요 보좌관으로 중국군대 측과 긴밀한 관계를 유지하는 한국독립운동 지도자였다.277)

대표 중 다른 한 사람인 민석린(閔石麟)도 한국독립운동의 원로급 인물로 이름은 필호(弼鎬)이고 자는 석린(石麟)이며 서울에서 출생하였다. 서울 휘문의숙(輝文義塾)을 졸업하였는데 중국어, 영어, 일본어에 능통했으며, 1912년에 한국독립운동을 위해 중국으로 건너왔다. 1921년, 한국임시정부의 총리 겸 외무총장, 법무총장인 신규식(申圭植) 선생을 따라 국가 특사의 신분으로 손중산에게 국서를 전하러 광주(廣州)에 갔다. 중국 호법군정부와 한국임시정부는 서로를 승인한다는 업무를 추진하고, 후에 한국임시정부 주요지도자인 신규식(申圭植)의 사위가 되었다.

민석린은 중국 모 군사기관에 재직한 바가 있었고, 중일전쟁에 참가하였기 때문에 중국군대와 밀접한 관련을 맺고 있었다. 1932년 상해홍구공원(上海虹口公園)에서 윤봉길 의사가 일본 시라카와

277) 參見[韓]김은충 『韓國獨立黨三均制度之詮釋』, 한국독립당 중국 총지부, 1947.

(白川) 장교를 폭탄으로 죽인 후, 일본 측의 압력이 거세지자 한국 독립운동의 의사들과 임시정부의 임원들은 내륙에서 피신하여 은둔하였다. 민석린만 상해에 남기기로 했다. "모든 뒷처리는 맡고 상해에 있는 임시정부와의 연락을 자주 유지해야 하기 때문에 결국은 일본군의 심한 수사탓에 부득이 일본군을 피하러 항주에 와 있지만 남경, 상해, 항주를 왕래하면서 독립운동을 계속 진행해왔다."

중일전쟁 기간에 한국임시정부가 여러 곳을 거쳐 중경으로 옮긴 후 민석린은 주석 판공실장 겸 외무차장으로 임명되고 또한 임시의정원 의원, 한국독립당 중앙집행위원회 상무위원으로서 김구 주석이 업무를 계획·실행하는 데 곁에서 열성적으로 도왔다. 임시정부와 한국독립당의 계획은 대부분 민석린에서 비롯된 것이라 할 수 있다. 그러니까 민석린은 명예는 뒤로 한 채 오직 현실에 주력하여 온종일에 밖에서 분주히 활동함으로 한국독립운동에 크게 기여했던 것이다. 그가 하는 일은 주로 기밀성이 강해 밖으로 드러나는 일이 적었기 때문에 그를 아는 사람이 적었는데, 만약 그를 조금이라도 알게 된다면 누구든 그분을 매우 존경하였다. 그가 남몰래 분주히 움직여 노력한 일들은 광복의 첫걸음으로 한국임시정부의 송환업무를 실행하는 데 크게 기여하였다. 이를 통해 보면 민석린이 김구 선생의 주요 협조자이자 보좌관이었음은 분명한 사실이다. 게다가 중국 군사기관에서 임직했던 까닭에 중국 요원과의 관계가 매우 넓고 깊다.278)

이상 언급한 한국임시정부 주화대표단의 세 사람은 김구 선생이

278) 參見〔韓〕金恩忠『韓國獨立黨三均制度之詮釋』

매우 신뢰하는 측근으로써 모두 독립운동의 풍부한 경험, 빛나는 업적, 탁월한 공헌으로 독립운동인사들 사이에 높은 위상을 가졌다. 또한 오랫동안 중국에서 사업을 진행하면서 국민당 및 중국군대와 매우 밀접한 관계를 유지해 왔다. 이런 사람들로 구성된 임시정부 주화대표단은 중국정부와의 연락업무와 임시정부의 잔무에 매우 적극적인 역할을 수행하였다.

제4절 한국임시정부 주화대표단의 하위지구 및 변천

1946년 3월 31일, 한국임시정부 주화대표단 박순 단장은 국민당중앙비서실에 서신을 보냈는데, '대표단은 국민정부를 따라 남경시로 환도할 것이니 중경시의 업무는 민석린 대표가 대신 처리할 것'이라고 통보하였다.[279] 이로써 주화대표단의 활동중심은 중경에서 남경과 상해로 옮기게 되었다.

7월 5일, 한국임시정부 주화대표단은 각지의 한교선무단을 철폐하고 그 대신 업무를 처리할 수 있는 대표단 각지 사무소를 별도로 설립하라 통고하였다. 김구 주석의 배정에 따라 주화대표단은 한교가 비교적 집중된 북평(北平), 천진(天津), 청도(青岛), 상해 등 곳에서 각기 화북 사무소(사무처장 이광), 화북 사무소 천진지부, 특파 주화북사무소 청도지부(사무처장 조경연), 특파 주상해 사무소(사무처장 민석린) 등을 설립했다.[280]

---

279) 『朴純致吳鐵城函』, 中國國民黨黨史會特檔 016-4-10

280) 『韓國駐華代表團特派各地辦事處及分事務所主持人名單』, 藏上海市檔案館.

대전 후, 한국임시정부는 중국 동북지역에 '임시정부 동북대표부'를 설립했다. 각각 남부 요녕, 북부 송강, 동부 길림에 3개의 사무소를 두고, 사무소 내에는 동북 각 지역의 한교업무를 처리하기 위해 교무, 지방, 정치, 외교, 산업, 문화, 조사 군사 등의 부서를 설치했다.281) 1946년 8월 1일, 한국임시정부 주화대표단은 중국국민정부 행정원에 서신으로 다음의 내용을 통보했다. '중국 동북 9성에는 한교가 너무 많아 업무를 잘못 처리하면 향후 한·중 국교에 영향을 미칠 것인 바 김구 주석은 특별히 최명식을 임명하고 업무를 처리하게 할 것이다'. 또한, '대표단은 이미 지시에 따라 그를 장춘으로 파견하여 주동북 총사무소를 설치하였고, 또한 총사무소의 명령에 따라 동북각지에 사무소를 설치하여 교민업무를 수행하도록 하였다.'282) 8월 20일, 국민정부 행정원 비서실은 주화대표단이 장춘에서 동북총사무소를 설립한 것에 동의하는 서신을 발송했고, 서신에는 최명식 단장에 이백건(李伯建)직무대행에 동의하고 비서, 총무, 섭외, 민생, 문화, 선무 등 6부서를 두는 것을 몇 번의 개정 끝에 정하였다. 아울러 장춘(长春), 영구(营口), 길림(吉林), 사평(四平) 등에 4지부를 두었다.283)

한국임시정부 주화대표단은 중국에서의 한교업무를 수행함에 있어 실질적인 업무는 대표단의 한국독립당이 직접 관할하게 해달라

281) 『韓國臨時政府東北代表部設置及組織經過』, 載[韓]韓國國家報勳處 『大韓民國臨時政府與韓國光復軍』, 1997年刊印, 288~297쪽.

282) 『韓國臨時政府駐華代表團致中國國民政府行政院函』 (1946年8月1日), 中國國民黨黨史會特檔 016-4.

283) 『韓國臨時政府駐華代表團致東北總辦事處組織機構』, 藏遼寧省檔案館.

고 중국정부와의 교섭도 단독으로 진행할 수 있기를 바랐다. 주화대표단은 그 외의 세력과 단체에 대해서는 배척하고 반대의 입장을 취하였고 중국측의 교섭도 계속 진행하였다. 1946년 11월 15일, 주화대표단은 중국국민당 중앙비서실에 전보를 보내, 다음의 강한 의견을 표했다. '앞으로 중국 내 한교의 일은 본 단체가 일체 책임지고 중국의 해당기관과 신중히 협상하여 양국의 이익에 부합하는 방향으로 노력해 나가기를 바란다.'284)

1947년 1월 4일, 한국임시정부 주화대표단은 중국국민당 중앙비서실에 서신을 보내 한국 국내의 급격한 정세변화에 적응하기 위해 1947년 신정부터 본 대표단의 명칭이 '한국임시정부 주화대표단'으로 개칭하였음을 통지하였다.285)

1947년 6월을 기점으로 하여 한국임시정부 주화대표단은 산하기관을 다시 구조조정했다. 이와 관련하여 5월 14일, 주화대표단은 중국국민정부 외교부에 『한국대표단 각지 사무소 간소화 의견서』를 제출했는데 주요 내용은 다음과 같다.

(1) 6월1일부터 대표단은 각 지역의 사무소를 철폐하고 대신 상해, 광주, 북평, 천진, 청도, 한구, 구강, 심양 등지에 특파원이나 연락원 한 명을 파견하여 교민회와 대표단 간 연락업무를 맡게 할 것이다(동북은 상황이 다르니 심양에 특파원 직

284) 『韓國臨時政府駐華代表團致中國國民黨中央祕書處電』, 中國國民黨黨史會特檔 016-4

285) 『韓國臨時政府駐華代表團案』(1941年1月29日-1947年2月6日), 中國國民黨黨史會特檔 016-4

무를 설치하고 길림시, 사평시, 안동시 등지에 연락원을 두고 심양특파원이 감독을 책임진다).

(2) 대표단의 특파원과 연락원은 각지의 교민회에 주재하면서 지도와 연락 등의 업무를 수행하고별도의 사무소를 설치하지는 않는다.

(3) 각지의 교민회는 교민 자치기구로써 현지 정부의 업무를 특파원과 연락원에게 보고하고 특파원과 연락원이 처리하도록 하며 중대한 사건은 대표단에 보고하여 교섭하도록 한다.

(4) 각지 교민회 회장은 교민회 선거에 의해 선출되고 단표단에 보고하고 등록하며 심사를 받아야 한다. 자격이 미달한 경우는 재선을 한다.

(5) 각지 교민회 회장은 대표단의 대표로써 특파원이나 연락원을 겸임한다.

(6) 각 지역의 교민협회에 조직상 불완전한 상황이 발생할 경우 대표단은 외교부에 신청하여 현지 정부로 하여금 해지하거나 개편하도록 한다.

(7) 각 지역의 한교회는 한국교민회 하나의 명칭만 일컬을 수 있고 다른 명칭의 사용은 불가한다.286)

6월 5일, 국민정부외교부는 국민당중앙비서실에 서한을 보내 상술한 서류에 대해 '한교와 한국대표단의 연락업무를 전문적으로 지

286) 『簡化韓代表團各地辦事處意見書』, 中國國民黨黨史會特檔 016-4

도할 수 있게 외교부는 동의한다.' 또한 이는 대표단과 각 지역 교민협회간 내부업무로써 외교부의 심사·등록이 필요치 않다. 이에 중앙비서실은 한국임시정부 주화대표단에 회신하여 의견을 주기 바란다.'[287]

1947년 5월 23일, 한국임시정부 주화대표단 민석린은 오철성에게 이수정(李秀正)을 파견하여 대만(台灣) 대리특파원으로 임명해 달라는 청구서신을 보냈다.[288] 국민당 중앙비서실은 주화대표단의 이런 신청에 동의하면서 5월 27일 대만성 당지부에 전보를 보냈다. '한국임시정부 주화대표단이 서로의 관계와 협조를 위해 이수정을 대만에 파견해가고 대만의 한교업무를 맡기려니 이를 지지하기 바란다.'[289] 이는 한국임시정부 주화대표단의 업무 범위가 중국 대만성까지 뻗어 나갔다는 것을 의미했다.

제4장 한국 주화대표단의 정치외교활동

제1절 4강의 조선반도 신탁통치 반대

한국임시정부 주화대표단은 한국임시정부 지도자를 대신하여 중국에서 정치외교활동을 계속 진행하였는데, 이는 그들이 마땅히 수

287) 『外交部致國民黨中央祕書處函』, 中國國民黨黨史會特檔 016-4
288) 『闵石麟致吳鐵城函』, 中國國民黨黨史會特檔 016-4-77
289) 『國民黨中央祕書處致國民黨台灣省黨部電』, 中國國民黨黨史會特檔 016-4-77

행해야 할 중요한 정치적 임무이자 권리라 할 수 있다. 김구를 비롯한 한국임시정부 지도자들은 귀국시 임시정부를 해산하고 개인신분으로 국내의 정치활동을 하기로 약속했지만, 임시정부는 귀국한 후에도 계속 하나의 정치적 실체로써 한국의 정치활동에 중요한 기능을 이행하였다. 임시정부 주화대표단은 김구 등 지도자들의 지시를 받들고 그들이 한국국내 정치투쟁에 맞춰 중국에서 여러 정치외교 활동을 진행하면서 한국 독립건국과 같은 많은 중대한 문제들에 있어 김구의 뜻을 따라 정견을 발표했다.

1945년 12월 27일 미·영·소 3국은 모스크바 외상회의에서 공보를 발표하였는데, 이에는 다음과 같은 한반도 관련 문제가 담겨 있었다.

조선은 통일된 독립국가로 재건하고 민주원칙을 근거로 한 각종 발전요건을 마련함과 동시에 일본이 긴 시간 동안 한반도에 끼친 악영양을 속히 청산하기 위해서는 '임시조선민주정부'를 설립할 예정이다. 이 정부는 조선의 공업, 운수, 농업 및 조선 민족 문화를 발전시키기 위해 모든 필요한 조치를 취해야 할 것이다.

'조선임시민주정부'의 수립에 협조하고 적절한 방법을 찾기 위해 조선남부의 미군사령부와 조선북부의 소련군 사령부는 연합위원회를 조성한다. 이 위원회 편성에 대한 제의를 먼저 중·미·영·소 4국으로 보내 이들 정부가 검토를 하게 한 뒤 양국 정부가 최종적으로 연합위원회의 참여를 결정한다.

연합위원회는 '조선임시민주정부' 및 각 민주정당과 함께 논의하여 조선의 국가독립을 위한 여러 방안을 작성한다. 이 위원회는

'조선임시민주정부'와 논의한 뒤 중·미·영·소 등 4개국 정부에 그 방안을 보내 검토하도록 한다. 그리고 이들 4강은 조선을 5년 동안 '신탁통치'에 대해 협정을 맺는다.

조선 남북부의 현안을 고려하여 해결 방안을 마련하고자 하고 조선남부의 미군사령부와 조선북부의 소련군 사령부를 창설하고 행정 및 경제사무에 있어 항구적 협력 사안을 논의하기 위해 미·소 사령부 대표는 2주 내에 회의를 개최하기로 합의한다.290)

이런 공보가 나오자 한국은 크게 흔들렸다. 12월 28일, 한국임시정부 대변인은 한국독립의 필요성을 강조하면서 동맹국들의 공동관리 및 5년 신탁통치결의를 반대한다는 김구의 의견을 전했다.291) 그날 밤, 김구가 발기한 '반신탁통치 국민총동원회(이후 '반신탁통치위원회'로 개칭)가 서울에서 설립되었다. 그러면서 대규모 데모가 벌어졌는데 일부 지역에서는 난동까지 일어켰다. 조선공산당을 비롯한 좌익은 '신탁통치'를 지지하겠다는 선언을 하고, '5년의 위탁통치 기한은 그 책임은 3국 외상회의에 있는 게 아니라 본민족이 긴 시간동안 일본 제국주의로부터 받은 억압과 민족의 분열에 있다'고 지적했다. 그들은 '이번 결정을 고의적으로 3국으로 전가하고 정면에서 반대하는 것을 배제한다. 3국이 주는 지원과 협력(신탁통치)을 제국주의 위임제로 왜곡하고 과거 일본제국주의의 침략과 동일시하는 것은 조선민족을 오도하는 행위'라고 하면서 김구가 이끄는 반신탁통치운동은 조선에게는 매우 위험한 짓이라고

290)『朝鮮學典專刊』第1號, 1947年刊印, 4~5쪽.
291) 參見石源華『韓國獨立運動與中國』, 599쪽.

강력히 비판하였다.292) 또한, 1946년 1월 3일 각 좌익당파들은 서울운동장에서 집회를 열어 모스크바 3국 외상회의의 결의안을 공공연히 지지하였다.

1946년 1월 20일, 김구는 중국국민당 중앙비서장 오철성에게 서신을 보내 장개석에게 전달해 달라고 부탁했다. 서신에서 김구는 4강 신탁통치문제에 대해 중국측이 지원해 줄 것을 요청했다. '갑자기 신탁통치의 소식이 전해지자 전 국민들은 놀라움을 금할 수 없습니다. 이런 틈을 타 공산당은 치열한 투쟁을 벌이고 이데올로기 진영의 분열이 더 심해지니 앞으로도 큰 영향력이 생길까 심히 우려됩니다.' 또한, '미국 측의 외교정책이 적극적이지 못한 체 질질 끌다보면 변수가 생기기 마련이니 근심이 너무 많습니다'고 했다. 이에 중국이 나서 '정의롭게 발언을 하고 미국의 절실한 협조를 받아 민주정부를 조속히 수립할 수 있게 해주시면 감사하겠습니다.'고 요청했다.293) 김구가 국내에서 신탁통치 반대운동에 적극 앞장섰고 한국임시정부 주화대표단은 국내의 노력에 보조를 맞추어 적시에 같은 입장을 명확히 밝혀 중국 국민들에게 그 내용을 설명을 해주었다.

1945년 12월 31일, 한국임시정부 주화대표단은 성명을 발표하고 유엔에 서한을 발송하여 모스크바 3국 외상회의에서 통과된 4강으로 하여금 조선을 5년간 신탁통치 한다는 결의안에 반대하고 항의했다. 서한에 담긴 강력한 정서, 날카롭고 강경한 표현, 단호

292) 參見曹中屏等編著『當代韓國史』, 41~42쪽.

293) [韓]秋憲樹, 『韓國獨立運動』(1) 496~497쪽.

한 태도 등은 신탁통치운동을 반대하는 문서들 중 매우 두드러졌는데, 주요 내용은 다음과 같다.

이번 미·영·소 3강 모스크바 외상회의는 지난 반세기 동안, 우리 국민의 염원과 욕구를 고려하지 않고 한반도를 4강이 5년간 신탁통치 하겠다고 공공연히 결정했다. 이 소식이 전해지면서 국민들은 큰 충격을 받았다. 제1차 세계대전은 열강들의 식민지 분할을 위한 결투였고 협약국측은 원래 전쟁 종식 후 압박받는 민족을 해방시키겠다는 약속은 없었지만, 파리회의에서 구미의 많은 침략국가들의 독립을 인정했다. 2차 대전에서는 유엔의 영·미 두 나라가 대서양헌장을 반포하여, 각 민족이 자주·자치·자유로 국가체제를 선택할 권리가 있다는 것을 정중히 약속해놓았다. 이어서 중·미·영 3국 지도자들이 카이로회담에서 한국의 독립을 약속해 놓았다. 보증서의 먹물이 채 마르지도 않았건만 금번 3국 외장회의는 천만년의 자주·독립의 문화를 갖는 한민족을 자치능력이 부족한 미개의 종족으로 업신여기었다. 전 한국국민들이 필사적으로 반대하는 신탁통치제도를 공공연히 결정해 버리고 모욕적인 짓을 다 하여 신의를 저버린다면 공리가 어디에 있겠는가? 한국은 비록 일본에 40년 동안 유린과 압박에 시달리면서도 제3국으로부터 동정과 원조를 받았고 꾸준히 강적과 투쟁해 드디어 오늘날의 초보적 해방을 획득하게 되었다. 만약4강이 신탁통치 한다면 마땅히 자유를 제대로 향유할 수 없음은 물론 나아가 각각 다른 정치이론과 서로 상반된 건설방안으로 혼잡하여 결국은 피관리자는 어찌 할 바를 모르게 될 것이다. 한반도는 파멸되거나 분열할 수밖에 없을 텐데 이는 생각만으로도 끔찍한 일이다.

이 성명서는 "이번 3강 외상의 결의안은 극히 비합리적이고 신의에 어긋나므로 단호히 반대한다. 이후 극동정세에 심각한 변수가 생긴다면 미·영·소 3국 외상회의에서 전부 그 책임을 물어야 할 것이다."고 엄숙히 밝혔다.294)

김구를 비롯한 한국임시정부는 4강 신탁통치에 필사적으로 반대한다는 확고한 입장을 주화대표단을 움직여 중국 국민에 홍보할 수 있도록 하였다. 1946년 1월 1일, 한교민 5000여명은 상해 홍구공원에서 신년집회를 거행했다. 주제는 모스크바 3국외상회의 신탁통치 결의안에 반대하고 조속히 자주·독립의 통일정부를 실현하자는 것이었다. 이 회의에서는 '4강에 고하는 선언서'와 '한국여야 결의안' 5건을 통과시켰다. 회의 후, 한교민들은 '한국에 대한 신탁통치 반대', '한국독립 즉각 실현', '남북분단 종식', '한국 완전독립 만세' 등의 구호를 외치면서 거리에서 행진을 하였고 일정한 영향을 미쳤다.295) 다음 날, 중경에 거주하던 한교민들도 한국독립운동대회를 거행하였고 대회명의로 성명서를 발표하고 한국독립을 기원하는 입장을 피력하면서 미·영·소 3국 외무장관에게 항의했다.296) 1월 9일, 한국임시정부 주화대표단은 각각 베른스 미국 외무장관, 베번 영국 외무장관, 모로토프 소련 외무장관에게 전화를

294) 重慶1945年12月31日『大公報』

295) 馬軍, 單冠初 『戰後國民政府遣返韓人政策的演變及在上海地區的實踐』, 『史林』2006年第2期 참조.

296) 1946年1月3日『申報』

하여 모스크바 회의에서 통과된 5년동안 신탁통치결의안을 취소하라고 강력히 호소했다. '그렇지 않으면 죽을지언정 결코 받아들이지 않겠다.'고 강력히 항의했다. 뱌체슬라프 몰로토프(Vyacheslav Molotov)에게 준 전보에서는 레닌이 일찍이 1920년대부터 한국임시정부를 인정해주고, 스탈린이 테헤란회의에서 한국의 독립을 재천명했다는 내용까지 언급했다.297) 같은 달, 광주시 한교민회 최종호(崔宗昊) 이사장을 비롯한 모든 회원들도 미국·영국·소련의 주중대사와 중경 당국에 각서를 제출했다. 최근 모스크바 미·영·소 3국 외상회의에서 조선신탁통치 결의안을 발표했는데 이는 카이로선언을 위반하고 극동분쟁을 유발할 뿐만 아니라 한국독립을 지연시킴으로써 심각한 분열을 초래할 가능성이 클 것이라고 지적했다. 이어서 '한국의 미래와 세계의 평화를 유지하기 위해 카이로회담에서의 약속을 지켜야 한다. 5년간 신탁통치를 취소하고 이에 따른 주둔병을 철수하며 한국은 속히 독립할 수 있게 하고 세계평화에도 이바지할 수 있다.' 등의 의견을 제시했다.298)

한반도의 정세가 요동치니 한국국민들의 4강 신탁통치에 대한 반대운동도 연이어 일어났다. 1년 동안에 한국임시정부 주화대표단은 김구 등의 정치가들과 긴밀한 관계를 유지하면서 신탁통치를 반대하는 정치투쟁을 계속했다. 1947년 3월 6일, 주화대표단 박순단장과 이청천 대표는 4강 회의가 곧 열릴 거라는 소문을 듣고 바로 장개석에게 서한을 보냈다. '앞서 카이로회담에서 귀하가 정의

297) 1946年1月10日『申報』

298)『廣州市大韓僑民會快郵代電』, 中國國民黨黨史會特檔 016-4

를 받들어 한국의 독립을 보장해 주는 의견을 낸 것에 모든 한국인은 감사를 마음속에 새기고 있습니다. 하지만 일이 뜻대로 되지 않아 국제분쟁은 연달아 발생하고 세계평화의 길은 멀기만 하니 한국이 기대했던 독립은 영영 실현하지 못할까 우려됩니다. 4강 회의가 열리기 전 본 대표단은 서신을 보내니 귀하께서 중·미·영·소·프 5국에 각서를 대신 제출하여 주시기를 바랍니다.'[299]

다음날, 이 각서는 중국 주 매체에서 발표되었으며 곧 큰 파장을 일으켰다. 각서는 4절로 나누어져 있는데 그 내용은 다음과 같다.

(1) 한국은 국제사회에서 독립을 선언할 수 있는 권리를 갖고 있다. '한국은 단일민족으로써 오천 년의 역사와 통일된 언어, 문자, 풍속, 관습 및 깊고 유구한 문화를 갖고 있으므로 자유와 독립을 선언할 자격이 충분히 있다.' '다른 어느 민족이든 간에 한국이 독립국가로 수립되는 것을 막는다면 이는 침략 행위로 간주될 것이다', '군대의 한국점령을 무한제로 연장하는 것은 작전의 진정한 목적에 어긋날 뿐만 아니라 자연생존의 원칙에도 위배된다'.

(2) 주한의 미국과 소련군대는 즉각 철수시켜야 한다. '일본 군대가 패퇴한 지 1년 남짓 미국과 소련의 군대가 각각 북위 38도를 경계로 계속 주둔하고 있다. 이는 한국 내부의 소통에 지장을 초래할 뿐만 아니라 이웃 나라와의 관계단절 및 교통차단도 일으킬 수 있는 문제이다. 이 상황에서 모든 한국인들

299) 『朴純等呈蔣介石文』, 中國國民黨黨史會特檔 016-4

은 자국이 이미 독립되었다는 사실조차 믿지 못한다. 뻔한 사실은 바로 사랑하는 조국을 소련과 미국 두 강대국으로 분단시켜 따로 관리하고 있다는 것이다. 따라서 한국에 있는 미·소 군대를 즉각 철수시켜야 한다는 것이 한국인의 주장이다'.

(3) 한국에 대한 4강의 5년 신탁통치는 국제사회에 가장 비합리적인 처사이다. '한국은 패전국이 아닌 이상, 국제사회의 공동관리를 받을 필요가 없다', '신탁통치를 받게 될 경우 한국의 국내정치는 큰 혼란에 빠지게 될 것이다. 게다가 신탁통치를 받는 임시정부에 외국세력이 있으니 각파들 간 치열한 당쟁이 일어나기 마련이다. 한국은 갈등·분쟁의 소용돌이 빠져 협력과 지도중심이 없게 될 것이므로 4강 간에도 오해가 생기기 쉽고 세계 평화에도 악영향을 끼칠 것이다.

(4) 한국문제를 잘 해결하는 방법은 다음 네 가지이다. 대한민국 국민들은 스스로 임시정부를 수립할 것이니 미·소 점령군은 즉시 철수한다. 신탁통치를 즉시 폐지하고 한국의 잔무를 위한 4강의 기술자문단을 구성한다. 또한 '한국문제는 세계문제의 일부인만큼 합리적인 해결방안을 취하지 않으면 세계평화에 막대한 영향을 끼칠 것이다.'라고 역설하면서 모스크바 3국 외상회의에서 위의 문제를 재심·처리해 줄 것을 간청했다.300)

이와 동시에, 민석린은 중국신문에 『모스크바 외상회의에서 한국

300) 『韓國駐華代表團致中美英蘇法之備忘錄』 ((1)47年3月6日), 藏上海市檔案館。

이 진정한 독립국가가 되기를 바란다(希望莫斯科外長會議使韓國真正獨立解放)』라는 글을 게재하여 한국 정세에 대한 주화대표단의 견해와 의견을 피력했다. 그는 '얄타회담에서 3강이 비밀 협정을 맺어 한국을 오늘날의 처지로 몰아넣었다. 미국이 세계를 주도하는 정세속에, 강권정치와 다른 바가 없다. 강권정치를 실행하여 약소민족의 이익을 희생하는 것은 안타깝기 짝이 없는 일이다. 미·소 양국은 얄타비밀협정을 실천하기 위해 한국의 남북을 분단시켜 점령하고 통일된 민족간에 서로 적대시하게 만들었다. '이런 행위는 해방이냐? 분할이냐?'의 문제로써 이 문제가 '3월 15일에 개최될 모스크바 4강 회의에서 잘 해결되길 기대하고 있다'고 밝혔다.301) 이 의견은 김구 등의 한반도 정세에 대한 입장과 의지를 잘 보여주고 있으며 4강 신탁통치에 강력히 반대한다는 정치적 입장도 반영하고 있다.

한국 국내정세가 더욱 복잡하짐에 따라 한국임시정부는 정치무대에서 점차 물러나게 되었고 임시정부의 고위층도 분리·이합되어 정치적 재편과 변화를 겪었다. 이런 정황속에서 주화대표단은 실로 독립당중앙의 근간기구로 탈바꿈하였다. 1947년 7월 1일, 박순, 민석린은 한국독립당 중국총지부의 명의로 국내에서 신탁통치의 반대운동에 대한 선언을 다시 발표하였는데 발표문은 서문, 신탁통치제도의 본질, 한국신탁통치의 유래, 한국공산당 및 신탁통치, 독립당과 한국의 미래 등 5부분으로 나누어 그들의 신탁통치에 대한

301) 閔石麟: 『希望莫斯科外長會議使韓國真正獨立解放』 (1947年3月) 剪報資料, 藏上海市 檔案館

반대입장을 진술하였다. 이 선언문은 김구 파의 견해와 입장을 살펴볼 수 있는 비교적 포괄적이고 중압적인 문서라 할 수 있다.

이 문서는 먼저 미군당국의 신탁통치를 반대하는 운동에 대한 탄압을 항의하는 내용으로 시작하고 있다. '본 독립당은 조국의 진정한 독립해방을 위해 신탁통치제도에 반대해 왔는데, 뜻밖에 300여 동지가 남한 군당국에 체포되었다는 소식에 우리는 매우 비분강개하였다. 본 독립당이 신탁통치를 반대하는 명확성을 세상 사람들에게 널리 공지하여 다시는 이런 일이 없어야 할 것이다.'

이어서, 신탁통치제도의 본질을 논의하였다. 신탁통치는 이른바 '한 나라의 정치를 다른 나라에 위임 통치받는 것을 가리킨다.' 이는 이기는 전승국이 패전국에 대처하는 임시적 정치조치라 볼 수 있다. 피신탁통치 국가는 국방·외교·정치·경제의 권리를 모두 신탁통치국가에 맡기고 미래의 정치도 전적으로 위탁국의 결정에 달려 있다. '한국은 세계2차대전에서 침략을 행한 패전국도 아니다. 더욱이 독립의 권리와 자격은 이미 카이로회담에서 3국선언을 통해 명확히 밝혀진 바 있다. 따라서 패전국의 대우를 받지 말아야 한다는 사실은 너무 자명한 일이다. 우리 독립당이 신탁통치를 반대하는 것은 미·소 양국이 단편적이고 불법으로 한국을 두 나라의 전략적 철학실험품으로 간주하는 행위에 반대하는 것이면서 동시에 한국의 진정한 독립을 추구하는 것이다.'

세째는 한국 신탁통치정치의 유래에 관한 논의이다. 4강 신탁통치는 '소련의 확장정책 및 미국의 유화정책으로 엮인 직접적인 결과물로써 미리 한국국민의 동의를 받은 것이 아니다.' '전쟁 후 열강 강권정치의 나쁜 결과물에 대해 독립당이 신탁통치를 반대하는 것은 대한민국 국민들의 진정한 애국의지에서 비롯된 것이고 세계 강권정치로 약소국을 지배하는 행위를 반대하는 합리적인 행위'라 볼 수 있다.

네째는 한국 공산당과 신탁통치에 관한 논의다. '북한공산당은 엉큼한 생각을 품고 신탁통치에 찬성했다. 소련 점령군당국은 민주당파가 신탁통치에 반대하는 핑계로 민주당을 배척하고 공산당의 한국임시정부를 만들었다. 미·소 혼합위원회는 이로 인해 1년 남짓 교착상태에 빠져들었다.'고 지적했다. 이번 혼합의원회가 재개되고 소련이 낡은 수법을 되풀이하고, 회의를 통해 강제로 남한 각 민주당파들이 신탁통치를 반대하지 못하게 유도하고, 위반자가 있으면 자문회의 중 그의 자격을 취소하겠다고 역설했다. 따라서 '독립당은 공산당의 폭력통치에 반대하고 진정한 자주·독립된 한국을 기원하기 때문에 어떤 대가를 치르더라도 신탁통치에 필사 반대하겠다.'고 하며, '이번 미 점령군 당국은 독립당의 애국운동을 무단히 금지하는 것은 소련의 생각에 부합함과 동시에 민주를 억압하는 부당한 행위를 야기할 뿐이다.' 고 지적했다.

다섯째는 독립당과 한국의 운명에 관한 논의다. '임시정부가 중경에서 귀국했을 때, 한국독립당 지도자들은 국민들로부터 큰 환영을 받고 국민들은 모두 크게 흥분하였는데 이는 독립당의 사상과 과거의 혁명사업이 이미 국민들로부터 인정을 받았기 때문이다. 또한 독립당이 국민을 위해 완전독립을 획득할 수 있도록 믿고 목적을 달성하기 위해 필사적으로 노력할 것이다.' '국제적으로 신탁통치를 받게 되면 국제적인 노예로 전락할 것이고 독립당은 국민의 지를 저버린 체 조국을 팔아 한국의 위대한 자손을 노예로 만드는 행위는 결코 하지 않는다. 서양철학 중 '자유가 없을 바에 차라리 죽는 것이 낫다'고 하였으니 '설사 본 당이 파멸을 당할지라도 신탁통치만큼은 필사 반대할 것'라는 의지를 밝혔다. 또한, '본 당의 진리와 정의는 반드시 실현될 날이 있기를 믿기에 독립당의 주의와 정신은 필경 우리 조국이 찬란한 꽃을 피우고 국제적으로 평등한 자격으로 세계의 평화를 함께 기여할 수 있게 될 것이다. 우리는 이를 굳게 믿는다.'[302)]

미군 당국은 한국독립당과 김구 파의 신탁통치 반대입장과 행위를 받아들이지 않았으므로 김구 파와 주한미군과의 관계는 날로 악화되었고 그들의 국내정치활동도 날로 어려워져 갔다. 마지막으로 김구는 미군의 지지를 받는 이승만 등 다른 당파의 싸움에서 패배함으로써 전쟁 후 집권의 목표는 물거품이 되고 말았다.

제2절 한국 국내의 독립광복투쟁에 성원

미·소 간 모순이 격화되고 한국 국내정세가 복잡해짐에 따라 4강 신탁통치정치는 실행되지 못했고 한반도 정세는 더욱 복잡해지며 독립광복의 어려움은 겹겹으로 쌓였다. 김구 선생이 국내에서 독립광복에 진력하는 것에 맞추어 임시정부 주화대표단은 독립을 위한 호소와 국내 독립운동에 대한 지원을 아끼지 않았으며 중국

302) 韓國獨立黨中國總支部宣傳部: 『為國內反對托治運動發表宣言』〈1947年7月1日〉, 中 國茵民黨黨史會特檔 016-4

사람들이 한반도 정세를 이해하는데 많은 도움을 주었다.

1946년 5월 6일, 미·소 공동위원회는 24번의 회의를 한 후 무기한 휴회를 선언했다. 그러자 '좌·우협력운동'이 나타났는데, 우익대표 김규식, 원세훈, 안재홍 등과 좌익대표 여운형, 성주실 등으로 구성된 '좌·우협력위원회'가 만들어졌다. 7월 25일, 이 위원회는 첫 회의를 가졌는데 각 측의 의견이 분분하여 우여곡절 힘든 협상 끝에 10월 7일 '좌·우협력 7원칙'이 발표되었고 주 내용은 다음과 같다. 국제 신탁통치문제는 3국 외상회의 결의안에 따라 남북의 좌우합작에 의한 민주주의 임시정부가 수리된 후 해결하겠다. 주요 산업은 국유화되고 토지개혁은 체감구입(遞減收購)원칙에 따라 실행되니 일정한 수준에서 지주의 이익을 보장하는 동시에 토지를 농민에게 무상으로 나누어 준다. 친일파 및 첩자에 관한 처벌문제는 입법기구에 의해 결정된다. 이들의 주장은 미국 군정부로부터 지지를 받았지만, 이승만 파의 강력한 반대에 부딪쳤고, 좌익과 함께 연합정부를 수립한 것은'공산화'의 길을 터주는 것일 뿐이고, 남부에서 정권을 잡아야만이 소련이 한반도 전부를 통치하는 야심을 막을 수 있다. 그래야 미국이 북한을 다른 지역에서 이익을 교환하려는 카드로 사용하지 못하도록 막을 수 있다고 이승만은 주장했다. 1946년 12월 4일부터 1947년 4월 21일까지 한국 정치 수장인 이승만은 미국 극동 최고사령관인 맥아더 장군의 지원을 받아 미국으로 건너가 활동을 전개하였다. 그의 목표는 미국 정책 입안자가 협상을 포기하고 이승만이 한반도 남부에서 새 정부를 수립할 수 있게 지원을 해주는 것이었다.303)

주화대표단은 이를 주요 계기를 삼아 적극적인 활동을 펼쳤다. 1947년 1월 3일 주화대표단 민석린 대표는 중국 중앙일보에 『聲援李承晩博士赴美呼籲韓國獨立』이란 글을 실렸다. 우선 미국으로 건너간 이승만은 미국과 유엔에 미국과 소련이 각각 한반도를 분단·점령하려는 실상을 밝히고 한국인들의 정의로운 주장을 취하며 합리적인 요구를 내었다. 이는 한민족 삼천만 동포을 대표하여 한국은 진정독립과 민족의 완전해방에 강한 염원을 대표하니 이를 전폭적으로 찬성하고 지원해 주겠다는 의지를 밝혔다. 이어 한국은 사천여 년의 유구한 역사와 찬란한 문화를 자랑하고 있으니 독립된 국가를 수립하는 4가지 기본 요건을 갖추고 있다.

하나는 단일 민족, 둘째는 통일된 언어와 일치된 풍속 습관, 셋째는 고유 문자의 보편화와 획일화, 넷째는 다른 민족에 비할 수 없는 예의범절 등이다. 이 4가지 조건은 세계 모든 나라와 민족이 갖춰야 할 좋은 입국조건으로서 한국은 독립·자주적인 조건과 자격을 확실히 갖고 있으니 세계 어느 나라든 이를 부인할 수 없다고 지적하였다. 또한, 한국 독립·자주에 대한 요구는 정상적이고 합리적인 것이며, 설령 어떤 강대국이 한국이 객관적으로 명확한 독립조건을 갖고 있는 것을 부인하면서 주관적으로 억압을 가한다면 무단 침략행위로 간주할 수밖에 없다고 강조하였다. 또한 본 민족은 일시적 굴욕을 당하더라도 진리의 존재를 부인할 수 없다고 강변했다. 또한 이를 토대로 '카이로회담의 약정은 무엇인가? 미·소 양국의 해방 목적은 무엇인가'라고 질책했다. 한국이 받는 대우

303) 參見曹中屛等編著『當代韓國史』, 50~53쪽.

는 일본보다도 못하다. '일본이 본래 침략국이니 동맹국한테 점령을 당하는 것은 당연한 일이지만 일본의 국토는 여전히 완전하고 정부도 여전히 존재하며 국내 적대세력도 전혀 없고 미국으로부터 풍부한 물자까지 지원받고 있다.' 이와 반대로 한국은 침략국도 아님에도 국토는 분단되어 있고 통일된 정부를 수립할 수 없게 되었다. 게다가 국내 적대세력조차 생겨 경제가 파탄되고 국민들이 도탄에 빠지게 된 상황이 어찌나 열악한지 패전국인 일본과 비해 천양지차라 할 수 있다.

민씨는 결론에서 오늘 한국문제는 결코 한국만의 문제가 아니고 세계평화 문제와 직결된 문제라 할 수 있으며 한국해방 후 14개월 동안 두 가지 철학적 실험에 빠져 더 이상 견딜 수가 없는 형편이라고 피력하였다. 그러면서 이승만 박사의 미국에서의 호소는 전반적으로 한민족의 요구와 같다고 하면서 미·소 양국에 다음의 요구사항을 조속히 실현해 줄 것을 요청했다.

(1) 한국 경내 비국경의 국경선을 철회하라;

(2) 미·소 군대는 동시에 철수하라.

(3) 민의에 기반하여 통일된 한국 민주정부를 수립하고, 어떠한 외부의 간섭도 받지 않도록 하라.

(4) 한국 국민들의 운명을 스스로 결정하도록 하라.

(5) 한국국민들로 하여금 미국 워싱턴 독립운동의 험난한 역사를 존중하고, 소련 레닌 혁명운동의 위대한 공훈도 기리며 미국과 소련 민중의 수십 년 독립운동의 가치를 깊은 마음으로 기념하도록 하라.

(6) 한국을 유엔 회원국으로 인정하고 세계평화에 참여하도록 하라.304)

이와 함께 주화대표단은 각지 교민협회와 함께 미국 워싱턴에 전화를 하여 이승만의 미국활동에 대한 성원을 보내기도 했다.

1947년 5월 21일, 미·소연합위원회가 서울에서 재개됨에 따라 한국 정세는 중요한 단계에 접어들었다. 한국임시정부 주화대표단은 한국의 정치투쟁에 맞춰 중국정부를 통해 한국 국내정치의 발전에 영향을 미치도록 적극적으로 움직였다. 5월 18일, 주화대표단의 박순과 민석린은 장개석에 서신을 보냈다. '금번 미소회의가 재개되어 한국 문제를 논의하는 것은 한국의 미래 운명결정에 극히 중요한 시기입니다. 본 대표단은 이승만 박사와 김구 선생의 호응을 받아 49개 단체 중 700여만 명의 인사들이 신탁통치 및 권한을 명확히 규명하기 위해 중국 한교민회와 결합하여 선언을 발표하고 4가지 요점을 제기하였습니다. 그리고 미·소 당국에 전화를 해야 하는 이유로 중국어와 영문 원고를 동시에 올립니다.' 하면서 중국 최고당국에 '의리있게 협조해 주시기를' 간절히 부탁했다.305) 5월 28일 한국독립당 중국총지부의 주도하에, 주화대표단, 동북 중앙수복구 한국인 50만명과 남경, 상해, 선양, 북평, 천진, 한구, 개봉, 서주, 광주, 대만, 해남도 등 지역의 교민회에 연락하여 『재중 한국인 중·

304) 1947年1月3日『中央日報』

305)『朴純, 閔石麟致蔣介石函』〈1947年5月18日〉, 中國國民黨黨史會特檔 016-4

미·영·소 4국에 대한 긴급선언(旅華全體韓人致電中美英蘇四當局緊急宣言)』을 공동 발표했다. 주요 내용은 다음과 같다.

(1) 신탁통치를 취소한다.

(2) 남북한에 있는 모든 무장을 해산하고 임시정부가 수립되면, 중·미·영·소 4강의 협조로 임시정부에서 다시 군대를 창건한다.

(3) 임시정부를 조직하고 후보자는 중·미·영·소 4강의 공동 감시 하에 자유투표 방식으로 선출되어야 하며 단체 추대방식은 철저히 배격한다.

(4) 4강은 협력하여 민주적인 한국의 수립에 협조한다.306)

이는 주화대표단이 중국정부에 김구들의 '신탁통치'에 반대하는 것에 협조를 부탁하는 요구인 동시에 한국의 독립광복을 신속히 실현하고자 하는 정치주장이기도 하였다.

1947년 9월 17일, 미소 연합위원회는 한반도 문제에 대한 어떤 결과도 도출하지 못한 체 결렬되었고, 워싱턴 4강 회의도 아무런 소득도 얻지 못하고 실패로 돌아가고 말았다. 이점들을 감안하여 미국은 한반도 문제를 유엔총회에 회부했고 11월14일 유엔 총회는 임시조선위원회를 설치하는 결의안을 통과시켰다. 1948년 1월 7일, 유엔 임시조선위원회 대표단이 서울에 도착하였다. 하지만 이승만 파와 김구 파는 날카롭게 갈라져 전자는 남부에서 단독선거를 진행하고자 주장하였고 후자는 남북점령군이 철수한 후 자유선거 실현

306) 『旅華全體韓人致電中美英蘇四國當局緊急宣言』, 臺北"國史館"檔案 401-845

하고자 주장했다. 2월 26일에, 미국은 유엔을 조종하여 남부 조선에서의 단독선거를 실시하는 결의안을 통과시키자 김구, 김규식은 남부조선에서의 단독선거를 반대하자는 연합성명을 발표했다.

하지만, 남부조선 단독선거에 대해 한국임시정부 주화대표단과 한국독립당의 중국총지부는 김구 파와 완전 일치하지 않았다. 중국 '중앙일보'에 따르면 유엔결의안이 통과되기 직전 한국임시정부 주화대표단, 한국독립당 중국총지부, 남경, 북평, 개봉, 서주, 광주, 대북의 한교민들은 공동으로 유엔 사무총장 트리그브·할브란리(Trygve Halvdan Lie)에게 전보를 보냈는데, 전보 내용은 다음과 같다. "우리는 유엔의 신속한 결의를 요청한다. 모쪼록 3월 1일전에 남한선거를 선포하고 그 후 독립정부가 수립되기를 희망한다. 그리고 자유선거를 실현하기 위해 남한에서 경찰정치를 중지시켜야 한다."등등307)

그때 주화대표단은 이미 민석린의 관리를 받고 있는 상태였으므로 이런 태도 변화를 검토할 필요가 있었다. 1948년 4월 14일, 중국국방부 제2청은 국민당 중앙비서처에 보낸 한 비밀정보에서 다음의 사실을 밝혔다. 주화대표단 민석린 부단장은 지난 9년 동안 김구를 따랐고 이승만과 가까이 한 적이 없으니 이승만에 대한 인상이 좋지 않다. 하지만 이씨는 미국에서의 활동이 매우 성공적이고 귀국한 후 정부의 첫 주석으로 임명되고 난 뒤부터, 금번 민씨의 태도가 확연히 달라져 이씨가 남경에 온 후 민씨는 그의 비위를 맞추어서 적극적으로 움직였다. 이씨는 독립정부 수립 후 민

307) 1948年2月25日『中央日報』

씨를 주중대사로 발탁하겠다고 구두로 허락하고 이에 민씨가 매우 흐뭇해 했다.[308] 또 국민당 중앙비서처가 군통국의 정개민(鄭介民)으로부터 비밀정보를 받았는데, 이승만이 상해에서 주화대표단의 또 다른 지도자 이청천과 한국 군대건설문제를 두고 2시간 동안 밀담을 하였다. 구체적 내용은 다음과 같다.

첫째, 국내 역량이 아직 미비한 탓으로 한국독립운동이 실패로 돌아갔다. 그러니까 독립운동이 성공하려면 군대 창건을 전제로 해야 한다.

둘째, 남한에 미군, 북한에 소련군이 철수하는 날이 있게 마련인데, 한국인들은 미·소군으로부터 국방업무를 인수해야 하고 정부수립 후 국방문제도 고려해야 한다면 반드시 세밀한 국방계획이 있어야 국가주권을 완전히 손에 쥘 수 있다. 그렇지 않으면 지금까지 했던 노력이 모두 헛수고가 되고 실제 도움이 안 되는 방향으로 흘러갈 것이다.

또한 이승만은 이청천에게 조속히 귀국하기를 희망하면서 군대 창건과 관련하여 깊은 논의를 하고자 하였다.[309] 위의 자료들은 모두 중국 고위첩보기관에서 나온 것이기에 어느 정도의 신빙성이 있으나 출처를 밝히지 못하니 깊이 논증할 수는 없다. 다만 주화대표단 태도의 변화를 설명하는 일종의 자료로 삼을 수 있다.

---

308) 『國防部第二廳致國民黨中央祕書處函』, 中國國民黨黨史會特檔 016-4-71

309) 『鍾英鑒(鄭介民)情報』, 中國國民黨黨史會特檔 016-4

제3절 대미국 외교 시도

1947년 7월, 웨드마이어 장군은 미국대통령 특사 자격으로 극동지역을 방문하여 연이어 중국과 조선에 도착하였다. 이번 방문의 목적이 미국정부가 그의 조사와 면담을 통해 중국과 조선정책을 조사하고자 하니 각 측은 그의 방문을 매우 중요시 여겼다. 한국임시정부 주화대표단도 웨드마이어 장군의 중국방문을 매우 중요시하여 윗사람에게 글을 올리는 방식으로 웨드마이어 장군의 조사 면담에 영향를 미칠 수 있게끔 노력하고 미국과의 외교를 시도하고자 했다.

주화대표단 박순 단장은 중국국민당 중앙비서장 오철성에게 서한을 보내 대표단은 '웨드마이어 장군이 임명을 받아 중국과 조선을 방문하는데 진심으로 환영을 표하고 비망록 한 부를 준비하여 삼가 비망록 영문 원고를 전해 드리니 잘 살펴 주시기 바랍니다.'고 부탁했다.310) 이 비망록에는 2차 세계대전 후 한반도 정세에 대해 김구 등의 기본견해가 비교적 완벽하게 반영되어 있다. 전문의 내용은 아래와 같다.

주한 미국정부는 한국에 대해 잘 모르고 지난 반세기 동안 일본 선전의 기만탓으로 미국인들이 한국인들의 문명정도가 낮고 스스로 다스리지 못하는 국민으로 간주한다. 모든 한국인은 미국이 약한 나라를 독립시킬 수 있기 위해 나타내는 영웅적 정신과 전쟁에서 승리한 혁혁한 결과에 대해 감격과 경의를 표했다. 그렇지만 미국

310) 『樸純致吳鐵城函』(1947年7月21日), 中國國民黨黨史會特檔 016-4

사람들이 행한 정치의 잘못에 대하여는 실망을 느끼고 있다. 이런 정치착오는 한국인과 미국인 간 오해와 격차에서 비롯된 것이다.

소련의 극동지역에 대한 욕심은 지난 몇 세기 동안 거의 멈추지 않았는데, 그 중 가장 큰 욕구는 한국과 만주 연안지역에서 부동항 하나를 얻는 것이었다. 러시아혁명 성공 후, 전 세계를 통제하려는 소련의 야심은 러시아 제국시대보다 훨씬 더 심했다. 미국이 소련에게는 유일한 적이었지만 얄타협정으로 소련은 합법적으로 동양으로 뻗어나갈 수 있는 절호의 기회를 획득하였다. 미국과 소련은 서로 타협하여 한국문제의 해결책을 찾는 것이 그들의 소원을 이루는 길인 걸 알고 이의 실천에 들어갔다.

한국의 5년 신탁통치결의는 4,000여년 역사를 자랑하는 한국국민들에게 전례없는 모욕이다. 신탁통치는 참을 수 없는 결정이기에 모든 한국 애국인사들은 필사코 반대할 것이다. 2차세계대전 후 일어난 몇 가지 예를 통해 알 수 있듯이 여러 다국의 옛 식민지가 각각 독립되거나 미래의 모시기에 독립될 것이고 신탁통치와 같은 고통스러운 제도를 겪어보지 않은데 왜 한국만이 이런 속박함을 당해야 하는지 의혹스러운 일이다.

설사 미·소의 공동관리는 좋은 과도적 현상으로 이로써 통일된 임시정부가 탄생한다고 가정하더라도 소련은 미·소 연합점령군을 철수시키자는 제안을 내놓을 것이다. 이후 소련은 잘 훈련받은 한국 홍군으로 하여금 한국을 점령하도록 하고 이와 동시에 중국 홍군도 만주를 점령토록 할 것이다. 이렇게 되면 미국의 영향을 받는 남한 민주당이 완전히 소멸될 것은 너무 자명한 일이다.

만일 미국정부가 소련의 수법을 잘 알아 군대를 철수시키지 않는다면, 소련은 점령군을 늘리고 한국 홍군이 암살, 치안문란 같은 여러 음모를 펼치는 데 지원을 할 것이다. 이로써 통일된 임시정부는 무너질 것이고 적색농민정권이 바로 이를 대체할 것이다. 이런 결말은 이미 폴란드, 헝가리, 오스트리아의 쿠데타 및 프랑스와 이탈리아의 내각개조 등으로 충분히 증명되었다.

만약 미국이 재정지원을 해주고 남한의 정부 수립에 도움을 주면, 남한 사람들은 정신적 고무를 받을 뿐만 아니라 소련 점령으로 고통을 겪고 있는 북한주민들도 생계를 꾸려가기 위해 탈북을 할 것이다. 그때 북한은 황무지가 되어 소련은 당연히 무인지역에서 통치를 할 수 없으니 이는 소련을 물리치는 현명한 정책이라고도 볼 수 있다.

미 점령군정부는 한국 정치에 대해 거의 알지 못하기 때문에 한국인의 통치 능력을 과소 평가하고 있다. 영어를 조금만 아는 급진주의자는 미군정의 고위직에 올라 그들이 일본 강점기 근무하는 반역자와 결탁하여 나쁜 짓을 일삼고 있고 미국정부는 그들의 거짓 충성을 믿었다. 하지만 광복을 위해 오랫동안 외국에서 고결한 품성을 유지해 온 혁명인사들을 배척했다. 그리하여 한국국민들은 미국정부에 대한 신뢰감이 점점 무너져 갔다. 한국에서 정의를 구현하기 위해서는 현 정세를 조절하는 것이 매우 시급한 과제이다.

비망록에는 미·소의 공동통치가 서울에서 이룩되었지만 결과는 실패로 돌아가게 될 거라 직언했다. 한국홍군을 제외하고 3천만 한국국민들은 이 상황을 유감스럽게 생각하고, 한국방문 동안 귀 조사단도 이를 동감할 것이라 믿는다. 미 대통령과 정부에 우리가 언급하던 착오를 수정하는 제안을 할 수 있다면 대단히 고맙다고 밝혔다[311].

7월 21일, 한국임시정부 주화대표단 박순 단장은 '신보(申報)' 기자인 박덕(樸德)과의 인터뷰를 통해 미·소 양국의 대한정책에 대해 날카롭게 비판했다. 그는 '한국국민들은 소련의 정책은 말할 것도 없고 미국의 정책도 불만이 많다. 선량한 한국사람들은 열강 간에 갈등이 생기면 약자가 그들의 희생양이 되어주는 현상을 만장일치로 반대하니 미국은 속히 극동의 유화정책을 바꾸었으면 한다'고 밝혔다. 또한, '미·소 간의 모순과 갈등은 그들 자신의 이데올로기와 사회제도에서 비롯된 것이니 그들 자신으로부터 개선책을 찾지 않고서는 약한 나라의 이익을 팔아먹는 대가로 본국을 구제하는 방식을 택했다. 이 와중에서 동유럽의 작은 나라들이 잇달아 희생되었고 중국도 딜레마에 빠져들어 있다.'고 강조했다. 한국에 대하여 카이로회담은 독립국가로 재건할 수 있도록 보장을 해주겠다고했지만 모스크바 삼국외상회의는 최고 5년동안 4강으로 신탁통치를 하기로 결정을 해버렸다. 이 터무니없는 결정은 다만 열강들이 세력 균형을 잡기 위해 한국을 희생해 버린 결정일 뿐이다고 했다. '과거에 우리는 병탄을 당하지 않도록 혁명을 줄곧 해왔고 현재는 신탁통치를 역시 받아들이지 못한다. 한국은 패전국이 아니고 해방을 획득한 나라이다. 중일전쟁에서도 피나는 노력으로 승리를 획득한 것이다.' 박순은 웨더마이어 특사의 사명이 중국과 한국

---

311) 『大韓民國臨時政府駐華代表團致魏德邁將軍備忘錄』(1947年7月19日), 中國國民黨黨史會檔案 016-4

에 똑같은 의미를 갖는다고 생각했다. 한국에서 미·소 양국이 서로 대립한 것은 이미 2대 이데올로기와 사회제도의 분야가 되고 나아가 2대 충돌과 갈등의 최전선으로 간주되었다. 한국문제가 일단 해결되면 동북정세가 한국공산당의 철퇴로 인해 많이 쉬워질 것이다. 실은 중국정세의 중심이 동북지역으로 이동하면서 북위 38도선은 한국의 운명뿐만 아니라 중국 내지 세계의 평화도 영향을 미칠 것이다. 웨더마이어 장군이 한국에서 충분한 현지조사를 통해 미국정책을 더욱 적극적인 방향으로 이끌어 극동지역 내지 세계의 평화에도 실질적으로 도움이 되기를 기대했다.[312]

한국임시정부 주화대표단은 웨드마이어 장군에 대한 건언은 대미국외교에 대한 첫시도였고 김구 등의 취지에 잘 들어맞았으며 한국내에서 김구 등의 정치투쟁에 협조하였다.

제4절 한국임시정부가 있어야 하는 역사적 지위 쟁취

한국임시정부의 요원들이 환국한 뒤 그들은 국민의 열렬한 환영을 받았고 성대한 환영식을 거행하고 분위기도 매우 치열하였다. 11월26일, 김구는 서울에서 우방국의 기자들을 초대하고 그 자리에서 '개인의 방침대로 각 정당 지도자와 회담하고 전국의 단합을 촉구하여 군정부와의 협력을 통해 평화질서를 유지하겠다'는 뜻을 전했다.[313] 이에 민석린은 중국정부에 보고를 전했다. '한국국민은 임시정부 김구 주석이 매우 민주적이고 각지에서의 순회강연도 매

312) 『魏德邁東來途中訪韓國臨時政府駐華代表團長樸純』, 1似7年7月23日 『申報』
313) 參見石源華『韓國獨立運動與中國』, 592쪽.

우 공정하니 좌익도 김구에 혐오감이 없고, 미군 호치 장군도 김구에 극히 존경을 표하였다. 현안이 있을 때마다 반드시 김구 선생의 도움을 청하였다.' 김구는 당시 '한국내 명망이 가장 높은 정치가'라 평가받았다.[314] 하지만 4강 신탁통치문제가 발생한 후, 김구는 신탁통치를 결사코 반대하였지만 좌익은 이를 환영하므로 분쟁이 날로 치열해졌다. 미군정부 당국이 한국임시정부를 경시하니 임시정부는 점차 직권을 잃게 되고, 미군정부는 임시정부를 한 정당이나 한 단체로만 간주한 까닭에 김구가 거느린 임시정부의 한국내 정치위신은 급속히 떨어졌다.[315]

중국국민당 중앙비서처는 이를 극히 우려하여 내부 보고에서 밝혔다. '한국 전반을 살펴보면 미국과 소련의 통제하에 중국도 한국 국내정세를 간섭할 수 없게 되었고 다만 소련과 중국공산당이 서로 의기투합하여 중국 연안(延安)에서 한국 공산당원을 양성하여 북한에서 일정한 세력을 가지게 되었다. 이와 반대로 중국 국민정부가 협조한 김구 등은 귀국한 뒤 오히려 큰 영향을 미치지 못하게 되었다. 설령 미국과 소련이 동시에 철수한다 하더라도 남한의 모든 민주세력은 북한 공산당에 소멸될 가능성이 높다.'[316]

수십년 동안 일본침략에 꾸준히 반항해 온 임시정부가 받는 불공평한 대우에 대표단은 극히 불만과 분개를 표하였고 임시정부가 있어야 할 역사적 지위를 위해 분주히 노력하였다.

---

314) 閔石麟: 『韓國現勢概述』, 中國國民黨黨史會檔案 016-26
315) 閔石麟: 『韓國現勢概述』, 中國國民黨黨史會檔案 016-26
316) 『中國國民黨中央祕書處呈蔣介石文』, 中國國民黨黨史會檔案 016-26-5

1947년 3월 1일, 한국임시정부 주화대표단 민석린 대표는 3.1절을 기념하는 자리에서 『모스크바 외무장관 회의를 통해 한국이 진정한 독립과 해방의 실현(希望莫斯科外長會議使韓國真正獨立解放)』이라는 주제로 연설을 발표했다. 당시 한국의 혼란스러운 정세와 동맹국들이 한국임시정부를 압살한 잘못에 대해 날카롭게 지적하였다. "미·소 양국이 각각 한반도의 남과 북을 점령함으로써 한국의 진정한 독립해방은 실현되지 못하였다.' 이런 사태가 '너무도 창망하여 감정을 억누를 수가 없다." "미국은 약소민족을 돕는다고 자처하고 나섰고 또한 카이로회담에서 한국독립을 공개적으로 찬성하였으므로 한국국민들로부터 경의를 받았다. 하지만 의외로 얄타회담에서 약소민족의 이익을 팔아먹고 3강 비밀협정을 맺어 한국을 현재의 곤경에 빠지게 만들었다. 미국이 세계를 주도하는 입장으로 강권 정치를 하면서 약소민족의 이익을 희생시키는 일은 매우 한심한 짓이다." "한국인의 입장으로 보면 도저히 이해할 수가 없다". 게다가, 3.1정신을 계승하고 한국을 위해 피타는 노력하고 혁명을 진행하는 한국임시정부는 재작년 귀국 시 한국의 전 국민들로부터 환영을 받은 바가 있었다. 미·소 양국이 확실히 한국을 독립시키려면 임시정부 고위층의 위신을 잘 고려하여 한국정권을 한국 국민에게 돌려주어야 한다는 선언을 이용할 수 있다. 국민대회를 소집하고 지도자를 선출하여 임시정부의 영향력을 확대시켰더라면 사반공배의 효과를 거둘 수 있을 뿐만 아니라 현재와 같은 혼란상태도 피할 수 있었을 것이다.

미·소 양국은 한국국민들이 수십년 동안 기울인 피나는 노력에는 아랑곳하지 않고 임시정부의 민중기반도 일부러 경시하였다. 온종일 미·소 공동위원회를 개최하는 것만 주력하니 실은 도로아미타불이다. 한국국민들은 36년만에 피나는 노력으로 드디어 일본을 쫓아내고 천신만고 끝에 수립된 임시정부는 해방의 동맹국으로 자처하는 그들로부터 소멸될 위기에 놓였다. 36년의 역사를 돌이켜 보면 얼마나 가슴이 찢어지는 일인가? 마지막으로 "약소민족의 미래는 두 가지인데 하나는 진정한 독립해방을 위한 공동 노력이고 다른 하나는 민족 전체가 소멸되는 것이다. 이런 까닭에 우리는 헤맬 여지마저 없다."[317] 위의 관점은 한국임시정브 김구 주석 등이 전쟁 후 한국정세에 대한 주장을 반영하기도 하고 임시정부가 열강들로부터 말살당하는 억울함과 비통함을 나타내고도 있다.

무릇 한국임시정부와 김구 주석의 명예를 손상하는 일이 생기면 대표단은 반드시 나서 강력하게 항의하고 사건의 진위를 추적하였다. 1947년 12월 5일, 상해 신아통신사 조선어판에 실린 '김구가 장덕수를 암살할 일을 꾸민다고 의심하는 사람이 있다.'는 글에 대해 대표단은 강력한 질책과 반박을 했다. 12월 8일, 대표단 박순 단장은 중국국민당 중앙비서장 오철성에게 서한을 보냈다. '이런 보도는 김구 선생의 인격에 대한 모독이고 법적, 의리적으로도 용납할 수 없는 짓이니 본 대표단은 이에 매우 유감스럽게 생각합니다.' 이 통신사는 중국 국민당 선전부 산하기구인 까닭에 '오류를 바로 정정하고 이런 잘못된 선전을 막아주는 동시에 이 보도의 출

317) 閔石麟: 『韓國解放後第二度"三一"節紀念感言』 0947年3月1日\上海市檔案館

처를 찾아 그 진위를 밝혀주기 바랍니다.'라고 하였다.318) 12월 12일, 오철성은 중국국민당 중앙선전부 이유과(李惟果)부장에게 서한을 보내 한국대표단의 항의 서한을 전달하고 진실을 밝혀주기를 희망한다고 지시하였다.319)

1945년 11월 한국임시정부 주화대표단의 설립부터 1948년 9월 9일 한국 신정부의 특사, 조병옥 특파원이 중국을 방문할 때까지 한국임시정부 주화대표단이 중국에서의 활동시간은 3년 가까이 되었다. 이 대표단이 진행한 국제정치활동은 한국독립운동사 및 근대 한중관계사에 중요한 구성부분으로 남아있다.

제5장 한국 주화대표단과 중국 정부간의 관계

제1절 중국정부에 한반도의 중요정보 제공

한국임시정부 주화대표단은 중국 국민정부와 긴밀한 관계 추진을 위해 적극적인 노력을 기울여 왔다. 김구 선생의 정신을 받들고 한반도의 최신 정세를 끊임없이 중국정부에 보고함으로써 중국정부가 한반도 정세와 발전추이를 이해하는 데 기여했고, 중국정부가 한반도에 대한 정책을 수립하는 데도 어느 정도 영향을 끼쳤다.

1947년 1월 2일, 한국독립당 동북특파원 사무처는 중국국민당 중앙부서에 『북한현황』 보고서를 비밀리에 제출하였는데 보고서에

318) 『韓國代表團公函』, 中國國民黨黨史會特檔 016-4-101
319) 『吳鐵城致李惟果函』, 中國國民黨黨史會特檔 016-4-101

는 정치, 군사, 경제, 문화, 사회단체 및 주요인물, 교육, 민중동향, 본당업무, 중국군대의 안동진입 후 북한동향 등의 내용들이 포함되어있다. 이 비밀보고서는 조선 서남지역 독립당의 당원인 문인준, 강태문 등이 심양에 도착한 후 제출된 것이었다. 이 보고서에는 다음 내용이 포함되어 있다. '정치적인 측면에서, 소련은 모스크바 3국 외장회의에서 결정된 5년 신탁통치를 기회로 삼아 마르크스, 레린 학설을 적극적으로 보급하고 청년을 대량 훈련시켜 여러 민중조직을 설립하고자 한다. 그리고 난 뒤 소련 제5종대(縱隊)를 육성하여 한국을 적화(赤化)하려는 음모를 꾸며 완성할 계획이고 이렇게 함으로써 극동의 적화기지로 만들고자 한다. 그리고 군사적인 측면에서, 중국 중앙군대가 안동에 진입할 무렵, 팔로군 4만명이 강을 건너 한국으로 들어가고, 제2중대는 신의주에 남아 있으며 나머지는 압록강 상류로 올라가 연변지역으로 갈 계획이다. 신의주 지역의 지하비밀작업에 종사하는 자립건국운동회, 고려청년회, 학생청년동맹회, 중국유학생동맹, 경제협회, 청년합작사 등의 민중단체는 모두 5만명 정도가 된다. 특히 중국 중앙군대가 안동에 진입한 후 북한사람들은 매우 반가워하고, 여러 소문이 나돌았다. 그때까지 중국정부는 한국혁명에 많은 지원을 해주었으므로 직진하는 중국군을 따라 많은 광복군이 강을 건너와 전 국민을 해방시키는 완전한 독립을 이루어 줄 것을 기대하였다. 한국의 유망한 청년들이 한국독립당과 광복군을 찾아 안동에 왔다. 그중 많은 청년들, 일반 학생단체들이 자주 대표를 보내 적색압박의 고통을 호소하였고 동북에서 훈련을 받아 반소련혁명 작업에 종사하려는 마음을 전하면서 무기를 발급해 달라고했다.' 이런 정보는 중국국민당 당국이 중국과 조선 변경지역의 군사와 정세를 파악하는 데 중요한 의미를 갖는다.

같은 달 한국임시정부 주화대표단 민석린 단장은 중국국민당에 『중·한 친선관계 수립의 제의』라는 각서와 『한국현황보고』, 『진사개요(陳辭概要)』 등의 자료를 같이 제출하였다. 『한국 현황보고』는 북한, 남한, 중경을 떠나 귀국한 임시정부, 동북의 현황, 주화대표단의 실정, 결론 등 총 6장을 나뉘어져 있었는데 한반도의 최신 동향을 상세히 기술하고 있었다. 예를 들자면 북한에 관한 장(章)에서 군대의 성격, 군대 법칙, 정치, 공산당(소련파, 연안파, 동북파, 한국 공산당파), 정책(토지, 교육, 사회, 경제, 군사, 선전 등), 북한국민이 소련에 대한 관점 등을 구체적으로 기술하였다. 선전정책에서는 '소련은 김구, 이승만 등을 반동분자로 마구 짓밟고 공격하고 있다. 중국정부에 대해서도 장개석이 한교민의 재산을 몰수하고 그들을 한국에서 국외로 쫓아내려는 핑계로 동북공산당 지역으로 몰아내고 있다. 그리고 모택동은 한교민들을 보호해주고 모든 걸 우대해 준다.'고 지적하였다.

남한에 관한 장에서는 남한군대의 성격, 군대의 법칙, 정당(한국독립당, 한국민주당, 조선국민당, 조선공산당), 정치, 임시정부수립의 준비기구(대한국민주주의의원회, 대한독립촉진위원회, 좌우협력위원회, 입법의원회), 정책 (토지, 교육, 사회, 정치 등), 군사, 남한국민의 미국에 대한 관점 등이 포함되어 있다. 특히 '미국군대가 한국에 진입한 초기, 한국국민들이 이에 큰 환영을 표하였으나 그들이 실시한 정책은 계획성이 떨어지고, 친일분자까지 등용하고, 정치적으로 효과가 매우 산만하기 때문에 남한의 치안질서가 확립되지 못하였다. 따라서 약속한 임시정부의 수립은 영 아득하기만 하니 한국국민들은 미군에 대해 매우 큰 실망을 느끼고 있다.'고 지적하고 있다.

동북현황의 장은 소련의 진입시기와 한국군대 동북의 접수시기 등 두 단계로 나누어 기술하였다. 첫 단계에서 '연안의 한국공산당과 동북의 중국과 한국의 공산당이 서로 합류함으로 큰 영향력이 생겨났다.'는 사실을 밝혔고, 두번째 단계에서는 '조선공산당 박효삼(연안파)이 중국공산당 활동에 참가하고 동북보안 사령부 한교민 사무처 부처장의 협조하에, 세력을 확대하여 중앙군 접수를 공연히 거절하였다. 이렇게 함으로써 한중 양측의 감정을 이간시켜 수습하지 못할 지경에 이르게 하였다.'고 밝혔다. 그리고 동북지역에서 국민당 중앙군의 실책이 3가지 있다고 지적했다. 하나는 '중앙군이 한국농민의 재산을 몰수하고 한국농민을 살해한다는 한국공산당의 루머를 중국군 진입에 맞춰 중국 공산당의 슬로건으로 적용하려 한다는 것이고 둘째는 소수 국민당의 군사 수뇌부가 한교민을 이용하여 마약을 판매하려는 행위가 한중 양측의 민족적 감정을 파괴하였다는 것이다. 그리고 셋째는 정착할 곳드 없는 한교민들을 적당한 곳에 배치해 주지 않고 쫓기만 하기 때문에 공산당세력이 연안, 동북, 북한까지 뻗어나가 그 지역은 모두 하나로 통합될 위기에 처해 있다는 것이다.'

결론에서 민석린은 이렇게 지적했다. 한국문제는 한국만의 문제가 아니고 동아시아 평화와 중국의 흥망과 밀접한 관계를 맺고 있다. 현재 한국은 이미 미국과 소련이 서로 빼앗고 빼앗기는 경기장으로 전락하였다. 그 어느 쪽이 우세를 차지하든 중국과의 이해관계가 어떤지 검토해야 할 것이다. 만약 수수방관한 채 기회를 놓치게 된다면 미래에 후환이 있을 것이다. 그리하여 '한국정책에 있어 중국은 신속히 인화(人和)를 중시하는 결정을 내려 우왕좌왕하는 현 상태를 벗어나야 한다. 인화는 만사의 근본인 바 미국은 천시(天時), 소련은 지리(地利)를 차지하였지만 천시와 지리는 오래 버틸 수 없고 유독 인화만이 오래 갈 수 있다.'고 하였다.[320]

'인화'란 무엇인가? 『진사요점(陳辭要點)』 등에서 대표단은 그 방안을 제기하였는데, 주 내용은 다음과 같다. '소련과 미국이 패권을 다투는 동안 한국국민은 소련의 공산주의 정책에 혐오감을 느끼고, 미국의 명확하지 않은 태도와 친일적인 정책에 많은 불만을 갖고 있다.' '중국은 김구 등의 혁명세력이 귀국하는 데 도움을 주어 그들이 국민들로부터 열렬한 환영을 받았지만 미·소 각축으로 제대로 영향력을 발휘할 수 없게 되었다. 비록 미소 양국은 한국에서 정권을 수립한 후 김구 등에게 일정한 지위를 보장해 주겠다고 약속을 한다 하더라도 변덕스러운 정치판국에서 김구 등의 세력은 오래 버틸 수가 없을 것이다. '중국의 입장에서 보면 미래를 대비하기 위해 친화세력을 새롭게 부축하는 것이 급선무라고 할 수 있다.' '한국독립당과 주화대표단은 아직 동북과 국내에 상당한 영향

320) 閔石麟 : 『韓國現況報告』 〈1947年1月17日〉 廣交祕字第069號附件, 中國國民黨黨史會 特檔 016—4

력을 갖고 있다.' '중국에 어려움이 많지만 한중 간의 친선이 중단되지 않는 한 대표단의 초심은 변하지 않을 것이다.' 대표단의 급선무는 친화파의 세력을 단결시키는 것이라고 강조하면서 '한중친선에 가교역할을 할 수 있지만 적극적 지원없이는 업무를 진전시킬 수 없다.'321) 이런 보도들은 많은 정보가 포함되어 있고 대표단 지도자들의 분석도 들어있어 중국정부가 한반도의 정세를 파악하고 정책을 결정하는데 참고할 만한 가치가 있었다.

1947년 3월 15일, 한국임시정부 주화대표단 민석린 단장은 중국국민당 중앙비서장 오철성에게 다시 서한을 보내 동북과 조선공산당의 정세를 보고하고 중국국민당 6차 3중전회에서 이들의 의견을 제시해주기를 원했다. 주 내용은 다음과 같다.

(1) 동북에 있는 한교민은 총 140만명인데, 90%가 공산당 지역에 있다.
(2) 동북의 한국 군대는 5만명 정도이다.
(3) 중국 공산당은 8만여의 군대를 북한에 진입시켰고 소련 및 한국 공산당과 협력하여 군대를 훈련시켜 현재 30여만명에 이르니 그 위세가 혁혁하다.
(4) 동북의 한인들은 재산을 몰수당하거나 파산으로 생활의 보장이 없고 기타 공산당을 반대하고 헤매는 청년들이 많다는 사실을 귀당에 보고하니 이들을 귀당이 받아들여 주기 바란다.
(5) 북한측 민중들 중 90%는 공산당을 반대한다. 최근에는 일부

---

321) 閔石麟: 『韓國現況報告』〈1947年1月17日〉 廣交祕字第069號附件, 中國國民黨黨史會 特檔 016-4

청년들이 생명의 위험을 무릅쓰고 안동 경내로 건너와 본당의 훈련 참가를 희망하고 있는데 그 수가 수십에 이른다.

(6) 공산당 지역에서 빠져나온 청년들이 공산당에 대항하기 위해 앞다투어 훈련반과 자위군에 참여하고자 한다.322)

이 서한의 내용을 중국국민당 6회 3중전회에서 토론하자고 제의하면서 동북 한교민 문제에 관하여 제고하기를 기대했다.

1947년 6월말, 주화대표단장 민석린은 중국국민정부 첩보기관에 한국 국내상황을 비밀리 보고하고 한국독립당의 중국지부가 미국무원에 성명을 발표할 예정이라는 당시의 정황을 알려주었다. 보고의 주 내용은 다음과 같다. “한국 우익당파 다수가 미소회담에 참석하였는데 유독 독립당의 김구와 이승만만이 회담에 참석하지 않았으므로 한국의 독립에 대한 결의를 보여주었다. 우리도 김구 선생의 주장에 따라 작성된 성명을 미국무원에 보내 한국 독립당과 중국 총지부의 태도를 보여줌으로써 미국정부의 주목을 끌기를 바랐다. 트루먼 대통령이 아니라 국무원에 보낸 이유는 트루먼 대통령이 성명을 받고나서 공개하지 않을까봐 두려웠기 때문이다. 성명은 두 가지 내용인데 4강의 신탁통치 반대와 북한 좌파와는 협력하지 않는 것이다.

그 이유는 신탁통치는 공동관리와 같기 때문이다. 공동관리제도의 대상은 침략국가이어야 하고 반침략국가가 아니어야 한다. 게다가 과거 한국은 일본 한 나라만의 노예였고 신탁통치를 당한다면

322) 『閔石麟致吳鐵城函』, 中國國民黨黨史會特檔 016-26

4개의 주인이 있는 셈이니 이는 절대 용납할 수 없는 일이다. 이에 한국은 끝까지 반대를 할 것이다. 국내에서 우리는 좌익과 결코 협력하지 않겠고 만약 협력해야 한다면 미국이 한국정부 내 공산당원이 한 명도 없는 걸 보장해 줄 수 있어야 할 것이다."

당시 한국 국내정세에 대해 민석린은 다음과 같은 판단을 내렸다. "미소회담은 반드시 실패로 돌아가고 말 테니 좌·우 양익은 더욱 협력할 가능성이 없어진다. 게다가 최근 북한 김일성 등이 매일 방송에 나와 한국 측의 김구, 이승만, 김규식, 안재홍 등의 우익 인물들을 제멋대로 욕하고 있다. 이런 사실을 감안하면 좌·우 양익이 협력할 가능성은 전혀 없다. 우리는 미소회담에 참석해도 필연코 실패로 돌아가는 결과를 확인하느니 차라리 아예 회담에 참석하지 않고 우리의 엄정한 입장을 명확히 밝히는 것이 더 낫다."

이런 중요한 정보는 중국정부가 한국 국내정세를 파악하고 한국 문제에 대한 정책을 결정하는 데 참고할 만한 가치가 있다. 중국국민정부 문관처는 이런 보고를 곧바로 해당 관련기관에 통보했다.323)

제2절 중국정부에 협조하여 한국 관련사건 처리하기

주화대표단의 또 다른 임무는 한중 우호관계의 추진에 있어 중국 국민정부와 긴밀한 관계를 유지하면서 중·한 간에 발생할 수 있는 온갖 돌발사건을 순조롭게 처리할 수 있도록 협조하는 것이다.

323) 『鍾英鑒(鄭介民)情報』, 臺北"國史館"檔案 401-893

1946년 11월 4일, 중국의 여러 신문은 한국에서 발생한 중국인 추격 사건을 실었는데, 이에 중국인들이 많이 놀랐고 한중관계에 나쁜 영향을 미쳤다. 대표단은 곧바로 기자회견을 열어 민석린이 사회를 맡고 성명을 발표했다. 소위 '한국에서의 중국인 추격사건'은 사실에 부합하지 않고 남한에 미군정부가 수립된 후 대표단이 환국할 때 소수 한국인이 폭력을 저지른 것은 중국에 있는 조선인에 대한 앙갚음이었다. 배로 한교민들을 귀국시킬 때 이런 반감이 초래될 우려에 여러 방법을 동원해 복수행위를 막고자 했다.

이런 사건이 발생하였으면, 즉시 엄한 처벌을 내릴 것이다. 거듭 밝히겠거니와 중국에서 돌아온 한국인들이 중국인에 대한 복수행위는 전혀 없었다는 것이다. 또한 '임시정부가 귀국한 후 중·한 두 민족간 화목친선의 중요성을 감안하여 국내 저명인사 조소앙, 신익희, 안재홍 등은 한중친선회를 조직하여 친선사업에 종사하게 하였다. 본 회의를 열기 전에 한중 친선좌담회와 음악회 등을 몇 번 개최함으로써 국민들의 주목을 받았다. 『서울일보』는 중문주간을 발간함으로써 친선을 추구해 왔으니 국내 한국국민들과 화교들 간 충돌사건이 발생한 적이 없다.'고 보도했다.[324] 대표단의 이런 행동은 이 돌발사건으로 인해 생긴 양국간의 긴장 분위기를 완화시키고 중·한 우정의 증진에 대한 적극적인 노력이라 할 것이다.

1947년 3월 23일, 중국의 한교민 중 일부는 미국이 남한군정청의 대표단을 조직하고 동북에 가서 한교민을 구제하겠다고 비밀리 국민정부 삼군처에 보고했다. '한국의 미군정청은 백여명이 한교민

---

324) 1946年11月8日『中央日報』, 『申報』

의 동향에 주시를 가하여 대표단을 조직하고 이들을 동북에 보내 한교민을 보호하겠다는 명목하에 그들을 끌어들이려는 계획을 세우고 있다.' 이런 일은 중미 양국의 중국 동북한교민 통제권의 쟁탈에 관한 것이니 민석린은 밀보에서 다음과 같이 논의하였다.

(1) 동북은 중국 영토인만큼, 한교민 업무는 다만 중국정부만이 처리할 권한이 있다. 미국이 대표단을 파견하여 정치적인 업무를 이행하는 것은 중국 주권을 침범하는 불법적 행위이다

(2) 한국임시정부 주화대표단은 한교민을 보호하기 위해 설립된 것이고, 한교민들의 애로사항은 대표단을 통해 중국정부에 도움을 요청할 수 있고 이렇게 함으로써 대표단은 민중의 신뢰를 얻었다. 하지만 지금 미군의 일련의 조치는 한국대표단의 정치적 생명에 직접 영향을 미칠 뿐만 아니라 중국이 현재까지 한국혁명을 지원해온 찬란한 역사를 간접적으로 차단하는 행위이니 중국 최고 당국은 미국측의 이런 행위를 예의 주시하여 적극 막아야 한다.

(3) 한국 서울방송의 소식에 대해 중국 정부는 귀 기울여 들을 필요가 있다. 한국대표단은 중앙당부에 재차 제의하였으나 헛수고로 돌아가 남북한의 정세를 잘 파악하지 못해 대책을 제대로 수립하지 못하였다. 중국정부는 이를 유의하여 다음의 조치를 취하기를 간절히 바란다. 중앙당부가 사장시킨 초단파 라디오를 한국대표단에 빌려주어 중요한 정보를 중국당국에 제때에 전달해 주고 또한 각 주요 방송국은 한국 소식을 경청하는 사람들은 따로 배치해야 한다.325)

국민정부참군처는 이를 매우 중요시 여겨 즉시 중국국민당 비서처에 통보하고 한국업무를 주관하는 기관에서 처리하도록 하였다.

12월 23일, 한국독립당 동북특파원 사무처는 한국임시정부 주화대표단에 서한을 보내 국민정부참군처에도 비밀리 보고하였는데, 그 내용은 한국독립당 동북당무, 농민대출문제, 북한정치, 동북에 있는 미국의 행동, 한중정치문제 등에 관한 것이었다. 특히 미군정부의 동북활동 상황을 자세히 언급하였다. '남한의 미군정부가 한국을 대표하는 미국인 9명을 동북에 보내와 동북 한교민의 제반문제를 맥아더 장군에게 보고하여 미국과 중국이 상의하면서 해결할 것이라고 떠벌렸다. 한교민은 이들의 소식을 듣자 미국을 믿는 경향이 날로 심해진다.' '중국정부와 한국 대표단은 협력하여 중·한의 입장으로 한인 문제를 해결하지 않고 미국 세력으로 한인 문제를 해결해 낸다면 중국은 어디에 위치할 것인가? 또 주화대표단은 어디에 두어야 하는가? 만약 한교민 200만을 친미파로 압박하면 중국의 희생은 많이 커졌다. 미국세력이 중국 동북의 한교민사회에까지 뻗어나가고 중국이 장기적으로 대한정책을 마련하지 않는다면 향후 중·한협력은 더 실현할 가능성이 없다.'

또한 '과거 중국 측이 대한독립당과 주화대표단에 많은 지원과 신뢰를 주지 않은 까닭에 한국 측 업무는 많은 진전을 이루지 못했다. 앞으로 중국은 한국대표단에 소련식의 적극적인 지지와 신뢰를 주기를 바란다. 그렇지 않으면 주화대표단과 한국독립당의 동북업무는 유명무실될 것이고 중·한 협력을 진전시킬 수가 없다.'는

325) 『國民政府參軍處致吳鐵城函』, 中國國民黨黨史會特檔 016-4

비판적 내용도 있었다.326) 한국임시정부 주화대표단은 중국정부에 관련 상황을 보고하는 동시에 대표단의 뜻과 정책를 반영하기도 하였다. 이 보고를 중요하게 여긴 국민정부 참군처는 곧바로 중국 국민당 비서처에 이를 전달해 주었다.

제3절 적극적인 중·한 우호관계 추진

대전 종료 후, 중국국민정부는 점차 한반도에 관한 정책을 세워 놓았다. 12월5일, 장개석은 전보로 한반도에 대한 국민정부의 기본정책을 반포하였다.

중국은 한국에 대한 정책을 정세에 따라 적극 추진해 나가야 한다. 미·소 양국은 한반도의 남북을 각각 차지하는 정세 속에, 국제상 중국은 미국과 밀접한 관계를 유지하는 동시에, 주한 미·소 군사당국과도 관계를 유지해야 한다. 이렇게 함으로써 중국은 외교상 중립적이고 초연한 입장을 취할 수 있다. 미·소 간의 다리로써 그들의 관계를 이용하여 한국내 친중세력을 점차 키우면서 한국 각측을 단합시켜야 한다. 한국임시정부 임원을 최대한 지원한 것외에 중국 동북, 화중, 대만에 있는 300만 한교민을 잘 파악해야 한다. 이렇게 해야만이 대한외교의 토대가 다져질 것이다. 그리하여 대한정책에 있어 내정외교에 통합적으로 추진해 나갈 필요가 있다. 327)

그 전에 국민정부는 소육린(邵毓麟)을 중국 군사위원회위원장 중급장군 직함과 함께 주한대표로 임명한 후 한국임시정부 지도자들

326) 『國民政府參軍處致吳鐵城函』, 中國國民黨黨史會特檔 016-4
327) 邵毓麟: 『使韓回憶錄』, 75~76쪽.

과 함께 한국에 가서 활동을 전개하라 하였다.328) 소육린에게는 다음의 임무가 주어졌다. '미·소 군사위원회와 연락을 취하여 한국 국정을 시찰하며 한국 내 중국교포를 위로하고 그들의 권익을 보호해준다. 또한, 향후 중국의 대한정책을 실시하는데 도움을 줄 수 있게 수복지의 한교민을 주의·관찰한다.' 소육린은 행정원에 "전국 한교사무국"의 설립을 제의한 바 있었고 직책은 다음과 같다.

① 전국 각지의 한교민업무 획일적 처리 ② 수복지역 한교민의 재산처리 ③ 수복지역 한교민의 조사·선별·훈련 ④ 수복지역 한교민의 구제·파견 등 이다. 장개석은 이를 매우 중요시 여겨 중국국민당 중앙비서처와 기타 관련기관에 전달해 주고 이를 잘 검토하라 지시했다.329) 하지만 후에 미국의 반대로 소육린은 한국으로 가지 못했지만 위의 사실로 짐작하여 중국 국민정부가 한반도를 중시한 것은 틀림없는 사실이다.

1946년 4월 15일, 중국 국민당 고위층은 한국업무와 관련한 기관의 직무를 조절하였다. 그 날 중국 국민정부 외교부는 회의를 열어 각 부처 간 한국문제를 토론하도록 하였다. 회의에 참석한 기관은 행정원, 군령부, 내정부, 지정부, 농림부, 경제부, 사회부 등이었다. 회의 요지는 "여태까지 한국업무를 맡는 기관이 파다하고 방법이 각기 상이하여 서로 충돌이 많은 까닭에 업무의 효율이 높지 못하다. 한국의 독립을 앞두고 급히 한국업무와 관련한 주관기관을

---

328) 後邵毓麟因故未赴韓履行. 1949年中國國民政府承認大韓民國政府, 邵氏被臺灣國民黨當局任命為首任"駐韓大使"

329) 邵毓麟: 『使韓回憶錄』, 75~76쪽.

줄임으로 실효를 거두기를 기대한다."[330] 회의의 주요 의제는 다음과 같다.

(1) 한국업무 주관기관의 결정과 관련기관의 연락처

(2) 한국대표단과의 연락 및 방법(중앙과 지방)

(3) 한교민의 등록과 관리

(4) 한교민 단체의 등록과 취소

(5) 한교민의 귀국방침과 방법

(6) 한적 산업의 처리

(7) 한국 농민의 경작문제

(8) 기타 한교민의 사항[331]

회의에서 국민정부의 각 행정기관은 한국관련 업무에 관한 분담 사안을 정하였는데 주로 중앙 방면의 한국임시정부 주화대표단, 선무단, 교민문제 등 업무는 외교부에서 주관하게 하고, 한국광복군과 한적 병사문제는 군령부와 군정부에서 관장하게 하였다. 그리고 지방의 한교민업무는 소재지방의 정부가 관장하되 현안이 있는 경우 사건의 성질에 따라 외교부, 군령부, 군정부 등에 문의한 후 처리하도록 하였다.[332]

한국임시정부 주화대표단은 전개하는 외교활동을 통해 한중친선을 도모할 수 있는 기회를 줄곧 찾았다. 1946년말~1947년초 중국

330) 『商討對韓政策會議記錄』, 臺北"國史館"檔案 401-845
331) 『商討對韓問題之綱目』, 臺北"國史館"檔案 401-845
332) 『商討對韓政策會議記錄』, 臺北"國史館"檔案 401-845

내전 특히 동북의 내전이 고비에 접어들면서 한국국내의 정세는 김구 파에 불리한 쪽으로 바뀌고 있었고 한중관계는 신정세와 문제에 직면했다. 한국독립당과 중국정부의 관계를 어떻게 근본적으로 조절·강화해 나가는 것은 이 대표단의 주요 고려대상으로 부상하였다.

한국임시정부 주화대표단이 설립된 후 중·한 간의 구체적인 교섭과 달리, 1947년 1월 17일 한국임시정부 주화대표단 민석린 단장은 중국국민정부 문관처에 기밀문서 『한중친선관계 협력 제의각서(建議扶持中韓親善關係節略)』를 제출하였는데, 전반적으로 한중관계를 개선·강화하는 방안을 제기하였다.

민 단장은 '한국이 광복하기 전, 정세가 아직 정착되지 못한 시기에, 우리가 기회를 잡아 민심을 수습하고 경제기반을 잘 다지면서 간부인재를 육성함으로써 한중친선관계의 튼튼한 동량을 확보해야 합니다.' '국제정세가 변덕스럽고 세계 3차대전의 설이 분분한 상황에서 현재 한국내부의 어느 당파든 오래 갈 수 있을지 예측하기 어렵습니다. 한국 국내 각 당파의 득실은 긴요하지 않고 급선무는 한중친선관계에서 계승세력을 잘 부축하여 3차세계대전 후에도 종래의 사업을 계승하고 협력을 통해 앞길을 개척하여 백년 동안 이어질 수 있는 한중친선의 발전을 기원합니다.'고 했다. 이에 9가지 제안을 내놓았다.

(1) 한국업무에 관한 전문기구를 설립하고 직접 국가 최고지도자에 종속되어 조사·연구·설계를 도맡을 특정한 사람을 지정하여 기밀업무를 신속히 처리할 수 있도록 한다.

(2) 대한업무기금을 별도로 마련한다.

(3) 동시에 두 개의 정당을 부축하는 잘못을 다시 밟지 않도록 중국과 전통적으로 관계를 유지해 온 우익당파—한국독립당을 중심으로 '단일· 적극· 절대 통일성'의 정책을 취한다. 그렇지 않으면 한국국민이 둘로 나뉘어질 것인 바 이는 중국에도 전혀 도움이 되지 않을 것이다.

(4) 공산당을 미리 방지하기 위해 한국에 대한 정책을 미국과 같이 세워야 한다.

(5) 미래를 대비하는 차원에서 정치 간부 1,000명을 훈련시키고 갑병종1사단의 근간부대를 육성한다.

(6) 중국에 일정한 세력을 갖는 주화대표단이 중국 전반의 한교민을 관리하는 자격을 강화한다(특히 동북 230만 한교민).

(7) 동북의 한농민이 공산당에 이용당하지 않도록 주화대표단과 협력하여 농민대출로 민심을 가라앉힌다.

(8) 한중무역회사를 별도로 설립하고 상업선박 두 척을 두어 특용 소금과 잡곡을 한국으로 보내는 업무를 수행하도록 한다.

(9) 정부는 각각 정당·정치·군대에 관한 업무를 주관할 수 있도록 세 사람을 지정한다. 현재 객관적인 환경에 따라 정당은 조직부장, 정치는 문관장, 군대는 참모총장으로 전담하게 하면 된다.333)

---

333) 閔石麟: 『節略』〈機密, 1947年1月17日〉, 交祕字第069號附件, 中國國民黨黨史會特 檔 016-4

이 제안들은 한중관계에서 매우 긴급한 사안으로 한국임시정부 주화대표단이 중국정부에 대한 요구가 비교적 전반적으로 잘 반영된다고 할 수 있다. 양국관계를 더 추진하고 양국간의 연락을 잘하기 위해 1947년 2월 1일, 한국임시정부 주화대표단은 중국국민당 중앙비서처에서 한국업무를 전담하는 비서인 장수현에게 이 대표단의 고문을 초빙하였다.334)

국민정부 문관장 오정창(吳鼎昌)은 국민정부를 대표하여 민석린을 접견하고 위 각서에 주석을 달았다. "첫째, 민석린은 믿음직하고 젊고 유망한 사람인 걸 잘 알고 있고 국민당 중앙비서장 오철성은 이 사람과 계속 업무협상을 할 수 있을 것이다. 오철성 비서장은 관련기관과 협상한 후 귀 대표단이 요구한 위 사안을 진성(陳誠) 삼모총장, 진립부 부장, 왕세걸 부장과 함께 구체적인 방법을 의논하라 하였다. 둘째, 동북한교민은 매우 중시받을 만한다. 현지 한국공산당 활동은 동북보안사령부 한교민 사무처 임계동(林啟東) 부처장의 협조를 받은 바가 있다."335)

1947년 1월 31일, 중국국민당 중앙비서장 오철성은 장개석에게 서한을 보내 '중국은 미국과 밀접한 관계를 유지할 것 외에 중국에서 귀국한 한국혁명지도자들도 한국에서 적극적으로 활동하고 그 민중기반을 튼튼하게 다져주며 중국내의 한국대표단 및 한교민들도

334) 『韓國臨時政府駐華代表團京駐發祕字第00066號』, 載[韓]秋憲樹 『韓國獨立運動』(一) 515쪽.

335) 閔石麟: 『節略』〈機密, 1947年1月17日〉, 交祕字第069號附件, 中國國民黨黨史會特 檔 016-4

잘 활용함으로써 한중우호 증진의 기반도 다져야 한다.' 민석린의 각서에 맞추어 그 구체적 처리의견도 제출하였다. '제5항 정치간부 육성, 7항 한국농민문제, 8항 한중무역회사 등의 3절은 실행 가능성이 충분하니 이 제의를 각각 진성 총장, 진립부 부장, 왕세걸 부장에게 보고하여 문의하고 난 후 다시 결정하기를 바란다.'336) 이는 중국 국민당 고위층의 민씨의 각서에 대한 최초의 반응이었다.

2월 8일, 장개석은 중국국민당 중앙비서처에 국민정부 제0111호 전보를 반포하고 진종악(靳宗岳)의 한국문제에 관한 의견서를 전달하였다. 그 중에 "이 의견서는 한국주화단표단 민석린이 주장한 것과 일치하니 국민당중앙비서처가 검토하여 처리하기 바란다."고 밝혔다. 진종악의 한국에 대한 방침은 두 가지이고 하나는 중국이 미소 양국의 현행 외교관계를 방해하지 않는 전제하에 한국의 각 당파의 단결을 강화하고 중국은 경제적인 역량을 동원하여 한국의 우수인사를 암암리 집중시켜 건국 간부들을 육성시키는 데 협력한다. 이후 한국이 완전 독립될 때까지 한중협력의 근간을 다질 수 있다. 그리고 다른 한 가지는 적당한 시기에 중국은 미·소 병력의 철수를 독촉하여 외교역량으로써 한국이 영구중립국이 될 수 있도록 극동지역에서 중·소·미 3강 세력의 균형을 잡아 극동평화가 유지되도록 한다. 이를 토대로 진종악은 구체적인 실천 방안 7가지를 제기하였다.

(1) 승리 후 잘못 몰수된 재산을 한교민에게 돌려주겠다는 명령을 행정원에서 내림으로써 한교민의 불만과 원망을 가라앉혔다.

---

336) 『中國國民黨中央祕書處呈文』, 中國國民黨黨史會特檔 016-26-5

(2) 동북지역은 주한중국인을 단결하는 활동기지와 국내 연락처로 지정하고 한국광복된 후 그들이 모여 순조롭게 귀국할 수 있게 협조한다.

(3) 동북한교민이 귀국 전 유랑하거나 어쩔 수 없이 반동작업을 하지 않도록 조사·관리·협조하는 기구를 설립한다. 또한 동북 수만 명을 의용군에 편입시켜 엄격한 훈련을 통해 한중국경에 주둔케 하고 국내 정세가 호전되면 한국으로 돌아가 한국국방의 근간이 되도록 한다.

(4) 한국건국간부 훈련반 설립을 위한 전문자금을 조달한다. 우수청년을 선발하여 기능을 습득케 한 다음 귀국시켜 국내 인사와 연락을 취하게 하여 지방자치의 기반을 마련토록 한다. 적당한 시기에 정권을 수립함으로 독립국가를 완성한다.

(5) 동북지역에서 중·한문 연합신문을 발간하고 한중협력이론을 선전하고 두 민족의 교류증진을 위한 기관을 설치한다.

(6) 한중경제협력기구를 창설하고 한중무역회사를 설립하여 양국정부 국민이 각자 약간의 주식을 구매할 수 있게 하고 양국경제협력의 기반을 마련하도록 한다.

(7) 한국정식정부의 수립을 재촉하여 영구 중립국으로 공동 인정할 수 있도록 중국이 나서 미·소 양국을 협의한다. 또한 모든 외국부대가 일체 철수하도록 하여 극동 지역의 평화를 보장한다.337)

---

337) 『國民政府代電交祕字第0111號』, 中國國民黨黨史會特檔 016-26-14

중국국민당 중앙비서처는 장개석의 어령을 받고 외교부, 국방부 등 국민당중앙조직부를 초청하여 대응방안을 두고 여러 번 검토를 하였다. 2월 24일 중국국민당 중앙조직부 진립부 부장은 오철성에게 『한국문제 처리의견서』를 보내 중앙조직부의 응대조치를 제기하였다. 국민당 중앙조직부는 김구 파, 한국독립당 사이의 오랜 역사적 관계를 감안하여 한국에 대한 기본정책은 바로 한국독립당과 김구 파에 대한 지지와 협조인 걸 강조하였다. 그 주 내용은 다음과 같다. 한국 내 각 당파들에 획일적으로 요구할 필요가 없고 그 중 한국독립당을 위주로 부축하여 그 중심적인 지위를 보장해준다. '김구는 정치를 주관하고 이승만은 당을 집권하며' '향후 한국의 통일을 촉진하고 김구의 지도자 지위를 확보해야 한다. 외교방식으로 유엔에 한국의 합법정부 인정을 청구하는 동시에 유엔에 가입할 수 있게 응원해 준다.'는 점을 강조하였다. 한국문제를 처리하는 구체적 방안도 같이 세웠다.

남북통일문제는 여전히 외교방식으로 미국과 소련을 알선하여 서로 협의하도록 한다. '카이로회담에서 결정된 항목을 이행함으로써 한국의 독립을 선언하고 타 국가와 외교관계를 맺을 수 있도록 한다.'

한교민 문제에 있어 중국에 거주하는 교민들 중 적당한 방식으로 중국에서 상공업을 경영하거나 농업에 종사하는 정직한 한교민들은 법적으로 보호해주는 반면 중일전쟁 중 적대세력에 빌붙어 불량한 짓을 한 사람은 일단 적발되면 처벌해 준다.

한교민 재산처리문제에 있어 중일전쟁 중 적의 폭압으로 설립된 한교민 공농장과 기타재산은 모두 적의 재산으로 처분한다. 정당하게 경영한 일군 재산은 해당기관의 심사를 받고 사실이라면 돌려주고 생산과 한중외교에도 도움이 될 수 있게 한다.

동북한교민 농업대출문제는 '중국정부로부터 비준을 받고 한국임시정부 주화대표단이나 한교민총회의 담보로 하여 동북행원(東北行轅)에서 심사를 받은 후 경작할 수 있게 중국농민은행으로부터 대출받는다.'

한교민의 교육문제는 한교민 집중지역에서 교육주관기관의 심사를 거쳐 한교민학교를 설립할 수 있도록 한다. 한중교통과 무역문제는 '외교부가 주한미군정부와 협의를 통해 정상무역과 물자교역이 진행될 수 있도록 상해-서울 간의 해상교통을 개척해야 한다.' 한국군대 훈련은 '소련과 연안에서 중국공산당이 부축한 김일성, 김두봉 등 한국 공산당 분자들이 북한에서 세력을 키워 정권이 날로 확장되고 있음에 비해 다년간 중앙당국과 협력한 김구 등은 오히려 큰 역할을 하지 못하고 있다. '이 점을 감안하여 중앙비서처, 중앙조직부, 국방부 등이 공동 협력하여 '미국과 소련이 병력을 철수한 후 군대을 양성한다.' 대한선전에 있어서는 '한중 양국의 친선을 선양하고 한중간 민족감정을 증진시켜 한중문화를 발양하기 위해 국내 각 주요 도시에서 한중문화협회를 설립하거나 확장해 나간다. 본당의 지침하에, 각종 선전자료를 인쇄할 수 있다.'[338] 중국 각 부처 중, 중국국민당 중앙조직부가 민석린의 제안에 가장 적극적인 반영을 보였다.

338) 陳立夫:『抄送處理韓國問題之意見』, 中國國民黨黨史會特檔 016-16-5

4월 1일, 오철성은 장개석에게 보고를 올려 국민당 중앙비서처와 중앙조직부, 국민정부 각 부처에서 많은 검토를 거쳐 한국측 제의에 대한 응대 총원칙과 구체사항 등 두 가지로 응대방법을 나누어 제기하였다. 한국에 대한 정책 총원칙은 다음 4가지이다.

(1) 모스크바회의 결의안 중 한국의 신탁통치에 대해 굳이 반대할 필요는 없지만 최선을 다해 속히 한국이 통일될 수 있도록 협력한다.

(2) 한국독립당과의 역사적인 우정을 유지하면서 기타 각 정당과 협력하여 국내 통일되기를 기원한다.

(3) 재중 한교민을 절실히 보호한다. 한교민의 귀국로 인해 생긴 한국인에 대해 혐오감을 없애고 한중민족 간의 우의를 증진시킨다.

(4) 한국임시정부 임원들이 귀국한 후 신정부 수립되기 전까지 주화대표단은 한국혁명지도자들과 중국과의 연락기구로 한다.[339]

중국 최고당국은 이상의 4원칙을 중시하여 즉각 허락하였다. 4월 26일, 장개석은 국민정부 주석의 신분으로 전보를 쳐 "한국을 대하는 4대 원칙은 모두 가(可)하니 외교부에 잘 수행라고 명령했고[340] 각지 군정기관 나누어 잘 집행하라고 요구하였다." 이로써

339) 『中國國民黨中央祕書處致總裁報告』0947年4月\中國國民黨黨史會特檔 016-16-5

340) 『國民政府代電交祕字第0405號』〈1947年4月26日〉, 中國國民黨黨史會特檔 016-16-5

4대 원칙은 중국정부가 한국과 관련한 업무를 처리함에 있어 강령적 방침으로 작용하였다.

민석린이 제출한 9가지 구체적 제의에 대해 중국정부의 각 처는 여러 번 검토를 거쳐 다음과 같은 방안을 내놓았다.

(1) 제1항 한국업무와 관련한 기구를 설립하고 제9항에서 언급한 전담자를 두어 업무를 맡는 것에 대한 사안은 현재 외교부에서 한국과를 따로 설립해 두었으니 굳이 다른 기구를 설립하지 않아도 된다.

(2) 대한업무기금의 준비와 제4항에서 언급한 미국과 대한정책의 수립에 대하여는 별도의 논의가 필요치 않다.

(3) 한국독립당을 부축하는 것과 제6항에서 언급한 주화대표단의 강화에 대한 사안은 원칙적인 문제이므로 전문(4원칙)을 참고하기를 바란다.

(4) 제5항에서 언급한 정치인력 1,000명을 훈련시키는 문제는 국방국에서 삼가 처리하길 바란다.

(5) 동북한교민 중의 농민문제는 동북행원이 처리한다.

(6) 한중무역회사에 대해 중국 경제부와 중앙신탁국이 함께 협의하여 처리한다.341)

이런 방안들은 중국정부가 한국임시정부 주화대표단의 제안에 대한 중시를 보여주었다. 제의에 대해 답을 주면서도 중국도 나름대로의 원칙이 있고 요구하는 것을 곧이곧대로 받아들이지 않았다.

---

341) 『中國國民黨中央祕書處致總裁報告』0947年4月\中國國民黨黨史會特檔 016-16-5

제4절 한국독립당과 중국정부 간의 적극적인 관계 추진

중일전쟁 종료 후, 8월 24일부터 9월 26일 사이에 한국임시정부 김구 주석은 장개석에게 '공식비망록'을 두 번이나 보냈다. 비망록에는 한국독립당과 중국국민당 사이에 '영구적 대표파견'과 '연락대표를 선발하여 영원한 친목을 기약한다' 등의 내용을 알 수 있듯 한국독립당과 중국국민당이 긴시간 동안 서로의 연락과 협력구축은 이 대표단의 주 업무목표 중 하나임을 알 수 있다.

한국임시정부 주화대표단 설립 후, 실제적 관리권은 한국독립당에 있었다. 한국독립당 주화총지부는 주화대표단와 하나로 합쳐 중국에서 활동을 적극적으로 전개했다. 1946년 1월 11일, 한국임시정부 주화대표단은 중국국민당 중앙비서처에 서신을 보내 중국정부로부터 한국독립당 주화총지부와 각 당무조직을 보호해 달라고 요청하였다. 예를 들면 동북특파원 사무처의 상해, 북평, 천진, 개봉, 대만 등의 당지부를 설립에 대한 허가와 보호 등이다.342)

1946년 8월 27일, 한국독립당 주화총지부는 한국임시정부 주화대표단 소재지에서 당원대회를 개최하였다. 대회에는 남경, 동북, 북평, 개봉을 비롯한 기타 지역의 당지부 요원 30여명이 참석하여 각기 해외업무에 관한 진전을 토론하였다. 이때 동북 당원이 가장 많은 까닭에 중요 간부를 많이 파견하였는데, 현지에서 당무조직을 발전시킬 것을 결의했다. 이어 선거를 통해 박순, 민석린, 이광, 김은충, 최태산은 집행위원으로 이상만, 한금원, 김동수를 감찰위원으

342) [韓]秋憲樹: 『韓國獨立運動』(二), 175쪽.

로 임명하였다. 박순을 집행위원회 위원장으로 임명하고 김은충은 비서, 민석린, 이광, 최태산은 각각 선전, 조직, 훈련업무를 맡았다. 그리고 이상만을 감찰위원장으로, 한금원은 비서로, 김동수는 감찰로 임명하였다. 이튿날, 독립당 총지부는 중국국민당 중앙비서처에 서신을 보내 지부개선의 경과와 결과를 통지하였다. 이런 사실로 두 정당의 밀접한 관계를 입증할 수 있다.343)

1946년 12월초, 한국임시정부 주화대표단은 중국 군대 측에 각서를 보냈는데, 각서의 제5부분은 '귀·아 양당 우호관계의 유지문제'이고 두 정당의 관계문제에 대해 대표단은 재차 중국정부와 협의하고자 하였다. 그 주 내용은 다음과 같다.

중·한 두 민족의 미래는 두 정당의 밀접한 관계와 양해를 토대로 발전해 나간다. 하지만 만약 정치상 서로 역방향으로 움직인다면 양쪽의 감정이 삭막해져 외적으로부터 침략을 당할 수밖에 없다. 한국독립당 인사들이 귀당을 따라 움직인 지가 어느덧 30년이 지났다. 이번 한국광복의 시기에 귀당과 독립당은 손을 잡고 동행하는 것은 역사상 가장 빛나는 시기이다. 한국이 미·소 양 군대에 점령당한 상태에서 북한에 대한 논의는 일단 생략하고, 남한에서 미국이 우세를 차지한 상태에서는 미국 인사가 정치상으로 우세를 차지할 수밖에 없다. 본 독립당은 오랜 혁명역사를 갖고 있지만 외부환경 탓에 정권을 완전히 파악할 수가 없다. 이런 시기에 귀측과 본당 인사들은 먼 앞날을 내다보고 관계를 유지하면서 미래의 발

343) 『韓國獨立黨總支部致中國國民黨中央祕書處函』, 中國國民黨黨史會特檔 016-12

전을 위해 암암리 당정군 간부인재 육성에 진력해야 한다. 우리 양당이 한국 정책을 수립함에 있어 두 정당을 주체로 하고자 한다면 본 당은 귀 측의 선택에 맞춰 세심한 계획을 세울 수 있다.

중국군사위원회 참모총장 사무실은 서한을 받고 이를 매우 중요시했다. 12월 6일 주의와 토론을 받기 위해 중국국민당 중앙비서처에 이 각서를 송달하였다.344)

表 4-1 韓國獨立黨中國總支部各級黨部負責人住址一覽

中國總支部	執行委員長	樸贊翊	南京太平路329號
	祕書部長	金恩忠	南京太平路329號
	宣傳部長	閔石麟	南京太平路329號
	組織部長	李光	北平梟內大街177號
	訓練部長	崔泰山	瀋陽和平區西安街4號
	財務部長	樸贊翊	南京太平路329號
南京區支黨部	代委員長	閔泳玖	南京太平路329號
東北黨特別委員會	特派員	金學奎	瀋陽和平區西安街4號
北平支黨部	委員長	李光	北平梟內大街177號
上海支黨部	特派員	金東洙	上海狄思威路1014弄2號
天津支黨部	改選中	---	---
開封支黨部	委員長	柳昌萬	開封新興街3號
臺灣支黨部	特派員	李象萬	基隆市義重町4 目八大勝旅馆345)

1947년 1월 11일, 한국독립당 박순은 중국국민당 중앙비서장 오철성에게 한국독립당 주화총지부 각급 당부 책임자의 주소 일람표를 서신으로 보내 이들의 보호를 요청하였다. 중국국민당 중앙비

344) 『參謀總長辦公室致中國國民黨中央祕書處函』, 中國國民黨黨史會特檔 016-4-8

345) 『行政院祕書處致國民政府東北行轅等機關函』, 臺北國史館檔案。

서처는 즉시 이를 행정원비서처, 국민정부 동북행원, 남경시정부, 북평시정부, 상해시정부, 하남성정부, 대만성 행정장관에 송달하여 요구한 대로 이들의 보호를 보장하라고 한다.346)

1947년 10월 10일, 박순은 한국독립당 주화총지부 집행위원회의 명예로 중국국민당에 '쌍10절'의 중국 국경일을 축하하는 서한을 보냈다. 중국 국민당 중앙비서장 오철성은 회신을 통해 감사의 뜻을 전했다.347)

1947년 12월 4일, 한국임시정부 주화대표단 박순 단장은 오철성에게 서신을 보내 양당의 합작으로 '한중동제(同濟)실업회사'를 창립하고 양당의 경제기반을 마련하자고 제의하였다. 한중동제실업회사의 초안도 동봉하면서 국민당총재에 실행해달라고 부탁했다. 이 초안은 총 5항이었는데 구상 규모가 컸다. 국내에서 정권의 취득이 불리한 상황속에서 한중경제교류의 명맥을 파악하고자하는 포부를 보여주었다. 이 초안에는 우선 이 회사가 중국국민당과 한국독립당이 경제기반을 닦고 한중 양국 실업을 발전시켜 한중 양국 문화를 증진시키기 위해 만드는 것에 그 목적을 두고 일반 무역회사와 성격이 사뭇 다름을 밝혔다. 다음으로 업무범위는 무역, 운송, 어업, 부동산, 공장, 은행, 농장 등을 포함하고 '특권'의 향유를 강조했다. 무역에서 '본 회사는 한중 양국 정부의 요구에 따라 정식 통상후 교역을 진행하며 정부의 부속기관으로서 특권을 누린다', 운송에서 '한중운송은 과거 일본이 독차지하였지만 한국인이 갖는 선박에 구

346) 『行政院祕書處致國民政府東北行轅等機關函』, 臺北"國史館"檔案。

347) 『朴純致中國國民黨中央祕書處函』, 中國國民黨黨史會特檔 016-4-105

매·발전을 통해 보태 점차 한중운송의 근간을 쥐도록 한다.'

어업에 있어 '일본이 중국의 해양어업을 독점하였으나 종업자의 태반이 한국이었고 특히 대만의 어업은 한국인이 더 많이 차지하였다. 본 회사는 정리·통합을 통해 밝은 미래를 예측할 수 있다.'

부동산에 있어서는 '한교민의 재화산업의 철수작업이 제대로 이루어지지 못해 접수인이 차지하거나 행방불명인 경우가 적지 않다. 이에 본 회사가 이들의 재산과 산업을 청산하여 옛 주인에게 돌려주거나 잘 활용하도록 한다.'

공장은 '한교민의 재화공장이 적지 않지만, 적군이 철퇴함에 따라 중지되거나, 주인이 바뀌거나, 기계와 작업장 일체가 파괴된 경우가 많은데 이는 매우 안타까운 일이다. 본 회사가 이를 다시 수습하여 상황을 봐서 재개업을 하거나 재생산을 할 수 있도록 한다.'

은행에 대해서는 '향후 중·한 양국의 금융산업은 날로 긴밀해질 법인데 국가은행과 상업은행을 경제상황에 맞춰 발전시키고 준정부 기능의 은행을 설립하고자 한다.' 농장에 있어서는 '한교민의 토지를 이용하여 농장과 과수원 목축업 등의 기타 업무를 기획한다' 등으로 업무범위를 규정해 놓고 있다. 한국독립당은 중국정부로부터 지원을 받는 상황에서, 중국과의 특수관계를 이용하여 한교민의 재중 경제를 토대로 그들의 경제역량을 신장시켜 한중무역에 있어 모종의 독점적 지위를 차지하려는 의도를 나타냈다. 본 회사의 1기 자본은 100억을 기준으로 하고 중국국민당과 한국독립당이 각각 50%씩 출자하고 향후 업무가 확대될 경우 다시 자금을 투자하겠다는 규정을 내세웠다. 회사의 조직은 중국국민당과 한국독립당이 각각 몇 명의 대표자를 정해 그들로 하여금 당(黨) 주주를 맡도록 하였다. 또한 당주주 대표로 이사회를 추천하게 하고 이사회는 상무이사와 이사장을 추천하여 회사업무의 진행을 주관하도록 하였다. 회사의 잉여분배는 일반관례에 따르고 그 중 50%는 한중문화사업에 쓴다고 명시했다.[348]

중국국민당 중앙비서처는 이 제안에 적극적인 태도를 보였다. 12월 12일, 오철성은 한중동제실업회사 조직초안을 작성하여 장개석에게 보고하고 동시에 한국임시정부 주화대표단에도 송달했다. 오칠성은 초안 말미에 자신의 의견을 덧붙였다. '검토를 하고 수행할 수 있다 판단되면 비준을 받아 재무위원회에 보고하고 자금을 조달하겠다.'[349] 국민정부문관장 오정창은 이 일을 처리하면서 역시 자신의 의견을 달았다. 이 조직의 개요는 원칙상 채택할 수 있고 최고기관에 보고를 올렸으나 최종적으로 허가를 받지 못하게 되었다. 12월 26일, 오정창은 오철성에게 서신을 보냈다. '한중동제실업회사의 창립은 뒤로 미루고 나중에 다시 의논하겠다.'[350]

한국 국내정세의 급격한 변화로 한국임시정부는 더 이상 존재할 수 없었고 이에 중국은 주화대표단을 중국정부와 한국혁명 지도자들 간의 연락기관으로 새로이 지정하였다. 주화대표단은 실은 한국독립당의 주화대표기구로써 한국독립당을 대표하여 중국정부와 제반 업무와 협력을 진행해 왔다.

---

348) 『樸純致吳鐵城函』, 中國國民黨黨史會特檔 016-4-98
349) 『吳鐵城呈蔣介石文』, 中國國民黨黨史會特檔 016-4-98
350) 『吳鼎昌致吳鐵城函』, 臺北"國史館"檔案 401-893

제6장 한중 관내지역의 한교민 문제 교섭

제1절 한교민 집중문제의 교섭

전쟁 종료 후, 한국임시정부 주화대표단의 또 다른 중요한 업무는 중국에 거주한 한교민의 문제를 처리하는 것으로 이를 위해 중국당국과 끊임없이 교섭하고 협상해야 했다. 앞서 논의했듯 10월, 한적의 병사를 일본군 포로와 동일하게 집중 관리하다가 일교민과 같은 시간에 자국으로 송환하고, 각 지역의 한교민들도 각 성에서 집중관리하다가 후에 일교민과 함께 자국으로 송환하겠다는 중국 최고 당국의 결정에 대해 한국측은 불만이 많았다. 한국임시정부 주화대표단이 설립된 후 끊임없이 이 문제에 대해 중국정부와 완만히 협상하기 위해 노력했다.

12월 2일 한국임시정부 주화대표단 박순 단장은 국민당 중앙비서장 오철성에게 서한을 보내 한적의 병사와 한교민이 일본포로, 일교민과 같은 대우를 받는 것에 대해 수정해 달라 요구했다. 서한에는 다음과 같은 내용의 지적사항이 있었다. '일제 왜군은 침략자이자 패전국이고, 우리는 중국과 항일공동작전에 나선 형제나라이며 한국독립운동에 있어 귀 당의 지원을 많이 받은 바 있고, 귀 정부가 임시정부의 위상을 인정해 준 것에 항상 감사의 마음을 갖고 있다. 이런 우정에 두 나라 국민은 오랫동안 굳건한 정을 유지할 수 있었다. 오늘날 한인을 일인과 함께 취급하는 것은 장개석 각하의 약정에도 어긋날 뿐만 아니라 수십년간 한민족을 지원하는 취지에도 부합하지 않고 두 민족 간에 감정의 골을 깊게 하는 일이 아닐 수 없다. 이는 일부 사람들의 이간질에 지나지 않고 이런 이간질로 인해 교민들이 수렁에 빠질 수 있음을 인식해야 한다.

특히 화북지역의 상황은 매우 심하다. 이런 행위는 두 민족에 어떤 이익도 가져다주지 않는다.' 박 씨는 한교민 중에는 일제 40여 년의 탄압하에 살길을 찾아 부적절한 직업을 가진 자도 있고 나쁜 짓을 저지른 자도 있음을 인정하면서 아울러 선량한 농민과 상인도 적지 않았음을 거론했다. 그는 우선 선무단이 지방 정부의 협조하에 범죄의 경중을 가릴 수 있는 관련 자료를 제공할테니 중국 측에서 합당하게 처리하라고 제의하였다. '극악무도한 자들에 대해서는 중국의 법률에 따라 심히 처벌하는 것에 동의한다. 이런 방식이라면 공정하면서 지속적인 협력을 도모할 수 있다.' 그들은 중국정부에 청하여 '장개석에게 보고해 드려 양측이 손해 보지 않도록 군사관리처에서 바른 처리를 하라는 명을 내려주기를 바란다.'351)

12월 16일 한국측과의 교섭을 통해 중국 육군총사령부는 각기 군정 당국에 전보를 보내 한교관리방법 3 항을 발표했다. 한교와 한적 병사에 대해 여전히 집중관리를 하되 방법에 있어 일부를 수정한다. 수정내용은 다음과 같다.

⑴ 일본 포로와 한적 포로는 따로 관리하고 일교민과 같은 기준으로 보급품을 공급한다.

⑵ 일교와 달리, 각 지역의 한교는 각 성, 시 정부가 집중·관리한다. 일교민의 지원에 준하여 생필품을 제공해 주고 그 구체적 방법은 한교선무단이 협상·처리한다.

---

351) 『朴純致吳鐵城函』, 載[韓]秋憲樹 『韓國獨立運動』(一), 第495쪽.

⑶ 일본포로와 일교를 압송할 때 한교가 있던 지역에 남겨두고 귀국 수송은 별도의 규정을 따른다.'352)

한국측은 이에 만족하지 않았다. 12월 17일, 한국임시정부 주화 대표단 선무단 이광 단장은 장개석에게 서한을 보내 한교를 집중 관리하지 말거나 선무단에게 맡겨 줄 것을 부탁했다. 서한에는 '본국 교민들이 일제의 탄압 하에 나쁜 짓을 저지른 사람이 다소 있는데, 이는 다만 생존을 위한 것입니다. 한교들의 사상이나 조직이 복잡하고 일제가 패망한 후 임시정부 중국 사무소와 업무 면에서 서로 일치하지 못한 점이 있어 한교민으로부터 항의를 받기도 하였습니다. 본 단장은 북평에 와 교민회를 설립하면서 한편으로 교민들에게 법규를 잘 지키라고 교육하여 불법행의가 일어나지 않도록 단속했습니다. 이후 한달동안 어떤 사회안전을 방해하는 사건도 발생하지 않았으며 군인과 국민들도 사이 좋게 지냈습니다. 이렇게 한중관계가 날로 좋아지고 있는데 갑자기 집중관리의 명령을 받고 보니 한교들은 송구스럽고 불안하기 짝이 없습니다. 광복이 곧 실현되기 직전에 한국을 일본과 동일하게 대우하는 것은 매우 잘못된 처사입니다. 주석께서 어질게 집중관리의 명을 취소하시기를 바랍니다. 교민수가 많고 관리하기 불편한다면 지방의 법규에 준수하라는 명을 내리고 심한 범죄를 저지른 자를 제외하고 모든 교민은 단장이 도맡아 관리하도록 하여 주시기 바랍니다. 만약 불량한 자가 생기면 엄격하게 집중관리하고 교통이 가능하면 귀국 수송하겠

352) 上海市檔案館檔案 Q1-6-70

습니다.' 등의 내용이 들어 있었다.353)

12월 21일, 중국 군사위원회는 한국측과 수 차례의 교섭을 통해 애초의 두 가지 한국인 처리방법은 타당하지 않는 걸 인정하고, 『한교 및 한포로의 처리방법』을 수정·반포하였다. 그 주요 내용은 다음과 같다.

(1) 일포와 한국 포로는 함께 취급하지 않고 따로 관리한다. 각 전쟁지역을 단위로 하여 인원수에 따라 전쟁포로관리처에 한국병사 관리수용소를 따로 설치하고 광복군 임원에게 이들의 관리·훈련을 맡긴다.

(2) 일본이 항복한 후 한국 광복군은 각지 집결한 한인들을 각 전쟁지역에서 집중관리 하도록 하고 조직훈련에도 참석할 수 있다.

(3) 각 지역에 있는 한국광복군 지대(支隊)의 허가를 받은 자는 원상태를 유지할 수 있지만 한국광복군의 허가를 받기 전에는 활동을 금지한다.

(4) 한교를 각 성의 일교민과 따로 관리한다. 한국임시정부는 각 지역에 선무단을 파견하여 이를 처리하도록 한다.354) 이런 사실을 통해 한교민과 한적 사병을 일교, 일포와 달리하여 집중관리한 걸 알 수 있다. 그리고 한국광복군과 한국선무단이 이들의 훈련활동과 집중관리에 적극 참여하도록 허용되었다.

353) 『李光呈蔣介石書』, 臺北"國史館"檔案 245-16-13

354) 中國陸軍總司令部編 『中國戰區, 中國陸軍總司令部處理日本投降檔彙編』(下冊), 1946年刊印, 312~313쪽.

이에 각 지방정부는 곧바로 한교 및 한적 병사들을 관리하는 방법을 조절했다. 같은 달 천진(天津) 시정부에서 공포한 『한교집중실행방법』에서는 그 이전보다 훨씬 원활한 처리상황을 보여주었다. 즉 12월 5일부터 15일까지 한교민이 모이게 한 다음 이들에게 식량과 석탄 등의 생필품을 지급받을 수 있도록 하였다. 그리고 한교민들이 불법으로 획득한 재산은 몰수하고, 합법적으로 취득한 재산은 중국측에서 보관하였다. 중일전쟁 시기 일본에 빌붙어 행패를 부리거나 마약거래 등의 불법행위자들을 별도 관리하고. 전쟁에 참석한 한교민은 조사를 거쳐 증거가 있는 사람이면 집중관리를 받지 않도록 하였다. 집중 지역이나 숙소에 대한 사항은 시정부에서 통일 배정하였다.355)

1946면 2월 7일 국민정부 외교부는 한국임시정부 선무단장 이광에게 서한을 보내 한교민 집중관리의 완화와 단장이 직접 관리하는 답을 주었다. '외교부 및 북평 군사위원회에서 검토한 내용에 따라 북평 이종인(李宗仁) 주임에게 회답전보를 보냈다 북평과 천진의 한교 중 중경에서 파견되어 온 임원과 기타 동업자들의 자본이 중국 상인 세 사람의 합계와 같은 액수인 자는 집증관리를 받지 않아도 된다. 나머지는 북평의 집중관리를 받는다.'356) 이로써 국민정부는 최대한 한국 측의 요구를 만족시켜주었다.

1946년 1월 4일, 중국 군사위원회는 『동북을 제외한 중국 전지역의 한국병사 집중관리 계획안』을 자세히 작성하였다. 총 20개의

355) 天津市檔案館檔案 313-119
356) 『國民政府外交部複李光函』, 臺北"國史館"檔案 245-1613

조목으로 되어 있는 계획안의 주 내용은 다음과 같다. '중국 전역에서(동북을 제외한) 일본군에 복역한 한적의 병사는 지역 단위에 설치된 한적 병사 집중관리소에서 관리하도록 한다. 관리소는 각 지역(방면군)의 포로 관리소에서 관할한다. 관리소는 '제XX 전구(방면군) 한적 장병 관리소'라고 한다. 한적 병사들의 관리기간은 각 지역의 상황에 따라 결정한다. 각 지역구(방면군)는 경내의 한적 병사를 집중관리하되 매 관리소는 삼천 명을 초과하지 않도록 한다. 각 관리소는 해당 지역구(방면군)에서 파견하되 한중 간 역사관계, 한국정세 등에 능통하고 국제정치의 소양이 높은 사람 중 일본어나 한국어에 능통한 병사나 노동자가 관리업무를 전담하도록 한다. 한적 병사 관리에는 광복군이 참여하고 그 실행방법을 찾는다.

관리소의 업무 종사자는 모두 적극적으로 담화에 참여해야 하며 각 지역(방면군)의 사항을 보고해야 한다. 이에는 일제 강점기 (정치, 경제, 교육, 교통, 공업, 항만, 공항 등의 시설), 한국의 민족사상과 민족의 유명인사의 약력과 배경, 한교와 한국통사 등이 포함된다. 관리소는 한적 병사에게 포로의 기준에 따라 보급을 한다. 관리소는 상황에 따라 지역(방면군)에서 부대를 파견하거나 소장의 지휘를 받도록 한다. 관리소에 전범이 발견될 경우 전쟁범죄처리규정에 의해 처리한다. 집중관리를 받는 한국 병사는 금지품을 소지할 수 없고(마약, 무기 등), 귀중품과 현금(5만 원 이상)은 모두 관리소에 맡겨 보관하다 귀국 시 돌려준다. 명령을 준수하지 않는 한적 병사는 각 지역(방면군)에서 조사를 거쳐 강제로 시행하도록 한다. 중국의 법규를 지키지 않는 한적 병사는 법에 의해 처리하고

심할 경우 본 군사위원회에서 처리한다. 한적 장병의 귀국은 별도의 계획에 의해 실행한다.'[357]

1945년12월과 1946년 1월, 중국 군사위원회가 내놓은 두 문서는 한국임시정부 주화대표단의 항의와 교섭에 대한 적절하게 수정한 조치였다. 즉 한국임시정부 주화대표단과 한국광복군은 한교와 한적 병사의 집중, 조직훈련과 관리업무에 참여를 허락하였다. 하지만 전쟁 후기 수복지의 복잡한 정치환경을 고려하여 전쟁 도중 악행을 일삼은 한국인 간첩이 일본인과 쉽게 분간할 수 없다는 점을 감안하여[358] 중국군부는 여전히 한교민과 한국 병사를 같이 집중관리하는 원칙을 지켜왔다. 그리고 한국임시정부와 한국광복군이 중국에서 활동하는 것에 대해 엄격히 통제를 가했다. 이는 수복지의 치안과 질서를 유지하기 위함이었다. 말 상하에서 발생한 한국광복군 폭동사건은 중국군부의 근심과 의심을 한층 더하게 하였으니 이들에 대한 관리는 엄격해질 수밖에 없었다.

1946년 1월 16일 중국 육군총사령부는 전보를 보내 다시 한번 강조하였다. 즉 '한국광복군의 각 지대는 중국정부의 허가를 받지 않은 이상 모두 철거해야 하고 집중관리의 대상으로 모든 자유활동을 금지한다.'[359] 그리고 『군 위원회의 허가를 받아 설립한 한

357) 中國陸軍總司令部編 『中國戰區, 中國陸軍總司令部處理日本投降檔彙編』(下冊), 310~312쪽.

358) 由於日本統治者長期以來在中國推行"以韓制華"的政治策略. (생략)筆者曾經在上海市檔案館等處系統查閱韓國僑民檔案, 但當時上海市政府各部門的記載都將韓人歸入日人一類, 而且其姓名差不多全部是日本姓名. 這給國民政府處理韓僑和韓籍官兵帶來了一定的困難和影響.

국광복군 각 부대 및 인원수』와 『허가 받은 한국 임시정부 관할하의 각 단체』를 표로 만들어 제시하였다.

군위원회 허가를 받아 성립된 한국광복군 각 부대 및 인원수

<table>
<tr><th colspan="3" rowspan="2">구분</th><th rowspan="2">주관성명</th><th rowspan="2">주지</th><th colspan="3">인원수</th><th>비고</th></tr>
<tr><th>관좌</th><th>사병</th><th>소계</th><th></th></tr>
<tr><td colspan="3">광복군 총부</td><td>이청천</td><td>중경</td><td>82</td><td>59</td><td>141</td><td></td></tr>
<tr><td rowspan="10">제1
지대</td><td colspan="2">지대부</td><td>채원개</td><td>중경</td><td>14</td><td>30</td><td>44</td><td></td></tr>
<tr><td rowspan="5">제1
구대</td><td>구부대</td><td>찐쥔</td><td>로허커우</td><td>6</td><td>10</td><td>18</td><td rowspan="5"></td></tr>
<tr><td>제1분대</td><td>찐청호</td><td>중경</td><td>19</td><td>0</td><td>19</td></tr>
<tr><td>제2분대</td><td>쩡이쭈</td><td>중경</td><td>19</td><td>0</td><td>19</td></tr>
<tr><td>제3분대</td><td>찐쓰산</td><td>뤄안</td><td>32</td><td>0</td><td>32</td></tr>
<tr><td>제3분대1부</td><td>찐창궈</td><td>리황</td><td>32</td><td>0</td><td>32</td></tr>
<tr><td rowspan="2">제2
구대</td><td>구대부</td><td>리쑤민</td><td>상해</td><td>8</td><td>9</td><td>17</td><td rowspan="2"></td></tr>
<tr><td>제1분대</td><td>리청예</td><td>중경</td><td>11</td><td>0</td><td>11</td></tr>
<tr><td colspan="2">제3구대</td><td>레이밍</td><td>루청</td><td>200</td><td>0</td><td>200</td><td></td></tr>
<tr><td colspan="2">합계</td><td></td><td></td><td>423</td><td>110</td><td>533</td><td></td></tr>
<tr><td rowspan="4">제2
지대</td><td colspan="2">지대부</td><td>리판펀</td><td>카이펑</td><td>115</td><td>36</td><td>151</td><td></td></tr>
<tr><td colspan="2">뤄양분대</td><td>짱리호</td><td>뤄양</td><td>40</td><td>0</td><td>40</td><td></td></tr>
<tr><td colspan="2">정저우분대</td><td>쩌이민</td><td>쩡저우</td><td>74</td><td>0</td><td>74</td><td></td></tr>
<tr><td colspan="2">합계</td><td></td><td></td><td>229</td><td>36</td><td>265</td><td></td></tr>
<tr><td colspan="3">제3지대</td><td>찐쇠퀴이</td><td>쒸쩌우</td><td>180</td><td>25</td><td>205</td><td>1)부지대장이복원대리
2)해당지대 보고되지 않음</td></tr>
<tr><td colspan="3">북평 사무소</td><td>취이융더</td><td>북평</td><td>-</td><td>-</td><td>-</td><td></td></tr>
<tr><td colspan="3">합계</td><td></td><td></td><td>-</td><td>-</td><td>-</td><td></td></tr>
<tr><td colspan="3">부록</td><td colspan="6">본회는 34년 8~10월에 한국광복군 한교 포로 80명을 받아들였다. 현재 중경에 있는 각 지대는 통계되지 않아 등록하지 않았다.</td></tr>
</table>

359)上海市檔案館編 『中國地域韓人團體關係史料彙編』(一), 205~208쪽.

허가 받은 한국 임시정부 관할하의 각 단체 명단

구분	주관 성명	비고
주화대표단	박순	
화북선보단	리관	선보단은 천진, 교주로, 창커우로, 정타이로를 중심으로
화중선보단	리완샹	선보단은 룰항로, 신썅, 뻥뿌 등을 중심으로
화남선보단	이청천	선보단은 베이징, 상해, 우한 및 복건, 광둥 절강 등 연해 항만 화중 선보단에 부속됨
한구 분단	챈양우	

중국군대 측의 태도는 매우 확고했다. 즉 위의 표에서 알 수 있듯이 반드시 중국군부의 허가를 받은 소재지의 부대, 단체만이 합법적이고 상술한 내용을 넘는 활동은 모두 불법으로 간주했다. 이와 관련하여 중국 국민정부 행정원은 1994번훈령을 반포하였는데 각 지역의 한교민 상황을 사실대로 보고하라는 것이었다. 그 중에 일교민과 한교민의 집중관리소의 인수변동 상황을 보다 잘 파악하기 위해 매월 보고서를 제출하도록 했다. 보고서를 각 한일교민 집중지역의 관리소에 있는 성, 시, 현에 보고하도록 한 것이다. 보고서에는 집중관리되고 있는 인원, 귀국인원수, 집중해제 인원수, 사망 인원수, 도망 인원수, 현재의 인원수와 남성, 여성, 성인 16세 이하와 유아 등의 내용이 포함되어 있었다.360) 중국정부의 이런 태도는 한국임시정부 고위층과 주화대표단의 주장과 많은 차이를 보였기 때문에 양측은 이를 해결하기 위해 끊임없이 교섭하면서 의견을 조율해 나갔다.

거시적으로 한교업무를 처리하는 국민당중앙비서실과 중앙조직부는 수복지에서 한교문제를 실제로 처리하는 중국 육군총사령부보

360) 上海市檔案館編 『中國地域韓人團體關係史料彙編』(二), 156~157쪽.

다 상대적으로 유연했다. 그들은 중국과 한국 양국의 역사적 관계와 전략적 이해관계를 더 중요시하였기 때문에 중국에 있는 한교와 한적 병사를 일교민 및 일군포로와 잘 구별하여 관대히 대해준다고 주장했다. 1946년 3월 3일 국민당 중앙집행위원회는 상해시정부에 서한을 보내 '현재 상해의 한교들이 생활고에 시달려 처지가 매우 궁핍하다. 형제와 같은 한중관계를 감안하여 한교를 지원을 해줌으로써 한중의 관계를 더욱 돈독히 하기 바란다. 또한 중국의 국책에 따라 한교와 적을 잘 가려내어 대하기 바란다. 이에 특별히 전보를 보내니 이를 해당 지역에 전달하고 한교민을 우대해주기를 바란다.'[361] 이런 태도를 취하던 중국국민당 중앙당부는 한국임시정부 주화대표단은 그들의 불만을 털어놓는 대상으로 삼고 한교민문제를 처리하는 한중협상기관으로 되었다.

1946년 1월 20일 김구 주석은 한국에서 돌아온 중국 국민당중앙비서실 왕영생(汪榮生)을 통해 오철성에게 서한을 전해주었다. 서한에서 신탁통치를 반대하는 것 외에 한교의 대우문제에 대해 날카롭게 지적하였다. 구체적인 내용은 다음과 같다. '북평, 상해, 남경, 천진에서 조국으로 돌아온 교민과 병사가 하소연하였듯이 중국의 각 지역 군정부는 양국의 좋은 관계를 간과한 채 교민들의 재산을 몰수하고 한교를 강제로 추방하거나 학대하는 경우가 많아 이로 인해 사망자가 종종 발생하고 있다. 공산당은 이를 틈 타 이간질을 하여 참사가 벌어지기도 한다. 이는 두 민족에 매우 불리하고 귀당의 총리와 주석께서 베풀어준 우정과 협조에도 어긋나니

361) 上海市檔案館編『中國地域韓人團體關係史料彙編』(二), 257쪽.

한교민들이 편히 생활할 수 있게끔 각지 정부에 명령을 내려주기 바란다.'362)

3월 10일 한국임시정부 주화대표단 박순 단장은 국민당중앙비서장 오철성에게 서한을 보내 '현재 각 군정부에서는 중앙의 정책을 따르지 않고 한국국민을 우대하지 않는 까닭에 한교민과 한국 포로들이 학대를 받아 견디지 못할 정도이다. 대표단이 나서 중국 지방당국과 교섭해달라는 한교들의 간절한 요청에 대표단이 교섭을 하였지만 교섭 후에도 개선이 없고 오히려 학대가 더욱 극심해져 그 참상은 이루 말할 수 없다. 이에 직접 국민당 중앙정부에 한국국민을 보호해 달라고 했다.'363) 또한, 이 대표단은 중국국민당중앙비서처에 『각서』를 전달해 주었다.

경, 호, 평, 진, 한, 청, 제, 서 일대의 군정 당국은 장개석 각하의 명령을 따르지 않고 한인 첩자를 처벌하기는 커녕 오히려 그들에게 뇌물을 받고 도망가라 하였다. 그리고 그들은 정보원이나 조사원을 신분으로 하여 제멋대로 행패를 부리고 있다. 선량한 교민들의 재산이 몰수되고 강제로 집중 관리를 받거나, 교민들에게 일상용품을 제공주지도 않고 범죄자인양 임의로 구타하기도 한다. 착한 교민들은 경찰, 헌병, 불량배들에게 갈취를 당해 거지와 다름없는 생활을 하고 있다. 집중관리상태에서 식품도 이불도, 침대도 없어 질병에 시달리다 매일 죽어가는 사람이 생기니 민원이 높다. 그들은 귀국한 후 화교들에게라도 앙갚음을 하겠다고 한다. 반면에

362) [韓]秋憲樹: 『韓國獨立運動』(一), 496~497쪽.

363) 上海市檔案館編 『中國地域韓人團體關係史料彙編』(一), 41쪽.

공산당은 이를 좋은 기회라 여기고 한국첩자와 결탁하여 임시정부, 광복군 및 독립당의 정세를 파괴하고자 한다. 이런 사실은 현재 한교들의 상황이 얼마나 비참한지 알 수 있게 해준다.

그리고 각 지역의 한국 사병들은 일본 군인들과 따로 집중관리되면서 더욱 열악한 대우를 받고 있다. 수천 명의 사병들이 낡은 절간에 갇혀 옷도 없이 식사도 제대로 공급되지 못하고 있다. 뿐만 아니라 하루에 8시간 이상의 노역을 하고 있다. 많은 사람들이 질병으로 죽어가고 산지옥이나 다름없다. 중국 병사는 광복군을 만나기만 하면 빰을 때리고 4등 국민이라 깔본다. 더 심한 것은 선무단 직원을 아무 이유 없이 구금하고 있다가 며칠 후 석방해 준다. 본 선무단이 왜 그러느냐고 질의하자 오히려 선무단의 간판이 어디있느냐고 되물었다. 본 선무단의 위신을 바닥에 떨어뜨리고 공산당과 한국첩자들에게 선무단과 교민이 무슨 차이가 있느냐고 비웃음을 당했다. 이런 상황이 바로 현재 선무단과 한적 사병들의 고충이다.[364]

이는 한교민 대우에 관한 모든 문서 중 어조가 가장 격렬한 것이라 할 수 있다.

4월 11일 한국임시정부 주화대표단 박순 단장은 오철성에게 서한을 보내 전쟁 후 김구가 장개석을 면담한 후 다음과 같은 것을 부탁했다는 사실을 전했다. (1) 일본군의 한적 사병들은 전범에 따라 처리할 것. (2) 스스로 귀국하거나 죄가 심하지 않은 자는 모두 한국으로 송환한다. 귀국 의사가 없는 선량한 사람은 보호해 준다.

364) 上海市檔案館編 『中國地域韓人團體關係史料彙編』 (一), 41~44쪽.

(3) 한적 사병과 일본군은 따로 관리하고 중국 광복군에 집결시켜 훈련을 받게 한다. 이상 세 가지를 장개석주석께서 허락해 주기를 바랍니다.' 이에 장개석 주석은 즉각 각 지역의 군정당국에 이를 실행하라 명령하였다. '한교민들은 이에 모두 감격하여 눈물까지 흘렸다.' '그런데 중국 당국은 장개석 주석의 명을 받들지 않고 한교와 한적 사병을 일본 포로와 동일시하고 모두 자국으로 송환하였다. 심지어 중국정부가 승인한 한국 선무단의 직원들을 아무 이유없이 구금하기도 하였다.' '한교를 이런 식으로 대하니 대표단은 일반 한국민과 다름이 없고 대표단 존재의미도 없어졌다. 한국청년들은 격분한 나머지 이런 사실을 세상에 공개하고자 하였지만 본 대표단이 한중외교에 악영향을 끼칠까 몇 번이나 나서 이를 제지하였다. 만약 이런 상황이 개선되지 않는다면 앞으로 본 대표단도 어찌할 수가 없다.' 이에 '중국정부에 긴급 대책을 내세워 관련 부처의 악행을 막고 장개석 주석의 명을 따라 한교의 생명과 재산을 보호해 달라 호소하였다. 일교민과 같이 한교를 대하면 대표단은 중국에서 철수하여 본 국민들에게 사과할 수밖에 없다.' 아울러 대표단은 중국정부에 '개선방법과 의견'을 제기하였는데, 모두 10조로 되어 있었다. 주 내용은 다음과 같다.

(1) 전쟁전과 전쟁후에 중국에 온 교민들을 확실히 잘 구분하여 대처한다.

(2) 한교민의 재산을 몰수하는 행위를 즉시 중단하고, 충분히 조사한 후 실시한다.

(3) 집중관리법을 즉각 취소하고 불량한 한교와 범법자에 대해서

만 집중관리를 하고 처벌한다.

(4) 한국인 간첩은 엄벌에 처하고 집중관리 한다.

(5) 한교민은 일교민과 차별화 정책을 세워 실행한다.

(6) 한교를 송환할 때 3개월간 이상의 생활비와 생필품을 소지할 수 있도록 허가한다.

(7) 각 군과 특무경찰이 한교를 학대하지 못하도록 명을 내린다.

(8) 민중들은 한교를 학대하지 말고 중·한 두 민족의 두터운 전통적 우정에 이바지한다.

(9) 각 군 당국은 한교 업무를 방해하지 말고 선무단의 업무에 협조하여 해당 사건을 해결한다.

(10) 군사당국은 한국 사병의 대우를 개선하고 집중관리에 훈련을 실시한다.365)

4월 15일 국민정부 외교부가 주최한 '대한문제 전문회의'에서 한국임시정부 주화대표단이 제시한 '개선방법과 의견'을 토론하였고 한교의 송환문제에 대해 논의를 하였다. '원칙적으로 한교를 모두 송환시키는 것은 적절치 않다. 예를 들어 전쟁 이전에 중국에 온 사람이나 매우 선량하고 일정한 직업을 가진 교민들과 대표단의 직원은 중국에 남을 수 있다.' 한국대표단의 건의사항에 대해 첫번째 사항은 고려할 수 있다고 의견을 모았다. '중국에 온 시기를 전쟁전과 전쟁후로 나눠 전쟁 전에 왔고 일정한 직업을 가진 교민들에게는 생활할 수 있게 허가증을 내준다. 만약 전쟁 후에 온

365) [韓]秋憲樹: 『韓國獨立運動』(一), 498~500쪽.

사람이고 나쁜 일이나 죄를 진 경우는 전범으로 죄를 묻는다. 만약 죄가 심하지 않은 자면 자국으로 돌려보낸다.'[366] 이는 중국정부가 한교 문제를 처리함에 있어 방법을 수정을 한 것이다.

6월 20일 국민정부 외교부는 상술한 원칙에 다라 '한교 관리방법 강령'을 반포하였는데 주 내용은 다음과 같다.

(1) 중국 수복지 각 지역의 한교는 반드시 해당 지역이 지정한 지역에서 주거해야 한다. 한교가 많은 지역은 외교부에 신고하고 집중관리를 하지 않아도 된다.

(2) 모든 한교는 아래 사항의 하나에 해당될 경우 집중관리를 받지 않아도 된다.

- 중국 군대에 가입한 한적 사병.
- 한국 임시정부 직책을 맡은 바 있거나 현재 맡고 있는 경우.
- 한교민으로 중국이나 동맹국 협력에 공로가 확인된 자 또는 중국정부에 의해 허가된 자.
- 정당하게 영업을 하는 자, 선량하고 동종업자의 자본보다 2배 이상 갖고 있는 자.

(3) 집중지역의 한교민은 생필품과 사유 물품을 소지할 수 있도록 하며 개인 소지금은 10만원까지 가능하다. 기타 금품과 유가 물품(금지품 제외)은 중국은행에서 보관하도록 한다. 나중에 귀국 시 찾아 갈 수 있다.

(4) 한교민이 집중된 지역의 통행금지는 각 성, 시정부에서 현지

366) 『商討對韓政策會議記錄』, 臺北"國史館"檔案 401-845

상황에 따라 결정된다.

(5) 한교민 집중 장소는 각 성,시정부가 한교 집중관리소를 별도로 설치하고 관리한다. 한교 관리소의 규칙은 각 성,시정부에서 결정하되 중앙정부에 보고하고 등록해야 한다.

(6) 집중관리 지역의 한교민은 빠른 시일내에 자국으로 송환시킨다.

(7) 중화민국 국적을 갖고 있는 한국인은 중국국적 제적신청을 한 후, 외국교민의 대우를 받는다.

(8) 집중관리를 받지 않는 교민은 성, 시의 정부에서 조사를 거쳐 등록시킨다. 등록증을 발급한 후 교민 대우를 한다.

(9) 한교민이 범죄를 저지르면 법에 따라 처분한다.

(10) 본 규칙은 발급된 날로부터 시행한다.[367]

이 법령은 실제로 한교민과 한적 병사들이 모두 한국으로 송환되는 방책을 바꾸고 한교민을 분류하여 관리하도록 하였다. 동시에 『한교등록 시행방법』을 반포하고 모든 교민들은 해당정부나 경찰국에 가서 등록한 뒤 2촌 규격의 사진이 첨부된 등록증을 발급받고 난 뒤 거주할 수 있었다. 등록증은 늘 휴대하여야 하고 필요시 검사를 받아야 했다. 어느 지역에서 다른 지역으로 옮겨가면 그 지역에 도착하여 등록증을 검증받아야 했다. 해당 지방정부가 원래의 등록증에 도장을 찍어줘야 사용할 수 있었다. 그리고 한교 단체는 해당 지역에 등록하고 감독과 지도를 받아야 했다. 지역정부는 관

367) 國民政府外交部: 『韓僑管理辦法大綱』, 臺北“國史館”檔案 401~845쪽.

할내의 한교에 대해 수시로 검사할 수 있었다. 지방정부는 임구가 불분명하고 행방이 명확하지 않은 교민을 감시하고 관련부서에게 신고할 수 있었다.368)

얼마 후, 중국 국민당중앙 비서실장 오철성은 김구 주석에게 외교부에서 작성한 '한교 관리방법강령'이 첨부된 서신을 보냈다. 그리고 중국에서 교민 실정에 따라 그들을 처리할 것이라 알려주었다. '한국의 정치는 예상에 미치지 못했지만 귀하의 노력에 따라 원만한 목적을 달성할 수 있으리라 믿는다. 중국 국민정부는 성심을 다해 도울 것을 약속한다.'369) 이 법령은 수토지의 한교민의 민심을 수습하고 한중관계를 한층 복원·강화하는 데 긍정적으로 작용했다.

한교문제를 처리하는 과정에서 또 다른 혼란스러운 문제는 바로 한중통혼문제이다. 1946년 9월 국민정부 외교부와 내정부는 협상을 거쳐 명확히 실행 가능한 규정을 발표했다. 내부규정에 따르면 '자국으로 송환할 때, 한교민의 아내가 중국인인 경우, 이미 중국적을 제적하였다면 한국 여성으로 인정하여 같이 송환한다. 만약 정부의 허가를 받지 않은 채 중국 국적을 잃었을 경우 귀국하거나 하지 않는 것은 본인의 뜻에 의해 결정된다. 그들의 자녀는 모두 한국인으로 간주한다. 한국 여성이 중국 남자와 결혼한 경우 중국에 남거나 않거나 본인의 뜻에 결정된다.370) 11월 국민정부 내정

368) 國民政府外交部: 『韓僑管理辦法大綱』, 臺北"國史館"檔案 401~845쪽.
369) 『吳鐵城致金九函』 載[韓]秋憲樹 『韓國獨立運動』(一) 501쪽.
370) 上海市檔案館編 『中國地域韓人團體關係史料彙編』(二), 146쪽.

부는 또 『한교 중국적 입적방법』을 반포하였다. 주 내용은 다음과 같다. '한교민이 일본이 점령한 지역에서 중화민국 국적을 획득한 경우 내정부의 검증을 받지 않은 한 모두 인정하지 않는다. 한국 여성이 중국남자와 결혼한 경우는 중국 국적법에 따라 중국 국적을 신청할 수 있다. 국적법 중 외국인이 중국으로 귀화하는 규정은 한국인에게도 적용되지만 무범죄나 불법행위가 없는 경우에 한해서이다.' 이를 통해 한교는 일반 교민과 같은 대우를 받았음을 알 수 있고 당시 일본인들은 이런 대우를 받지 못했다. 같은 날 반포된 『일본인 입적처리법』에 의하면 '외국인의 귀화 신청에서 일본인은 제외한다.'라고 규정한바 있다.371)

그때까지 중국 관내지역의 한교집중관리 문제에 대한 한중교섭은 이런식으로 마무리했다.

제2절 한교 산업문제 교섭

한교 산업문제를 어떻게 처리할 것인가에 대한 문제는 한국임시정부 주화대표단이 중국정부와 교섭한 한교문제 중의 또 다른 내용이다.

1945년 11월 24일, 국민정부 행정원은 『조선 및 대만인 산업처리 방법』을 반포하였다. 여기에 한교 산업처리의 기본 원칙을 제시되었다. 주 내용은 다음과 같다. 모든 조선 및 대만의 공유자산은 국유로 처분한다. 모든 조선 및 대만인의 사유재산은 해당 행정원

371) 『處理日韓人入籍, 內部頒兩辦法』, 1946年11月13日 『申報』

의 적군산업 처리법에 의거 접수·관리한다. 조선 및 대만인이 만약 호적증명을 제출할 수 있는 경우나 일본을 위하 간첩 활동을 한 적이 없거나 일본에 빌붙어 중국인에게 피해를 주지 않고, 일본인을 도와 물자를 빼돌리지 않았거나 기타 죄행이 없는 경우는 검증을 거쳐 행정원에 보고하여 재산을 돌려준다. 국민정부는 한교의 재산을 처리함에 있어 일교민 산업처리와는 원칙적으로 다르다. 그 이전에 반포한 『수복지 적들의 산업처리방법』에서 명확히 규정했듯 일교민의 재산은 공유나 사유를 막론하고 모두 중국 중앙정부에 소속된다.372)

그러데, 한국임시정부 주화대표단과 한교단체는 끊임없이 중국정부에 한교민의 재산을 보호해 달라고 요구하였다. 12월 30일 상해시정부는 훈령을 내려 상해 적군산업처리 심의위원회 제11차 회의 결정에 따라 재차 『조선인 및 대만인산업 처리방법』을 반포했다. 본 법령은 행정원 원장 송자문(宋子文)의 전보를 강화했고 다음의 규정이 있다. '대만과 조선은 간사한 사람이 많아 산업을 반환함에 있어 엄격히 검사를 거쳐야 하고 본 행정원에 브고 한 후 허가를 받고 난 뒤 돌려준다.'373)

중국정부는 우선 한교민의 재산을 접수, 보관, 변별, 검증, 처리하는 방식에 있어 한국임시정부 주화대표단의 반대에 부딪혔다. 1946년 1월 20일 김구 주석은 오철성에게 준 서한에서 '재산몰수' 문제를 명확히 언급하였고 이 행위는 '국민당과 주석의 다년 간의

372) 『上海市政府公報』 第2卷第8期

373) 上海市檔案館編 『中國地域韓人團體關係史料彙編』 (一), 469~471쪽.

호의에 어긋난 행위'라고 생각하였다. 한국임시정부 주화대표단은 중국정부와 한교문제를 교섭하면서 재차 한교재산의 몰수에 대해 반대의견을 제시했다. 4월 11일 주화대표단이 제출한 『개선방법의 의견』의 제2조에서 한교민의 재산을 몰수한 것을 즉시 취소하고 충분히 조사해야 한다고 밝혔다.374)

중국 정부의 대한 산업정책 외에도 중·한 간 비정부적인 재산분쟁이 여러 번 발생했다. 일부 불법기관이나 불법자들이 전쟁이 끝난 후 혼란스러운 틈을 타 한교민에게 피해를 주었기 때문에 중·한 간 교섭을 많이 했다. 1946년 2월 '안종성사건'이 발생하였다. 상해가 함락되었던 시기, 한교 안종성은 삼곽상사를 설립하여 당시 일부자금을 중국 무역은행에 적금하였다가 상해 재정당국은 삼곽회사의 회사명이 일본명칭인 듯 하여 적금을 동결했다. 이 사건이 발생한 후 상해교민단 선우혁 단장은 곧바로 증빙서한을 제출했다. '안종성은 선량한 한교임에 틀림없고 적에 붙어 어떤 반역행위도 한 적이 없다. 연말연시에 자금이 필요한 시기이니 풀어 주기 바란다.' 상해시는 신속히 이 사건을 국민정부재정부에 보고하고 금융특파원이 와서 처리해주었다.375)

같은 달에 '심기태사건'이 잇따라 발생했다. 상해 한교회는 상해시정부에 서한을 보냈는데, 내용은 다음과 같다. '한국인 심기태는 본 시의 한양로 35동 7호에 살고 있는데 민국 35년(民國35年) 2

374) [韓]秋憲樹:『韓國獨立運動』(一), 496~500쪽.

375) 從現有的檔案材料中未發現最終處理結果. 參見上海市檔案館編『中國地域韓人團體關係 史料彙編』(一), 293~295쪽.

월 27일 같은 동 41호에 사는 중국인 심금익(沈金易), 고국판(顧國藩), 초모(焦某) 씨 및 기타 사람이 들이닥쳐 대문을 파괴하고 집안의 물건을 강탈했다고 한다. 피해자는 급히 당고로 헌병대에 보고했고 헌병 두 명이 와서 폭행을 막아줬다. 4월 17일 오후 5시쯤 심금익, 고국판, 초모 씨와 기타 몇 명이 피하자의 집에 와서 다시 파괴했다. 4월 19일에는 심씨 등의 주택침입, 구타, 자유방해 등의 이유로 상해 검찰에 기소했다. 4월 29일 오후 3시 양측은 법정에 호출되어 판결에 의해 심금익은 구속처벌을 받았다. 하지만 그날 밤 심씨는 친척들을 통해 보석되었는데 또 피해자의 집에 가서 벽을 파괴하고 물건을 빼앗아갔다. 이튿날 아침 심모는 수리공을 불러 피해자의 집에서 가져온 목기 등을 수리한 후 본인에게 소유하였다. 피해자는 너무 격분한 나머지, 홍구 경찰서에 신고했으나 경찰서는 바쁘다는 평계로 이 사건을 접수하지 않았다.' 상해시정부는 이 소식을 접하자 바로 상해경찰국에 '사실을 밝히고 보고하라고' 명령했다.376)

한국측의 재차 교섭을 통해 1946년 4월 15일 국민정부외교부에서 주최한 각 부의 회의에서는 '한국 공사(公私)자산처리' 결의안이 반포되었고 '행정원수복지 전국사업접수위원회에서 정한 한국공사자산처리방안에 따라 처리할 수 있다.' 하지만 전쟁 이전과 전쟁 이후 온 사람을 구분하였다. 전쟁전에 중국에 오고 정당한 사업을 하는 선량한 사람들에게는 거주허가증을 발급해주고 그들의 재산은

376) 從現有的檔案材料中未發現最終處理結果. 參見上海市檔案館編 『中國地域韓人團體關係 史料彙編』(一), 299~304쪽.

몰수하지 않았다. 한교민의 농사문제에 대해서는 지역의 토지법에 따라 한교는 어떤 토지도 소유할 수 없지만 한교민이 경영하는 농장에 대해서는 구제를 신청할 때 중국의 법률을 어긋나지 않는다면 구제방법을 찾아준다고 했다. 고용방식으로 일자리를 만들어 일정한 시기가 지나면 본국으로 돌려보내는 방식을 취했다.377)

6월 20일 국민정부외교부는 '한교 처리방법 강령'을 반포하였는데 당시의 모든 한교 재산몰수 사건에 대하여 선별한 뒤 다시 반납하는 방법으로 수정하였고 한교의 상황에 따라 한교가 합법적인지 아닌지를 우선 확인하고 합법적 한교는 일반 외국교민의 재산관리법을 적용하여 충분히 보호해 준다고 강조하였다.378)

7월 2일 국민정부 행정원 제749차 회의에서는 '한교산업 처리방법'을 통과시켰고 공식적인 법률문서로 정했으며 한교민 산업에 대해 명확한 정책을 규정하였다.379) 11월 4일 국민정부 행정원은 정식으로 처리방안을 제기하였다. 주 내용은 다음과 같다. 한교가 합법적으로 획득한 자산은 확인되면 본인에게 돌려준다. 일본인과 함께 차린 산업인 경우 일제에 속하는 자산은 적산처리법에 의해 법적으로 처리하되 한국인의 몫은 검증한 후 돌려준다. 한교의 산업은 해당 산업의 부채도 포함된다. 불법으로 취득한 경우는 중국의 법령에 따라 처벌한다. 이미 지방 공사기관(公私機關)에 의해 사

377) 『商討對韓政策會議記錄』, 臺北"國史館"檔案 401-845

378) 國民政府外交部: 『韓僑處理辦法大綱』, 載[韓]秋憲樹 『韓國獨立運動』(一) 509쪽.

379) 國民政府行政院: 『收復區韓僑產業處理辦法』, 天津市檔案館檔案』 19~14쪽.

용된 한국자산은 돌려주지 않는다. 중국정부는 한교의 자산을 처분함에 있어 해당 산업의 총체적 가치에 따라 처분하고 동북 9개성의 교민 산업은 별도로 처리한다.380)

그런데 한교민의 산업문제는 집행과정에서 여전히 많은 문제를 안고 있어 한국임시정부 주화대표단의 끊임없는 교섭과 항의를 초래했다. 11월 10일 대표단은 김구 주석이 장개석에게 보낸 친필서한을 국민정부 문관장 오정창에게 전달했다. 그 중의 제1항은 바로 '선량한 한교의 재산을 돌려주고 보호해야 한다.'는 것이다.381) 이렇듯 한중간 교섭은 끊임없이 진행되고 있었다.

중국의 은행과 우체국에 있는 한교의 적금은 중일전쟁 종료 초기에 중국정부측이 동결시켰다. 후기에는 각 지역의 군정당국에서 규정을 내려 점차 상황에 따라 풀어주었다. 예를 들어 1946년 4월 행정원장은 임시로 북평 사무실에서 『한교적금 해동방법』을 정하였다. 여기에서는 한교가 천진은행과 우체국에 동결된 적금에 대해 신청자가 있을 경우 적금이 적군과 관련이 있는지를 확인할 것이다. 그리고 확실히 생활형편이 어렵고 한국임시정부 선무단의 증명을 받고 사실에 부합되면 돈을 찾을 수 있게 한다고 하였다.382)

한교 산업문제와 관련된 다른 하나는 전쟁 시 한교민의 집이 강제로 침범되는 사건의발생였다. 이런 사건이 종종 일어나 한국임시

380) 『上海市政府公報』 第5卷第29期, 1946年12月27日.

381) 『金九致蔣介石函』, 臺北"國史館"檔案 401~845쪽.

382) 『行政院长临时驻平办公处原令关于韩侨存款解冻办法』, 天津市档案馆档案] 17-260; 转引自徐行 『中韩关系史上的重要一页——战后天津暨华北韩侨的集中管理与遣返』, 『近代史研究』 2005年第4期.

정부 주화대표단은 중국정부와 끊임없이 교섭했다. 12월 한국광복군 총사령부는 상해 경비총사령부에 서한을 보내 한교 가옥 강제 침범 문제를 호소했다.

근래 상해시 교민들이 가옥문제로 혼란을 겪고 있습니다. 문서를 조작해서 원래의 주인을 위장하고 한민교를 내쫓는 사람도 있고 자신이 임대자라고 하면서 기한에 따라 내쫓는 사람도 있습니다. 심지어 행방불명된 군인의 집을 적군 재산이라고 폭력으로 강제 침탈하는 사람도 있습니다. 이런 사건이 잇달아 발생하고 있는데, 제대로 막지 않는다면 상황은 더욱 심각해질 것으로 예상됩니다. 조사에 의하면 극히 소수 거주민이 수속을 제대로 완비하지 못하였지만 다수의 경우 모두 수속을 마쳤습니다. 이번 중일전쟁의 승리에 따라 가옥 소유권에 문제가 있을 경우 법적으로 해결해야만 합니다. 만약 적산(敵產)으로 판단될 경우 조사위원회의 조사를 거쳐 반납할 일이지 위압과 강제로 할 것이 아닙니다. 여기 한교민은 모두 귀국하려는 사람들로서 되도록 참으려고 합니다. 이런 사건이 연달아 발생하는 상황을 보면 배후에 어떤 조직이 있는 것으로 예상됩니다. 한교들의 재산과 생명을 보호하지 못해 이들이 정처없이 여기저기 떠돌아다닌다면 상황은 정말 위태롭게 될 것입니다. 이는 한중의 화목에 지장이 될 뿐만 아니라 전통적 도덕에도 부합하지 않는 처사입니다.

중국정부에 '조사를 통해 현재의 상황을 주시하면서 귀국하기 전까지 더 이상 이런 강제 침입사건이 발생하지 않았으면 한다. 그리하여 양국의 화목을 도모하고 좋은 인상을 갖고 귀국할 수 있도록

해준다면 정말 다행일 것이다.'고 청구했다.383)

1946년 2월 한국임시정부 화남선무단 상해지간은 상해시장 전대균(錢大鈞)에게 서한을 보내 '상해시의 한교 가옥은 일본이 항복한 후 많은 분쟁이 일어났다. 교민들이 강제로 추방되어 현재 정처없이 떠돌아다니는 사건도 수십 건에 이르고 최근 날로 늘어나고 있다. 만약 이런 상황을 막지 않으면 사태가 더욱 심각해질 것이다.'고 하면서 상해시정부에서 나서서 이를 막아달라고 요구했다. 상해시정부는 이를 위해 특별히 상해경비총사령부에 한국측의 서한을 전달하고 이에 대해 조사하라 명령했다.384)

1946년 6월 19일, 국민정부외교부 상해사무처는 상해시정부와 송호경비총사령부에 외교부의 지시를 전달하였다. 각 지역에 한교민이 침해당하는 사건이 빈번히 발생하고 있어 한교대우 및 처리본부에서 제출한 한교처리대강을 주석께서 검토한 후 실행하라 지시하였다. 선량한 교민과 정당한 직업이 있는 교민 그리고 한국임시정부에서 근무하는 한교에 대해서는 조사·선별·보호하라는 요구가 있었다. 이는 한중 양국이 화목하게 지내자는 취지에 부합되기도 하였다.385) 6월 국민정부외교부의 '한교 처리방법 강령' 반포후 상황은 많이 좋아졌다. 한국임시정부 주화대표단의 요청에 따른 중국정부의 협조에 한교민의 재산침범과 불법 몰수사건은 많이 해결되었다.386)

383) 上海市檔案館編『中國地域韓人團體關係史料彙編』(二), 283~284쪽.
384) 上海市檔案館編『中國地域韓人團體關係史料彙編』(一), 162쪽.
385) 上海市檔案館編『中國地域韓人團體關係史料彙編』(二), 264쪽.

1946년 10월 17일, 한국임시정부 주화대표단 박순 단장은 중국 국민당 중앙비서장 오철성에게 서한을 보내 대표단 김은충 비서의 조상 무덤을 되찾아준 데 대해 감사를 표했다. '김은충의 말대로 그의 모친이 서신을 보내왔는데 조상 무덤이 있는 15무(畝)의 토지에서 8무가 회수되었다. 은충은 북평에 돌아가 계약수속을 마치고 인부를 고용하여 항일기념비를 세웠다.'고 했다. 그리고 장개석 주석이 글을 써주기 바란다고 전했다. 이는 한중관계를 돈독히 하고 전통적 우의를 증진하며 문화를 강화하는 데 있어 긍정적으로 작용할 만한 일이라 할 수 있다.

1947년 11월 초에는 또 '황신환(荒神丸) 사건'이 발생하였다. 11월 24일 한국임시정부 주화대표단은 상해시정부에 서한을 보내 '한국시민 김성두, 김동보 등과 가족 37명이 7월 27일에 중국 주한 영사관의 허가를 받아 제주도에서 '제주완'을 타고 대만으로 가는 도중에 태풍을 부딪쳐 조난당했다는 소식을 접했다. 가족의 생존을 확인하기 위해 특별히 '황신환(荒神丸)'(15톤급)이라는 배 한 척을 빌려 10월에 제주에서 출발하여 11월 2일 8시에 상해항에 도착했다.

그런데 오송(吳淞) 세관에 억류당했고 인원은 상해 경찰총국으로 넘겨졌다. 서한에는 다음의 내용이 있다. '김성두의 중국행 목적이 기술되어 있었다. (1) 밀수를 위한 것이 아니라 실종된 가족을 찾기 위한 것이다. (2) 휴대한 재물은 한국 돈이 중국 금화와 거래할 수 없는 까닭에 어쩔 수 없이 화물을 챙겨 중국에서 여비로 삼을 계

386) 『朴純致吳鐵城函』, 中國國民黨黨史會特檔 016-4-8.

획으로 가져온 것이니 중국측에서 억류한 사람을 석방시키고 압수한 물품을 돌려달라고 요구했다. 12월 10일 상해시 경찰국은 시정부에 문서를 보내 이미 한국군정부 주화외무총서와 협상을 통해 본 사안을 검토한다고 했다. 단지 '현재 한국에 갈 선박이 없고 경비도 없으며 한교민의 불법 중국입국 사건은 본 부서와 관련이 없다.' 상해 경찰국은 '이 사건은 협약대상이 아닌 국가의 교민과 관련된 사건이기에 본 경찰국에서 선불리 결정할 수가 없다.'고 하면서 하여 11월 25일 외교부 주 상해사무소에 서한을 보내 처리방법을 알려달라고 요구했다. 그리고 11월 28일 상해 한교협회에 통지를 보냈다. 협회 이사장 김현식(金昡軾)이 잠정적으로 보석을 허가하고 외교부사무처에서 밝힌 방법에 따라 처리절차에 들어갈 수 있었다.387)

한국임시정부 주화대표단은 한교민의 산업 및 가옥, 재산 등 여러 문제에 대해 직접 나서 중국정부와 교섭을 함으로써 한교의 이익을 위해 부지런히 활동했고 적극적으로 움직였다.

제3절 한교 관리문제의 교섭

한국임시정부 주화대표단은 중국 지방정부의 한교 관리업무에도 참여하였다.

상해 한교회로 예를 들어 보자. 앞서 언급한 바와 같이 10월 1일 상해 한교회 남궁혁 회장은 상해시정부 사회국을 찾아가 상해시 한교회의 설립을 선포하였다. 상해시정부 사회국은 얼마동안 상

387) 上海市档案馆编『中国地域韩人团体关系史料汇编』(一), 100~108쪽.

해시 한교회를 승인하긴 하였으나 행정권이나 외교권을 인정해 주지는 않았다. 그러나 중국 육군총사령부가 모든 한교단체와 광복군의 각 지역 활동을 금지하자 상해시정부는 사회국의 한교회 등록을 거절했다. 한국임시정부 주화대표단이 설립된 후 화남선무단 상해지단을 설치하고자 했다. 초대단장은 김학규였다. 한교단은 분단의 감독하에 설립되었고 상해시의 한교자치사무를 처리하고 교민단체 등록문제에 대해 중국정부와 다시 교섭하였다.

1946년 1월 9일, 한국임시정부 화남선무단 상해지단 김학규 단장은 상해시정부 사회국에 서한을 보냈다. '기존의 한교회는 김구 주석의 명을 따라 상해시 한교단으로 개칭하였다. 한교업무는 본지단의 감독하에 운영되고 모든 사무를 처리한다.' 그리고 본 단체의 강령을 첨부하여 등록을 요구했다. 2월 21일 한국임시정부 화남선무단 상해지단 장흥 단장은 다시 상해시정부 사회국에 서한을 보내고 상해 한교단 강령과 김구 주석의 '심사 후 등록의 허락을 부탁한다.'라는 의견을 첨부했다.[388]

얼마 후 장흥은 사직하였고 선우혁이 화남선무단 상해지단 단장과 상해 한교단 단장을 겸임하였다. 3월 5일 한국임시정부 주화대표단 박순 단장은 상해시 경비사령부에 서한을 보내 새롭게 임명된 단장 선우혁을 적극 추천하였다. '상해에는 한교 상황이 굉장히 복잡하고 관리하기가 어렵다고 들었다. 따라서 세련되고 엄격한 결단을 내릴 수 있는 사람이 필요하다.' '현재 상해시 한교 단장 선우혁은 혁명에 투신하고 다년간 적군의 치하에서 고군분투하며 조

388) 上海市檔案館編 『中國地域韓人團體關係史料彙編』(一), 143~149쪽.

국광복을 위해 진력한 혁명인사로서 도덕과 품위가 매우 뛰어나다. 현안을 두고 그분과 협상을 한다면 시행착오를 범하는 염려가 적을 것이다.'고 하였다.

이에 상해시정부 사회국은 3월 27일 한국임시정부 화남선무단에 서한을 보내 '상해 한교단 강령은 현재 중국의 현행법규에 많은 부분에서 맞지 않는다. 만약 합법적 조직을 구성하자면 '상해시 한교협회'로 개칭하고 해당 절차를 밟아 창립대회를 열어 정식으로 감사를 선출하는 등 적법한 절차를 완성하기 바란다. 그렇지 않을 경우 한국의 내부조직으로 간주할 수밖에 없으니 독립적으로 대외활동을 할 수 없다.'고 답변을 하였다.389) 여기서 한중 양국이 한교 행정직책의 인식에 비교적 큰 차이를 보이고 있음을 알 수 있다. 한국은 한교들을 관리할 수 있는 자치조직을 주장하지만, 중국은 일종의 사회적 호조형식을 갖는 민중단체이어야 할 것을 강조하고 있다.

4워 17일, 선우혁은 한국교민협회로 개칭하고 강령과 8명의 발기인 이력서를 함께 상해시 사회국에 제출하여 사회국이 요구한 수정안에 동의를 표하였다. 본 협회의 취지는 '한교민의 복지사업에 협조하고자 하는 것이다.'390) 그럼에도 불구하고 사회국은 심사·허가시 신중을 가했다. 4월 30일 상해시 사회국은 국민정부 사회국에 보고서를 올렸다. '한국과 중국은 현재 외교관계가 분명치 않아 신청서를 장개석 주석을 통해 외교부에 전달하여 검토한 뒤

389) 上海市檔案館編 『中國地域韓人團體關係史料彙編』(一), 17~18, 145~146쪽.

390) 韓國國史編纂委員會編印 『韓國獨立運動資料』 30, 1995年刊印, 341쪽.

다시 처리하겠다.'[391] 따라서 본 사안의 결정권은 국민정부 사회국, 외교부, 행정원 비서처 등의 부서로 넘어갔다.

중국군부는 한교민과 한적 사병에 대해 집중관리를 결정했기 때문에 한국임시정부 주화대표단과 중국정부는 한교협회의 설치문제에 속히 결단을 내리지 않았다. 6월 7일, 행정원 사회부는 비서실에 서한을 보내 본 사안에 대한 의견은 외교부와 상의한 결과로 '한국과 관련한 사건은 관련부서에서 처리하되 방법이 나오기 전까지 한교조직에 관한 논의는 서두르지 않는다.'는 것이었다.[392]

6월 20일, 국민정부외교부가 『한교 처리방법 강령』을 반포하고 한교에 대한 정책을 변경한 후에야 한교민문제 해결은 나아지는 조짐을 보였다. 6월 21일 외교부는 행정원비서실에 서한을 보내 한국임시정부 주화대표단이 한교협회를 신청하는 사안을 등록시키라는 지침을 내렸다. '본 부서는 한교 처리방법 강령을 논의한 뒤 주석의 허가를 받았다. 중국에 있는 선량한 한교는 일반교민 처리법에 따라서 처리할 수 있다.' '한국대표단이 신청한 한교단체등록은 거절할 수 없는 듯하다.'[393] 이후 사회부는 즉시 강령에 의해 상해시 한교협회의 설립을 허가했다. 단 반드시 제정한 교민조직 단체법에 의해 실행되고 일정한 부가제한도 추가하였다.[394]

하지만 한중 양측의 논쟁은 아직 끝나지 않았다. 8월 15일 상해

---

391) 『上海社會局致國民政府社會部呈文』, 上海市檔案館檔案 Q6-5-1067.

392) 『行政院社會部致行政院祕書處函』, 臺北"國史館"檔案

393) 『外交部致行政院祕書處函』, 臺北"國史館"檔案.

394) 『行政院致蔣介石呈文』, 台北"国史馆"档案 401-845

시정부 사회국 오개선(吳開鮮)국장은 선우혁 등이 보낸 문서에 다음과 같이 지시하였다. '본 협회 회원 중 나쁜 짓을 한 인원이 있는지 확인하고, 서약보증서(具結保證)를 서명·제출한 후 다시 결정한다.' '서약보증서'라는 사항은 많은 한교민의 감정을 상해했다. 그러나 상해시정부 사회국은 그들의 의견을 고수하였으므로 한국측은 어쩔 수 없이 양보하고 선우혁 등은 서약서를 제출했다.

"본 협회 회원은 모두 선량한 교민인 걸 약속한다. 일본에 빌붙은 전쟁범이나 기타 불법행위 하지 않았음을 증명한다. 선우혁 등은 입회하려는 회원자격에 대해 엄격히 심사하고 중국 외교부에서 반포된 한교처리법안 제2항에 의거하여 처리하였다. 만약 숨기거나 법적인 소속을 거치지 않고 사사로이 처리한 사안이 있다면 중국정부 법률에 의해 처벌을 받기로 한다. 위의 내용을 서약한다."[395]

9월 9일, 상해시 사회국은 선우혁 등의 서약서를 받은 후 한교협회 심의를 잘 통과시켜주었고 9월 18일 조직할 수 있다는 동의서를 하달하였다.[396] 일년 남짓 거쳐 한교협회설립허가 문제는 드디어 해결되었다. 하지만 본 협회의 성격은 최초의 설립취지와 사뭇 다르게 흘러갔다. 이 와중에도 한국임시정부 주화대표단은 중요한 역할을 수행했다.

한국임시정부 주화대표단은 중국정부가 한교를 관리하는 업무에 많이 협조하였다. 예를 들자면 상해교민들에게 발급하는 거류허가증의 경우 한국임시정부 주화대표단이 상해시정부를 협조해서 처리

395) 鲜于赫等: 『具结保证书』, 上海市档案馆档案 Q6-5-1067
396) 『上海市政府社會局致韓國僑民協會函』, 上海市檔案館檔案 Q6-5-1067

한 사안이다. 7월 26일 국민정부 외교부는 한교에 대한 조사는 한국대표단이 등록된 후 각 지역 파출서나 지역당국에서 다시 검증을 한 후 법령에 따라 거주증이나 신분증을 발급해준다고 했다. 또한 한국임시정부 주화대표단 민석린이 한교거주증과 신분증의 신청서 견본까지 첨부해주었다. 8월 2일 한중 양국은 최종적으로 명확한 방법을 결정하였다. 한국임시정부 주화대표단 박순 단장은 상해시경찰국에 서한을 보내 '한교의 거주증에 대해 중국의 외교부와 협상한 결과로, 중국에 남으려는 한교는 신청서를 제출해야 한다(신청서는 본 협회에서 제작). 대표단의 조사를 받은 후, 선량한 교민이고 정당한 직업이 있는 자에 한하여 인감을 날인한 후, 지방경찰국에 제출하고 난 뒤 거주증서를 발급한다.' 9월 12일 박순 단장은 다시 상해시 경찰국에 서한을 보내 '현재 상해교민의 거주증을 본 단체에 신청하여 심사중이어서 며칠이 소요될 것으로 본다'고 했다. 그리하여 중국 경찰측에 당분간 교민검증을 면제해 줄 것을 요청하였다.397)

상해시 문서기록관의 기록에 의하면 대표단은 이를 위해 많은 노력을 기울였다. 예를 들어 1946년 11월 2일 상해시경찰국에 제출한 한교거주증 신청서는 298건이었고 11월 26일에 64건, 12월 23일에 22건, 1947년 1월 21일 21건, 1947년 2월 1일에 3건, 1947년 2월 12일에 30건, 1947년 2월 28일에 1건 등이었다.398)

397) 上海市檔案館編『中國地域韓人團體關係史料彙編』(二), 110쪽.
398) 參見馬長林 『戰後中國官方對韓僑的政策規定及管理檔案資料概覽』, 轉引自石源華主編 『二十七年血與火的戰鬥紀念韓國臨時政府成立80周年

한국임시정부 주화대표단은 한교단체의 설립과 중국정부에 등록하기 위해 적극적 업무를 추진해 왔다. 예를 들어 1946년 2월 21일, 한국임시정부 화남선무단 상해지단은 상해시정부 사회국에 서한을 보내 한교 박길용(朴吉龍) 등이 한교청년체육운동을 벌이기 위해 한교민체육협회를 설립하고자 보고하였고 서신에서 협회회칙까지 첨부하였다. '본 신청에 대해 심사하여 허가해 주시길 바랍니다.'[399] 이 요청에 상해시정부 사회국은 3월 9일 화남선무단에 회신을 보내 '회칙은 문제가 없으니 등록을 허가한다.'라는 체육협회의 설립을 허가해 주었다.[400]

제4절 한교 송환문제의 교섭

전후, 『포츠담 공고』에 의해 동맹국 측은 반드시 해외의 일포, 일교민을 자국으로 돌려보내야 했다. 중·미 간 협정에 따라 중국정부와 중국 육군총사령부는 중국에 있는 일본인들을 연해지역의 12개 부두로 옮겨 미국 제7함대를 통해 그들을 일본으로 압송하도록 했다. 중국 전역의 미국총사령부는 중국, 제7함대, 동맹국 주일본 최고사령부와 일본 선박관리처 간의 협상을 맡았다. 말부터 일포와 일교민의 압송작업이 집중적으로 실시되었다.

한교의 송환은 일본과는 두 가지 면에서 차이점을 보였다. 첫째, 일본인은 모두 압송해야 하지만 한교민은 스스로 결정한다. 미국은

論文集』, 226~230쪽.

399) 上海市政府檔案館編 『中國地域韓人團體史料彙編』(一), 538~539쪽.

400) 上海市檔案館編 『中國地域韓人團體史料彙編』(一), 536~537쪽.

한국이 해방된 민족이니 귀국 여부는 본인의 소원에 의해 결정되어야 하고, 우선 가난한 한교민을 송환시켜야 한다고 생각했다.[401] 중국정부도 관련된 규정을 마련했다. 1946년 4월 10일, 중국 육군총사령 하응흠(何應欽)은 모든 한교민에게 4월 15일까지 귀국하라는 명령을 내렸다가 후에 본인의 뜻을 존중하겠다고 입장을 바꿨다.[402] 12월 14일, 장개석은 한국 기술자가 중국에 남으려는 요청에 대해 다음의 지시를 내렸다. '한국은 곧 독립하기 직전에 국내에 많은 인재를 필요로 한다.' 그리하여 '여러분이 귀국해서 조국에 이바지하는 것을 지지한다'고 했다.[403] 둘째, 송환의 순서에 있어 일본인, 한국인의 순으로 정한다. 1946년 1월 16일 중국 육군총사령부는 '일포와 일교민을 압송시킨 후 대만의 한교민을 송환시킨다.'라는 통령을 반포하였지만 실제 집행과정에서 많은 변수가 일어났다. 1946년초, 중국 최고당국 장개석은 관련부서에 전화를 하여 '각 지역의 재해가 심하고 중국의 부담이 크니 중국 내 모든 한교와 사병들은 교통이 되는 상황에 되도록 빠른 시일내에 귀국시키고 수시로 상부에 보고하라는 명령을 내렸다.'[404] 종전 후 국내의 정세를 감안하여 경제부담을 줄이자는 차원에서 중국은 되도

---

401) 『韓僑全部撤離中國』, 上海1946年12月3日『大公報』

402) 『日技術人員及韓僑,頒命令限期遣送』, 1946年4月16日 『申報』; 邵毓麟: 『使韓回憶錄』, 79쪽.

403) 上海市檔案館編『中國地域韓人團體關係史料彙編』(二), 194쪽.

404) 『奉令飭盡速遣送韓僑及士兵回國具報』, 天津市檔案館擋案 13-112; 轉引自徐行 『中韓 關係史上的重要一頁——戰後天津暨華北韓僑的集中管理和遣返』, 『近代史研究』2005年 第4期

록 빨리 한교를 송환하는 방식을 취했다.

1946년 초 관내지역의 한교와 사병은 선후로 천진, 상해, 청도 세 지역에 집중되어 있었다. 1946년 1월 18일, 천진에 일교관리소가 설립되었고 천진에 체류하는 한교도 관리를 맡았다. 3월 25일 천진 한교집중관리소가 따로 설립되었고 한교들의 집중관리, 배치, 송환 등의 업무를 맡았다.[405] 1946년 1월 25일, 상해에서 제3방면군의 명령을 받아 일포관리소 내에 한적사병관리소를 설치하였다. 한적 사병 2700여 명은 독단적으로 강만(江灣)에 집중되어 있었지만 집중관리를 받지는 않았다. 4월에야 한교관리소가 설립되었고 일교민관리소의 관할을 받았고 주로 각 지역에서 상해를 거쳐 한국에 귀국하려는 교민들이 집중되고, 청도에도 상당의 교민이 집중되었다.[406]

마군(馬軍)과 단관초(單冠初)의 통계에 의하면 1946년 춘·하계에 들어서 송환은 최고조에 이르렀다. 2월 7일부터 5월 사이에 총 8번으로 나누어 19,588명이 천진을 거쳐 귀국했다. 3월 3일부터 6월 19일에는 20,746명 한교민이 상해를 거쳐 귀국했고 같은 시기에 3,000이 넘는 한교민은 청도를 거쳐 귀국했다. 1946년 말까지 58,000명이 넘은 한교민이 미국 선박을 이용하여 귀국했다. 그 이후 미국은 원칙상 선박을 제공하지 않았고 주로 중국에서 송환문제를 책임졌다. 이 작업은 1947년과 1948년도에도 계속 유지되었다.

405) 參見徐行 『中韓關係史上重要的一頁——戰後天津暨華北韓僑的集中管理與遣返』, 『近代史研究』 2005年第4期

406) 參見馬軍、單冠初 『戰後國民政府遣返韓人政策的演變及在上海地區的實踐』, 『史林』 2006年第2期

한국임시정부 주화대표단은 한교민을 송환하는 과정에서 적극적 움직였다. 주로 다음의 몇 가지 업무였다. 우선 한국임시정부, 광복군, 독립당의 구성원 및 가족이 귀국할 수 있도록 중국 당국에 지지와 도움을 청하는 것이었다. 둘째는 귀국하려는 한국난민들을 수용·구제하는데 중국 당국에 협조를 구하는 것이었다. 셋째는 한교들이 일교보다 좋은 송환조건을 얻을 수 있도록 노력하는 것이었다. 넷째는 공산당원이나 전쟁범, 형사범죄자들이 귀국하지 못하도록 막는 일이었다. 다섯째는 중국에 남으려는 교민들은 당분간 송환되지 않게 중국정부에 청구하는 일이었다.

1. 한국임시정부 주화대표단 김구 등은 종전 후 주중국대표단으로써 대표단의 직원과 그 가족들의 귀국에 관심을 쏟았고 중국정부 측에 여러 방면의 지원을 요청했다.

본 대표단은 중국 정부에 대한 도움 요청 활동이 여러 가지 측면에서 나타났다. 첫째, 중국정부에 임시거주지를 제공해 달라고 요구했다. 1945년 11월 16일 한국임시정부 김구 주석은 귀국 전에 상해시장 전대균에게 사한을 보내 상해에 온 임시정부 직원들에게 주택을 지원해 달라고 부탁했다. 25일 상해시는 적군재산관리국에 서한을 보내 한국임시정부의 주택분배사항을 전달하고 적군재산의 주택 중 일부를 직접분배 배치하라고 지시했다.[407] 1946년 3월 4일, 한국임시정부 주화대표단은 주택문제에 대해 중국정부에 다시 지원을 요청했다. 박순은 오철성에게 서신을 보내 도움

407) 上海市檔案館編『中國地域韓人團體關係史料彙編』(一), 9~12쪽.

을 청했다. '본 단체가 거주하는 태평로 329호 사무실은 집주인이 다시 회수한다고 하니 어쩔 수 없이 전출해야 한다. 그리고 문창교 15호 직원들의 숙소는 군의서[408](軍醫署)에서 전출하라 재촉하였다. 이런 실제상황에 따라 집을 다시 찾을 수밖에 없는데, 시중 임대가격을 감안하면 수천만 원이 없이는 해결하지 못한다. 대표단의 경비는 바닥이 나고 많은 업무를 진행할 수 없을뿐더러 일상생활비도 지급하지 못하고 있다. 우선 4,000만원을 차용하여 일상업무를 유지하는데 사용하려고 한다.'[409]

둘째, 중국정부로부터 한국독립운동 인사나 그 가족이 귀국하는 경비를 지원해 달라고 요청했다. 1945년 11월 27일, 김구 등이 귀국한 후 한국임시정부 주화대표단 박순 단장은 중국국민당 중앙비서장 오철성에게 서한을 보내 귀국시 소요되는 비용 5,000만원을 지원해 달라고 부탁했다. '임시정부 각 부장 직원들 및 임시정부의정원 의원, 혁명동지와 가족들은 수년간 독립운동에 참여하기 위해 동분서주하며 혁명목적을 달성하고자 지금까지 투쟁해왔다.' '위의 동지들은 반드시 빠른 시일내에 귀국해서 광복사업에 참여시켜야 한다.

수년간 혁명을 해온 점을 감안하여 그들이 순조롭게 귀국할 수 있도록 500여 명에게 5,000만원을 지원해주셨으면 감사하겠다.' 중국국민당 중앙비서실의 노력을 통해 12월 28일, 중국 최고당국 장개석의 허가를 받고 한국임시정부 2차 귀국인원은 3,000만원을

408) 군대의 의료와 간호 업무에 종사하는 사람을 관리하는 기관(역자 주).
409) 『朴純致吳鐵城函』, 中國國民黨黨史會特檔 016-4-80

지원받았다.410) 31일, 오철성은 박순에게 서한을 보내 이 돈을 귀국할 535명의 여비와 생활비로 사용하라고 지시했다.411)

셋째, 귀국하려는 한국임시정부 인원과 가족들을 보호하고 보살펴 달라고 중국정부에 부탁했다. 1946년 3월 21일, 중국국민당 중앙집행위원회는 상해시정부에 서한을 보내 '한국임시정부 직원 및 가족 300여명이 대표단의 협조하에 상해에 도착하여 곧 배를 타고 귀국할 예정이다. 한국을 지속적으로 지원하는 중국정책의 연장선상에서 이들을 적절히 지원해 주기를 부탁한다. 그리고 미국측과 협상하여 속히 배를 타고 귀국할 수 있도록 협조하기를 부탁한다.' 이들 한교들은 상해에 도착한 후 상해시정부의 지원을 받았지만 인원수가 많은 관계로 애로사항이 여전히 많았다. 4월 한국임시정부 서무국장(庶務局長), 한국독립당 중앙집행위원 임의택(林義澤)은 국민당 당부에 서한을 보냈다.

'한국 혁명동지와 임시정부 직원 및 가족 290여명은 중국 장개석 주석과 중앙당부 사후구제총서의 구제를 받아 지난 달에 상해에 도착했다. 현재 생활고에 시달리고 있어 귀국준비는 아직 엄두도 내지 못하고 있다. 중국이 수십년 동안 독립운동을 지원해온 전통을 받들고 마지막으로 한번 더 구제해 줄 것을 부탁한다.' 그리고 다시 의택(義鐸)은 '상해 일대에서 현지 주민들이 한교민에 반감을 갖고 있는데 이는 중·한 두 나라가 수천 년 동안 맺어온 우의에 좋지 않게 작용할 것이고 극동의 평화에도 좋을 것이 없다.' '선량한 한교민을

410) 楊昭全: 『大韓民國臨時政府史』, 524쪽.
411) [韓]秋憲樹: 『韓國獨立運動』(一) 481쪽.

보호하고 양국이 영원한 친목을 추구하기 바란다.'고 했다. 국민당 상해 당부는 곧 바로 상해시정부에 본 사안을 확인하라 명령했다. 상해시정부는 시당부의 제안을 신속하게 받아들여 4월 12일 상해 경찰국에 한교민을 보호하라는 훈령을 내렸다.412)

넷째, 한국임시정부 임원과 가족들이 우선 귀국할 수 있도록 중국정부에 도움을 청했다. 1946년 5월 13일, 한국의 교섭을 통해 중국 육군총사령부 하응함 총사령은 천진시정부에 특별지령을 내렸다. '한국 광복군 및 선무단의 송환은 중·미·한 삼국이 협상을 거쳐 결정한 결과로 배 한 척을 내주어 사람들을 송환하도록 한다. 각 지역에 한국 광복군과 선무단은 등록하고 모든 무장을 해제한 후 당고(塘沽)로 이송하도록 한다.'413) 천진시 한교관리소는 위의 지시를 받고 곧바로 이행에 들어갔다. 이미 신고한 한국 광복군과 선무단 복원 인원을 빠르게 송환하기로 하였다.

1948년 4월 22일, 한국임시정부 주화대표단 최후의 직원 및 가족 32명이 상해를 떠나 천진을 거쳐 귀국했다. 5월 28일, 대표단은 상해정부에 서한을 보내 '중국정부에서 각종 편의를 제공해 준 덕분에 본 대표단 직원과 가족 32명이 순조롭게 귀국할 수 있었다. 이에 특별히 감사의 뜻을 전한다.'고 하였다.414)

2. 한국 난민을 수용·구제·송환하는 데 중국 정부에 협조하였다.

---

412) 上海市檔案館編 『中國地域韓人團體關係史料彙編』(一) 112~117쪽.

413) 『奉令停止集中韓國臨時政府駐華各軍政機關人員』, 天津市檔案館檔案』 13-136

414) 『閔石麟致吳鐵城函』, 中國國民黨黨史會特檔 016-4-94

상해의 한교들은 집중관리를 받지 않았기 때문에 1946년초에 한국임시정부 주화대표단의 지도를 받던 상해 한교단은 수용소 6개를 설치하고 한교 1,000여명을 수용했다. 대부분은 다른 지역에서 상해 와서 배를 타고 귀국하려는 난민들이었다. 1월 24일 이교민단 선우혁 단장과 비서 구익균(具益均)은 상해 사회국에 다음과 같이 보고하였다. '최근 사천에서 상해로 온 교민이 200여 명에 달한다. 상해교민단은 이 소식 받고 바로 이들을 맞이할 준비를 하고 있는데 현재 주택이 부족한 상황이어서 이렇게 많은 사람을 수용할 수가 없다.'[415]

1946년 11월, 한국임시정부 주화대표단은 국민정부 외교부에 서한을 보내 '한국 여성 140여명이 상해 규강로(虬江路) 일대에서 부당한 직업에 종사하고 있는데 11월 29일 배로 이들을 송환할 예정이다. 이들이 무사히 송환될 수 있도록 경찰이 협조해주기를 부탁한다.' 이에 11월 26일 중국 외교부는 상해시정부에 전화를 하여 '이 사건은 특수하고 관계가 복잡하니 이들을 강제로 송환해야 할 것인지에 대해서는 적절히 검토하고 결정해야 할 것같다.'고 밝혔다.[416] 1947년 2월 27일, 상해시정부는 부적절한 업종에 종사하는 한국 여성들의 송환문제에 대해 외교부에 서한을 보냈다. '조사에 의하면 한국 여자들은 이미 12월 4일 미국 선박 LSTQ-043호를 탑승하고 귀국했는데 귀국한 인원은 남성 187명, 여성

415) 『上海市社會局向上海市政府呈文』, 載上海市檔案館編 『中國地域韓人團體關係史料匯 編』(一), 152쪽.

416) 上海市檔案館編 『中國地域韓人團體關係史料彙編』(二), 511~512쪽.

132명, 아동 8명 등 있다.'[417)]

1947년 2월 6일 한국임시정부 주화대표단은 상해시정부에 서한을 보내 중국당국의 특사로 풀려난 한적 범인 80여명이 상해에 남아 나쁜 짓을 저지르지 않을 수 있도록 그들을 '코리안 완' 선박을 통해 송환할 것을 요청했다. '그 범인들은 대체로 마약 판매와 같은 부적절한 직업에 종사했던 사람들이다. 이들이 일단 석방되면 생활고로 다시 예전 직업에 종사할 가능성이 높다. 현지 치안에도 악영향을 미치고 한중 양국의 우정에도 피해를 줄 수 있다. 그러하니 중국 외교부, 사후구제총서, 송호경비총사령부의 협조 외에도 귀 정부도 송환하는 데에도 협조를 해주기 바란다. 현지 법원에서 배가 떠나기 전에는 범인들을 석방하지 말고, 석방되자 바로 배에 실어주기 바란다.'고 하였다.[418)]

3. 중국 당국에 한교민의 대우를 개선해 달라고 요구하고 송환하는 과정에서 일본인보다 좋은 대우를 해주기를 적극적으로 요청했다.

1946년 1월 31일 한국임시정부 화남선무단 상해지단 장흥대리단장은 기자회견을 열어 본 지단의 사명과 한중관계에 대해 보고했다. '과거 일부한교의 악행은 일본인의 지시하에 이루어진 것이기에 이로 인해 한중관계에 악영향을 미치지 않기를 바란다. 귀국할 한교의 소지품은 일교민보다 많이 허용되어야 한다. 한국 국내 정세가 날로 안정해지고 금후 연합정부의 형식으로 구성될 전망도

417) 上海市檔案館編『中國地域韓人團體關係史料彙編』(二), 517~518쪽.
418) 上海市檔案館編『中國地域韓人團體關係史料彙編』(一), 70~71쪽.

있다.'[419] 4월 11일 한국임시정부 주화대표단 박순 단장은 중국국민당 중앙비서실에 '한교 개선건의'라는 서신을 보내 '귀국하는 한교민이 3개월 이상의 생활비와 개인용품을 소지할 수 있도록 허락해주기 바란다'고 하였다. 한국 측의 노력에 따라 중국정부는 일교민보다 한교에게 더 좋은 대우를 제공하였다. 개인소지품을 예로 들면 한교는 250파운드를 소지할 수 있었지만 일본인은 30킬로그램밖에 소지할 수 없었다. 비례는 대체로 4:1정도였다.[420]

4. 중국국민당 중앙비서실과 밀접하게 연락하고 소통함으로써 친공산당 인사가 한국으로 돌아가는 것을 막아주었다.

전후 한국임시정부 주화대표단 지도자는 반공의식이 강력하고 중국 내전에서는 완전히 중국국민당을 지지했다. 그들은 반공행동과 정책을 펼침으로 중국국민당 중앙부의 호감과 지지를 얻었다. 12월 8일 송호경비총사령부는 상해시 경찰국에 서한을 보내 국민정부 군사위원회의 정보를 전달했다. '소련 측은 조선민족혁명당 김원봉(金元鳳)에게 공산당 중앙집행위원회 손두환(孫斗煥) 위원을 대표로 파견하고 한국광복군 제1지대 이소민(李蘇民) 대장과 만남을 가지도록 명령하였다. 이소민이 부하들을 데리고 귀국하여 한국에서 활동하고 있는 공산당 및 다른 정당들과 협력하여 조선공화

419) 參見馬軍、單冠初 『戰後國民政府遣返韓人政策的演變及在上海地區的實踐』, 『史林』 2006年第2期

420) 參見馬軍, 單冠初 『戰後國民政府遣返韓人政策的演變及在上海地區的實踐』, 『史林』 2006年第2期

국 정부를 수립할 것을 꾀하고 있다.' 상해시 경찰국은 즉시 훈령을 내려 각 지역당국에 '정보를 확실하게 수집할 것'을 명령했다.[421] 중국 당국의 정보는 대체로 한국독립운동 내부 김원봉의 반대파에서 제공되었다. 특히 한국임시정부 주화대표단에서 많이 제공했다. 공산당원과 친 공산당 인원들의 귀국을 막는 것이 그들의 중요한 업무 중 하나였다.

1947년 2월 12일, 중국국민당 중앙조직부 진립부 부장은 대표단의 비밀정보를 받고이를 상해시정부에 보냈다. 귀국하려는 공산당인원들이 한교민의 귀국인원에 숨어서 돌아가지 못하게 경비를 철저히 조사하라는 내용이었다. '중경에서 상해로 온 한국 공산당원 박건웅, 신기언, 이해명 등이 난민으로 분장하여 부하 200여명을 데리고 귀국할 예정이니 이들이 국내행열에 잠입해 혼란한 정세를 일으키지 않도록 귀국을 막아라.' 상해시정부는 상해시당부에 '엄밀한 검사'에 협조할 것을 요청했다.[422]

같은 해 4월, 대표단은 국민당중앙조직부에 같은 내용을 밀고했다. '중경에서 상해로 온 한국 공산당원 박건웅, 신기언, 이해명 등이 난민으로 분장하여 부하 200여명을 데리고 귀국할 예정이니 이들이 국내정세의 혼란을 일으키지 않도록 그들의 귀국을 막아주기를 부탁한다.' 이 사건을 국민당 중앙부는 매우 중요시하여 상해시정부에 명령을 내렸다. '미국측과 협력하여 한교중에 공산당원이 있는지 엄밀히 검사하고 그들이 한국에 건너가지 못하도록 하라.'[423]

421) 上海市檔案館編『中國地域韓人團體關係史料彙編』(一), 224-229쪽.
422) 上海市檔案館編『中國地域韓人團體關係史料彙編』(一), 571~572쪽.

5. 중국당국은 일부 한교가 중국에 계속 남아 있도록 적극 정취, 추진하였다.

예를 들어 화북지역의 천진시정부는 천진에 한교 39가구 129명이 남는 것에 동의했고 북평시정부는 북평에 70가구, 188명이 남는 걸 동의했다. 그 중에는 한국임시정부 화북선무단 이광 단장, 총무 주임 김용의와 그 가족들이 포함되어 었있다.[424] 상해에 체류하는 한교민이 더욱 많았다. 1946년 8월에는 2,381명이었고 1947년에는 1,000명 가까이 되었다. 그러다 1949년 11월에는 50여명만이 남아있었다.[425]

제5절 한교민 전적 관리권을 얻기 위한 교섭

전후 중국관내 수복지에는 한교단체와 당파가 많이 나타났다. 상해에만 수십 개나 넘었다. 그들의 배경은 서로 다르고 주장도 다르며 활동방식도 각각 달랐다. 특히 조선민족혁명당과 한국독립당을 배경으로 하는 조직들은 권리를 쟁탈하기 위해 자주 싸웠다. 이는 상해의 한교단체가 혼란한 상태로 빠지게 했다. 한국임시정부 주화대표단은 김구 주석과 중국 국민정부간의 우호관계를 이용하여 적극적으로 상해당국과 연락을 취해 한국독립당과 주화대표단이 한국측의 정통대표로 정립할 수 있도록 노력하였다.

423) 『上海市警察局訓令』〈0946年4月15日〉, 藏上海市檔案館
424) 『暫准留居北平韓僑名冊』, 天津市檔案館檔案 19-779, 630
425) 參見趙蘭亮 『試論抗戰勝利後上海的韓國僑民團體』, 『學術月刊』 2000年第12期

한국임시정부 주화대표단은 여러 방법을 동원하여 중국당국간의 밀접한 관계를 앞세워 기타 한교단체의 활동을 억제하거나 다른 단체들의 활동을 취소시킴으로써 자신들의 정통적 지위를 지키고자 했다. 1946년 2월, 대표단 박순 단장은 중국국민당 중앙조직부와 상해경찰국에 서한을 보냈다. '좌익의 리더인 박건웅 등이 한국구제총회라는 명의로 상해에서 활동하는 것을 막아달라'고 하였다. 또한 그들은 '임시정부의 등록절차를 거치지 않고 소위 한국구제총회를 조직하여 중경의 중국 온갖 은행에서 구제자금을 모으고 있다. 왕효뢰(王曉籟)와 기타 인사들로부터 지원을 받아 총 550만 법폐(法幣)를 모금했다. 그중 극소수의 액수만이 교민들의 의료비에 사용되었을 뿐 다수는 반정부활동과 개인용도로 사용했다.' 사건 발생 후 주화대표단은 철저한 조사를 통해 더 이상 한국구제총회라는 명의로 모금하지 않도록 금지하고 본 사건의 종료를 선포했다. 다른 정보에 의하면 박건웅, 신기언 등이 또 한국구제총회의 명의로 상해와 기타 지역에서 활동하고 있으므로 중국측에 그들을 '대하지 말고 속지 말라고' 당부했다.426) 한국임시정부 주화대표단의 이런 노력은 중국국민당 중앙조직부와 중국경찰의 지지와 성원을 받았고 상해시 경찰국은 각 지역에 조사하고 보고하라는 훈령을 내렸다.

11월 15일, 주화대표단은 중국국민당 비서실에 비밀전보를 보내 동북지역의 한교단체가 여러 가지 명의로 활동하고 있는 것에 주의를 하라 당부했다. '이 단체는 동북행원(行轅)에서 허가된 조직도 아니고 들어본 적도 없는 조직이다. 현재 230간 한교의 사상을 잘

426) 『上海市警察局訓令』(1946年2月), 藏上海市檔案館。

조사하고 있는 시기에 그들의 활동은 적절하지 않다고 본다.' '중국당국은 이에 주의하기를 바란다.' 아울러 '향후 중국의 교민업무에 대해서는 본 대표단이 중국 각 당국에 적극 협력할 것이니 두 기관의 일치된 의견을 이루어 양측의 이익을 달성하기를 바란다.'고 하였다.[427]

12월 3일, 대표단 박순 단장은 다시 송호경비총사령부에 서한을 보내 동북보안사령부 한교교무처 왕일서(王逸曙) 처장 및 신숙(申肅) 등을 유의하라 당부했다. '그들은 사상이 불순하고 한국 공산당에 붙어 행동하고 있다.' 왕씨 등이 '서로 결탁하여 한교 총회를 설립하고 대표단의 동북 사무를 방해할 작정이다.'고 했다. 또한 그들은 '임시정부대표단을 헐뜯는 책자를 만들고 민족통일을 파괴하며 국가에 먹칠을 하고 있는데 이런 행동은 한국공산당의 행동과 같다.' 이에 중국정부가 나서서 그들의 중국내 활동을 막아주기를 바랐다. '중국이 주화대표단을 한교업무처리 기관으로 승인하고 동북지단의 활동에 동의하였다. 혼란상태를 일으키지 않기 위해 기타 조직이 병존하는 것은 막아야 한다.'[428] 이로부터 중국에서 정통지위를 확보하기 위해 한국임시정부 주화대표단은 각 정당과 단체관계를 다루는데 여실한 당파적 성향을 드러냈다. 심지어 권리를 확보하기 위해서는 거리낌없이 상대를 공격하기도 했다.

427) 『韓國臨時政府駐華代表團致中國國民黨中央祕書處函』, 中國國民黨黨史會特檔 016-4

428) 『淞滬警備總司令部收文記錄』〈1946年12月3日〉, 藏上海市檔案館

제6절 한중 통항문제의 교섭

중일전쟁이 종료 후 미국과 소련이 각각 남·북 조선을 점령하였으므로 한중 간의 교통은 완전히 단절되었다. 오직 한교민은 미국 제7함대와 미군함에 의해야 귀국할 수 있었다. 한국임시정부 주화대표단은 한중통항을 실현하기 위해 많은 노력을 기울였다. 이것이 또한 한중교류에 있는 중요한 문제 중 하나였다.

1947년 2월 11일, 한국임시정부 주화대표단 민석린 대표는 중국국민당 중앙비서실 오철성에게 서한을 보내 한중통항을 제안했다. '일본이 항복한 후 한반도는 각각 미국과 소련이 점령했다. 현재 대외교통은 절단된 상태이다. 미국과 소련은 아직 준비를 하지 못한 상태에서 대체로 한국정권이 수립되기 전까지 제3국의 세력이 들어오는 것을 원치 않고 있다. 이로써 한중 양국의 협력을 막고자 하는 자들의 생각이 백일하에 들어났다. 대표단은 국내외 인사들로부터 계속 서신을 받고 있는데, 한반도가 군사적으로 점령된 기간에 한국에서 친중 세력을 확보하기 위해서는 반드시 한중교통을 회복해야 한다고들 본다. 본 대표단은 단순히 정치적인 의미보다 경제적인 면에서 양국에 유리하다는 생각에서 본 사업을 추진하고자 한다.' 또한, '이미 한국내 선박회사를 통해 270마력의 적재량 450톤급의 '창덕호'를 구입해 두고 있다. 이에 귀 정부가 상해와 남경에 정박할 수 있도록 동의하기 바란다.' '입항 허가증을 발급해 준다면 교통은 회복될 것이다.'

그러나 당시 정세로 보아 한중이 통항하기에는 여건이 부족했다. 중국국민당 중앙부서와 국민정부 교통부가 협상한 결과 한중 간에는 아직 조약이 없으므로 통상은 불가능하다고 판단하였다. 이런 실정을 민석린에게 통보하였다.[429] 하지만, 중국국민당 중앙조직부 진립부 부장은 한중교통을 회복할 수 있다고 보았다. 2월 24일, 그는 오철성에게 보낸 『한국문제 처리의견서』에서 한중교통과 무역의 필요성을 역설하였다. '외교부가 미군정부와 협의하여 우선 상해-서울 간의 항운교통을 개척하고 무역을 시작할 것'을 제의하였다.[430] 3월 6일 행정원장 장군(張群)은 장개석에게 서한을 보내 행정원 43차 회의에서 통과된 『한중 임시무역 통항방법』을 언급하고 이를 관련 부처에 등록할 것을 보고했다.[431]

9월 23일, 한국임시정부 주화대표단 박순 단장은 장개석께 서한을 올려 다시 한중무역과 교통 문제를 언급하였다. '연해지역의 각 세관은 지금까지 행정원의 『한중임시무역 통항방법』을 실행하지 않고 있다.' '한국에서 중국행의 모든 선박과 물품은 압수된 반면 중국에서 한국으로 가는 선박은 허용하고 있다. 한교민 중 일부가 중국의 상황을 몰라 자신의 재산을 모두 환전하여 무역에 투자하였으나 중국세관에 압수당하는 바람에 모든 재산을 날리고 말았다. 한국인의 중국인에 대한 오해는 날로 심해지고 있다.' 그런 차원에서 '한중무역이 조속히 회복되어 민생에 이바지할 수 있기 바란다.'[432] 한국임시정부 주화대표단 민석린 등은 이 문제를 두고 중

429) 『閔石麟致吳鐵城函』, 中國國民黨黨史會特檔 016-4-76
430) 陳立夫: 『抄送處理韓國問題之意見』, 中國國民黨黨史會特檔 016-26-5
431) 『張群呈蔣介石文』, 臺北"國史館"檔案 401-845
432) 『朴純呈蔣介石文』, 臺北"國史館"檔案 402-845

국정부와 적극 교섭했다.

'하루빨리 한중무역을 개시했으면 한다'고 했다. '사사로운 무역을 통해 중국의 소금이 한국에서 판매되면서 한국인의 사랑을 받고 있다. 지출이 높고 이윤이 적어 이를 보상을 받기 위해 회항시에는 한국의 인삼과 철 등의 화물을 실어 돌아오는 과정에서 중국세관의 압수를 피하기 위해 어쩔 수 없이 이것들은 홍콩에서 판매되고 있다. 그리고 다시 화물을 실어 한국으로 돌아간다. 이에 한교민은 매우 좋아하면서 많은 협조를 해주었다. 이런 현상은 비합리적이므로 중국정부가 하루빨리 한중무역을 개방했으면 한다.'[433]

1948년 2월 17일 중국 국민정부행정원은 『한중무역통행 주의사항』을 통과시켰다. 한중의 통항항구는 천진, 상해 외에 대만의 찌룽, 꼬숑의 두 항구를 추가했다.[434] 이런 결과는 중국정부가 당시의 국내외 정세를 감안하여 결정한 사안으로 한국임시정부 주화대표단의 부단한 노력의 결과라 할 수 있다.

제7장 한중 동북지역 한교문제 교섭

제1절 교섭의 중심문제로 부각된 동북한교문제

중국 국민정부군이 동북지역으로 진입하여 국·공(國·共) 내전이 동북지역에서 전면적으로 전개됨에 따라 동북지역의 한교민 문제는

433) 『鍾英鑒(鄭介民)至國民政府文官處情報』, 臺北"國史館"檔案 401-893
434) 『有關中韓貿易』, 天津市檔案館檔案 J10-53

날로 첨예하게 부각되었다. 한국 측의 통계에 따르면 당시 동북지역의 한교민은 240~250만 명에 달하였다.[435] 당시 중국 공산당의 지도와 영향속에 조선독립동맹과 조선의용군은 동북 조선족 거주지역에서 적극적으로 활동하면서 점차 역량을 양성해 갔다. 조선의용군이 조선에 진입하는 것을 소련이 반대하였기 때문에 명령에 따라 이 군대는 동북 조선족 거주지에 진입하여 사업을 전개하였다. 이들은 동북 해방전쟁을 거치면서 점차 중국인민해방군 제166사단, 제164사단, 제156사단 등과 같은 정예부대로 성장하였다.[436] 그들은 적극적으로 동북해방전쟁에 참여하였을 뿐만 아니라 국민당과 공산당이 한교민을 끌어들이기 위한 치열한 경쟁에서도 큰 역할을 하였다. 이런 배경속에서 동북지역의 한교민 문제는 국·공 양당 분쟁의 중요한 문제이면서 동시에 한국임시정부 주화대표단이 이들을 두고 중국정부와 교섭을 해야만 하는 또 다른 문제이기도

---

435) 전후 중국 동북지역의 한국 교포 인구에 대한 다양한 주장이 있었으며, 본문의 데이터는 한국임시정부 주중대표단에서 가져왔다. 『동북한국농합작운동 전개에 관한 설명서』 내용에 따르면, "한국 교포들이 동북으로 이주한 것은 이미 백 년 이상의 역사가 있다. 9.18 이전에는 수백만 명에 달했으며, 대부분이 논밭 농민이었다. 팔일오 이전에는 240만에서 250만에 달했으며, 소수의 잡곡을 제외하면 전체 생산량은 80만 톤으로, 동북 지역에서 생산된 수수의 6분의 1을 차지했다. 그러나 일제의 '징구'로 인해 농민들이 게을리하게 되어 34년까지 줄어들어 약 560만 톤으로 감소했다. 팔일오 이후, 안전 상태가 좋지 않아 자진 귀국한 자는 약 백만 명에 이르며 현재 약 150만 명이 남아 있으며, 국군이 되찾은 지역은 대략 40만 명입니다(안동 및 여均은 팔로준 통제 지역을 포함한다.

436) 朝鮮義勇軍第一支隊於 1945年11月10日在瀋陽近郊成立(생략) 參見石源華『韓國反日獨立運動史論』, 第 85~86쪽.

하였다.

한국임시정부 주화대표단은 국민정부 군대를 따라 동북으로 직진하는 동안 중국 외교당국의 업무에 협조하고 한교민을 위문하면서 중국 국·공내전에서 완전히 중국국민당 편을 들어주었다. 반공(反共)은 그들의 기본적인 정치입장이자 중국국민당 요원과 교섭하는 중요한 수단이기도 하였다. 1947년 1월 9일, 국민정부 외교부 주 동북 특파원공사는 군부에 보고했다. '국민당 군대가 이미 안동 대고산(大孤山) 등의 지역을 수복하였으므로 한교를 위로하고 한·중 양국의 친목을 도모하기 위해 특파원을 파견하여 한국대표와 함께 해용(海龍), 회남(輝南), 김천(金川), 유하(柳河), 통화(通化), 신빈(新賓) 등의 현으로 위문을 떠날 예정이다.' 『동북한교 선무처리업무 보고서』까지 첨부하였다. 한국임시정부 주화대표단은 한교민을 위문하는 20가지를 거론하였는데 한국이 독립·광복된 국가로 바로 설 수 있게 중국 국책의 지원, 유사 이래 한중 양국 친목의 선전, 한중 두 민족의 역사와 이해관계, 중국정부가 부축한 한국 망명정부 사업의 성공, 중국은 한국인재를 양성하는 보편성, 한국광복군 설립의 의미, 만주사변 후 한교민의 변천, 첩자의 유혹으로 인한 한교의 잘못[437], 중국과 소련 양국의 한국지원현황, 한교 중 공산당 반란자와 가족의 확보, 한교산업의 보장, 한교교육의 완전 및 보장, 논

437) 여기서 언급된 '간비(奸匪)', '비군(匪軍)' 및 유사한 표현은 중국 공산당이 지도하는 해방지역이나 게릴라 지역, 또는 중공이 지도하는 무장 군대를 가리킨다. 이에 관련한 내용은 이어서 여러 번 언급되었다. 역사 문서의 원형을 보존하기 위해 일체의 변경을 가하지 않고 있음을 특별히 설명한다.

의 임대방법, 벼씨앗 보관, 극빈한 한교의 구제, 논의 합리적 분배, 농장 벼의 보장, 귀국한 첩자의 방임, 교민회 설립의 의미, 교민회의 직책 등 포함되었다. 개선방안까지 제기하였는데 행정조직면 4가지, 산업경제 방면 6가지, 문화교육 방면 4가지, 구제 방면 4가지, 의용군 정통화 3가지 등이었다. 이를 통해 국민정부군대가 동북에 최초로 진입하였을 때 한국임시정부 주화대표단은 중국정부의 대한정책은 다음의 기본 요구가 있다는 걸 알 수 있었다.

행정조직 방면:

(1) 행정명령을 잘 전달할 수 있도록 각 현과 진(鎮)에서 한교민이 많은 곳을 찾아내 분회를 설립하고 가까운 곳에서 업무를 처리한다.

(2) 각 교민회의 인사상황을 심의·등록하고 관련 부서에 보고한다. 변동이 있는 경우도 마찬가지다.

(3) 처벌제도를 명확하게 하기 위해 법률에 따라 한교민에게 거주증명서를 발급해 준다.

(4) 한교민 중 첩자, 전쟁범 등 불법행위자를 가려내서 각 현에서 조사·등록시킨다.

산업경제 방면:

(1) 분쟁을 피하기 위해 한교 산업관계의 법률을 되도록 일찍 반포한다.

(2) 한교민의 파종지 확보를 위해 각 현은 최선을 다해서 황무지

를 개간한다.

(3) 생산에 손실을 주지 않기 위해 각 지역의 한교민이 경영하는 정미소 (精米所) 를 일찍 개업한다.

(4) 분쟁을 피하기 위해 위(僞)만주정부의 경작지 개간과 임대에 맞는 정책을 정한다.

(5) 주 산업지역에 한중 중재위원회를 설립하고 업무를 조절해야 한다.

(6) 납세에 공정한 원칙으로 하고 중국인보다 한교민에게 더욱 많은 세금을 부과하지 말아야 한다.

문화교육 방면:

(1) 불량사상에 물들지 않기 위해 본 대표단이나 각 현의 교육과는 한교민 쓰는 책을 심사해야 한다.

(2) 교민업무가 없는 상황에 시간을 낭비하지 않도록 집회의 횟수를 최대한 줄여야 한다.

(3) 한교에 대한 각 현정부와 현당부의 홍보는 아직 미비하니 행원(行轅)에 보고하고 잘 지시해야 한다.

(4) 학교숙소는 행원에 보고했듯이, 각 성, 시 현의 부대의 주둔은 원치상 학교 기숙사를 차지하지 않고 한교민 교육에 방해가 되지 않도록 한다.

구제 방면:

(1) 각 현정부와 교민 위원회는 확실히 가난한 사람을 공동 지원해야 한다.

(2) 강도, 도둑질을 하는 사람들의 가족을 차별화해서는 안 된다.

(3) 구제사업을 잘 홍보하고 교민들에게 한중 양국의 미래와 양국관계를 잘 설명해 준다.

의용군 반란 방면:

(1) 30군, 95군의 정보에 따라 한교민 일부가 중국정부의 정책을 잘 알지 못한 채 옆길로 빠지게 되었으므로 장관부는 공군을 파견하여 공산군의 후방에 전단을 뿌려 그들은 설득하고 반란시킬 수 있다.

(2) 한교민을 첩자 내부에 침투시켜 사업을 직접 전개하거나 그들의 가족을 반공대열에 가입시켜 공산당원인 가족의 귀화를 권유하도록 한다.

(3) 협박을 당해 한국공산당에 가입한 인원들이 귀순을 원하면 교민들에게 군정보호권을 주어 해결방법을 찾을 수 있다. 각 하급병사가 자주 백성을 괴롭히고 장관이 완전히 감시할 수 없는 점을 감안하여 각 교민회, 현 그리고 군대지역에 의견함을 설치해 놓아야 한다. 불법행위자가 사기치는 일이 적발되면 바로 고발하거나 군부, 현정부에 압송할 수 있다. 군대, 정부와 한교민회가 이 의견함을 공동 엄격히 감독하여 좋은 효과를 거둘 수 있다.

선무일정은 11월 17일부터 12월까지이고 선무범위는 심양(沈陽), 사평(四平), 매하구(梅河口), 해용(海龍). 도남(逃南), 김천(金川),

산성진(山城鎭), 동산성자(東山城子), 유하(柳河), 삼원포(三源浦), 통화(通化), 삼유수(三榆樹), 신빈(新賓), 영반(營盤), 무순(撫順) 등의 여러 지역에 걸쳐 이루어졌다. 국민정부가 동북 각 지역을 점령하고 한교민의 심정을 가라앉히며 양국의 우정을 증진시키는 데 적극적인 역할을 하였다.438)

하지만 한교문제를 두고 한국주화대표단과 중국동북지역 및 중앙정부는 각 정책을 실시하는 과정에서 많은 분쟁과 갈등이 발생하였으므로 교섭을 많이 해왔다. 김구 주석은 일찍이 귀국하였지만 한교문제에 대하여 여전히 많은 관심을 가지고 있었다. 이 일로 중국 중앙정부 최고집권자에게 직접 서신을 보내 한국임시정부 주화대표단을 지도하여 중국정부와 협상을 하는 것을 지도해 주었다. 1947년 9월 23일 한국임시정부 주화대표단 박순 단장은 장개석에게 보낸 서신에서 5개의 문제를 제기하였는데 그 중 2번, 3번 문제는 당시 동북한교문제를 두고 벌인 한중 양국의 교섭에 관한 것이었다.439)

첫째는 동북지역 한농민의 농업대출 문제였다(두번째). '동북지역의 한농민이 유일한 벼의 생산자로서 군량공급에 직접적인 영향을 끼치므로 동북행원(行轅)은 이들을 매우 중요시한다. 작년 9월, 적절한 시기의 파종을 위해 대표단은 각 관련 기관, 중국농업은행에 서신을 보내 농업대출을 신청하기로 합의하였다. 많은 교섭·호소끝에 농업은행은 동북지역 전역에서 농업대출 중 일부를 한농민의

438) 『外交部致中國國民黨中央祕書處函』, 中國國民黨黨史會特檔 016-4-7
439) 『朴純呈蔣介石文』, 中國國民黨黨史會特檔 016-4

농업대출로 발급하기로 했는데 금액이 매우 적은데다 그마저 적절한 시기에 이루어지지 않아 금년 춘경의 시기를 놓치고 말았다. 한편 동북지역의 많은 한교민의 산업이 불법으로 몰수되고 농업대출도 성사되지 못하여 도시에서 죽는 노약자가 잇따라 발생했다. 젊은이들이 다수 공산당에 가입하게 되고 오늘처럼 한국공산당 세력이 날로 창궐해지는 국면을 초래하였다.'

둘째는 동북지역에서 한교군대를 창설하는 문제이다(세번째). "동북한교민 중 공산당의 협박을 받고 공산당에 가입하게 된 경우가 많다. 그중 일부 젊은이들은 압박을 견디지 못해 호구를 벗어나 대표단 동북지역 사무소를 찾아가 적군을 저항하라고 청구하였다." "대표단은 이들이 적군을 저항하는 역량으로 키우고자 하고 복귀자도 점차 많아졌다. 그래서 한중 친선의 군사목표에 맞추어 동북행원과 국방부에 그들을 중국군대로 편입시켜 달라고 청구했는데 반년이 지났건만 아직 아무 결과도 없다."

박순은 서신에서 이렇게 강조했다. '위에서 언급한 각항이 한중 친선의 주 과제이며 해결되지 않는다면 대표단은 한교민 속에서 지도력을 잃게 될 것이고 한중 간에 오해도 야기될 것이다.' 또한 7가지의 요구를 제출하였다.

(1) 한교산업은 '수복지 한교산업 처리방안'에 의거하여 처리되어야 하고 무조약국 교민의 대우로 처리되면 안 된다.

(2) (위에 언급한 불법적으로) 몰수된 한교산업을 꼼꼼히 조사하여 반납해주어야 한다.

(3) 금년 동북지역의 한교농업대출은 신청기한을 넘겼으니 내년

에는 춘경 전에 계약대로 미리 취급해야 한다.

(4) 빠른 시일내에 동북지역의 귀순한 한국청년들을 중국군대로 편입시킨다.

(5) 한중무역을 속히 회복시킨다.

(6) 동북지역에 집중된 아내마저 팔아넘기는 극빈한 한교민은 자국으로 속히 귀국시킨다.

(7) 한교민의 모든 업무는 본 대표단 의견을 문의하고 난 다음 처리한다.

이와 같이 교섭의 중점은 동북지역 한교민에 두었다.

11월 10일, 박순은 국민정부 문관장 오정창(吳鼎昌)에게 서신을 보내 김구가 장개석에게 보내는 친필을 삼가 동봉하였다. 이 서한은 "김구가 7월에 직접 나금용(羅金湧)에게 넘겨 나금용이 직접 중국에 가져올 계획이었는데, 그가 탄 배가 바다에서 강풍을 브딪혀 오랫동안 표류하다 가까스로 미군함의 구조를 받아 청도를 거쳐 몇 개월 후에야 비로소 남경에 이르렀다."고 했다. 김구가 장개석에게 쓴 친필에서는 한국정세에 관한 것을 자세히 보고했다.

"현재 남한정세는 옛날과 다름없고 저는 신탁통치를 필사코 반대하여 국민의 지지를 얻고 있습니다만 미국 측은 제가 그들의 편에 들어주지 않다고 생각하여 저의 모든 말과 행동은 감시받고 있습니다. 미점령군도 한국의 통치방침에 망설이고 있고 결정을 내리지 못하는 바람에 남한정치의 혼란스러움을 초래했습니다.' '중국공산당의 세력이 이미 북한에 침투되고 북한 공산당과 합작하여 날로 강해지고 있습니다. 그래서 많은 현지 사람들이 공산당의 압박을 견디지 못해 탈북해왔습니다.' '가장 우려되는 문제는 중국공산당이 북한의 인력과 무력을 동원하여 동북의 반란에 공급해주었습니다. 그리하여 저는 북한으로 비밀리 사람을 보내 사업을 전개시키는 동시에 동북지역 한교민들에게 중앙군 지원사업에 동참하라 호소하고 있습니다. 이는 동북을 한국의 두번째 독립근거지로 발전시키고자 하는 저의 바람 때문입니다.' 이어서 동북한교민의 대우문제를 두고 이를 조사하기 위해 나금용을 중국으로 파견하였으며 또한 한중관계를 개선하는 5가지 요구를 제기하였다. 이 사안은 중국당국의 높은 관심을 끌었다.[440)]

11월 25일, 국민정부 장개석 주석은 제14279호 전보문을 발송하여 행정원에 빠른 시일내에 김구의 서신을 조사·심의하고 구체적 해결방안을 제출하라 요구했다.[441)] 김구의 서한은 한국임시정부 주화대표단 박순 단장의 서한과 내용면에서 대체 일치하였으므로 행정원은 양자를 합쳐 외교부에 내정, 국방, 재정, 경제 부분을 심사하여 구체적 방안을 제출하라고 지시하였다. 이어 외교부는 각 부서와 협상한 후 행정원에 『대한정책 각항의 취급과정』을 제출하였다.[442)]

이 문서는 두 부분으로 나누어져 있었다. 앞부분은 동북행원 한

440) 『國民政府文官長致行政院院長張群函』, 臺北 "國史館" 檔案 401-893.
441) 『行政院院長張群呈蔣介石文』, 中國國民黨黨史會特檔 016-4.
442) 中國國民政府外交部: 『對韓整個政策各項辦理經過』 (原稿無確切時間, 應為 1947年 底、中國國民黨黨史會特檔 016-4.

교업무의 처리보고이며 그중 동북의 한국산업 처리과정, 동북한교의 송환과정, 농업대출 과정, 조직, 훈련 과정, 동북한교의 중국입적과정 등이었고 동북지방당국의 한교문제 처리상황을 비교적 상세하게 소개한 것이다. 뒷부분은 김구의 제안에 외교부의 처리의견이었다. 동북의 한교문제와 관련하여 김구가 제출한 각 요구를 조목조목 답해주었다. 주요 내용은 동북한교의 문제에 집중되어 있다.

군사에 대해 김구는 다음 의견을 제기하였다.

(1) 한중 공동무장으로 동북국방과 지방질서를 유지하는 군대을 창설한다.

(2) 군사요원을 파견하여 한국대표단과 함께 동북교민 중의 젊은이와 북한에서 중국으로 도망온 젊은이들 군대로 편성·훈련시킨 뒤 중앙군에 협조하도록 한다. 이에 외교부는 현재 상황을 감안하여 실행이 어렵다는 답을 주었다. 중국 경내에서 군대를 조직하면 소련이 이를 핑계로 북한공산당 군대의 훈련을 강화할 것이고 미국측도 그 이유를 추궁할 것이다. 한적 군대는 중국군대에 편입시킬 수 있고 따로 군대를 창설할 필요가 없다.

공산당에서 모반계획에 대해 김구의 제안은 다음과 같다.

(1) 지도자들의 대표를 파견하고 한국대표단과 함께 동북에 가서 공산당을 반대하는 일에 책임져야 협상한다.

(2) 한교민을 중국 국민으로 받아들인다.

(3) 항복된 한국공산당 군인에게 토지를 배당해 준다.

이에 대해 외교부는 다음 의견을 내놓았다. 첫번째 동북행원 한교사무실은 한국대표단 동북지부와 자주 연락을 취하고 있으니 새 기관을 설립할 필요가 없다. 두번째 불법행위자와 전쟁범죄 용의자를 제외한 모든 한교민은 다른 외국인과 같이 법률에 따라 중국 국적을 취득할 수 있다. 세번째 처리 방안은 다음과 같다.

(1) 『동북지역 한교관리방법』 제10조에 따라 시, 현 정부가 기한 내에 조사를 통해 송환시켜야 할 한교민을 속히 귀국시키도록 한다.

(2) 한교민을 안정시키기 위해 동북한교의 구제 및 농업대출은 실제상황에 근거하여 수시에 처리할 수 있다.

(3) 중국 공산당에 넘어간 한교는 중국법률에 따라 철저히 처벌해주어야 한다.

한교산업의 처리에 대해 김구는 다음과 같은 제의를 하였다. 일부 선량한 한교민의 재산을 철저히 반납·보호해준다. 이에 외교부의 의견은 다음과 같았다. 적군의 한교산업을 청산하고 무조약국 국민의 산업으로 취급하기로 하여 행정원에서 공지된 각 지방정부가 취급하도록 한다.

한중통항무역에 대해 김구는 조속히 한중무역을 개통해야한다고 제안하였다. 이에 외교부는 이미 한중무역 통항방안과 한중 인적왕래에 대하여 협상을 했고 심의를 거쳐 행정원에 보고했다. 관련 부서에 통보를 하였고 통항문제는 대체적으로 해결되었다.

동북한교업무 처리기관에 대해 김구는 다음과 같이 제의하였다.

고위층과 한국대표단이 함께 동북으로 파견하여 한교의 농업 및 산업을 처리하거나 한국대표단이 한교의 재산문제를 전담할 수 있다. 이에 대하여 외교부는 다음의 의견을 냈다. 동북 한교사무실은 동북안보사령 장관부에 소속되어 있기 때문에 동북 특파원공서(公署)밑에 한교사무실을 설립하였다. 한교민이 각지에 산재하고 있고 지방정부와의 관계도 매우 밀접하다. 이 사무실은 동북행원의 산하기관으로 바뀌고 책임자는 외교부의 외교특파원이 겸임하도록 한다. 동북행원에 전보로 공고하여 한교업무 처리시, 한국대표단 동북사무처와 협상을 해야 한다.

이상 교섭의 결과에 따르면 한국임시정부 김구들은 중국국민당 당국과 반공산당, 동북지역의 안정은 공동의 관심사였지만 한적군대조직, 한국산업의 처리원칙 등에 있어이견도 존재했다. 전체적으로 보면 중국국민정부는 김구와 한국임시정부 주화대표단이 지출한 교섭의견을 매우 중시하고 꼼꼼하게 검토하여 그들의 많은 의견을 들어주기도 하였으나 그들의 주장과 요구를 곧이곧대로 받아주지만은 않았다. 양측의 논쟁과 교섭의 중심은 주로 동북한교민의 농업대출, 동북지역 한국청년 무장훈련, 동북한교의 산업, 동북한교의 송환 등 4가지 문제에 집중되어 있었다.

제2절 동북지역 한교 농업대출 교섭

동북한교민의 농업대출 문제는 1946년 9월이 시작되었다. 당시 국공내전이 한창인 상황에서 한국교농(僑農)은 경제적인 어려움이 많고 생존조차 보장받을 수 없는 상태에서 국공 양당의 쟁탈전에 적나라하게 노출되어 있었다. 한국임시정부 주화대표단은 중국정부가 한농(韓農)에게 농업자금을 대출해달라고 그들의 삶과 생산을 보장해주어야 한다고 제의했다. 한교농업대출문제를 둘러싼 한·중 양측의 거듭된 교섭으로 이 문제는 전쟁 후 한중관계에 있어 중요한 일부가 되었다.

1947년 1월 17일 한국임시정부 주화대표단 민석린은 중국정부에 『한중 친선관계 발전건의 각서』를 제출하면서 동북의 한농문제를 9가지 중 하나로 제의하였다. '주화대표단과 협력하고 농업대출 방법을 협상하여 공산당에 이용당하지 않게 한농민을 안심시켜야 한다.'443) 이에 2월 24일 중국국민당 중앙조직부 진립부는 '한국문제처리의견'을 제기하였는데, 여기에서 동북한교 농업대출문제에 대해 '정부의 지시대로 한국임시정부 주화대표단이나 한교총회가 담보를 하여 행원에서 심사·대출을 한 뒤 중국 농민은행이 농업전용 대출금을 지급해주고 그해의 농사가 순조롭게 진행될 수 있게 한다.'는 의견을 제기하였다. 이는 중국정부가 한농대출에 대해 최초의 반응이었다.444)

춘경시절을 맞아 한국임시정부 주화대표단은 한농대출문제를 두고 중국정부와의 교섭이 고조되었다. 2월 24일, 한국임시정부 주화대표단 박순 단장은 국민당 중앙사무총장 오철성에게 동북한농의 대출문제에 대해 본격적으로 협상을 하자는 서한을 송부했다. '동북 한농의 황무지개척 및 논벼경작은 100여년의 역사를 갖고 있고

443) 闵石麟: 『建議扶植中韓親善關係節略』, 台北 "國史館" 檔案, p.401-893.
444) 陈立夫: 『抄送處理韓國問題之意見』, 中國國民黨黨史會特檔 016-26-5.

동북지역의 군사, 정치, 경제에 있어 현재 그 중요성이 점차 돋보이고 있다. 전쟁 후 동북한농은 공산당의 침해를 받고 도시로 많이 유입되어 극빈으로 전락하고 말았다. 동북농촌을 부활시키고 군사, 정치, 경제적 요구에 부합하기 위해 동북 한농대출 및 동북한농 협력기구의 설치를 외교부에 요청한 바가 있다. 전자는 이미 중국 농민은행의 원칙적 동의를 받았으나 아직 실행되지 않고 있다. 지금은 이미 춘경시절인데 만약 더 지연되어 경작하지 못한다면 동북의 토지는 황무지가 되고 동북지역의 생산과 군사적 공급에 심각한 영향을 미칠 것으로 예상된다. 후자는 동북당국은 중국농촌합작사가 한농대출사항을 처리하게 하였기에 그 실현도 불가능하였다. 한국임시정부 주화대표단의 두 가지 제안을 조속히 실행해달라고 강력히 요구하였다. '조금이라도 지체되어서는 안 된다'고 하면서 '현재 동북공산당은 한농의 정착없는 상황을 중앙을 공격하는 선전자료로 쓰면서 한농을 공산당에 가입하도록 촉구하고 있다.'고 했다. 동북 지방당국에 주화대표단의 간청을 즉각 받아들이기를 중국 최고 당국에 절박하게 요청했다.445)

이와 동시에 대표단은 동북 한농합작사 설치와 관련하여 『동북한농 합작운동개최 관련설명서』, 『동북 한농의 농촌합작사 설치 불허와 한농 합작사의 중국 농촌합작사 관리위탁의뢰에 대한 불평』, 『동북한교 농촌협력합작 장정초안』, 『동북한교협력운동에 대한 견해』등을 별첨으로 제출했다. "동북의 한교민이 황무지를 개간하여 옥토로 만든 지도 어느덧 100년이 되고 한교민의 수도 현재 200

445) 『樸純致吳鐵城函』, 載[韓]秋憲樹『韓國獨立運動』(一), p.515。

만 명 넘는데, 그중 중앙 수복지에만도 농민이 30만 정도가 된다.

중국 중앙정부가 한농의 거주와 경작을 허락한 바 있으니 농촌을 진흥시키고 안정된 삶을 영위하는 데 한농들을 동일시한다면 동북을 부활시킬 수 있을 것이다. 하지만 걸핏하면 외국인으로 지칭하고 사사건건 차별하면서 심지어 농촌절약, 저축, 생산확대와 같은 합작사업을 어떤 방식으로든 참여시키지 못하고 다방면에서 가혹하게 착취하여 결국 한농들은 기본적으로 먹고 사는 문제도 보장받지 못하게 되어 어쩔 수 없이 방랑할 수밖에 없게 되었다. 이는 한중 양측에 이익을 주지 못할 뿐만 아니라 이런 상황을 이용하고 한농을 선동하는 현상까지 생겼다."고 지적했다. 이 대표단은 중국정부가 주장한 중국 농촌합작사가 한농합작사업을 같이 관리하는 것은 타당하지 않다고 보았는데 이유는 다음과 같다.

(1) 동북지역에서 중국농민과 한농민은 따로 농촌에 거주하면서 서로 거의 왕래하지도 않는다. 피차 언어,문자와 풍속이 상이하고 인품이나 가정 형편도 서로 잘 모르고 있다. 또한 벼농사의 경험과 기술이 부족하여 한농농촌합작사업을 지도할 수가 없다.

(2) 한농 농업대출의 지급 및 회수, 군량미 징수 및 구매, 생산면적 조사 등을 지도할 만한 기술과 자격이 없는 상황인데다 툭하면 주인의 우월감으로 한농의 합작사업처리와 군량미 징수 및 구매 등의 업무를 같은 방법으로 해버리니 사태가 수습되지 못하고 혼란에 빠질 위험이 있다. 게다가, 한농이 받아야 할 농산물의 운송판매, 가공 등의 이익을 강제로 빼앗

아가는 탓에 한농민은 실업자가 되고 곳곳에 흩어졌다.[446)]

본 대표단은 총칙, 사원(社员), 사원의 진퇴, 조직, 업무, 감독 및 부칙 등 총 7장 36항의 『동북한교농촌 합작호조사 장정초안』을 제출했다. 협력호조사의 취지는 "사원들의 공동 노력하에 농사개량 및 사원의 복지증진을 도모한다."는 것이었다. 그리고 농사 장려, 농사 및 농민 생활에 필요한 자금의 마련 및 회수, 절약 장려, 생산물 공동판매, 농사 및 농민 생필품 공동구매, 농사 및 농민 생활 필수시설 건설, 농산품 가공 및 판매 등 중국법령범위 안에서 여러 사업을 전개하고자 하였다. 본부는 심양(沈陽)시에 설치되어 있고 동북한교가 거주하는 다른 시, 현(縣), 기(旗)에 지사를, 각 농촌에 분사를 두고자 하여 사업의 발전에 따라 각 성정부 소재지에 사무소를 설치하려는 계획이었다. 사원은 각 지역에 거주하는 한교 농민 또는 농사에 관련된 한교에 한하고 1인당 2주(주당 100원 동북유통권)를 출자해야 하며 그들의 권리는 출자수에 제한받지 않는다. 조직은 사장 1명, 부사장 1명, 이사 7명(내 상무이사 4명)을 두고, 위망이 높고 특수능력을 갖는 분 5명을 선발하여 감사로 하여 한국임시정부 주화대표단의 선임을 받도록 하였다.

업무평가회를 개최하고 사원대표 및 지방 유망자를 추천하여 그들에게 조직업무를 맡기고 사장은 사원대표대회를 매년 1회, 평의회는 매년 2회를 소집해야 한다. 기본자금은 5천만원으로 정하고

446) 韓國駐華代表團: 『對東北韓農不准設置農村合作機構和委託中國農村合作社代管韓農合作事業之不平鳴』, 中國國民黨黨史 會特檔 016-26-12.

사원이 각각 출자하며 매년 남는 자금총액을 준비금으로 삼도록 한다. "한국주화대표단은 필요한 경우에는 사장, 부사장, 이사, 청산인의 업무, 재산청산업무 및 기타 사항에 관한 보고를 수시로 듣고 명령하고 처리한다." 이런 감독권을 갖는다. 그 장정은 중화민국 국민정부 사회부의 승인을 받은 후에야 효력이 발생한다.447)

한국임시정부 주화대표단의 기본 생각은 다음과 같다. 중국정부가 법적으로 보장을 해주고 동북행원이 단행법을 반포하여 중국합작사법을 동북한교에 원칙적으로 적용시키는 것이다. 동북한교의 합작운동을 부축하기 위해 동북행원 사회처 협력관리실 내에 한교협력관리과를 새로 설치한다. 한국임시정부 주화대표단이 총책임을 맡고 동북한교합작사를 주관하도록 하여 첫해에는 대표단이 간부를 선임하여 동북행원에 등록하게 한다. 또는 새로 설립된 한농합작사가 한교농업대출문제를 주관하도록 한다.'448) 중국정부는 한농에게 대출금을 제공하는 것에 동의했지만 당시 국공내전의 특수상황을 감안하여 한국측이 단독적으로 한농합작사를 조직하고 한농대출사항을 주관하는 것을 받아들일 수 없다. 게다가 중국정부가 제공할 수 있는 대출금도 한국측 수요에 비해 턱없이 부족했다. 이에 한중 양측은 끊임없는 교섭을 벌였다.

본 주화대표단은 중국국민당 중앙비서처 등 기구와의 교섭이 효과를 보이지 않자 중국 최고당국과의 직접 교섭을 시도했다. 1947년 3월 7일 봄갈이 다가오자 대표단 민석린 단장은 장개석에게 서

447) 『東北韓僑農村合作互助社章程草案』, 中國國民黨黨史會特檔 016-26.
448) 『關於開展東北韓僑合作運動之管見』, 中國國民黨黨史會特檔 016-26.

한을 올려 '매우 긴급합니다.' 동북 한농에게 대출금을 속히 지급할 수 있도록 장개석 각하의 명령을 간절하게 청했다. 서한의 일부 내용은 다음과 같다. "본 대표단이 지난 9월부터 계획서와 조사표 등을 작성하고 실행할 수 있도록 각각 외교부와 중국농민은행 및 기타 관련기관에 보내 협조를 요청하면서 자세한 상황을 등록·보고한 바가 있습니다." 매우 절박한 어투로 한농대출문제의 중요성을 강조했다. "동북 한농을 구제하기 위해 농업자금을 즉각 대출해 주어야만 합니다. 그렇지 않으면 벼경작은 완전히 황폐화될 것이고 동북지역의 군사, 정치와 경제에 막대한 영향을 미칠 것입니다.

특히 북한과 인접해 있는 특수한 상황에서 공산당들이 온갖 방법을 동원하여 적극적인 행동으로 한교를 흡수하려 작정인데 만약 이 문제가 조속히 해결되지 못하면 결과가 상상조차 못할 것입니다. 따라서 이 사건은 경제문제이자 정치문제이기도 하니 긴 안목으로 대처해야 할 것입니다." 이에 "행정원은 중국농민은행이 먼저 대출을 할 수 있도록 장개석의 명령을 요청하고 세부 방법은 본 대표단의 계획서대로 실행하며 세칙 때문에 시기를 놓치는 잘못을 막을 수 있습니다."고 제의했다. 이 서류를 먼저 접수한 국민정부 문관장 오정창은 다음의 의견을 달았다. "현재 동북사회질서의 확보, 간적들에게 한교 이용당하지 않은 것, 식량생산 보장을 위한 동북 한농의 대출은 확실히 필요합니다. 농경철을 맞아 행정원에서는 속히 관련기관이 대출방법을 결정할 수 있도록 독촉하기 바랍니다."449)

이외에도 본 대표단은 온갖 방법을 동원해서 동북 농업대출을 위해 "목이 쉬도록 소리를 지르며 분주히 움직였다." 3월 12일 국민정부문관처는 관련부처의 정보를 받았다. 이 정보에 의하면 민석린은 중국정부가 동북 한교에게 농업대출을 해주지 않으면 상상할 수 없는 나쁜 결과가 초래될 것이라고 지적했다. 그는 "중앙당국이 여전히 농업대출의 중요성을 무시하고 봄갈이 지연되면 100만여 한교의 동향 파악을 제대로 할 수 없다. 더욱이 소련과 공산당이 이곳의 한교를 끌어들이고자 하니 그들 중 일부가 북한공산당편에 들 가능성도 없지 않다. 이 점을 감안하여 정치적인 대책을 내지 않으면 한국도 전반적으로 적화되어 중국의 앞날에 막대한 영향을 미칠 것이다."

"중국정부가 미리 계획을 세우지 않고 여전히 근본적인 문제가 아닌 지엽적인 문제에만 집착하다가는 병입고황에 들어 후회막급의 상황에 놓이게 될 것이다."고 지적하였다. "이처럼 동북한교가 많은 상황에서 고통을 받고 있고 이에 맞는 약을 주지 않거나 치료해주지 않으면 병증악화는 피할 수 없을뿐더러 다른 질병으로 전환될 수도 있다." 강조하면서 "최악의 결과를 피하기 위해 중국 최고당국이 좋은 방법을 찾아 당장 동북한교에게 농업대출을 해주기를 바랍니다."고 했다.450)

대표단의 민석린 대리단장은 3월 31일 국민정부 문관장 오정창에게 서한을 보내 동북한농 대출문제를 다시 논의했다. "교민의 입장을 대변하는 것이 아니라 실제로 중국의 동북문제 해결을 위한

449) 『為電懇主座手令速發東北韓農貸款』, 台北"國史館"檔案 401-893.
450) 『鐘英鑒(鄭介民)情報』, 台北"國史館"檔案 p.410~893.

조언일 뿐"이라면서 몹시 초조한 마음으로 "현재 농번기가 눈 깜짝할 사이에 지나가고 있는데, 중국 사련총처(四聯總處)가 비로소 중국 농민은행의 대출을 동의하였지만 대출지시가 없는 까닭에 농민은행이 실행할 수 없다고 한다. 따라서 동북지역 90여만의 한농에게 농업대출을 시급히 해주지 않으면 농사철이 지나 농사를 지을 수 없어 넓은 논밭은 황무지가 되어버릴 것이다 또한 백여만 명의 사람이 굶어 죽을 것인 바 진퇴양난에 모험을 감행할 수밖에 없다."고 긴급한 처지를 전달했다.

이 서한은 중국국민당 최고당국이 내전에서 중국공산당을 이기려는 급급한 마음을 이용하여 공산당을 반대하는 입장에서 동북한교농업대출의 중요성을 강조한 면이 있었다. '현재 동북 한공팔로군이 한농을 이끌고자 애쓰고 있는 중인데 중앙이 이를 무시하면 반년동안 본 대표단이 중국을 위해 피난 노력이 헛수고가 되니 매우 안타까운 일이 아닐 수 없다. 이곳 한농들이 공산당에 흡수되어 이용당한다면 중국의 손실은 엄청날 것이다.'라고 지적했다. 재차 "특별사건이니 장개석 각하로부터 특별히 동의해주기를 바란다."고 하면서 『동북한교 농업대출문제집』을 동봉하였는데, 주 내용은 다음과 같다.

(1) 동북한교의 벼경작은 지역경제를 활성화시키는 동시에 국군에게 쌀을 공급하기 위한 것이다. '남부 군인들은 잡곡을 잘 안 먹으니 쌀이 필요하다' 그러니 계속 벼농사를 지어야 하고 벼농사는 역시 한교가 잘하는 농업이다.

(2) 동북한교는 작년의 극심한 가뭄과 국군 팔로군의 진퇴가 교

차된 상황에서 몹시 가난해져 식량 및 씨앗에 대한 준비가 전혀 되어 있지 않다. 이들에 대한 구제책이 없으면 경작이 도저히 보장될 수 없으므로 한교농업대출은 아주 절박한 문제이다.

(3) 한국임시정부 주화대표단 박순 단장이 한교를 위문하러 동북에 갔다. 한편으로 교민들에게 중앙정부의 덕의를 전해주고 교민들에게 농업대출의 약속을 전달하였다. 다른 한편으로는 동북행원 보안장관부, 각 성, 시 당국 및 각 군사단에 의견을 문의하여 모두 찬성을 받았다. 한농이 계속 벼를 경작할 수 있도록 농업대출을 속히 해주지 않으면 군량미와 지방농민의 식량문제는 상상도 할 수 없을 정도로 심각해질 것이다. 이를 동북행원에 보고하여 중앙에 전달되어 속히 실현될 수 있기를 바란다.

(4) 작년 11월, 한국임시정부 주화대표단은 동북행원, 동북보안장관부, 외교부, 농림부, 국방부에 각각 서한을 보내 한농을 구제하고 벼의 생산을 보장하기 위해 한교농업대출을 별도로 지급해달라고 요청했다. 얼마 후 외교부가 농업대출을 허락하고 사행총처(四行總處)451)에 보내 심사·처리하라고 했다. 동시에 한국대표단 동북사무소가 인근 동북 중국농민은행 지점과 협상하였는데 이미 본점의 지시를 받아 찬성을 받았으

451) 사행총처는 남경국민정부가 다스리는 전국 금융의 기구이다. 정식 명칭은 '중앙은행, 중국은행, 교통은행, 중국농민은행 연합 총 사무처이다.'(역자 주).

니 한국대표단은 계획서를 빨리 작성하라고 독촉하였다. 이에 심양(沈陽)지점을 거쳐 사행총처에 전달하여 심사·허가하도록 했다. 한국대표단 동북사무소가 수복지 한교 전체의 농업대출액을 동북 유통권 36억 원으로 잡고 대출 계획을 중앙에 올려 심사한 것이 금년 1월이었다.

(5) 동북 한교농업대출 문제는 한교 전체의 생존문제와 직결되어 있으므로 이는 동북지역에 있는 한중 양국의 기대일 뿐만이 아니라 한국의 각계각층이 열렬히 바라는 것이다. 최근 사행총처가 동북지역 한중의 공동 농업대출을 200억 원(동북유통권 19억 원)으로 정했는데 이와 같은 미미한 금액으로는 한교의 극히 일부만 구제할 수 있을 것이다. 더욱이 금년 국군의 군량문제로 대공황이 일어나니 계획은 수정되어야 한다.

요컨대 동북 한교농업대출이 제대로 실시되면 첫째는 빈곤교민을 구제하고 중앙의 덕의를 내외에 널리 알림으로써 수복지의 한교가 그 은혜를 잊지 않을 것이다. 두번째는 군량의 공급을 보장하고 각 지역의 번영을 보장할 수 있다. 셋째는 수복지의 한교는 안거낙업하면서 공산당 지역의 한교를 감동, 귀화시킬 수 있다.[452]

대표단은 한농대출을 최대한 빨리 실시해줄 것을 재촉하면서 중국정부의 기존 대출액을 확대해 달라고 요구했다. 중국정부는 사행총처에 수복지의 한교농업대출금을 동북유통권으로 20억원 책정하여 4월 중순 이전에 지급하라고 강력히 요구하였다.[453] 우정창은

452) 『閔石麟致吳鼎昌函』, 台北"國史館"檔案 p.401~893.

4월초에 동북행원 웅식휘 주임에게 서한을 보내 한국 측의 요청을 전달해 주었다. "작년 11월, 행원에 서한을 송부한 바가 있으니 요청한 사항을 어떻게 처리할지 속히 검토하여 답하길 바란다."454)

그러나 한·중 양측은 이 문제에 대해 생각이 서로 상이했다. 당시 중국 동북내전은 고비에 접어들었고 관내지역의 대규모 내전도 펼쳐 놓은 춤판처럼 곧 일어날 태세로 국민정부는 무엇보다 전쟁의 승리를 위한 군사적 움직임이 중요했다. 한농대출이 중요하긴 하였지만 국민정부의 경제력을 감안했을 때 도저히 한국 측의 요구를 만족시킬 수 없다. 한국측 재차 요구에 중국정부는 동북 전체의 한농에게 60억 법폐(약 5억 7000만 동북유통권)를 대출해 주었는데 이는 한국측이 요청한 금액 절반도 미치지 못한 액수였다. 중국 입장에서 보면 최선을 다한 금액이었지만 한국에는 미미한 액수였다.455)

한국 주화대표단은 4월 7일 중국정부에 『동북한교농업대출 긴급추가 관련문제』를 제출하였다. 여기에는 동북 수복지의 농지경작 현황, 동북 각계의 바라는 바, 공산당 지역의 유혹에 대한 대비 등의 제반문제를 비롯하여 동북한농 자금대출의 이해관계를 재차 진술했다. 그 내용은 다음과 같다.

(1) 동북 수복지의 논 개간 면적은 기존 한농 인원수와 비교했을

---

453) 『閔石麟致吳鼎昌函』, 台北"國史館"檔案 p.401~893.

454) 『吳鼎昌致熊式輝函』, 台北"國史館"檔案 p.401~893.

455) 韓國駐華代表團: 『關於緊急補發東北韓僑農貸問題』, 台北"國史館"檔案 p.401~893.

때 이미 농지가 많고 사람이 적다는 것을 알 수 있다. 그러한 상태에서 작년 가뭄으로 인해 논농사의 수확이 과거에 비해 평균 30~40% 밖에 미치지 못했다. 작년 한농이 계속 농사를 지을 수 있었던 것은 재작년의 풍년에 식량 및 종자를 한농 스스로 준비할 수 있었고 또한 자금의 여유가 있었기 때문이다. 그래서 작년에는 30~40%의 수확량을 거둘 수 있었지만 금년에는 모두 극빈한 상태로 대출을 받지 않고서는 농사를 지을 수 없는 지경에 이르렀다.

(2) 동북의 각계 인사들은 한농이 계속 논을 경작하기를 바라고 있고 특히 국군 각 부대의 군량미 공급에 있어 만약 동북에서 벼를 심지 않으면 강남으로부터 공급을 받아야 한다. '남쪽 사람들은 잡곡을 잘 안 먹는다'고 하니 군부대는 한농의 논 경작을 간절히 바라고 있는 실정이다. 그러나 사람들은 받을 줄만 알았지 금년 한농이 제 힘으로 농사지을 능력이 없다는 것을 모르고 있다. 만약 이들을 구제하지 않으면 군량미 문제가 크게 위협받게 되지만 사향총처는 이런 실정을 점검하지 못해 소홀히 대하고 말았다.

(3) 현재 수복지의 한교가 공산당의 유혹을 받기 가장 쉬운 상태인 까닭에 작년 가을부터 박순 단장이 각지를 순회하면서 중앙이 공정하게 대처하는 덕행을 선포하면서 이들을 위로를 했다. 박순 단장은 그렇게 한농들을 안심시키면서 농업대출을 기다리라고 권유하였다. 그런지가 벌써 반년이나 지났다. 이번에도 절망하고 귀국할 길이 없으며 공산당 지역으로 흘

어질 것이다.

이 서류는 '농기가 절박하고 더 이상 원만하게 대처하면 안 된다' 고 강조하면서 '속히 대출허가를 청하고 시기를 놓치지 않게 4월내에 농업대출을 해주면 농민들은 그 은혜에 감사할 것이다.'고 밝혔다.[456] 그리고 대표단 민석린 단장은 오정창 국민정부 문관장에게 별도로 서한을 보내 '사련총처(四聯總處)에 이 사건과 관련하여 특별히 동북유통권으로 20억 원(최저 10억 원)을 동북 한교에게 농업대출금으로 지급해 주어 농기를 놓치지 않도록 조치해주기 바란다.'는 청원을 장개석 각하에 전해 주기를 바란다고 하였다.[457]

박순 단장은 4월 9일, 대표단 동북사무소 이광(李光)으로부터 서한을 받았는데, 동북 한교가 4월 21일 심양에서 각지 한교 대표대회를 개최하고 모든 문제를 협의하기로 했다는 사실을 전해왔으며 이 대회를 통해 중국정부에 압력을 가해보겠다고 보고했다. 이어 '최근 중국정부가 200억원의 농업대출금을 지급해주지 않으면 이번 달 21일 심양 교민대표대회에서 예상치 못한 혼란이 일어날 수도 있다.' '농업대출도 이제 고비단계에 접어들고 한중 친선관계는 물론 동북지역의 안전문제도 오직 이에 달려있다. 하루에도 몇 번씩이나 해당 기관에 호소하고 진심을 털어놓으며 한교 대출의 중요성을 강조했지만 안타깝게도 듣는 사람이 전혀 관심이 없고 대

456) 韓國駐華代表團: 『關於緊急補發東北韓僑農貸問題』, 台北"國史館"檔案 p.401~893.

457) 『閔石麟致吳鼎昌函』, 台北"國史館"檔案 p.401~893.

출업무를 외면해버렸다. 이는 한중미래에 영향을 주는 불행이 아닐 수 없다고 피력했다.'[458]

동북행원 웅식휘(熊式辉) 주임은 4월14일 국민정부 문관처에 공문을 보내 동북 한교의 농업대출에 대해 회답을 했는데, 여기서 그는 한농의 대출상황이 중국 농민보다 낫다는 점을 강조했다. '동북 수복지의 금년도 농업대출액은 유통권 30억 원으로 정할 예정이다.' '시간을 아끼기 위해 심양(沈陽)중앙은행에서 먼저 9억원의 긴급 대출액을 지급하도록 하였는데, 그 중3천만 원을 한농에게 특별히 지급하도록 지시했다. 한교사무소의 보고에 의하면 현재 동북지역의 한교 수는 총 29만3천명인데, 그들에게 지급하는 3,000만 원의 대출금이라면 1인당 평균 102원을 받는 꼴이다. 이는 중국 농민 1인당 평균 32원의 대출금보다 큰 액수임을 감안하면 한교에게 주는 혜택이 어떤지를 확실히 알 수 있다.' '한교는 그래도 여전히 3천만원의 대출금이 미미한 금액이라고 생각하여' 적극적인 협상을 벌이고 있으나 '대출은 비례에 따라 지급하겠다'고 밝혔다. 한교는 '전에 행정원에 농업대출로 유통권 30억 원을 요청한 바가 있고 이것이 속히 적용될 수 있도록 비준에 따라 처리하여 속히 대출하기를 바란다[459]고 하였다.'

오정창(吴鼎昌) 국민정부 문관장은 웅식휘(熊式辉)가 송부한 서한에 의견을 달아 다시 보냈고내용은 다음과 같았다. 첫째, 전에 행원이 요청한 동북유통권 30억원의 대출은 현지 춘경시절을 감안하

458) 『鐘英鑒(鄭介民)情報』, 台北"國史館"檔案 p.401~893.

459) 『熊式輝致吳鼎昌文』, 台北"國史館"檔案 p.401~893.

여 속히 처리하고, 적당한 시기에 행정원에 제출·심의하도록 한다. 둘째, 원래 한농에게 지급된 농업대출 총액이 너무 적다고 하여 동북농업대출 총액 중 적당한 금액(실제 지급 시 동북농민보다 나을 필요 없음)을 정하고 한농에게 지급될 수 있도록 행정원에 건의하고 최고당국에 허가를 받는다.[460] 오정창은 4월25일 장군(张群) 행정원장에게도 위와 같은 의견을 전달했다.[461] 이는 중국 당국은 동북 농업대출을 증가하고자 했지만 현실적으로 실행에 옮기지 못하는 상황과 한농에 대한 농업대출을 적절히 증가하고자 했지만 한중 농민간의 균형을 고려해야만 했다.

중국국민당 지도자들이 망설이고 있을 때 동북의 전세는 중국국민당에 불리한 쪽으로 바뀌어 갔고, 중국 공산당군대가 점령한 지역의 한교에 대하여는 농업대출을 해주지 않았으므로 최종적으로 동북의 한농대출은 무산되고 말았다. 이는 한국임시정부 주화대표단의 불만을 일으키는 요소로 작용했다. 6월 12일, 국민정부 문관처가 접수한 관련정보에 따르면 한국 대표단은 금년 동북 한교농업에 대출을 해주지 않은 것에 강한 불만을 표시했다. 한국 대표단 민석린 부단장은 말했다. '동북 한교농업대출은 더 이상 지급될 가능성이 없다. 동북 전세의 악화를 우려하는 중국 당국은 더 이상 대출금을 지급하지 않을 것이다. 이런 우려에 공감하지만 한교에 대한 농업대출이 민심에 순응하고 두 달 전에만 이루어졌더라도 동북의 상황은 결코 이렇게까지 악화되지 않았을 것이다. 이는 담당기관이 제대로

460) 『熊式輝致吳鼎昌文』, 台北"國史館"檔案 p.401~893.
461) 『吳鼎昌致張群函』, 台北"國史館"檔案 p.401~893.

책임을 감당하지 않고 잘못을 거듭한 까닭에 전반적인 정세에 영향을 미친 것으로 참으로 애석한 일이다.'[462] 주화대표단은 중국 국민당의 동북에서의 군사, 정치적 패배를 한농자금대출 정책의 실패로 귀결했다. 9월 23일에 박순 단장은 장개석에게 공문을 보내 주화대표단의 이와 같은 입장을 재차 강조했다. '동북의 한농 대출문제는 최종적으로 농업은행이 동북지역 전체 농업대출금 가운데 적당한 금액을 한농에게 지급하겠다고 비준했지만 금액이 너무 적고 지급도 제때에 이루어지지 않아 이번 춘경시기를 놓치고 말았습니다. 이 때문에 대표단은 동북 한농들의 신뢰를 상실했고, 동북지역의 군대 식량손실은 가늠할 수조차 없게 되었습니다. 또한 동북의 다수 한교산업이 불법으로 몰수되고 한농대출도 영영 무소식이니 도시에 남은 노약자는 나날이 죽어갔고 젊은이들은 공산당으로 몰려가 동북공산당의 기세가 드높게 되었습니다.'[463]

한국 주화대표단은 1948년 한농대출로 교섭의 초점을 돌리기 시작했고 유통권 160억원의 막대한 예산안을 제출했다. 1947년 6월, 민석린은 중국정부에 다음의 내용을 강조했다. '농업대출은 공산당 지역에서는 시행할 수 없지만 수복지 내에서는 여전히 할 수 있다. 하지만 수복지의 민심을 가라앉혀야 하는데 정부요원들은 이런 점을 고려하지 않는 것같다.' 또한, '금년도 농업대출은 이대로 방치될지 모르겠다.' 이런 불안감을 나타냈다.[464] 박순 단장은 9월

462) 『鐘英鑒(鄭介民)情報』, 台北"國史館"檔案 p.401~893.
463) 『樸純呈蔣介石文』, 台北"國史館"檔案 p.402~845.
464) 『鐘英鑒(鄭介民)情報』, 台北"國史館"檔案 p.410~893.

23일 장개석에게 공문을 보내 '금년도 동북 한농대출은 이미 지나갔고 내년 춘경전에 약정대로 대출을 해주시기 바랍니다.'고 제안했다.[465] 1948년 3월 1일, 국민정부 외교부 왕세걸 부장은 장개석에게 다음과 같이 보고했다. '1948년 봄 한농대출을 해달라는 한국측의 요구에 확실히 동의해주겠다.' 또한, '외교부는 작년 4월 국민정부의 전보를 받고 동북농업대출 총액 중 상당액을 한농 자금으로 전용하도록 행정원에 지시했다. 요녕(遼寧)의 길림(吉林), 안동(安東)과 요북(遼北)의 창간(昌間), 이수(梨樹), 개원(開源), 장무(彰武), 사평(四平) 등의 현, 시에 대출해준 금액은 중국농민보다 1인당 3배 이상이 많은 금액이었지만 한농 가운데 빈곤자가 많아 역부족이었다. 구제를 받았지만 여전히 생활고를 해결하지 못하는 자가 많다.' '한국 대표단이 언급한 37년 춘경시 약정대로 대출을 하는 것이 필요하다'는 제안에 긍정적으로 생각했지만 한국임시정부 주화대표단 동북사무소가 송부한 제안을 거절했다. '동북 수복지의 금년도 한농이 금액통계표에 제시한 액수는 유통권 160억 원 이상이다.' '액수가 너무 엄청나다'라고 판단했다. 이에 한교 동북사무소는 면밀한 심사를 거쳐 금액을 적당히 줄이고 나서 처리하라고 요구했다.[466]

실은 중국 국민당군대가 동북내전의 곤경에서 헤어날 수 없을 정도로 연이어 패전하고 있었으므로 중국정부의 한농 농업대출 업무가 별 진전이 없었던 것은 어쩌면 당연한 일이었다.

---

465) 『樸純呈蔣介石文』, 台北"國史館"檔案 p.402~845.
466) 『王世傑呈蔣介石文』, 台北"國史館"檔案 p.401~845.

제3절 동북한교 핵심군대 훈련문제 교섭

중국 동북은 소련이 점령한 한반도 북부와 접하고 있어 동북지역의 한교문제는 조선공산당과 중국공산당의 동북 조선족 거주지역의 발전과 밀접한 관계를 맺고 있었다. 한국임시정부 주화대표단은 끊임없이 한반도 북쪽의 중·조 공산당의 세력이 확장되고 있는 상세한 정보를 중국 국민당정부에 제공하였고 중국공산당과 조선공산당의 영향을 과장하게 평가하였다. 이런 활동을 통해 한국임시정부 주화대표단은 중국정부가 한국임시정부 주화대표단과 한교민에게 더 많은 지지를 제공해줄 수 있게끔 노력한 것이다. 반공전쟁에 기여하기 위해 중국정부가 한국측 무장세력을 훈련시킬 수 있도록 격려하고 추진하는 것은 주화대표단 동북한교업무 교섭내용 중 하나였다.

1946년 10월 27일, 한국임시정부 주화대표단 박순 단장은 중국 국민당 중앙비서장 오철성에게 서한을 보내 장개석에게 각서를 전달해 준것을 요구하였는데, 이에 한국청년간부훈련반을 창설하자는 제안을 최초로 제안하였다. '한중 양국은 반드시 서로 협력하고 국민들 간의 이해도 증진시켜야 하는데 이상과 현실은 아직 차이가 많다. 불행하게도 한민족은 40년간 식민지 교육을 받느라 한중관계는 물론이고 자국의 역사도 제대로 이해하지 못하고 있다. 국제정세가 날로 악화되고 있는 상황에서 두 나라 간 협력기반을 다지는 것은 매우 절박하다.' 이에 '장개석 각하께 남경, 상해 등지에서 한국청년정치간부 훈련반을 양성할 것을 간청하는 바이다.'[467] 라고 했다. 12월, 한국임시정부 주화대표단은 중국국민당 중앙비서처에 각서를

467) 『朴純致吳鐵城函及節略』, 中國國民黨黨史會特檔 016-4-5

다시 보내 중국정부의 협조하에 한국측은 당·정·군 간부를 육성하겠다는 의견을 제시했다. '한국독립당 인사들이 귀당을 따라 혁명에 참여한지도 30여년이 넘었다. 한국이 광복할 즈음 귀아(貴我) 양당이 협력하고 정진하여 역사상 가장 밝은 시기를 맞을 수 있었다. 하지만 조선반도는 미·소 양국의 군대로 각각 점령하게 되고 북한은 말할 나위도 없고 미군이 우세를 차지하고 있는 남한에서도 여전히 미국 인사들이 정치적 우세를 차지한다고 예상할 수 있다.

한국독립당은 오랜 역사를 가졌음에도 불구하고 현 정세에서 정권을 잡을 확률이 높지 않다. 이런 시기에 귀아 양당은 미래를 예측하여 서로 깊게 협력할 수 있도록 당·정·군 간부를 암암리에 육성하고 더 나은 미래를 기약해야 할 것이다.' 또한 '한국정책에 있어 귀아 양당의 협력을 전제로 한다면 본당은 앞으로 여러 가지 상세한 계획을 제공할 것이다.'라는 포부를 명확히 밝혔다.[468] 1947년 1월, 한국임시정부 주화대표단은 중국국민당중앙에 제출한 『한중친선관계확대의 각서』 9가지 제의 중 하나가 바로 '정치간부인재 1,000명, 갑종병 1사단을 양성하여 군대의 근간을 키우는 것이었다.'[469]

한국측의 이 중요한 제안에 대해 장개석은 중국정부 각 부서에 검토·의논을 하라고 명령했다. 2월 20일, 중국국민당 중앙비서처는 중앙정치학교 교육장 단석봉(段錫朋)에게 서한을 보내 한국 측의 의견을 전달했다. '국민당은 광주시대(廣州時代)부터 황부군교(黃埔軍

468) 『参谋总长办公室致中国国民党中央秘书处函』, 中国国民党党史会特档 016-4-8

469) 閔石麟: 『建議扶植中韓親善關係節略』, 臺北"國史館"檔案 401-893

校)와 중산대학은 한국학생을 접수받기 시작하였고 현재 한국혁명간부 중 중국교육을 받은 사람이 적지 않다.' 중앙정치학교에 '주화대표단의 제안이 집행할 가능성이 있는지 의견을 주기 바란다.'[470] 2월 24일, 중국국민당 중앙조직부 진립부 부장이 제시한『한국문제처리 의견서』중, 한국 간부를 훈련하는 것에 대해 '소련과 연안 중국공산당이 지지하고 있는 김일성, 김두봉 등 한공분자들이 북한에서 정권을 세워 세력이 날로 강해지고 있는 반면, 국민당이 지지하는 김구 등은 귀국한 후 큰 역할을 하지 못하는 것 같다.' 본 사업은 '중앙비서처, 중앙조직부, 국방부가 함께 힘을 합쳐 처리할 수 있고 미·소 양국이 한국에서 철병한 후 시행할 수 있다.'[471]

3월 6일, 행정원 장군 원장은 장개석에게 공문을 올려 김구가 제기한 한중공동무장, 동북국방의 설립, 지방세력의 보유, 동북청년한교와 북한에서 온 청년들을 군대로 편성하고 중앙군대에 협조하는 것 등에 대해 말씀드렸다. 중국정부는 '현재 상황을 감안하면 이런 제안은 실행하기가 어려울 것 같다. 왜냐하면 국내에서 한국군대를 훈련하면 소련은 이 기회를 이용하여 북한공산당의 훈련을 강화할 것이고 미국도 그 이유를 추궁할 수 있으니 한국인을 국민당 군대에 편입시킬 필요가 없을 것 같다.'[472] 확연한 것은 중국 각 부처는 한국측이 제시한 주장에 대해 동정은 가지만 한국청년을 어떻게 훈련을 시킬지에 대하여는 일치된 의견을 달성하지 못하였다.

---

470) 『中國國民黨中央祕書處致中央政治大學函』, 中國國民黨黨史會特檔 016-26-4

471) 陳立夫: 『抄送處理韓國問題之意見』, 中國國民黨黨史會特檔 016-26-5

472) 『張群呈蔣介石文』, 臺北"國史館"檔案 401

하지만 대표단은 노력을 포기하지 않았다. 1947년 9월 23일, 박순 단장은 장개석에게 보낸 서한에서 동북에서 한국 군대를 창설하는 문제를 재차 언급하였고 중국정부군대에 동북의 한국청년들을 속히 재편성해 줄 것을 호소했다.473) 10월 27일, 박순은 중국 국민당 중앙비서장 오철성에게 서신을 보내 조속히 한국청년훈련반이 실행될 수 있도록 간청하면서 이런 의견이 장개석에게도 전해지기를 바랐다. '올봄에 장개석 각하께 남경이나 항주에서 한국청년 정치간부훈련반 하나를 설치해달라고 청하였다. '전문대학 출신의 한국청년을 대상으로 중·한 협력의 필수과정을 이수하게 하고 수료 후, 한국 각 당·정·군대 등에서 정치적 지도업무를 수행하도록 할 계획이다. 이에 동의하면 진성(陳誠) 부장에게 넘겨주고 대표단으로 하여금 훈련계획을 제출하는 일을 주관하게 하기를 바랐다.' 하지만 반년 후 진성 부장이 동북으로 전근하는 바람에 결국 일이 성사되지 못하였으니 매우 안타까운 일이다.'

11월 10일, 한국임시정부 주화대표단 박순 단장은 국민정부문관장 오정창에게 서한을 보내 장개석에게 드리는 김구의 친서와 『동북한교진정서』를 전달해 주었다. 김구의 서신에는 다음과 같은 내용이 있었다. '현재 우려되는 것은 중국공산당이 북한의 인력과 물력을 동원하여 동북반란군에게 보급품을 제공해주는 것입니다. 저희는 비밀리 동지를 북한에 보내 업무를 수행하게 하는 한편 동북의 한교는 중앙군에 협조하라고 호소하겠습니다. 이런 노력을 통해 동북이 한국의 2차 독립운동의 근거지로 정착되기를 바랍니다.' 또한 『동북

473)『朴純呈蔣介石文』, 臺北"國史館"檔案 402-845

한교진정서』에서 '중국국민당과 중국공산당의 동북한교에 대한 정책 대비'를 통해 국민당 당국의 대한정책의 실수를 비판하였다.

동북국민당지역은 통치권을 행사함에 있어 한국인을 적의 교포와 동일시하였다. 강제로 한국으로 송환시키고 임의로 재산을 몰수하며 경작 및 기타 생계활동을 못하게 하였기에 한교 모두 극빈한 상태로 전락하여 살길이 까마득하다.

중국공산당은 동북지역에 한교와 중국인을 동일시하고 한국인에게 다음과 같이 선전하였다. '한중민족은 평등하다. 한국혁명가는 동북항일전쟁에 공덕이 크므로 권력을 동등하게 누릴 수 있다. 중·한 두 민족은 강한 의지력으로 일치단결하여 중·한민주대동맹을 지지해야 한다. 대지주와 자본주의를 타도하고 잔혹한 국민정부를 쳐부수어 밝고 희망찬 신민주주의를 옹호하자.'

'중국 공산당지역의 한교 우대정책과 국민당 지역에서 살길조차 없는 한교민의 상태는 명확한 대조를 이루고 동북 한국공산당의 세력은 날로 확장되어간다.'라고 강조했다. 또한, 한국공산당 문제를 해결하고 동북정치를 안정시키자는 제의를 했다. "(1) 한중공동무장을 통해 동북국방과 지방치안을 유지할 수 있는 무력을 창설한다. (2) 한교민을 중국국민의 일부로 받아들여 중국국민법이나 민족주의 원칙에 비추어 중국 영토내 소수민족으로 인정해준다면 외교상의 복잡성을 없앨 수 있다. (3) 한교의 재산을 속히 반환해줌으로써 한교민의 국민정부에 대한 불만을 해소시킨다. (4) 한교의 재산은 여러 기관을 경유하기 때문에 조사를 제대로 받지 못하고 지연되는 것을 막기 위해 한국임시정부 주화대표단이 주관·처리하도록 한다. (5) 항복한 한국공산당 군인에게 토지를 나눠줘 살림을 안정시키고 사상을 바로잡으며 그들이 우리에게 귀순할 수 있도록 한다."[474] 이상 강조했듯이, 진성서의 요지는 중국정부의 잘못된 대한정책을 수정하고 한교민을 동원하여 중·한연합군대를 설립하고 동북의 반공전쟁에 참여시키자는 것에 착안하였다.

하지만 동북정세가 악화됨에 따라, 중국정부 측은 한국무장 핵심역량을 육성하는 생각은 점차 일치되어갔다. 1947년 11월 25일, 국민정부 국방부 백숭희(白崇禧) 부장은 중국국민당 중앙비서처에 서한을 보내 한국무장에 대한 의견을 제기하였다. '대표단 민석린 단장이 제기한 정치간부 1000명을 훈련하고 갑종병 1사단을 설립하여 건군기반을 다지자는 제안에 대해 외교부가 관련부서를 소집하여 다음의 결의안을 정했다. '될 수 있는 한 한국인이 국민당군대에 가입하게 하고, 별도로 부대를 신설할 필요는 없다.'

또한 7월 14일, 대표단 박순 단장은 재차 서한을 보내 한중 군사·정치·정보합작방법 7가지를 제기하였는데, 중국측이 답해주었다. '정치간부 훈련방법과 군사합작방법은 같이 발송해왔으니 둘의 성격이 같은 까닭에 군사협력이 실현되지 못한다면 정치간부훈련도 자연히 실시할 수 없을 것이다.'[475] 12월 25일, 국방부 백숭희 부장은 재차 중국국민당 중앙비서처에 서한을 보내 위의 입장을 다시 밝혔다. 행정원의 비준을 받고 박순 단장에게 완곡하게 답해주었다.[476] 한국임시정부 주화대표단이 동북 한적청년의 무장역량을

474) 『東北韓胞陳情書』, 臺北"國史館"檔案 401-845

475) 『國民政府國防部致中國國民黨中央祕書處函』, 中國國民黨黨史會特檔016-4

육성하는 제안을 1년동안 계속 교섭을 했지만 중·한 양측의 이념, 정세의 착안점, 노력 방향의 차이 등의 이유로 도저히 실현할 수 없었다.' 1948년 1월, 국민정부 외교부의 보고에는 다음 내용이 있었다. "항복한 한국 청년을 재편성하는 것에 대하여는 동북행원 장연구(長延區) 민주자위군 독립병 제1대가 설치되어 있고, 전문적으로 한국 청년병사와 한국공산당의 귀순자 등 모든 항복한 한국 청년을 여기에 편입시킬 수 있다." 중국정부는 한국청년을 국민당 군대에 가입하거나 한국군대를 설치할 필요가 없다는 태도였다.[477)]

제4절 동북한교 산업문제의 교섭

1946년 11월 4일 반포된 『수복지 한교산업 처리방법』에서 '동북9성의 한교산업정책을 별도로 규정해야 한다.'고 밝혔다.[478)] 즉, 중국 국민정부는 동북을 별도의 독립된 지역으로 삼아 관내지역과 다른 한교산업정책을 실시해왔다.

국민정부 외교부의 『대한정책 각항 처리경과』에 기록되어 있듯이, 1946년 봄 동북 보안사령부 한교상무처는 설립된 후 4월3일부터 9월 20일까지 한교재산 1516건을 차압하였다. 하지만 이 사령부의 한교상무처가 종료되면서 여기에 속했던 자료들은 외교부 동북특파원 공서한교사무처로 옮기게 되었는데, 공서한교사무처가

476) 『國民政府國防部致中國國民黨中央祕書處函』, 中國國民黨黨史會特檔 016-4
477) 國民政府外交部: 『對韓整個政策各項辦理經過』, 臺北"國史館"檔案 401-845
478) 『上海市政府公報』第5卷第 29期, 1946年12月27日

동북행원에 소속되면서부터 자료는 다시 이리로 옮겨졌다. 1947년 2월 행정원이 『동북한교 산업처리방법』을 비준해주었고 행원에서 실행세칙을 반포한 후부터 한교사무처는 규정에 따라 한교산업문제를 적극적으로 처리하였다. 처리과정은 다음과 같다.

심양시가 압수로 등록하고 차압증도 발급해 준 한교산업은 한교사무처가 직접 심사하고 조사한 바에 따르면 총 904건에 달하였다. 이 사무처가 8월 25일 공지를 하였는데, 부동산, 토지, 기업 등으로 나누어 조사를 실시한다고 하였다. 유독 토지조사권은 시토지권력청산위원회에 귀속하니 심사 후 다시 취급하기로 하였다.

심양시 외 26개 시, 현, 기 등에 소속된 사건은 같은 해 9월 17일 각 지방정부에 넘겨 초보적인 심사를 한 후 요녕성 518건, 요북성 21건, 길림성 70건, 안동성 2건, 열하성1건으로 나누었다. 또한 압수당하지 않은 한교산업은 본처와 각 지방정부가 함께 처리할 것이라 하였다.[479]

그동안, 한국임시정부 주화대표단은 중국정부와 계속 교섭하면서 현지 각 기관이 제멋대로 한교산업을 몰수한 행위에 대해 항의하였다. 1947년 9월 23일, 박순 단장은 장개석에게 글을 올려 동북한교산업문제에 대해 다음과 같이 항의하였다. '각지 당국, 중앙신탁국 및 적군산업청산처 등의 기관은 한교에게 누명을 씌워 사법기관의 심사를 거치지도 않고 한교의 재산을 행정적으로 몰수한 것도 있고, 조사를 거쳐 반환한 다음 다시 몰수한 경우도 있습니

479) 國民政府外交部: 『對韓整個政策各項辦理經過』, 臺北"國史館"檔案 401-845

다.' 최근 '한국은 무조약국 국민이니 재산은 모두 몰수해야 한다는 소리도 있고 '일반 무조약국과 달리, 한교산업은 단행법령에 의해 보호받아야 하는데 각 주관기관이 억지춘향격으로 몰수했으니 큰 문제를 일으키고 말았다. 한교가 보금자리를 잃고 굶주린 상태로 귀국하면 마침내 한국국내의 중국 화교에게 복수행위로 이어질까 심히 우려된다.'고 하면서 '한교산업은 무조약국 교민 대우를 하지 말아야 한다.'고 강력히 요구했다.480)

하지만 중국정부는 동북 한교산업의 처리에 더 이상 진전을 보이지 않았다. 1947년 10월까지 한교사무처가 처리한 것은 심양시 토지권력청산위원회로부터 넘겨받은 심의사건은 8건, 기타 기관과 협상한 7건, 신고자 증빙 서류가 부족해서 보충한 43건, 신고자가 임의로 관대히 처리하거나 증빙서류가 부합하지 않는 사건 16건, 조사를 완료하고 심사중인 사건 12건 등 총 83건이었다. 이렇게 처리된 것 외 과반수의 사건 중 완전 해결된 사건은 하나도 없었다.

국민정부 외교부는 이에 대해 이렇게 설명하였다. '8·15후 모든 한국인 부동산증은 소유자가 한국으로 가져갔고 교통관계로 반납하지 못하거나 심사·등록된 서류가 미비하여 신속히 해결하지 못한데 그 원인이 있다.' 부동산 주인인 한교민이 중국에 오기 어려우므로 '등록기한 내에 서울 영사관에서 등록을 하면 이를 한교사무처에 넘겨 심사를 받게 할 것이다. 등록기간은 4개월로 연장시키기로 한다.'

한국주화대표단이 현지 각 기관의 한국인 자산의 몰수행위에 대한 비판을 중국 외교부는 인정하였다. '8·15후 주택의 옛 중국주인

480) 『朴純呈蔣介石文』, 臺北"國史館"檔案 401-845

이 한국인을 적군으로 여겨 강점하거나 구매한다는 핑계를 대 신청·심사를 거치지 않고 임의로 회수한 적이 있다.' 이런 악례를 수정하기 위해 과도기간에 한교산업의 임시처리방법 2가지를 정한다.

한교산업은 동북 한교산업 처리방법과 실행세칙의 관련규정에 따라 처리하기 전에는 한교민이 잠시 관리·이용할 수 있게 한다.

옛업주는 한교가 일본조직이나 개인세력을 빌려 강제로 구입한 산업이라 판정되면 동북한교산업처리방법과 실행세칙에 따라 반환을 신청할 수 있고 반환전에 임의로 회수할 수 없다. 이미 회수한 자는 현, 시정부에 보고하고 조사받아야 하며 합법재산인 경우 현지임대조례에 따라 회수자가 한교에게 임대료를 지급한다. 강제로 구매하거나 차지한 사람인 경우 당시의 상황과 지급 능력에 따라 임대료 전액을 지급한다. 보상금액은 한교사무처가 심사 후 결정한다.[481]

중·한 간 동북 한교산업을 중심으로 한 교섭은 이로써 비로소 끝마칠 수 있었다. 동북의 전세가 더 악화됨에 따라, 국민정부의 패전은 확정되었고 더 이상 한교산업문제를 해결할 수 있는 여력은 없어지고 말았다.

제5절 동북한교 송환문제 교섭

동북한교 송환문제도 관내 지역의 한교 송환과 달랐다. 한국주화대표단은 '관내지역의 한교는 주로 7.7사변 후 일본군대가 중국을 침입함에 따라 들어온 깡패, 간상배, 적군의 첩자 등으로 동북한교

481) 國民政府外交部: 『對韓整個政策各項辦理經過』, 臺北"國史館"檔案 401-845

와는 사뭇 다르다. 그들의 송환문제에 중국정부는 명확한 정치규정이 있듯이 유엔국민과 동일시했다. 한교재산도 경확한 규정이 따로 있다(보호방법이 반포되었다).' 동북교민을 송환할 수 없는 이유는 4가지이다.

그들이 동북에서 살아온 지 백 년이 넘고 현재 귀국하면 삶의 터전이 없다.

대부분이 북한 사람이고 북한은 현재 소련의 통제를 받고 있으므로 그들은 돌아갈 생각이 없다. 송환되면 공산당 세력에 강화될 뿐만 아니라 한중 미래의 관계에도 악영향을 미칠 것이다.

남한에는 해외에서 귀국한 사람도 있고 탈북자도 있어 현재 인구가 매우 많다. 살림도 어렵고 돌아가면 살길이 없다.

한교송환 시 중국공산당 지역의 한교도 위험을 무릅쓰고 나쁜 짓을 많이 한다. 또한 동북지방의 벼농사가 정지되면 동북의 식량생산은 큰 타격을 받을 것이다(동북 중국인들은 벼농사에 능숙하지 않고 남부농민의 북상은 쉬운 일이 아니다).482)

국민정부 외교부 보고에서 진술했듯, 동북한교 송환문제는 구제행위에 해당하는 까닭에 강박하거나 재산몰수 등의 일이 일어나서는 안 된다고 했다. 중·한 간 이와 관련한 교섭문제는 관내지역보다 훨씬 적었다. 이런 가운데 한국임시정부 주화대표단은 중국정부와 많은 소통을 하면서 이 일을 추진하기 위해 적극적으로 노력하였다. 1948년 1월, 국민정부 외교부의 보고 중에는 '동북한교 송

482) 韓國臨時政府駐華代表團: 『關於展開東北韓農合作運動之說明書』, 中國國民黨黨史會特 檔 016-26

환처리경과'에 대해 다음과 같이 기술하였다.

동북 한교의 첫번째 송환은 35년 12월에 실시되었고 인원은 총 2492명이었다.

36년 가을, 한국임시정부 주화대표단은 동북 한교민 중 삶의 터전을 잃고 한국으로 돌아가려고 송환을 기다리는 인원은 만명이 넘는다고 밝혔다. 동북행원은 두번째 송환계획은 1948년 1월 15일, 한교 10,000명을 3차례에 걸쳐 진황도(秦皇島)로 집중지킨 뒤 한국으로 송환할 예정이었다. 이에 한국의 미군정청은 조사단을 파견하여 실정을 조사한 후 송환계획을 실시하겠다고 현재는 미실행 상태였다.483)

한국 주화대표단의 노력을 통해 동북한교민이 귀국 시 소지할 수 있는 물품은 중국관내한교보다 훨씬 많았다. 동북행원이 기안한 『귀국한교 심양검사소 요강』에서 밝힌 송환한교가 소지할 수 있는 물품은 아래와 같았다. 일인당 소지품은 500(침구 따위에 한함)파운드 이내이고, 조선폐 1,000원, 금반지, 시계, 볼펜 각 하나씩, 중국의 시중증권, 주식 및 공장설계도(상품류의 공장에 한함) 등이다. 이상의 물품을 한도 초과하거나 기타 금지품 따위가 발견되면 모두 압류한다. '압류된 물품은 바로 점검하고 밀봉하여 현장 직원들의 싸인과 도장을 찍어 한교사무소에 보고하고 그곳에서 취급하도록 한다.'484)

483) 國民政府外交部: 『對韓整個政策各項辦理經過』, 臺北"國史館"檔案 401-845

484) 國民政府外交部: 『對韓整個政策各項辦理經過』, 臺北"國史館"檔案 401-845

동북한교의 입적문제에 대해서도 동북지역당국은 관내지역보다 더 원활한 규정을 두었다. 국민정부 외교부의 보고 중 다음의 규정이 있다. '8·15후 한교민 중에는 귀화증 분실로 재발급을 요구하거나 재귀화를 신청하는 사람도 있다. 한교의 귀화를 더욱 편리하게 하기 위해 정당한 사업에 종사하는 선량한 사람이면 임시 귀화증서를 발급해주고 조사·등록 후 정식 귀화 허가증을 발급해준다. 귀화 날짜는 임시귀화증 발급날로부터 효력이 발생한다.'

제8장 한국 주화대표단의 해체

제1절 미국 주한군정부 대표 중국에서의 활동

1947년 3월 31일 미국 주한군정부 주 상해 대표 신국권(沈國權)이 상해로 파견해 왔다. 미국 주화대사관이 중국 외교부에 보낸 각서에는 다음과 같은 내용이 있었다. '미 주한군정부는 한적 국민 신국권을 위탁하여 중국에 있는 군정부의 관례적인 행정업무를 대신 처리하게 하였다. 그는 한국 남부의 상업규정 및 행정업무에 관한 정보를 제공할 자격이 있다.' '신씨는 상해에 거주하는 동안 미국 총영사관에 부속되어 있으며 영사관에게 책임을 지도록 한다. 순수한 관례적 행정업무 외에 신씨와 중국 당국의 접촉은 미국 총영사관을 거쳐야 한다.'485) 하지만 중국정부는 신국권에 대한 태도가 열정적이지 않고 미온적이었다.

485) 上海市檔案館編『中國地域韓人團體關係史料彙編』(一), 367~368쪽.

5월 9일,국민정부 외교부는 상해시정부에 준 전화를 통해 미국 주한미군정부가 신국권을 대표로 파견한 것에 대한 입장을 밝혔다. '신씨가 어떤 독립적인 지위나 신분을 갖고 있는지, 또는 중국에서 어떤 단독적 행동을 하는지에 대해 중국은 상관할 바가 아니지만, 신씨가 미국 영사관 직원의 신분으로서 미국 총영사관의 명의로 활동하는 것에 대해서만 승인한다'. 신국권의 연락처, 신청등록에 등에 대해 '외교부는 한교송환에 관하여 미대사관에 각서를 보낸 다음 신씨와 연락할 수 있다. 외교부도 이미 주상해 사무소에 그와 연락을 취하도록 명령하였다. 그가 사무처를 설치했을 때 중국측에 정식적으로 통지하지 않았고 사후에도 등록하지 않았다. 그러나 이미 연락을 취하였으니 기꺼이 등록은 해준다.'고 했다.486) 중국은 미국 측의 행동방식에서의 비규범적인 면과 사전 연락없이 행동하는 것에 대해 불만을 표하면서도 어쩔 수 없이 이 연락처의 존재를 승인했다. 이와 동시에 중국정부는 주화대표단과의 관계를 유지하면서 한국대표단이 중국에서의 활동에 관한 합법성을 승인하고 중국정부와의 교섭을 계속 진행하였다.

제2절 이승만 중국 방문 및 그 영향

한국 국내에서 남한정부를 단독 수립하자는 목소리가 커지면서 이승만도 이 때쯤 중국을 방문했다. 1947년 4월 8일 국민정부 외교부 주 상해사무소는 상해시정부에 서한을 보내 주 남경 한국대표부의 전보를 전달하였다. 전보의 내용은 이승만이 워싱턴을 출발

486) 上海市檔案館編『中國地域韓人團體關係史料彙編』(一), 377~378쪽.

하여 11일 상해에 도착하여 중국을 방문할 여정이라는 것이었다. 10일, 중국국민당 중앙비서처는 장개석에게 글을 올려 이씨가 중국을 방문하려는 의도는 세 가지라고 보고했다.

"첫째, 남한의 임시정부가 수립되기 전 중국정부의 외교상 이해와 지지를 우선 획득하고자 한다. 둘째, 본인이 한국내의 청치지위를 향상시키고자 한다. 셋째, 한·중 경제무역의 문제를 제기할 가능성 있다. 넷째, 장개석 주석이 재작년 한국임시정부에 미화 20만 달러를 지원하여 현재 중국은행에 저축되어 있는데, 이 씨가 편지와 전보로 이를 거듭 문의한 바 있다. 이번 중국 방문에도 반드시 문의할 것이다.'[487] 13일, 국민정부 참군처(參軍處)는 국민당 중앙비서처에 서한을 보내 이승만의 중국 방문 목적과 이승만과 김구의 작업방식 비교 등의 정보를 부본으로 보냈다. '이승만은 관료주의적이고 김구는 서민적인 민주파라고 할 수 있다. 현재의 환경을 살펴보면 이승만은 미국의 지지를 바탕으로 한국의 미래정부 초대주석이 될 것이고 김구는 이 박사의 요청으로 부주석이 될 가능성이 높다. 다만 양쪽 부하들이 서로 의심을 하고 있어 향후 협력에 가장 큰 걸림돌이 될 것이다. 이승만은 비록 동맹국의 지원을 받아 초대주석의 자리에 오를 수 있지만 민심이반으로 그 지위는 결코 굳건하지 않을 것이다. 마지막에는 김구가 반드시 주석의 자리에 오르게 되어 있다. 이승만의 이번 중국방문 목적은 중국정부가 한국을 어디까지 지원할 수 있을지, 지원 범위를 알아보고 난 뒤 그는 최종 행동을 결정할 것이다.[488] 단독적으로 남한에서 임시정부

487) 『中國國民黨中央祕書處呈文』, 中國國民黨黨史會特檔 016-27-1

수립에 있어 이승만과 김구는 극심한 갈등을 빚고 있으며 이승만의 중국 방문은 한국 주화대표단의 생존에 어느 정도 영향을 미칠 것이라 예상된다.

4월 9일, 이승만은 비행기를 타고 상해에 도착하자 연설을 발표하였다. '미국에서 이미 미국정부와 협의를 마쳤고 호치(John Hodge) 장군의 승낙도 받았다. 도쿄를 거쳐 맥아더 장군과 두 시간 동안이나 담화를 하였다. 한국임시정부의 수립 및 한국의 치안 두 가지 원칙에 맥아더 장군은 흔쾌히 동의했다. 이번에 귀국하자마자 중앙정부를 수립하고 한국 입법기구가 선거법을 통과시키면 바로 총선거가 실시될 것이다. 그러면 머지않아 민선의 중앙정부가 수립될 것이다.' 또한 '미국에 있을 때 트루먼 대통령으로부터 한국정부 수립 후 6억 달러의 대출을 약속받았는데, 이 금액은 한국정부의 업무와 경제발전에 쓰일 것이다.'489) 4월 13일 장개석은 상해에서 이승만을 접견하고 '한국독립을 위해 기울인 노력에 많은 공감이 갔다.' '중국은 한국이 신정부를 수립할 수 있도록 최대한 협조하겠다'고 말했다. 4월 16일, 중국 국민정부 외교부 왕세걸 부장은 마셜 미국무장관에게 서한을 보내 중국의 한국에 대한 정책을 밝혔다.

반도의 미래는 중국과 중요한 이해관계를 맺고 있으니 중국의 중요한 관심사이다. 중국 국민과 정부는 한국이 독립국가가 될 수 있도록 줄곧 지원할 것이다. 일본이 항복한 후 현재까지 오래되었지만 한국내에서 한국인들의 정부를 수립하지 못했다. 이 점 중국

488)『國民政府參軍處情報』, 中國國民黨黨史會特檔 016-4-71
489) 1947年 4月 10日『申報』。

도 매우 유감스럽게 생각한다.

중국은 한국정부의 수립 사업이 더 이상 지견되어서는 안 된다고 생각한다. 한국민들이 조속히 자유·독립의 소원을 성취하기 위해 중국정부가 한반도를 점령한 나라와 협약을 맺을 수 없다면 재작년 12월 모스크바협정(한국문제 부분)에서 합의한 대로 미·소·영·중 4국이 모여 전면적인 협상을 해야한다고 생각한다.490)

중국 국민정부는 4강 회의를 개최해야 한다고 명확히 밝히면서 미·소 연합위원회가 오랫동안 질질 끌어온 국면을 바꾸어 한국민들이 조속히 통일정부를 수립할 수 있도록 해야 한다고 주장하였다. 바꿔 말하면 남한의 단독정부 수립에 있어 중국정부는 남한선거를 통해 정부수립이 이루어지는 것에 공식적으로 찬성을 표했다. 차후 유엔회의에서 중국정부는 남한의 단독선거에 찬성표를 던졌다. 그리고 중국은 유엔 조선위원회의 9개 회원국 중 하나로써 미국정부가 한반도의 분단정책을 추진하는 데에 중요한 역할을 수행하는 국가가 되었다. 이 문제에 대한 김구의 입장을 중국정브는 찬성하지 않았기 때문에 주화대표단이 중국에 있는 지위에도 영향을 끼칠 수 있는 것은 당연하였다.

하지만 당시 남한의 단독선거가 아직 확정되지 않고 중국에서 활동하는 이승만의 주화대표단이 따로 없으니 주화대표단은 여전히 중국정부로부터 공식적인 승인과 지지를 받고 있었다. 전쟁 종료 후 중국정부는 한국측에 미화 20만 달러를 지원하고 “김구 주석은 이를 영수했다.그 당시 김구 주석은 이 돈을 소지할 수 없어 뉴욕

490)『王外長函複馬歇爾申明對韓問題態度』, 1947年4月17日『申報』

에 있는 주미중국대사관으로 송금해 서울에 전송해 달라고 요청했다. 당시 한·미 간 통화협정이 맺어지지 않았고 미국은 이 돈의 사용액수를 제한했다. 김구 주석은 주화대표단 박순 단장과 협상하여 이 돈을 다시 중국은행으로 송금했다. 박순 대표가 돈을 찾을 수 있는 방법에 대해 재차 논의하였는데 아직 결정하지는 못했다."[491] 이승만이 이 소식을 듣고 중국 측에 몇 번이나 연락하여 이 자금을 달라고 하였다. 하지만 이 일을 담당하는 중국국민당 중앙비서처는 이 돈이 이미 김구 주석에게 맡겼으니 변경통지를 받기 전에 이승만에게 넘겨주는 것은 타당하지 않다고 생각하였다. 이로써 중국정부는 "이 돈은 김백범에게 넘겨줄 터이니 귀국 후 김씨와 상의하길 바란다."고 하여 이승만의 요구를 거절하였다.[492] 또한 김구의 요구에 따라 10만 달러를 박순에게 넘겨주고 나머지 10만 달러는 은행에 저금하기로 하였다.[493] 이 일을 통해 중국정부는 김구 파를 계속 지원하는 입장을 취하고 한국임시정부 주화대표단과 긴밀한 관계를 여전히 유지하고 있음을 알 수 있다.

이승만 외에도 남한 과도정부 민정부장 안재홍(安在鴻)은 비밀리에 이화석(李華石) 대표를 남경에 파견해 그를 통해 비밀서한을 보내왔다. 수만 명의 한적 청년들을 중국에서 훈련을 받은 후 반공군대로 편성하는 데 중국의 지지와 도움을 받기 위해 노력하는 동시, 국내에서 발전을 위해 정치적 자원과 뒷받침 받기를 노력했다.

491) 『中國國民黨中央祕書處呈蔣介石文』, 中國國民黨黨史會特檔 016-27-4
492) 『中國國民黨中央祕書處呈蔣介石文』, 中國國民黨黨史會特檔 016-27-1
493) 『吳鐵城呈蔣介石文』, 載〔韓〕秋憲樹『韓國獨立運動』 (1), 518쪽.

1947년 11월 29일, 국민정부 외교부 왕세걸 부장은 안재홍(安在鴻)의 비밀방문에 대해 장개석에게 서한으로 보고하였는데 아래의 내용이 있었다. "한중 양국은 가까운 이웃나라로써 한국의 독립은 중국에 많은 희망, 신뢰, 기대를 주었다. 최근 남한의 애국청년 및 열혈동지로 구성한 청년단체는 중국공산당에 협조하는 북한공산군을 섬멸하고자 중국청년들과 협력하여 아시아의 부흥사업을 꾀하고자 한다. 장개석 주석께서 허락을 하시면 단기간에 수만 명의 청년을 보내 훈련을 시켜 공산당을 토벌하는 데 앞장설 것이다." 그리고 안재홍의 비밀서한을 동봉하였는데 서한에는 '이는 한중 양국의 평화와 밀접한 관계가 있고 한국의 독립·광복을 얻기 위해서 반드시 맡아야 할 역사적 사명이다.'고 역설했다. '현재 중국공산당에 가입한 북한군은 남한통일정부 수립 직전에 공산혁명의 전위부대가 되는 것을 꿈꾸고 있다. 만약 한국 애국청년을 중국에 보내 훈련시킨 후 정예부대로 육성한다면 장차 한국에서 내란이 일어나면 대비할 수 있을 것이다. 게다가 동북에서 살고 있는 백만명의 동포를 공산당에서 구제해낼 수 있고 일거양득의 행위라고 할 수 있다. 한중친선이 먼저 양국 청년들의 협력에서 비롯된다면 튼튼한 기반이 다져져 동아시아 번영에 크게 기여할 것이다. 나아가 세계부흥의 사명을 한중 양국이 공동으로 완수할 수 있을 것이다.'494) 이는 한국임시정부 주화대표단 외에 또 다른 한국 정치세력이 중국정부와 군사적 연락을 시도하였다는 사실을 보여주었다. 하지만 이에 대해 당시 한국임시정부 주화대표단은 알지 못한 것이다.

494) 『王世傑致蔣介石文』, 臺北"國史館"檔案 401-845

제3절 중국에서 우호활동 계속

1947년 5월, 한국임시정부 주화대표단 민석린 단장은 상해시 우국정(吳國楨) 시장 등 중국정부인사들에게 한국의 반일, 독립운동의 실적과 자료를 수집하는 데 중국 측의 협조를 구한다는 서신을 보냈다. '김구 주석의 명을 받고 본 대표단은 한국독립운동 인사들의 역사적 자료를 수집하고 책으로 엮어 그들의 공로를 기리고자 한다.' 또한 '이렇게 함으로써 수천년 동안 이어진 한중 양국의 우의를 영원히 간직하기를 바란다.'고 했다. 이는 한국임시정부의 독립투쟁의 역사를 홍보하고 중국과의 우호관계를 증진시키기 위한 계획이었다. 우국정 시장은 서신을 받고 김구 주석에게 '한중순치계(中韓唇齒系), 풍우감동주(風雨感同舟)'[495]라는 시를 지어 한중 양국 국민이 반일전쟁 속에서 맺어진 정을 진지하게 표현하였다.

1947년 6월 18일, 한국임시정부 주화대표단 민석린 단장은 중국국민당 중앙사무처장 오철성에게 서신을 보내 김신(金信)의 방중(訪中)사실을 전해주었다. '김구 선생의 아들 김신이 근일 남한에서 홍콩을 거쳐 상해와 남경을 갈 예정인데 주석 각하를 뵙고 모든 걸 보고해 드리고자 합니다.' 김신의 방중 목적은 대부인과 중경임시정부에서 희생한 이동녕(李東寧), 민소운(閔紹雲), 차리석(車利錫) 등의 무덤을 돌보고 유해를 수습하여 한국으로 송환하는 것이었다.[496] 이에 국민당 중앙비서처는 중경과 기강(綦江) 현청에 서한을 보내 김신의 행동에 협조를 부탁했다. 8월 27일, 김신과 안

---

495) 『閔石麟與吳國楨來往信件』〈0947年5月〉, 藏上海市檔案館

496) 『閔石麟致吳鐵城函』, 中國國民黨黨史會特檔 016-4-4

중근 의사의 동생인 안정근은 상해시정부 비서장에게 서한을 보내 서한에는 '임시정부 관계자 가족 28명이 오늘 오전 10시 상해 양수포(楊樹浦) 부두에서 출발하는 난민선 '귤환호'을 탑승하여 귀국할 계획입니다. 이에 명단을 동봉하니 경비사령부, 경찰서는 특별히 이들을 우대하여 환국시키기를 부탁드립니다'고 했다. 이번 귀국인원 중 전 화남선무단 상해지단장 장흥, 한국광복군 총사령관 이청천의 부인 황애숙과 그 아들 이정주, 전 광복군 참모처장 이준식, 전 광복군 본부 주임비서 김일산, 전 광복군본부 정치지도원 이하유, 민석린의 아들 민영수 등이 포함되어 있었다.

1948년 9월 30일 중국국민당 중앙비서처는 임시정부 외교부장 조소앙 부모의 유골 운구와 관련하여 기강(綦江)현청에 서한을 보냈다. 한국임시정부 주화대표단이 '최근 기강 현내에 철도가 건설되고 있어 근처의 무덤을 모두 옮겨야 한다는 소식을 들었는데, 임시정부 외교부장관 조소앙의 부모 묘지가 바르 신축될 철도 주변에 위치하고 있다. 이미 조씨에게 서신을 보내 중국에 와서 부모의 묘지를 옮길 것을 알렸지만 공사측에게 조씨 부모 묘지에 대해서는 조 씨가 파견한 사람이 와서 처리할 때까지 잠시 기다리라고 부탁했다. 철도공사국에서는 이를 허락해 주기 바란다'고 했다.[497] 같은 날 오철성은 민석린에게 조소앙의 부모의 유골운구에 관한 사안을 기강 현청에 통보하여 그대로 처리하라고 지시했다고 알려줬다.[498]

---

497) 『中國國民黨中央祕書處致綦江縣政府函』, 中國國民黨黨史會特檔 016-4-91

1948년 6월, 한중문화협회 사도덕(司徒德) 사무총장이 한국정부 수립의 축하행사에 참석하기 위해 방한하였다. 이 기회를 타 오철성은 김구와 이승만에게 서신을 보냈는데, 내용은 다음과 같다. '일본이 항복한 후, 한반도는 미국과 소련이 각각 주둔하고 있고 장벽이 날로 두꺼워져 통일될 가능성은 영영 보이지 않는다. 이는 애시당초 예상하지 못한 일인데, 암담하고 어수선한 시국이 오히려 위대한 사업을 시작할 수 있는 때이기도 하다. 우선 밀접한 협력관계를 유지하면서 각 당파 지도자들을 단결시키는 게 중요하다. 한국민들에게 한민족이 하나로 뭉치자고 호소하여 한국의 통일·독립을 추구하기를 바란다. 공산당 세력의 확장을 억제하는 것은 한국의 미래는 물론 세계의 평화에도 기여할 수 있는 일거양득의 일이다.'499) 이는 중국정부가 한국의 완전한 독립을 바라는 정성한 기대라 하겠다.

제4절 한국 주화대표단의 종료 선포

1948년 8월, 대한민국 정부가 정식으로 수립되었다. 이승만 대통령은 취임연설을 발표했다. "오늘 한국은 광복을 획득하였는데, 이는 40년의 긴 시간에 이뤄진 한국의 꿈,투쟁과 희생으로 이룩된 최고의 결과이다. 현재 한국은 지금까지 우호관계를 유지해온 나라와 계속 협력하는 동시에 왕래가 없는 각 정부와도 우호관계를 맺기를 바라고 있다. 중국정부는 12일 한국정부를 승인해 주었고 양국의

498) 『吳鐵城致閔石麟函』,中國國民黨黨史會特檔016-4-94
499) 『吳鐵城致金九, 李承晚函』, 中國國民黨黨史會特檔 016-4-95

긴밀한 우호관계를 다시 입증하였다. 수백년 동안 한중 양국의 친선이 다져온 까닭이 여기에 있다."[500] 중국측은 이미 중국국민정부의 주한대사 겸 외교대표 류만이(劉萬馭)를 파견하여 중국을 대표하여 한국정부의 수립을 축하해주었다. 8월 15일, 남경의 한교민들은 경축대회를 거행하고 주화대표단 민석린 단장은 축사를 발표했다. '내년의 이 날 남북통일 경축대회를 열기를 기대합니다.'[501] 이는 김구가 남한의 단독선거를 반대하고 새로 수립된 한국정부에 참여하지 않은 것과 달리 주화대표단은 새 정부에 대해 공개적으로 지지의 입장을 보여준 것이었다.

9월 9일, 한국대사 및 특파대사 조병옥은 중국을 방문하여 '이승만 대통령을 대신하여 장개석 대통령에게 경의를 표하고 독립을 위해 노력을 기울인 대통령께 감사드립니다.'고 말했다. 또 '항일전쟁 승리 후 중국 국내정세의 변화에 한국 국민들은 늘 관심을 갖고 있고 한국국민들은 중국이 최대한 빨리 자국의 모든 문제를 해결하기를 바란다. 이는 극동평화에 기여할 뿐만 아니라 한국문제의 해결에도 도움이 되는 일이었다.'[502] 10월 9일, 국민정부외교부 주상해 사무소는 상해시정부에 전화를 하여 '주한 미군정부의 권한을 이미 한국정부에 이양했고 신기준(일명 신국권)이 주중 업무를 대신 담당할 것이다. 외교부는 이미 비공식적으로 이에 동의했다'고 통보했다.'[503] 이는 새 한국정부대표가 이미 중국에서 직권을

500) 『四十年來奮鬥終獲自由, 韓國政府宣佈告獨立』, 1948年8月16日 『申報』
501) 『京韓僑舉行慶祝大會』, 1948年8月16日 『申報』
502) 『韓國特使飛抵滬, 昨晚晉謁蔣總統致敬』, 1948年9月12日 『申報』

행사하기 시작했음을 의미했다. 10월 25일, 한국 고위층의 말에 따르면 한국정부는 교육자이자 출판가인 정항범(鄭恒范) 박사를 한국대사관의 초대 주화대표로 임명하였다고 했다. 정 씨는 40년동안 중국에서 근무하고 생활하였으며 1943년 중경의 한국임시정부에서 재직했었고 호강 (滬江)대학에서 경제학과 교수로 재직한 바도 있었고 얼마후 중국에 가서 취임할 것이다.[504] 이로써 한국 주화대표단은 더 이상 중국에 존재할 이유가 없어지고 말았다.

9월 24일, 한국임시정부 주화대표단의 후기 지도자 민석린은 국민당 중앙비서장 오철성에게 서한을 보내 다음의 제의를 했다. "대표단의 임무가 이미 끝났으니 마땅히 종료를 선고해야 한다." "다만 독립당 당원들이 평(平), 진(津), 경(京), 호(滬), 침(沈), 대(臺) 등 각지에 많은 인원이 산재해 있고 군사학교에도 50여명이 남아있어 본인이 중국에 계속 남아 당무를 할 수 있었으면 좋겠다. 현재 본국의 정세가 비낙관적인 까닭에 귀·아 양당은 긴밀한 관계를 유지하는 것은 매우 중요하다." 민석린은 "본인은 일찍이 귀 당에 참여하였고 중일전쟁 중 군사위원회 특별당部區 상무위원 등을 역임한 바 있다." 이런 경력으로 편의상 중국에 남을 수 있을 것이다. 중국국민당 중앙당부 전문위원이나 다른 직무(임금 없음)를 위임해 준다면 중국국민당이 중국업무를 순조롭게 진행할 수 있도록 국민당 고위층 동지 1인과 연락을 취할 수 있으면 좋겠다.[505] 하

---

503) 上海市檔案館編『中國地域韓人團體關係史料彙編』(一) 381쪽.

504)『鄭恒范博士任南韓駐華代表』, 19補年10月26日『申報』

505)『閔石麟致吳鐵城函』, 中國國民黨黨史會 016-4-94

지만, 중국정부는 이를 받아들이지 않았다. 9월 30일, 오철성은 완곡히 사양의 뜻을 전했다. "본당과 귀당 간의 우의는 서로 협력하는 정신으로 이어져 왔는데, 오해를 사지 않기 위해 그대의 의견을 받아들이지 않겠습니다. 다른 업무사항은 장수현 비서와 협상하면서 처리하면 될 것입니다."고 답하였다.506)

10월 11일, 민석린은 재차 오철성에게 서한을 보내 대표단의 업무는 이미 종료되었으므로 지금은 독립당 업무에 집중하고 있으니 업무 편의상 '명예롭게' 사업을 하기 위해 한중 문화봉사회사를 설립하겠다는 뜻을 전해왔다. 이 회사는 정상적으로 한·중 서적, 신문 및 출판물을 편집·번역하면서 한국독립당의 업무에 협조하려고 하니 중국국민당 중앙부의 허가를 요구한다고 하였다. 그리고 남경사회국에 영업의 성질에 따라 비용을 지불할 테니 사업자등록번호를 발급해 달라고 하였다.507) 서한에 『한중문화봉사약장』 7가지를 동봉하였다. 그 내용은 다음과 같다. '한중 문화를 소개하고 교류를 촉진하며, 한중 양국 국민의 생활, 풍속과 습관에 대한 이해를 증진시킴으로써 한중 우호관계를 강화하는 것을 설립취지로 삼는다. 업무범위는 한중 역사, 지리의 편역, 출판물의 편집과 소개, 한중간 근대문헌의 소개, 근대문예작품 소개, 예술작품 소개, 기타 문화관련의 진전상황 소개 등이다. 이 회사의 사장은 모든 업무의 감독과 지도를 도맡고 밑에 총무, 인쇄, 번역, 편집 등 3개 팀 나누어 사장의 업무처리에 협조한다. 총무팀은 사내 문서, 출납, 회

506) 『吳鐵城致閔石麟函』, 中國國民黨黨史會特檔 016-4-91
507) 『閔石麟致吳鐵城函』, 中國國民黨黨史會

계, 서무(庶務), 교류 등의 업무를 담당하고, 인쇄사무팀은 사내 인쇄 및 교정을 맡고 번역·편집팀은 모든 출간·번역 업무를 담당하는데 산하기관으로 역사, 지리, 문화예술, 미술 등의 부서를 두고, 한중 문화계의 학자들을 선임하여 각 부서의 편집, 번역 업무를 분담토록 한다. 필요시, 사장은 특별히 한중 양국 문화에 관심을 가진 각계 인사들을 고문으로 초빙하고 이 회사의 자본금은 금원권(金圓券) 2,000원으로 한다.' 이 회사의 사장직은 민석린이 맡기로 하였다.[508] 10월22일 중국국민당 중앙비서처는 남경시정부에 서한을 보내 한국임시정부 주화대표단 민석린 단장의 제안을 전달했다. '민씨가 남경에서 한중문화봉사사를 설립하고 한중 서간 및 출판물 등을 편집·소개하고자 하니 남경시정부는 이에 동의를 하고 영업허가증을 발급해 주기를 청구한다.'[509] 11월 6일, 남경시정부는 중국국민당 중앙비서처에 회신을 보내 민석린이 남경에서 한중문화봉사사를 설립할 것에 동의하니 법령에 따라 공상등록신청서를 작성하고 제출해주기를 요구하였다. 11일, 오철성은 민석린에게 회신을 하여 남경시정부가 한중문화봉사단의 설립에 동의한다는 사실을 통보하였다.[510]

이로써 한국임시정부 주화대표단의 중국에서의 활동은 정식으로 막을 내리게 되었다.[511] 1948년 11월, 민석린은 중국에서의 활동

508) 『閔石麟致吳鐵城函』, 載[韓]秋憲樹 『韓國獨立運動』(一) 520쪽.

509) 『中國國民黨中央祕書處致南京市政府函』, 載楊昭全, 韓忠富編 『大韓民國臨時政府史料 彙編』, 531~532쪽.

510) 『吳鐵城致閔石麟函』, 中國國民黨黨史會特檔 016-4-86

511) 1948년 11월, 민석린은 중국 대륙에서의 활동을 마치고 대만으로

을 마치고 대만으로 떠났다. 1949년 1월 신기준(국권)은 대한민국 주 상해 총영사로 정식 임명되었다. 상해 해방을 앞둔 5월 3일, 신기준 한국 총영사는 상해시 정부에 서한을 보내 "공무로 인해 국권이 대만으로 떠나야 하는 명령을 받고 송(宋) 비서가 수행한다. 상해 영사관 업무는 일시 정지되어야 한다. 교민 관련 문의가 있으면 상해 한국교민협회에 통지해달라"고 말했다. 5월 5일 상해 한국교민협회는 상해시 정부에 서한을 보내 "본국 주 상해 총영사관은 정세 관계로 상해에서 철수했다. 앞으로 관련 모든 업무는 잠시 대행하겠다"고 했다.

이주했다. 1949년 1월, 신기준(국권)은 대한민국 주상해 총영사로 공식 임명되었다. 5월 3일, 상해 해방이 임박한 가운데 대한민국 총영사인 신기준은 상해 시정부에 편지를 브내 "국권 명령에 따라 대만에 공무로 가며, 송 비서를 동행하고 있으며 상해 총영사관 업무를 일시 중단하였다. 한국 교민 사안데 관한 사항이 있으면 필요시 상해 한국 교민 협회에 통보해 주시기 바랍니다" 라고 언급했다. 5월 5일, 상해 한국 교민 협회는 상해 시정부에 편지를 보내 "우리 나라 주상해 총영사관은 상황 때문에 이미 상해에서 철수했다. 해당 관에 관한 모든 사항은 당 협회가 일시적으로 대행할 것"이라고 밝혔습니다. 5월 6일, 상해 시정부는 상해 경찰서에 훈령을 발행하여 한국 주상해 총영사인 신기준이 대만으로 떠났으며, 한국 교민 사무는 상해 한국 교민 협회가 일시적으로 대리하게 되었으며, 해당 사항은 소속 각 지국에 통보되었다.

중국 정치집단과 한국독립운동의 관계

1판1쇄 2025년 5월 28일

저자 석원화(石源華)
역자 조참훈(趙參勳) · 종결(鐘潔)
발행인 이경화

발행처 디자인21
주소 04560 서울특별시 중구 퇴계로 293-1 3층
전화 02-2269-6561(대)
팩스 02-2269-6568
이메일 21publish@naver.com
블로그 https://blog.naver.com/publish21
인스타 https://www.instagram.com/21publish.co.kr
홈페이지 https://21publish.co.kr

등록번호 제1-1128호
등록일자 1991.2.12

ISBN 978-89-6131-179-3 93300

정가 30,000원